Lauff/Homfeldt
Pädagogische Lehre und Selbsterfahrung

Pädagogische Lehre und Selbsterfahrung

Erziehung der Erzieher mit pädagogischen Medien

Von Werner Lauff/Hans Günther Homfeldt

in Verbindung mit

Hans-Peter Fokuhl, Otmar Heinz, Reinhard Hübner, Ellen Kubitza, Arthur Kühn und Dagmar Petersen

Beltz Verlag · Weinheim und Basel 1981

CIP-Kurztitelaufnahme der Deutschen Bibliothek

Lauff, Werner:
Pädagogische Lehre und Selbsterfahrung :
Erziehung d. Erzieher mit pädag. Medien /
Werner Lauff ; Hans Günther Homfeldt. In
Verbindung mit Hans-Peter Fokuhl . . . –
Weinheim ; Basel : Beltz, 1981.
(Beltz-Bibliothek ; 99)
ISBN 3-407-50099-8
NE: Homfeldt, Hans Günther:; GT

Gesamtherstellung: Beltz Offsetdruck, 6944 Hemsbach über Weinheim
Umschlaggestaltung: E. Warminski, Frankfurt/M.
Printed in Germany

ISBN 3 407 50099 8

Vorbemerkung

An der Entwicklung dessen, was in diesem Buch vorgestellt und ausgewertet wird, sind viele Personen beteiligt. Wenn schon nicht alle hier zu Wort kommen können, so wollen wir doch einige von ihnen nennen. Eine erste Grundlage bilden die vielen Spiele, Tänze, Lieder, Bastel- und Werkideen, die WERNER LAUFF im Rahmen seiner Organisation „Student für Berlin" bei zahlreichen Fachleuten kennengelernt und anschließend weitervermittelt hat. Die nächste bedeutende Weiterentwicklung wurde durch seine Begegnung mit den Mediendozenten ANNE PREETZ (Bewegung, Tanz), HUBERT KIRCHGÄSSNER (bildnerisches Gestalten) und DIETER SALBERT (Musik) während einer zweijährigen berufsbegleitenden Fortbildung an der Akademie Remscheid möglich. In der Lehrerin ELLEN KUBITZA und dem Pastor REINHARD HÜBNER vom Hamburgischen Jugendpfarramt lernte er schließlich zwei erfahrene Medienexperten (Bewegung, Maske, Spiel) kennen, die bereit waren, sich auf eine Eingliederung ihrer Arbeit in den Hochschulbereich einzulassen. Neben WERNER LAUFF (damals Wiss. Ass. an der Uni Kiel, jetzt Professor für Erziehungswissenschaft an der Uni Hamburg) waren es dann vorwiegend die Professoren HANS GÜNTHER HOMFELDT (Allgemeine Pädagogik an der PH Flensburg) und ARTHUR KÜHN (Soziologie an der gleichen Hochschule), die vor dem Hintergrund negativer Erfahrungen mit der pädagogischen Lehre und Forschung die neuen Möglichkeiten nutzen und ausbauen wollten. Angesichts der anfänglichen Kompetenzschwierigkeiten bei der Einführung solcher Medienseminare in den Veranstaltungskanon einer Hochschule erklärte sich dankenswerterweise ERIKA MARTENS vom schleswig-holsteinischen Landessportverband bereit, die ersten beiden Seminare im Leistungszentrum Malente durchführen zu lassen. Damals teilten sich je zehn Vertreter des Sports und der Hochschulen die Plätze. Forschung aus laufender Praxis zu betreiben, hat eine Fülle von forschungstechnischen Hilfsarbeiten zur Folge, wobei insbesondere an das mühevolle Abtippen der Tonbandprotokolle zu denken ist, die inzwischen auf Tausenden von Schreibmaschinenseiten vorliegen. Stellvertretend für viele Helfer sei hier MARION KLEEFOOT (Mitarbeiterin am Institut für Pädagogik in Kiel), sowie den Studenten ULRICH BARKHOLZ, HANS-WERNER

Zumach und Beate Stotzka Dank gesagt. Dank gilt überhaupt vielen Studenten – insbesondere auch Regina Selker; mit Engagement und fachlichem Interesse haben sie Material gesammelt, unsere Erprobungsphasen durchgehalten und damit das Gesamtprojekt weiterentwickelt. Viele gedankliche und sprachliche Anregungen verdanken wir auch Thake Hansen. Erwähnen wollen wir noch die Lehrer, die bereit waren, sich in unseren Seminaren selbst wieder in Lernsituationen zu begeben, und last noch least danken wir den verschiedenen Heimleitern, die uns halfen, außerhalb der Hochschule eine schöne und nutzbringende Lernatmosphäre zu schaffen.

Eckholz/Flensburg, im September 1980

Werner Lauff/Hans Günther Homfeldt

Inhaltsverzeichnis

I. Worum geht es in diesem Buch?

Wir sind mit der gängigen Pädagogenausbildung unzufrieden. Deshalb suchen wir nach neuen Wegen. Kurze Abschnitte unserer Wege wollen wir in diesem Buch vorstellen. Dies ist riskant, da wir noch lange nicht am Ziel, sondern immer noch weiter unterwegs sind. Wir haben dennoch zwischenzeitlich angehalten und vorläufige Einsichten aufgeschrieben, weil vielleicht mancheiner mit uns weitergehen möchte. Andere, so ist zu erwarten, werden sich uns in den Weg stellen. Wie dem auch sei, wir wollen weitersuchen, sei's mit Ermunterung, sei es mit Kritik. Zwischendurch möchten wir mit diesem Buch dazu anregen, daß sich möglichst viele auf neue Wege begeben, um aus der Enge gegenwärtiger pädagogischer Wissenschaft bald wieder in kreativere Weiten zu gelangen.

Wenn wir im Bild von Wegen bleiben wollen, so stelle sich der Leser am besten vor, daß wir uns mit diesem Buch an einer Kreuzung befinden, in die viele Wege einmünden. Auf dem einen Hauptweg gehen wir der Frage nach, ob Erzieher, die erziehen wollen, selbst erzogen sein müssen. Auf dem zweiten Hauptweg versuchen wir, Überlegungen über die pädagogische Qualität von Medien in Gang zu bringen, die unserer Auffassung nach in der Erziehung nicht nur einbahnige Informationsträger zwischen Sendern und Empfängern sein sollten. Auf dem dritten Weg führen wir sogenannte Praktiker und sogenannte Theoretiker zusammen, damit sie über solche Medien wie Bewegung, Maske, Spiel und nicht zuletzt über Sprache bei der Erziehung der Erzieher zusammenarbeiten. Auf dem vierten Weg versuchen wir, Aus- und Weiterbildung in ein fruchtbares Wechselverhältnis zu bringen, indem wir Pädagogikstudenten und bereits berufstätige Pädagogen gemeinsam an den Seminaren teilnehmen lassen. Auf dem fünften Weg bemühen wir uns um Überwindung der hochschulüblichen Abkapselung von Selbsterfahrungsseminaren von den ausgesprochen wissenschaftlichen Lehrveranstaltungen, indem wir Selbsterfahrung und pädagogische Lehre als Zusammenhang entfalten. Auf dem sechsten Weg bewegen wir praktisch wie theoretisch unser pädagogisches Wissenschaftsverständnis dadurch voran, daß wir die üblicherweise voneinander unabhängigen Tätigkeiten des pädagogischen Handelns und des pädagogischen Erkennens im Zusammenhang üben, lernen und weiter erforschen lassen.

Viele, die Pädagogik zentral beschäftigende Bewegungen treffen also auf unserer Kreuzung zusammen. Es wird daher weder leicht sein, sie immer auseinanderzuhalten – das ist auch nicht unser Bestreben –, noch wird es einfach sein, sie angemessen und einsichtig zusammenzuführen – das ist allerdings unser Bemühen. Letzteres ist uns keinesfalls in einem in sich stimmigen Theorieentwurf bereits gelungen. Aus der Einheit von Praxis, Lehre und Forschung, so wie wir sie in zwei unserer Medienseminare, die den folgenden Erörterungen zugrunde liegen, angestrebt haben, werden die verschiedenen Gesichtspunkte aus verschiedenen Blickwinkeln allerdings immer wieder aufgegriffen und in Zusammenhang gebracht, so daß insgesamt gesehen ein theoriefähiger – und damit in unserem Sinne ein praktikabler – Rohentwurf unserer „Erziehung der Erzieher" mit „pädagogischen Medien" sichtbar werden kann. Was in der Theorie auseinanderstrebt, liegt in der Praxis der Seminare als Einheit vor. Deshalb müssen wir die beiden Seminare nicht nur als eine unübersichtliche Kreuzung ansehen, in die die verwirrende Vielfalt unserer erwähnten Wege einmündet, sondern wir können sie auch als den vereinheitlichenden und leicht überschaubaren Kern unserer Untersuchungen betrachten.

So gesehen, geht es uns in diesem Buch um die Darstellung und Auswertung von zwei Medienseminaren. Um dem Leser bereits an dieser Stelle einen vorläufigen Überblick zu geben, was wir in diesen Seminaren gemacht haben, stellen wir die Programmabläufe kurz zusammen.

1. Gesamtübersicht zum Seminar in Mözen

Zeit:	19.6.–22.6.78
Teilnehmer:	22 Kieler und Flensburger Pädagogik- und Lehrerstudenten, sowie vier Hochschullehrer und zwei Praxisanleiter
Thema:	Die vier Elemente: Erde, Feuer, Wasser, Luft
1. Tag:	– Darstellung des Vorverständnisses der Teilnehmer zum Gegenstand der „pädagogischen Medien". In der Uni Kiel. – Abreise nach Mözen. Hier: Übungen zum Vertrautwerden mit der neuen Umgebung. (Wo bin ich? Wer ist mit mir hier? Wie bin ich hierhergekommen?) Entspannungsübungen (spürt eure Sitzhaltung, euren Atem). Vorbereitung auf das Seminarthema (verändert den Atem nach Begriffen wie: Gebirgsbach, Waldweg, Lagerfeuer, Sommerluft usw.). – Welches der Elemente möchte ich am ehesten sein? Ich male mein Element mit Wachsmalstiften auf ein Blatt Papier. Wir sprechen in Kleingruppen über die Bilder. – Jeder baut sich eine seinem Element entsprechende Halbreliefmaske (In Gesichtsgröße wird ein Tonkern geformt, über den überlappend in Aceton aufgeweichte Agoplaststreifen gelegt werden). – Reflexion des ersten Tages. Erlebnisorientiert.
2. Tag:	– Bewegungsübungen (mein linker Arm zieht mich auf der rechten Seite nach unten, bis ich zur anderen Seite schwenkend sitze. In Gedanken die Bewegung für die rechte Seite vorbereiten und dann ausführen. Im gleitenden Rhythmus zwischen rechts und links hinsetzen, hochkommen). – Das am Vortag gemalte Bild ins Gedächtnis holen (Was hattet ihr gemalt, Formen nachspüren, Bild als Bewegungspartitur ansehen,

Bewegungen mit geschlossenen Augen ausführen, nacheinander stellen die einzelnen ‚Elemente' den anderen Gruppen ihre Bewegungen vor).

- Die vier Elementgruppen bereiten ein Spiel vor, in dem sie das Typische des ‚Elements' ausdrücken. Vorstellen und Ansehen der Spielstücke.
- Gruppengespräch über folgende Fragen: Was haben wir in den einzelnen Spielen wahrgenommen? Was wollten wir darstellen? Was bedeuten solche Spiele pädagogisch? Die dritte Frage behindert das Erleben und stößt auf Kritik (Selbsterfahrung versus pädagogische Lehre).
- Ich schminke Formen und Farben meines Elements auf das Gesicht eines Partners und umgekehrt. Danach gemeinsame Bewegungen jeweils entsprechend dem Element des Partners.
- Heftige Diskussion um die Rolle der Hochschullehrer im Seminar und über die Verwirklichung des Zusammenhanges von Teilnahme und Beobachtung, was als Störung der subjektiven Erlebnisprozesse interpretiert wird.
- Anmalen der inzwischen trocken und fest gewordenen Agoplastmasken in Formen und Farben der Vorstellung von meinem Element.

3. Tag:
- Bewegungsübungen zu den einzelnen Elementen mit Masken und Tüchern. Bildung von heterogenen Elementgruppen (In jeder Gruppe sind alle vier Elemente). Vorbereitung von Spielstücken zu dem Thema: Die Entstehung der Elemente.
- Vorführung der Spielstücke. Anschließend Gespräch über die Spiele (Was haben wir gesehen? Was haben wir dargestellt? Wie haben wir uns verstanden? Wo haben wir uns geholfen? Was ist pädagogisch passiert?)

4. Tag:
- Überarbeitung der Spiele zur Entstehung der Elemente auf der Grundlage der Vorführung und ihrer Diskussion vom Vortag, Wiederaufführung der Spiele. Anschließend Gespräche über die Weiterentwicklung der Spiele und der pädagogischen Aspekte.
- Anschauen der Videoaufzeichnungen von den Spielstücken. Abschlußgespräch über folgende Fragen: Was ist auf dem Seminar mit mir passiert? Was bedeutet so ein Seminar für mich als wissenschaftlich auszubildenden bzw. ausgebildeten Pädagogen? Was bedeutet das Seminar für mich als Mitglied unserer heutigen Gesellschaft?

2. Gesamtübersicht zum Seminar in Malente

Zeit: 2.2.–6.2.79

Teilnehmer: 19 Kieler und Flensburger Pädagogik- und Lehrerstudenten, 5 Flensburger Lehrer, zwei Hochschullehrer, zwei Praxisanleiter

Thema: Der/Die Fremde

1. Tag:
- Darstellung des Vorverständnisses der Teilnehmer zum Gegenstand der „pädagogischen Medien" und ihrer Bedeutung für mich als Pädagogen. In der Uni Kiel.
- Abreise nach Malente. Hier: Übungen zum Vertrautwerden mit der neuen Umgebung (Fremdheit des Raumes überwinden. Mit variieren-

der Geschwindigkeit bewußt durch den Raum gehen. Sein momentanes Gefühl in Bewegung ausdrücken. Partner mit gleichem, dann mit fremdem Bewegungsausdruck suchen, sich nebeneinander bewegen, Fremdes wahrnehmen. Spiegelübungen zwischen aktiv und passiv). Partnergespräche über fremde und vertraute Wahrnehmungen.

– Gruppen zu acht werden gebildet und entwickeln ein Standbild zum Seminarthema. Anschließend Gruppengespräch: Was haben wir am Standbild gesehen? Was wollten wir zeigen?

2. Tag:

– Baummeditation (Partnerübung zwischen aktiv und passiv, einer ist Baum, der andere verändert ihn nach einer Geschichte durch die Jahreszeiten: beginnt zu knospen, Herbststurm fegt hinweg, Vogel setzt sich usw.). Anschließend Bewegungsübungen mit einem anderen Partner (Rückenwippe, Hüftwippe). Kopf-Fuß-Meditation zum Finden seiner eigenen Mitte (Fest auf dem Boden stehen, ohne Abknicken sachte nach rechts-links, vorne-hinten schwanken, um die eigene Mittelachse kreisen).
– Mit einem Spiegel das Fremde in seinem eigenen Gesicht entdecken. Die fremden Züge werden anschließend auf eine große Einkaufstüte gemalt. Die Augen werden ausgeschnitten. Mit den Masken durch den Raum gehen. Die aufgemalte Fremdheit mit Bewegungen unterstreichen. Suche nach einem Partner, der auf mich in Maske und Bewegung besonders fremd wirkt. Tausche mit ihm meine Maske. Bei der Wiederbegegnung mit der eigenen Maske auf dem fremden Körper erneute Beschäftigung mit dem Fremden in meiner Maske. Anschließend Partnergespräch über die gemachten Wahrnehmungen und Erlebnisse.
– Abnahme von Gipsmasken vom Gesicht eines Partners (Jeweils drei in einer Gruppe. Haare und Kleider abdecken. Gesicht, insbesondere Haarpartien dick mit Vaseline einkremen. Vier bis fünf Schichten Gipsmull, in Wasser eingeweicht, werden auf das Gesicht geformt. Nach Fertigstellung Herumführen des Partners mit Maske. Ertasten der Umgebung. Abnahme der Gipsmasken). Hintergrundmusik „Brandenburgische Konzerte".
– Plenumsgespräch (Was haben wir erlebt? Welche Erfahrungen mit Fremdheit und Vertrautheit haben wir gemacht? Was bedeutet das pädagogisch? Letzteres wurde stark kontrovers diskutiert).

3. Tag:

– Lockerungs- und Konzentrationsübungen (Partnerübungen: angeleitete Handmassage, Abklopfen des Rückens zur besseren Bindegewebsdurchblutung).
– Die Gipsmasken werden überlappend mit in Aceton aufgeweichten Agoplaststreifen von innen ausgelegt.
– Die Teilnehmer gehen mit geschlossenen Augen durch den Raum. 1. Anweisung: Alle Personen und Gegenstände im Raum sind euch vertraut; bewegt euch entsprechend. 2. Anweisung: ... sind euch fremd. Anschließend Kleingruppengespräche über erlebte Fremdheit/Vertrautheit.
– Herausnehmen der Agoplastmaske aus der Gipsmaske. Ränder glattschneiden, Sehschlitze, Gummibänder befestigen.

- Atemübungen (auf der Decke liegend mit ‚F' einatmen, mit ‚S' ausatmen). Gelenkte Meditation (Eine einmal selbsterlebte Fremdheitssituation in sich zurückholen, farbliche Assoziationen suchen).
- Anmalen der Masken mit Deckfarbe oder Wachsmalstiften nach den meditativ empfundenen Farbassoziationen.
- Plenumsdiskussion über die fertiggestellten Masken. Heftige Kontroverse über Privatheit und Öffentlichkeit pädagogischer Arbeit am Beispiel von Britta.

4. Tag:
- Statuen bauen, mit Tüchern drapieren (Wechsel von aktiv-passiv, Fremdheit-Vertrautheit).
- Mit Masken auf dem Gesicht in typischen Bewegungen seine Fremdheit ausdrücken. Aufteilung in Spiel- und Beobachtungsgruppen.
- Maskenspiel mit Tüchern (Aufteilung in Fünfergruppen, jeder erinnert sich an die Fremdheitssituation, die seiner Maske zugrundeliegt. Erzählen der Geschichten in der Gruppe. Gruppe entscheidet sich für eine Geschichte als Spielszene. Einübung und Vorführung des Spielstücks).
- Besprechung der Spielstücke (Zuschauer: Was haben wir gesehen? Was interpretieren wir? Spieler: Was haben wir gemacht? Was haben wir gemeint?). Diskussion pädagogischer Probleme mit Fremdheit/Außenseitertum. Erarbeitung von Möglichkeiten und Grenzen des pädagogischen Verstehens am Beispiel Britta – Dagmar.

5. Tag:
- Atemübungen (Brustkorb heben, Becken heben).
- Jeder formuliert schriftlich seine Erfahrungs- und Lernprozesse auf diesem Seminar.
- Anschauen der Videoaufzeichnungen von den Spielstücken.

3. Vergleich der beiden Seminare in ihrem grundsätzlichen Verlauf

- Die Grundstruktur beider Veranstaltungen ist ähnlich: Die beiden Medienpädagogen sorgen für die Planung der Praxis und leiten sie ein. Dem Thema gehen hinführende Lockerungs-, Konzentrations- und Partnerübungen voran; die Teilnehmer nähern sich dem Thema zuerst über ihren eigenen Körper und ihre subjektiven Vorstellungen; die Masken werden jeweils in der ersten Hälfte erstellt, dann spielerisch angeeignet; in beiden Seminaren kommen als Medium Tücher hinzu. Der subjektbezogenen Aneignung des Themas zuerst ohne Medien, dann mit Medien, folgt in der Regel die partnerbezogene, gruppenbezogene, schließlich plenumsbezogene Erarbeitung des Themas in Bewegung und Spiel. In beiden Veranstaltungen bilden die Bewegungs-, Herstellungs- und Spielpraxis mit der Reflexion, die ihrerseits auch eine Praxis begründet, eine duale Einheit. Die Reflexion folgt im allgemeinen ebenfalls der Selbst-, Partner-, Gruppen- und Plenumsbezogenheit. Während in Mozen vorwiegend das Tuch Ausdruck und Verstehen hervorbringen half, war es in Malente die Maske.
- Die Einheit von Aktions- und Reflexionspraxis ist tendenziell unterschiedlich in beiden Veranstaltungen. Während sich in Mözen die Mehrzahl der Studenten noch gegen Reflexion (z.B.: was heißt diese Erfahrung für mich in bezug auf meine pädagogische Qualifikation?) zumindest in der ersten Hälfte wehrt, tritt dieses

Phänomen im zweiten Seminar in Malente weniger auf. Die Teilnehmer, besonders die bereits in Mözen dabei gewesen sind, stellen von Anfang an von sich aus die Frage nach der pädagogischen Bedeutung der Arbeit mit Medien. Während in der ersten Veranstaltung die beiden Hochschullehrer wegen ihrer Teilnahme und Beobachtung angefeindet und mit Mißtrauen angesehen werden, ist dies in der zweiten Veranstaltung kaum mehr festzustellen. Hingegen gibt es in Malente stark unterschiedliche pädagogische Interpretationen zu Praxissituationen. Es wird aber nur vereinzelt der Wunsch laut, bei gruppendynamisch orientierter Selbsterfahrung stehenzubleiben. Die pädagogische Reflexion geht wesentlich weiter als in der ersten Veranstaltung. Besonders die Teilnehmer, die zum zweitenmal dabei sind, führen ihren Lernprozeß in eine pädagogische Richtung fort und verschaffen den Erstteilnehmern diesbezüglich Impulse.

- Das Thema ‚Die vier Elemente" reizt eher zu mythologischer Erlebnisorientiertheit als das Thema ‚Der/Die Fremde'. Aus dem zweiten Thema kann eher ein pädagogischer Bezug allein vom Thema hergestellt werden; denn das Fremde/Befremdliche hat für jeden Bedeutung in der Bewältigung des Alltags, während das erste Thema eher verstärkt allgemeine Selbstwahrnehmung hervorbringen hilft. So ist wohl die abschließende Feststellung von Vera zu verstehen: „Mözen war für mich ein Erlebnis, das mir Mut machte, Malente war eine Erfahrung, die mir Wissen brachte."

Seit nunmehr vier Jahren führen wir in jedem Semester mindestens ein solches Seminar mit entsprechenden Programmabläufen durch. Im Hinblick auf verschiedene zentrale pädagogisch relevante Themen wie Rücksicht, jung und alt, männlich – weiblich, Lob und Tadel lernen wir den Umgang mit dem eigenen Körper, mit Tanz, Bewegung, Spiel, Masken, Tüchern, Schminken und einfachen Musikinstrumenten kennen. Im Gegensatz zu den technischen Medien sind die genannten Medien keine fertigen Produkte, sondern müssen durch den aktiven und individuellen Einsatz jedes einzelnen Beteiligten immer erst wieder neu hervorgebracht werden. Mit ihnen muß sich jeder selbst zum Ausdruck bringen und wird so sich selbst und anderen anschaulicher und verständlicher. Wissen und Erkenntnis über sich selbst wird so nicht ausschließlich ‚über den Kopf' angeeignet. Über Bewegungen mit dem eigenen Körper beispielsweise kann jeder subjektives Bewußtsein über sich als ganzen Menschen entwickeln. Die Teilnehmer erfahren sich wesentlich umfassender als in der hochschulüblichen reduzierten Weise.

Was die verschiedenen Übungen, Spiele usw. mit den einzelnen Teilnehmern gemacht haben, wird anschließend in kleineren Gruppen oder der gesamten Gruppe zur Sprache gebracht. Hier geht es weniger um sprachliche Festlegungen wie häufig in Therapie und Gruppendynamik, sondern mehr um Erschließungen, die den wahrnehmbaren subjektiven Spielraum des einzelnen offen halten – letztlich kann nämlich niemand mit erzieherischen Mitteln von außen verändert werden. Durch den Austausch der subjektiven Erfahrungen und Erlebnisse mit anderen Menschen entstehen umfassendere Erfahrungs-

und Erlebnisspektren, die in ihrer Gesamtheit eine objektivere – oder besser gesagt eine intersubjektivere – Qualität haben. Fremdheitsgefühle werden hier nicht nur als subjektive Empfindung, sondern als objektives Phänomen bekannt. Aus den Selbstwahrnehmungen und -erfahrungen des Einzelnen werden Wahrnehmungen und Erfahrungen der Gruppe. Wie so etwas im einzelnen abläuft, stellen wir in unseren Beiträgen ausführlich vor. Doch Selbsterfahrungen – das ist uns klar – garantieren noch keine pädagogische Fachkompetenz. Sie berühren die Teilnehmer zunächst als Privatpersonen, qualifizieren sie aber nicht auch schon ohne weiteres konsequent und systematisch als künftige pädagogische Berufsträger. Um pädagogische Berufsausbildung auch in einem wissenschaftlichen Sinne in solchen Seminaren zu erreichen, müssen die Selbsterfahrungen mit pädagogischer Lehre verbunden werden. Dabei geht es um Lehr- und Lernprozesse, in denen aus der Selbsterfahrung heraus Fähigkeiten wie pädagogisches Wahrnehmen, pädagogisches Verstehen, pädagogisches Methodenverständnis und pädagogisches Erkennen entwickelt werden sollen.

Wie dies möglich wird, versuchen wir an vielen Stellen dieses Buches anschaulich und einsichtig zu machen. Unser allgemeines Ziel ist es, mit unseren Auswertungen zu zeigen, daß der Zugang zur Pädagogik über das Medium Sprache nur *eine* Möglichkeit, und nicht immer die günstigere ist. Wir wollen deutlich machen, daß im Gegensatz zu der beziehungslosen und unverbindlichen akademischen Redewelt mit den angesprochenen Medien eine personennahe, handlungsbezogene und problemorientierte Aneignung pädagogischer Fähigkeiten, pädagogischen Wissens und padagogischer Erkenntnisse begünstigt wird. Diese Absichten wollen wir nicht erst mit diesem Buch, sondern immer auch schon in den einzelnen Seminarprozessen mit den beteiligten Studenten, uns, den Hochschullehrern, und den Praxisanleitern verwirklichen. So sollen zumindest die direkt Beteiligten die notwendigen Lernschritte nicht nur theoretisch, sondern auch unmittelbar praktisch nachvollziehen können.

Um das umfassende Neben- und Ineinander der verschiedenen Bewegungsrichtungen auf unserer Kreuzung, sprich in unseren Seminaren, zum Zwecke einer gelungeren Erziehung der Erzieher überhaupt in Gang halten zu können, ist eine Vielzahl von verschiedenen Personengruppen mit unterschiedlichen Eingangskompetenzen zu beteiligen. Hochschullehrer sind meistens nicht in der Lage, eine Praxis mit einem oder mehreren der genannten Medien fachgerecht anzuleiten. Dazu ist eine vieljährige Aus- und Fortbildung erforderlich, die wegen der Nähe zu künstlerischen Ausdrucksweisen meistens autodidaktisch geleistet wird. In Ellen Kubitza und Reinhard Hübner vom Hamburgischen Jugendpfarramt haben wir solche Mitarbeiter gefunden.

Um Medienseminare über den Charakter von Workshops hinaus zu pädagogischen Ausbildungsveranstaltungen entwickeln zu können, bedarf es eines systematisierenden pädagogischen Fachverstandes, der nicht nur erziehungswissenschaftlich, sondern auch erzieherisch, nicht nur strukturalistisch, sondern auch prozessual, nicht nur objektiv, sondern auch subjektiv, nicht nur wissenschaftlich exakt, sondern auch aesthetisch offen qualifiziert sein soll. Das Lehr-Lernverhältnis in den Medienseminaren gestaltet sich nicht einbahnig, sondern in den offenen und subjektiven Prozessen lernt jeder an sich und lernen alle im Wechselverhältnis voneinander. Dennoch gibt es eindeutige Rollenunterschiede, die selbst zeitweilig zum Gegenstand des Lernens gemacht werden müssen. Denn lernende Studenten wachsen ja selbst einmal in die Rolle der Lehrenden bzw. Erziehenden hinein. Inzwischen haben etwa 200 Studenten und 20 Lehrer an unseren Seminaren teilgenommen. Einige von ihnen, insbesondere die, die mehrmals dabei waren, kommen mit eigenen oder in den einzelnen Beiträgen dieses Bandes zu Wort. Unser Buch spricht deshalb auch ganz bewußt keine einheitliche Sprache, beispielsweise nur die typische der Hochschullehrer bzw. der Praxisanleiter, sondern es ist dem Spektrum der vielfältigen Personengruppen verpflichtet.

Somit geht es in diesem Buch um die „Erziehung der Erzieher“ mit „pädagogischen Medien“ aus der Sicht verschiedenartiger Beteiligungen und deren Wechselseitigkeit. Dabei wollen wir hier nicht die *eine,* die *neue* Methode pädagogischer Lehre und Forschung schaffen und festschreiben, sondern wir wollen lediglich eine Form aufzeigen, wie man *auch* Pädagoge werden kann, wie man *auch* Pädagogik lernen kann – dies allerdings – und davon sind wir fest überzeugt – in einer umfassenderen und dem Gegenstand Pädagogik angemesseneren Weise. Wir wollen deshalb die Lehr- und Forschungstätigkeit mit pädagogischen Medien fortsetzen. Verschiedene weitere Diplomarbeiten und Dissertationen zur pädagogischen und wissenschaftlichen Bedeutung solcher Medien werden derzeit entworfen bzw. ausgeführt. Wir werden in absehbarer Zeit also mehr zum Thema zu sagen haben. Ein Antrag auf Unterstützung eines umfassenden Forschungsprojektes ist in Vorbereitung.

Abschließend treten wir noch einem weitverbreiteten Mißverständnis entgegen. Für uns bedeutet Bezug wissenschaftlicher Untersuchungen zu einer konkreten Praxis nicht bloße Praxisrekapitulation. Zunächst lag die aus den beiden Medienseminaren in vielfältigen und umfangreichen Dokumenten festgehaltene Praxis gestaltlos vor uns. Es waren zahllose Beobachtungsprotokolle, Tonbandaufzeichnungen von Gruppendiskussionen und Einzelgesprächen, Gesprächsprotokolle, Videoaufzeichnungen, vielfältige Notizen, Dia-Serien usw. durchzuarbeiten.

Die Durchdringung und theoretische Bewältigung eines solchen Praxis- und Dokumentenberges erfordern konzentriertes, hin- und herbewegendes Durchdenken des Materials mit Hilfe des eigenen theoretischen und praktischen Vorverständnisses und mit Hilfe pädagogischer Theorien. Auch wenn solche Vorverständnisse und Theorien nicht fortwährend explizit in den Texten benannt werden, so sind sie entscheidende Grundlagen für unsere Aussagen.

Die theoretische Durchdringung von Praxis ist eine eigenständige Praxis, für die es selbst berufliche Fähigkeiten besonderer Art zu erwerben gilt. Pädagogische Praxis tritt für uns nicht unmittelbar an die Stelle von Wissenschaft, wie dies verschiedene Praxisberichte beanspruchen. Wissenschaft ist eben eine besondere Art von arbeitsaufwendiger Praxis, wofür unsere Überlegungen zum Thema der pädagogischen Medien auch Zeugnis ablegen sollen und können.

II. Von welchen Grundpositionen gehen wir aus?

Werner Lauff

„Erziehung der Erzieher" – Eine fortwährende Aufgabe

Der „geborene Erzieher" ist seit der Professionalisierungsdebatte so gut wie tot. Nun haben wir die „professionellen Erzieher". Jeder kann Erziehung lernen, jeder kann Erzieher werden. Man muß nur das moderne Wissen studiert, die gängigen Verhaltensweisen trainiert, die richtigen Techniken probiert und seinen Lernerfolg attestiert haben. Erzieher von heute werden von außen präpariert. Was innen passiert, bleibt Privatsache. Ein solches Ausbildungsschema tut so, als könne man Erziehung objektiv richtig machen. Sollte es aber zutreffen, daß jeder Erzieher letztlich immer nur subjektiv richtig erziehen kann, so gewinnt die Erziehung der Erzieher als Subjekte eine zentrale objektive Bedeutung. Ziel pädagogischer Ausbildung hätte dann der „erzogene Erzieher" zu sein.

Schon oft haben Pädagogen angenommen, sie hätten die Aufgabe der „Erziehung der Erzieher" gelöst. Solche dogmatischen Vorreiter oder auch Zeitgenossen wollen wir nicht nachahmen. Als Begriff und grundlegende Aufgabe einer jeden menschlichen Gesellschaft ist die Notwendigkeit der „Erziehung der Erzieher" zwar altbekannt, als Praxis ist sie aber auch heute noch unabschließbar offen. Praktisch ist die „Erziehung der Erzieher" stets von neuem aktuell; denn Erziehung ist kein von Zeit und Raum unabhängiges Geschehen. Verschiedene Epochen, verschiedene Gesellschaften, verschiedene Menschen schaffen ihre jeweils besondere Erziehung. Erziehung verändert sich im Laufe der Geschichte und von Kultur zu Kultur, ja sogar von Land zu Land, und letztlich von Haus zu Haus, von Erzieher zu Erzieher, von Kind zu Kind, von Situation zu Situation. Erziehung und somit auch die „Erziehung der Erzieher" ist wie das Leben selbst von unendlicher Vielfalt und als praktisches Phänomen etwas nicht abschließend Definierbares.

Soll die Vielfalt der Menschen und ihrer Lebensformen erhalten bleiben, so läßt sich die Erziehungsvielfalt nicht unbeschränkt vereinheitlichen. Je einheitlicher Erziehung in einer Gesellschaft wird, umso einheitlicher werden auch die Menschen. Massenerziehung produziert schließlich Massenmenschen. Individueller Spielraum im Denken, Fühlen, Meinen und auch Erziehen wird dann enger. Um Systematisierung, Rationalisierung, Ökonomisierung,

Perfektionierung, Objektivierung bemüht, produzieren auch die modernen Sozialwissenschaften immer mehr Erziehung vereinheitlichende Inhalte, Methoden, Verfahren und Techniken. Mit Hilfe solcher wissenschaftlichen Vorleistungen versucht Erziehungspolitik schließlich, das erwünschte Erziehungsergebnis mehr und mehr vorweg abzusichern. Erziehung wird als bloßes, von den beteiligten Individuen unabhängiges „Zweck-Mittel-Schema" interpretiert und abstrakt perfektioniert. Das von der Norm, vom Mittelwert, vom erwarteten Testergebnis abweichende Individuum in Hochschule, Schule und Berufslehre wird als Störung aufgefaßt.

Solche Erziehung orientiert sich weniger an einer vorbereitenden „Her"-richtung individueller Vielfalt für die vor uns liegende Zukunft, als vielmehr an einer vorgeplanten, technisch perfektionierten „Hin"-richtung der künftigen Menschen auf bereits in der Vergangenheit ausgemachte Zwecke mit ausgemachten Mitteln. Wen wundert es da, wenn sich angesichts solcher Erziehungsverhältnisse immer weniger Jugendliche von der Gesellschaft angesprochen fühlen und sich immer mehr von ihr absetzen, sei es durch Gewalt, durch Verweigerung oder durch Flucht und Tod.

Ohne Zweifel muß ein Erzieher im Sinne des Wortspiels richten, Richtung geben können. Soll der Erzieher auf anzustrebende Zustände hin-richten oder aus vorgegebenen Beständen her-richten? Soll der Erzieher also das zukünftige Ziel oder den gegenwärtigen Menschen zum grundlegenden Ausgangspunkt seiner Arbeit machen? Diese sich nur scheinbar ausschließenden Gegensätze – wiewohl sie faktisch oft als unüberbrückbar behandelt werden – sind vielmehr die Endpunkte eines Kontinuums, zwischen denen das erzieherisch Richtige zu suchen ist. Eindimensionale extreme Positionskämpfe (Thesen „Mut zur Erziehung", undialektische Klassenkampfparolen, Antipädagogiken) erweisen sich deshalb nur selten als verantwortungsbewußte und fachkundige pädagogische Diskussion. Sie befriedigen vielmehr fast immer Herrschaftsgelüste, die mit Erziehung wenig, wenn nicht sogar nichts zu tun haben. Neuorientierungen in der Erziehung lassen sich eben nicht einfach am „grünen Tisch" oder im Laboratorium beliebig festsetzen, sondern sie müssen immer auch in der konkreten erzieherischen Vorgabe gründen. Am konkreten Menschen orientierte Erziehung kann nie beim Nullpunkt einer extremen gedanklichen Position beginnen oder enden – es sei denn, Erzieher verstünden sich als Dompteure im Dienste vorgegebener Herrschaft – welcher auch immer.

Die erzieherische Wahrheit ist also viel komplexer und damit komplizierter als die Zustimmung zu den Polen gegensätzlicher Auffassungen. Erziehung kann demnach sinnvoll weder in konservativer ‚Hinrichtung der Individuen zur Anpassung' begründet werden noch nur auf progressive ‚Herrichtung zum

Widerstand' ausgerichtet sein. Das jeweils erzieherisch Wahre kann eben nur in stets neu zu suchenden und zu findenden Mischungsverhältnissen aus einer Vielzahl von Einfluß nehmenden Variablen herausgearbeitet und verwirklicht werden. Daß die Bestimmung dieser Mischungsverhältnisse nicht dauerhaft vorhersagbar ist und nicht zeitüberdauernd in Theorien oder Institutionen fixiert werden kann, daß sie zeitlich und räumlich von den vorfindbaren gesellschaftlichen und individuellen Bedingungen immer wieder von neuem abhängig zu machen ist, das macht nicht nur die Erziehung selbst, sondern auch die „Erziehung der Erzieher" zu dieser komplizierten und fortwährend offenen Aufgabe in der Pädagogik. Dieser Aufgabe haben sich Pädagogik als Wissenschaft und als Berufsausbildung zum Erzieher stets von neuem zu stellen. Dabei ist der Erziehungszustand der jeweils nachwachsenden Generation das unabwendbare Urteil über die vorausgegangene ‚Erziehung der Erzieher'.

Selten zuvor wurden so große politische, wissenschaftliche, finanzielle und organisatorische Anstrengungen auf dem Gebiet der Erziehung und Bildung unternommen wie in den letzten 20 Jahren, und niemals zuvor hat es so viele ausgebildete Pädagogen gegeben wie heute. Doch das besagt zunächst wenig. Heute kann bei uns auch jeder das ganze Jahr über Tomaten essen! Nur die Tomaten schmecken zu keiner Jahreszeit mehr so richtig nach Tomaten. Wir müssen deshalb genauer hinsehen, ob uns die Tomatenberge überhaupt reicher und nicht etwa ärmer gemacht haben. Mehr ist eben manchmal auch weniger!

Eine Schlußfolgerung von den Tomaten auf pädagogische Verhältnisse ist nicht ohne weiteres sinnvoll. ‚Mehr ausgebildete Pädagogen' muß nicht unbedingt gleichbedeutend sein mit immer geschmackloser werdender pädagogischer Arbeit. Dieser Analogieschluß ist zu platt. Dennoch gibt er uns Anlaß zu bedenken, nicht nur die Quantitäten der „Erziehung der Erzieher" in den Vordergrund zu stellen, sondern mehr auch auf die Qualitäten dieser gesellschaftlichen Arbeit zu achten. Und dies ist unser eigentliches Thema: Die Qualifizierung der Erzieher als pädagogisch handelnde und erkennende Personen. Wie bedeutend gerade die „Erziehung der Erzieher" für die pädagogische Arbeit in einer Gesellschaft ist, stellt MAKARENKO (1969, S. 123f.) nach teilweise schmerzlichen Erfahrungen mit schlechten Erziehern nachdrücklich heraus:

„Ich vertat damit einige Lebens- und Arbeitsjahre, denn es ist im höchsten Maße töricht zu erwarten, daß solch ein Erzieher, der selbst nicht erzogen ist, uns irgend jemanden erziehen könnte. Später gelangte ich zu der festen Überzeugung, daß es besser ist, gar keinen Erzieher zu haben, als einen, der selbst nicht erzogen ist. Es war nach meiner Meinung besser, vier begabte Erzieher im Kollektiv zu haben, als vierzig ohne Begabung und Erziehung ... Das bedeutet, daß die Frage der Auswahl der Erzieher von außerordentlicher Wichtigkeit ist ... Bei uns glaubt man, daß jeder beliebige Mensch erziehen kann, wenn man ihn nur in das Amt eines Erziehers einsetzt und ihm das Gehalt eines Erziehers bezahlt. Indessen ist das Erziehen die schwierigste und im Grunde wohl auch die verantwortungsvollste Arbeit, die von der Persönlichkeit des Erziehers nicht nur die größte Anspannung, sondern auch große Kraft und Fähigkeit erfordert. Niemand hat meiner Arbeit so geschadet, soviel verdorben und jahrelanges Bemühen so behindert, wie ein schlechter Erzieher. Deshalb hielt ich mich in den letzten Jahren strikt an die Linie, überhaupt ohne Erzieher zu arbeiten oder mich nur solcher Erzieher zu bedienen, die tatsächlich erziehen konnten."

Die Erfahrungen Makarenkos legen den Finger auf offene Wunden auch unser heutigen Pädagogenausbildung. Wie kann man erwarten, daß Menschen, die selbst nicht erzogen worden sind, andere erziehen können? Je mehr man über diesen Zusammenhang nachdenkt, umso widersinniger erscheint eine solche Erwartung. Wenngleich in unseren Ausbildungseinrichtungen niemand ernsthaft den Zusammenhang von der Erzogenheit der Erzieher und der Erziehung der Kinder bestreiten wird, tun wir für die „Erziehung der Erzieher" an den Hochschulen so gut wie nichts. Wir bilden die Erzieher wissenschaftlich zwar mehr oder weniger umfassend aus, überlassen ihre Erziehung jedoch der Beliebigkeit individueller Entwicklungen. Wir tun so, als erzögen der vermittelte Wissensstoff und seine Diskussion in den Seminaren von selbst. Eine solche Erziehungserwartung orientiert sich bestenfalls an einem Studium, in dem der Student „die Einsicht in die reine Wissenschaft" noch in Einsamkeit und Freiheit, also nur „durch und in sich" finden sollte und konnte (vgl. Humboldt 1964, S. 26). An der Suche nach der Wissenschaft ist der heutige Student jedoch kaum mehr ernsthaft beteiligt. Sein Studium besteht vorwiegend aus der Übernahme vorgefertigten Wissens in Seminaren und der Wiedergabe abgepackten Wissens in Prüfungen. Sein Verhaltensrepertoir ist auf die Demonstration von Wissen unter weitgehender Ausschaltung seiner Person eingeschränkt (vgl. Loch 1978, S. 20ff.). Erzogen – im Sinne des heimlichen Lehrplans – wird eher das Fertigwerden mit der Anonymität von Wissensinhalten als die Klärung und Weiterentwicklung eigener pädagogisch relevanter Persönlichkeitsstrukturen durch Suche nach der reinen Wissenschaft, sprich Wahrheit. In den Massenveranstaltungen der Hochschulen wird Individualität eher ent- als erzogen. Die bezuglose Wissensvermittlung zielt stärker auf das Überprüfbarmachen formaler Berechtigungsnachweise als auf die Unterstützung subjektiver Befähigungsprozesse ab. Die Hochschullehrer wirken häufiger als gestreßte Zeremonienmeister in Wissensvermittlungs- bzw. Prüfungsprozeduren denn als erzieherische Vorbilder für die künftigen Erzieher. Wie sollte dies auch anders sein, haben sich doch die meisten Hochschullehrer auch mehr um ihre Karriere als

Wissenschaftler als um ihre Karriere als Erzieher gekümmert. Der künftige Erzieher oder Lehrer erfährt sich in der Hochschule kaum als Erkenntnisquelle für eigenständiges Wissen, sondern vorwiegend als ‚Zwischenlager' für fremde Informationen.

Folgen wir MAKARENKO weiter, so ist pädagogische Tätigkeit etwas besonders Verantwortungsvolles, was den Erziehern größte Anspannung, Kraft und vielfältigste Fähigkeiten abverlangt. Eine solche Kennzeichnung der Pädagogik dürfte nicht nur für sozialistische, sondern überhaupt für moderne Gesellschaften zutreffen. Der „Erziehung der Erzieher" müßte also besondere Aufmerksamkeit und Sorgfalt entgegengebracht werden. Stattdessen machen uns Forschungsergebnisse zur Bildungsökonomie darauf aufmerksam, daß die Kapitalverwertungsinteressen in unserer Gesellschaft die Aufwendungen für das Erziehungs- und Bildungswesen durch „exakte Planung der Verausgabung von faux frais" und durch eine „genaue Kalkulation und Messung des Output" (HUISKEN 1972, S. 289) möglichst genau kontrollieren und möglichst gering halten. Einer solchen quantitativen Beschränkung der Pädagogik von oben entspricht ihre qualitative Einschränkung von unten. Die öffentliche Meinung schätzt Pädagogenberufe als wenig arbeits- und besonders ferienintensiv ein. Einige Lehrer haben sich inzwischen im Sinne von ‚self-fulfilling-prophecy' auch auf diese freizeitfreundliche Erwartungshaltung eingependelt. Die meisten jedoch wollen ihre Arbeit besser machen, als sie sie als Schüler erlebt haben. Vielfach ist dies ein bedeutendes Motiv der Berufswahl. Dann stoßen sie nach einer theoretisch abgehobenen Ausbildung auf einen Beruf mit geringer Selbständigkeit, die durch Zunahme des bürokratischen Arbeitsanteils immer weiter eingeschränkt wird. Vorgegebene Pflichtaufgaben wie Heftekorrigieren, Zeugnisschreiben, Aktenanfertigung usw. sind so arbeits- und zeitintensiv, daß Pädagogen zum eigentlichen Gegenstand ihrer Tätigkeit, nämlich dem einzelnen erziehungsbedürftigen Menschen, gar nicht mehr vorzudringen vermögen. So kommt es dann, daß Verwaltungsarbeit schon für Pädagogenarbeit gehalten wird. So kommt es dann, daß die der Pädagogik innewohnenden Kraftanstrengungen, Verantwortlichkeiten und besonderen Fähigkeiten erst gar nicht mehr in Erscheinung treten. Pädagogik wirkt dann nach außen zurecht als ein entlasteter Beruf, der nur eine wesentliche Störvariable hat: nämlich die erziehungsschwierigen Kinder. Die ungleich höhere Einschätzung des Medizinerberufs erscheint vordergründig gerechtfertigt, in Wahrheit ist sie aber völlig unbegründet. Sie ist letztlich das irrationale Produkt der Überordnung der Angst vor dem Tod über die Verantwortung für das Leben. Diese Werthierarchie charakterisiert den strukturellen und menschlichen Zustand unserer Gesellschaft, nicht aber die Anforderungen an einen Beruf. Wir jedenfalls sind der Auffassung, daß eine gelungene

Erziehung umfassendere Fähigkeiten voraussetzt als eine gelungene Operation und daß – so man überhaupt werten will – der Pädagogenberuf sinnvollerweise eher eine höhere Einschätzung in einer Gesellschaft verdient als der des Mediziners.

Die übliche „Erziehung der Erzieher" reicht jedoch für die heute erforderliche Erziehungsarbeit im gesamtgesellschaftlichen Ausmaß überhaupt nicht mehr aus. Man sieht es am Zustand unserer Kinder und Jugendlichen, aber auch an den heutigen Erziehern selbst, gleichgültig ob man sie in ‚pädagogischer Aktion', im Zustand des Praxisschocks oder der vielfältigen psychosomatischen Erkrankungen, beim privatisierenden Hausbau, in Ferien oder sonstwo antrifft. Die tätigen Erzieher bedürfen selbst dringend der Erziehung.

Wenn wir uns auch zur Verdeutlichung unseres Problems einiger Gedanken zur Tomatenproduktion und damit eines Gärtnerbeispiels bedient haben, so wollen wir keinesfalls den „Pädagogen wieder zum Gärtner" machen. Es kann dennoch übergreifende gesellschaftliche Gemeinsamkeiten zwischen Gärtnern und Pädagogen geben: Die einen produzieren heute fade Tomaten, die anderen fade Erzieher bzw. Kinder. Bestimmt die Treibhaustomate zunehmend den Regelgeschmack auf der Zunge, so bestimmt die wissenschaftliche Treibhauskultur mehr und mehr die pädagogische Substanzlosigkeit in unseren Köpfen und – wollen wir's wagen zu sagen? – auch die pädagogische Taktlosigkeit in unseren Herzen! Wir produzieren immer mehr und werden gerade im Erziehungsbereich immer ärmer. Wir ‚doktern' an den Erscheinungsweisen des Mangels herum, nicht aber versuchen wir, das Wesen heutiger Armut in der Erziehung zu verändern. Wir tun Notwendiges, aber kaum Hinreichendes. Statt Liebe und Verständnis für die nachwachsende Generation und für uns selbst erzeugen wir Spezialistentum für die praktische Verwirklichung wissenschaftlicher Denksysteme. Statt empfindsame und erkenntnisfähige Erzieher bringen wir an unseren Hochschulen kenntnisreiche und technisch gutgeschulte ‚Laboranten' hervor. Um diese Behauptungen zu verdeutlichen, zitieren wir aus den „Empfehlungen der Lehrerbildungskommission des Hochschul-Planungsbeirates des Kultusministers des Landes Nordrhein-Westfalen", wo man sich Gedanken über die „Lehrerbildung für die künftige Schule" und über den „Lehrer 1980" gemacht hat. Unter der Überschrift „Inhaltliche und strukturelle Reformen" heißt es da auf S. 95 f.:

„Die bisherige Lehrerausbildung hat sich darauf beschränkt, Nachwuchs ausschließlich für Unterrichtstätigkeiten vorzubereiten, die nach Schultypen und Schulfächern voneinander abgegrenzt sind. Für ein modernes Schulwesen muß diese genügsame Selbstbeschränkung der Lehrerausbildung entschieden durchbrochen werden. ... Spezialstudiengänge, deren Detailplanung unverzüglich in Angriff genommen werden sollte, bilden Sachverständige der folgenden Spezialisierungen aus: Curriculumspezialisten, Unterrichtstechnologen, Schullaufbahnberater und psychologisch-pädagogische Beratungslehrer. Die aufgezählten Spezialisten absolvieren ihr Spezialstudium als Zweitfach oder Nebenfachstudium. ... Die theoretische Grundlage ihres Spezialstudienganges (Curriculumspezialisten) sind die Prinzipien der Curriculumtheorie."

Entsprechende Stellungnahmen ganzer Kommissionen aus der Periode der Reformeuphorie bestätigen allzu häufig, daß die „Erzieher der Erzieher" eben selbst nur wenig erzogen, meistenteils lediglich fachspezifisch verzogen worden sind. Sie systematisieren, rationalisieren und perfektionieren Erziehung in der Sache, ohne die menschlichen und gesellschaftlichen Probleme der Erziehung als Ganzes überhaupt noch sehen bzw. einbeziehen zu können. Diese schwierige Aufgabe soll ihnen dann der Praktiker abnehmen. Sie selbst haben sich lediglich erziehungswissenschaftlich spezialisiert, ohne sich auch erzieherisch qualifiziert zu haben. Solche Entwicklungen führen in abgehobenes und krankmachendes Fachidiotentum an Hochschule und Schule.

Pädagogisches Können als Arbeit an jungen Menschen verschwindet hier zugunsten einer wissenschaftlich gelenkten Perfektionierung der Systeme, die sich die etablierte Gesellschaft für eine noch totalere ‚Hinrichtung' der nachwachsenden Generation ausgedacht hat. Wissenschaftlich einseitig abgesichertes Spezialistentum erscheint als Ausdruck einer kinder- und jugendfeindlichen Gesellschaft. Will der Pädagoge jedoch offen und ganzheitlich ‚am Menschen bleiben', so sind seiner Spezialisierung deutliche Grenzen gesetzt, während gleichzeitig der Zustand seiner eigenen Erziehung eben immer bedeutungsvoller wird.

Lediglich auf curricular vorgefertigtem Wissen basierendes Spezialistentum – und sei jenes noch so emanzipatorisch formuliert und gemeint – erzieht jedoch weder den Erzieher noch ermöglicht es ihm den Weg zu den Kindern. Wie sich Fachwissen geradezu trickreich zwischen die am Erziehungsvorgang beteiligten Menschen stellen kann, macht v. Hentig (1978, S. 71) besonders anschaulich, wenn er von der „pädagogischen Wehleidigkeit" spricht, mit der sich heutige Schüler seinem Unterricht zu entziehen in der Lage sind:

„Sie reden von Motivation, und daß sie ihnen leider fehle; sie seien Legastheniker (und sehen gar keinen Grund, es nicht sein zu wollen); die alte Schule habe sie ‚verkorkst'; sie hätten das Lernen nicht gelernt; ich ‚frustiere' sie mit dem vielen Latein, das ich könne; ‚Sie überfordern uns Unterschichtkinder', sagt eines von ihnen in makellosem Hochdeutsch und ebenso präziser Einschätzung meiner Skrupel."

Das sozialwissenschaftliche Fach- und Aufklärungswissen hat über eine falschverstandene „Erziehung der Erzieher" die Kinder und Jugendlichen erreicht. Es zeigt sich in dem Beispiel deutlich, wie es Erziehung eher behindert als fördert. Was ich weiß, macht mich nicht mehr heiß. Aufklärungswissen dient als Punchingball zwischen Lehrern und Schülern, nicht aber als Bindeglied, das einfühlsames Verstehen und erzieherische Gemeinsamkeiten verbessern hilft. Es schafft nur scheinbar, nicht aber tatsächlich von unzulänglichen Lebensbedingungen emanzipierte Menschen. Diese werden bloß in die Lage versetzt, sich mit theoretisch legitimierter Verbalakrobatik einer eigenen elementaren emanzipatorischen Erziehung zu entziehen. Dadurch werden Mißstände gekennzeichnet und stabilisiert, nicht aber verändert und überwunden. Der Erzieher, will er gut erzogen sein, muß vielmehr darüber hinaus abschätzen lernen, was emanzipatorisches Wissen in ihm selbst, in den Kindern, in der gesellschaftlichen Praxis überhaupt bewirkt. Um mit Wissen also pädagogisch umgehen zu können, muß der Erzieher sich selbst als individuelles Mitglied seiner Gesellschaft kennengelernt haben und fähig sein, sich selbst stets neu als solches wahrzunehmen, zu verstehen und weiterzuentwickeln.

Die pädagogische Qualifizierung einer Gesellschaft kann eben nicht bloß über die Verbesserung der äußeren pädagogischen Bedingungen erreicht werden, sondern im wesentlichen nur über eine erzieherische Qualifizierung der Erzieher selbst. Gegenüber allen anderen Erziehungsbedingungen ist der Erzieher selbst die grundlegendste.

Die Arbeitsbedingungen sind unter solch einem Gesichtspunkt dann vorwiegend vom Berufsträger abhängig, nicht umgekehrt der Berufsträger von den Bedingungen. Wie anders ist es erklärbar, daß in den Waldorf-Schulen trotz größtenteils höherer Klassenfrequenzen eine anerkanntermaßen intensivere erzieherische Arbeit geleistet werden kann? Wenn die Mediziner heute über bessere Ausrüstungen ihrer Arbeitsplätze verfügen, so dürfte das nicht zuletzt das Resultat ihrer selbstbewußteren, wie auch immer gearteten beruflichen Qualifizierung sein. Die juristische Reglementierung der Schulen und der sozialpädagogischen Institutionen kann doch nur deshalb so raumgreifend auswuchern, weil sie in das Vakuum fehlender pädagogischer Berufskompetenz vorstoßen kann.

Kommen wir nach unserer knappen Analyse zu einem noch knapperen, die weiteren Beiträge dieses Buches vorbereitenden Resümee. Wer erziehen will, muß also selbst erzogen sein. Soweit so gut. Wie aber soll das gemacht werden? Hochschulen haben ein Selbstverständnis, das auf Lehre und teilweise auf Forschung, keinesfalls aber auf Erziehung ausgerichtet ist. Das ist das eine Problem bei der „Erziehung der Erzieher". Das zweite Problem sind die künftigen Erzieher selbst. Wenn sie an die Hochschulen kommen, dann sind sie bereits weitgehend schlecht oder recht erzogen. Sie wollen studieren, nicht aber mehr erzieherisch behandelt werden. Wenn also von der „Erziehung der Erzieher" gesprochen wird, so kann es trotz der allgemeinen Entwicklungen zum ‚lifelong learning' bzw. zur ‚education permanente' um einen Erziehungsauftrag der Hochschule – beispielsweise im Sinne eines Kindergartens – nicht gehen. Was kann dann „Erziehung der Erzieher" praktisch überhaupt heißen?

Zur „Erziehung der Erzieher" reicht die bloße Aufnahme der vorliegenden Wissensbestände sowie der Erwerb einer wissenschaftlichen Methodenkenntnis nicht aus. In Zusammenhang mit pädagogischem Wissen und entsprechenden Forschungsmethoden muß der Erzieher sich vielmehr unbedingt selbst erkennen lernen, um die Bedeutung des Wissens und seiner Erkenntnisse für sich wie für die Zuerziehenden überhaupt einschätzen zu können. Uns geht es nun darum, die künftigen Erzieher mit Hilfe der pädagogischen Medien fähiger zu machen, sich selbst und andere zu verstehen und zu erkennen. In einem ersten Schritt dazu können sich Pädagogen und solche, die es werden wollen, mit Hilfe pädagogischer Medien zum Ausdruck bringen, das heißt, sie können sich abbilden. Sie können zunächst noch Unsichtbares sichtbar machen. Sie können über pädagogische Medien ihr Inneres nach außen wenden. Sie schaffen sich und anderen am Medienprozeß Beteiligten damit ein mehr oder weniger deutliches Bild von dem jeweiligen Zustand ihrer Erziehung. Solche Abbildungen sind eine unerläßliche Grundlage für notwendige Umbildungen in einem Menschen.

Hier stoßen wir auf einen zentralen Aspekt der „Erziehung der Erzieher"; denn will „der Erzieher das Kind" bilden, so kann er es nur „durch seine eigene Umbildung" (v. WEIZSÄCKER 1959, S. 51). Umbildungsvermögen erweist sich somit als eine individuelle Grundqualifikation eines jeden Erziehers. Andernfalls bleibt er zur schöpferischen und weiterbildenden Erziehungsarbeit unfähig. Ohne eigene Umbildung kann der Erzieher aus psychoanalytischer Sicht nur das schon einmal erlebte Erziehungsschema seiner Eltern wiederholen: denn der Erzieher steht immer vor „zwei Kindern: dem zu erziehenden vor ihm und dem verdrängten in ihm. Er kann gar nicht anders, als jenes zu behandeln, wie er dieses erlebte. Denn was jenem recht, wäre diesem billig" (BERNFELD 1967, S. 141).

Sich selbst als ein besonderes Erziehungsergebnis einschätzen und verändern zu lernen, ist Grundlage für die Überwindung von praktischen wie theoretischen Erziehungshandlungen und -erkenntnissen als bloßer individueller wie auch kollektiv geprägter Reaktion. Ohne einen hinreichenden Anteil an Umbildung der Vorfahrenerziehung bleibt der Weg zur Neubildung in der Nachfahrenerziehung versperrt. Daß die heutige Pädagogenausbildung eine solche aus dem ‚Erkenne Dich selbst' erwachsende Fähigkeit zur Umbildung nicht nur nicht vermittelt, sondern daß die akademische Reduktion der ganzheitlichen Erzieherpersönlichkeit noch viel weitergeht, führt uns eine

Bemerkung von Gabi in der Vorstellungsrunde zum Mözen-Seminar besonders plastisch vor Augen:

Ich mache jedes Semester wieder die Erfahrung von mir, ich fang' als ganze Person an, ich gehe immer ziemlich schwungvoll rein und merke dann, daß mein Kopf immer größer und mein Körper immer kleiner wird. Das macht mir jedesmal wieder unheimlich zu schaffen und Angst. Neulich hatte ich so eine Vision in Hinblick auf mein Diplom im nächsten Jahr gehabt. Ich sitze am Schreibtisch und bin total verschrumpelt und überhaupt völlig berufsunfähig. Ich habe Angst davor, mich als Körper-Gabi zu produzieren und als ganze Gabi ansprechbar zu sein.

Wenn es mehreren Studenten so geht wie Gabi – wer will daran zweifeln? – dann produziert die gängige „Erziehung der Erzieher" an unseren Hochschulen Krüppeltomaten, berufsunfähige ‚Kopffüßler', ängstliche und eben allseitig reduzierte Pädagogen. Was pädagogische Medien – werden sie fachkundig gehandhabt und durchdacht – zur Überwindung einer solchen kranken und krankmachenden Entwicklung beitragen können, werden wir zu zeigen versuchen.

Werner Lauff

Medien – dieses Mal anders

Wenn heute von Medien die Rede ist, so wird im allgemeinen an die modernen technischen Medien bzw. an die Massenmedien (Film, Fernsehen, Funk, Presse) gedacht. Solche Medien, die auch audiovisuelle Medien genannt werden, bezeichnet man vorwiegend „als Träger und/oder Vermittler von Informationen" (DOHMEN 1974, S. 409). Hinter dieser formal so eindeutig und einfach erscheinenden Definition verbirgt sich jedoch ein nahezu unüberschaubarer Komplex politischer, wirtschaftlicher und wissenschaftlicher Interessen, industrieller Produktion, umfassender und gut durchorganisierter Märkte und schließlich eines massenhaften Konsums. Das lateinische Wort Medium ist heute zu einem verwirrenden Sammelbegriff geworden, von dem erstens zahlreiche arbeitsteilige Vorgänge (Medienherstellung und -vertrieb, Senden und Empfangen) abgedeckt werden, der zweitens für verschiedene technische Merkmale (Hardware, z. B. Filmkamera, und Software, z.B. Filmstreifen) steht und hinter dem sich drittens umfassende informationspolitische Interessen verbergen, die sich auf unsere gesamte Weltgesellschaft beziehen und kaum ein Privatleben unberührt lassen.

In Einrichtungen der Schulmediatheken, des Programmierten Unterrichts und des Medienverbundes manifestieren sich auch mannigfache pädagogische Zwecke dieser technischen Medien. Die offizielle Mediendidaktik sieht in ihnen Mittel, die subjektiven Einflüsse der Lehrenden und Lernenden zu verringern und zu verobjektivieren, daß alle Lernenden fachspezifisch geordnet möglichst das Gleiche lernen können. Die technischen Medien sollen eine „Rationalisierung und Optimierung der Lehr- und Lernprozesse" (DOHMEN 1974, S. 407) einleiten und schließlich dauerhaft garantieren. Wie sich derartige Ansprüche an technische Medien in der pädagogischen Praxis auswirken, wollen wir an einem Beispiel aus einer Fortbildungsveranstaltung der Akademie Remscheid – zentrale Einrichtung für Medienerziehung und musische Bildung – anschaulich machen.

Was keine pädagogischen Medien sind!

In einem berufsbegleitenden Fortbildungsseminar wird einer Gruppe von zwölf Sozialpädagogen, die in der Jugendarbeit tätig sind, ein Film über einen erdachten Atomangriff auf eine westliche Großstadt vorgeführt. Die Filmbilder von den Qualen und hilflosen Bemühungen der betroffenen Menschen sind ‚schrecklich' realistisch und hinterlassen auf die Zuschauer einen erschütternden Eindruck. Doch auf den Filminhalt kommt es uns hier weniger an, denn das eingesetzte ‚Medium' soll lediglich Ausgangspunkt für verschiedene Übungen zur Kommunikationsberatung in der Jugendarbeit sein. Diese Übungen sind in drei Schritte aufgeteilt: Zunächst geben die Zuschauer anhand eines Fragebogens eine Einschätzung und Analyse des gesehenen Films ab. Sie antworten schriftlich auf verschiedene Fragen: An welche Einzelheiten des Films kannst du dich erinnern? Welchen politischen Grundtenor hat der Film? Hältst du den Film eher für eine Dokumentation, Polemik, Satire, Spielhandlung oder was sonst? Das Spektrum der Antworten ermöglicht dann so etwas wie ein medienkundliches Gespräch. Danach erzählt eine Hälfte der Zuschauer den Filminhalt einer Personengruppe, die den Film nicht gesehen hat. Die zweite Hälfte der Zuschauer beobachtet diesen Vorgang des Weitererzählens und gibt ihre Beobachtungen der Gesamtgruppe zurück: Welche Inhalte wurden wie richtig oder verzerrt dargestellt? Welche Reaktionen zeigten die Zuhörer? Welche Fragen stellten sie? usw. Die Diskussion um Meinungsverschiedenheiten zwischen Erzählern, Beobachtern und Zuhörern soll schließlich zu einer kritischeren Haltung sowohl gegenüber den objektiv wahrnehmbaren Aussagen des Medienproduzenten als auch gegenüber den subjektiven Wirkungen bei den Konsumenten beitragen. Im dritten Abschnitt der Übungen wird die persönliche Betroffenheit und gefühlsmäßige Verarbeitung des gesehenen Films erfragt und ausgetauscht: Hat dich der Film psychisch beansprucht? Glaubst du, was du gesehen hast? Wie fühlst du dich jetzt? usw. Es mag an der Art der Fragen liegen, mit Sicherheit ist es aber auch auf die Totalität des gefühlsmäßigen Eindrucks durch den Film zurückzuführen, daß die Antworten sich durchweg auf ja-nein und Ausdrücke wie beschissen, schlecht, machtlos usw. beschränken. Die Besprechung der Antworten führt über die Verbalisierung eines unauflösbaren Gefühls der Ohnmacht nicht hinaus.

Zu fragen ist nun, ob der Film die beabsichtigten Lehr- und Lernprozesse tatsächlich pädagogisch rationalisieren und optimieren konnte.

Im *ersten* Arbeitsabschnitt beschäftigen sich die Teilnehmer mit dem Film als einem medialen Machwerk. Wie ist der Film? In den Hintergrund tritt die Wirklichkeit, die der Film zum Gegenstand hat. Der Film selber wird zum pädagogischen Gegenstand. Die Lehr- und Lernprozesse beziehen sich dementsprechend nicht auf die Wirklichkeit des Atomangriffs, sondern nur auf das Abbild dieser Wirklichkeit. Bei Filmvorführungen lernt man eben lediglich die Konserven einer interpretierten Wirklichkeit kennen, nicht aber die Wirklichkeit selbst. Man macht Erfahrungen mit einer vermittelten Welt als Ersatz für die tatsächliche. Second-hand-Wirklichkeiten werden zu den eigentlichen Wirklichkeiten, können das Original verdecken, verfälschen und letztlich ganz verdrängen. Wenn wir uns auch wünschen, daß es im Falle von Atomangriffen so bleibt, so darf in der Pädagogik niemals vergessen werden, daß mit solchen Medien immer lediglich die *Interpretation der Interpretation* gelernt werden kann, nicht aber ganzheitliches, selbstentdeckendes Lernen in der gesellschaftlich-historischen und natürlichen Wirklichkeit selbst.

Im *zweiten* Abschnitt der pädagogischen Aufarbeitung des Films wird die Subjektivität von Wahrnehmungen und Interpretationen problematisiert. Des weiteren wird gezeigt, wie sich der Informationsgehalt eines Films durch Weitererzählen immer mehr von der eigentlichen Informationsquelle entfernt. Die Teilnehmer lernen also, daß audiovisuelle Medien subjektiv unterschiedliche Wirkungen und Rückwirkungen bei den Zuschauern hinterlassen. Demgegenüber bleibt das Filmdokument das Objektive und sei es noch so subjektiv. So wird in der Übung die Subjektivität des Medienempfängers, nicht aber auch des Medienproduzenten bewußt gemacht. Dabei ist es heute doch beinahe schon eine Binsenweisheit, daß nichts so subjektiv ist wie das Objektiv einer Kamera. Wo jedoch keine eigenen originären Erfahrungen zum jeweiligen Thema vorliegen, kann die vom Medium vermittelte Wirklichkeit eben nicht hinterfragt werden. Der Film bleibt letzte Informationsautorität. Der Wahrheitsgehalt der Filminformationen läßt sich umfassend ja auch gar nicht überprüfen. Lehr- und Lernprozesse mit solchen Medien dienen somit eher einer *Vermehrung des Glaubens als des Wissens.*

Im *dritten* Arbeitsabschnitt wird nach der Selbsterfahrung der Zuschauer gefragt. Die Antworten bleiben karg und verweisen darauf, daß der Film eine diffuse emotionale anstatt eine kontrollierbare rationale Wirkung hinterlassen hat. Nach Ansehen und Besprechen des Films bleibt es weitgehend offen, ob die Zuschauer sich eher stillschweigend an die atomare Bedrohung gewöhnt haben, oder ob sie sie in Zukunft verstärkt bekämpfen wollen. Das Medium ist bezüglich seiner Wirkung auf das Individuum pädagogisch also nur schwer zu überschauen, wenn nicht gar letztlich überhaupt unkontrollierbar. Der Film entwickelt eine eigendynamische Wirkung in jedem Subjekt, die in ihrer ganzen Breite und Tiefe auch nicht durch noch soviel pädagogisches Gespräch hervorgeholt und geklärt werden kann. Der Eindruck eines Films auf den Zuschauer, schaue er sich nun einen Atomangriff oder eine Wattenmeerwanderung an, kann durch nachgeschaltete Medien wie Sprache oder Rollenspiel eben nicht wieder einfach in seiner Gedanken- und Erlebniswelt korrigiert oder gar aus ihr entfernt werden. Die audiovisuellen Medien fördern somit eine *Vogel-friß-oder-stirb-Pädagogik*, die totaler informiert und determiniert, als dies einem pädagogisch kontrollierten und selbst- bzw. mitbestimmenden Lernen zuträglich sein kann.

Von audiovisuellen Medien läßt sich also nicht uneingeschränkt eine pädagogische Optimierung der Lehr- und Lernprozesse erwarten. Von Rationalisierung läßt sich nur insofern reden, als diese Art Medien die eigenständige persönliche Lehr- und Lernarbeit weitgehend wegzurationalisieren in der Lage sind. Sie machen Lehrern wie Schülern die Arbeit bequemer, jedoch nicht ohne den Preis der größeren Abhängigkeit. Diese Abhängigkeit ist umso schwerwiegender, als die Medienhersteller im Regelfall kaum über ihre Produkte offen und umfassend befragt werden können. Darüber hinaus gelingt es den Medienproduzenten zunehmend, die mit Hilfe der psychologischen Wissenschaft gewonnenen Kenntnisse über Empfängerkapazitäten und -gewohnheiten totaler und undurchschaubarer in ihren Produktionen zu verwerten.

Der Film als menschliches Machwerk wird den Lehrenden und Lernenden dadurch immer weniger zugänglich. Das, was als verbesserte und objektivierte synchrone Kommunikation gedacht ist, pervertiert zu einer manipulationsfördernden *One-way-Kommunikation.* Sollten die Medien zunächst als qualitativ hochentwickelte Träger zwischen Sendern und Empfängern ein demokratieförderndes Gleichgewicht herstellen, so garantieren sie zunehmend geradezu ein totalitäres Ungleichgewicht gegen die Empfänger. Angesichts dieses Ungleichgewichts lassen sich Medien nur in einer solchen pädagogischen Konzeption als pädagogisch ansehen, die pädagogische Tätigkeit auf ein Zweck-Mittel-Schema reduziert, wie dies in seiner Definition von Erziehung BREZINKA (1971, S. 33) tut:

„Als ‚Erziehung' werden Handlungen bezeichnet, durch die versucht wird, das Dispositionsgefüge menschlicher Persönlichkeiten mit psychischen (Verhaltenssysteme) und/oder sozial-kulturellen Mitteln (soziale Systeme) in Richtung auf größtmögliche Annäherung an gesteckte Lernziele zu verändern."

Die technologische Abstraktion von Erziehung in dieser Definition läßt es durchaus zu, daß der Begriff der „Erziehung" z. B. durch den der „Werbung" ersetzt werden könnte, ohne daß der Satz an Sinn einbüßte. Entscheidend erscheint uns, daß das erziehende Subjekt in obiger Definition direkt gar nicht vorkommt. Die zweck-adäquat produzierten Mittel – also z. B. die audiovisuellen Medien – werden in einer solchen Auffassung von Pädagogik zu den eigentlichen Subjekten des erzieherischen Geschehens. Pädagogisch gesehen paßt dazu eher das Bild vom *„Nürnberger Trichter“* als dasjenige vom *„pädagogischen Bezug“*, aus dem heraus der Erzieher in erzieherischer Verantwortung gemeinsam mit den Kindern und Jugendlichen die individuellen und kollektiven Lebenswege weiter entwickelt und immer wieder neu vorbereitet.

Das Beispiel des Atomfilms zeigt nach diesen Erörterungen, daß der Film aus sich heraus eben keine pädagogische Qualität besitzt. Pädagogisch behandelt – wenn überhaupt – wurde der Film erst in den nachgeschalteten Befragungen und Gesprächen. Vorgefertigte technische Medien sind deshalb Hilfsmittel für pädagogische Tätigkeiten – wie z.B. Tafel und Kreide auch. Allerdings handelt es sich hier, das kann nicht nachdrücklich genug betont werden, um besonders komplexe und komplizierte Hilfsmittel, deren Einsatz nicht geringerer sondern erweiterter Kompetenzen bedarf. Die vorgefertigten audiovisuellen Mittel in der pädagogischen Arbeit allerdings für mehr als für Hilfsmittel zu halten, ist ein folgenschwerer Ausdruck technologischer Verflachung des allgemeinen Denkens, Fühlens und last not least des verantwortlichen erzieherischen Handelns. Die Frage nach den pädagogischen Medien bleibt also offen. Im weiteren wollen wir versuchen, anhand eines anderen Beispiels aus der gleichen Fortbildungsveranstaltung an der Akademie Remscheid unseren Gegenstand umfassender zu erschließen und zu bestimmen.

Was pädagogische Medien sein können!

Eine Gruppe von zwölf Personen befindet sich in einem Raum, in dem wohl an die hundert verschiedenartige Musikinstrumente zu finden sind. Das Angebot reicht vom Synthesizer über übliche mitteleuropäische und auch fremdländische Instrumente bis hin zu Gartenschlauch mit Trichter, auf dem trompetenähnliche Töne zu erzeugen sind. Jeder kann den Anreizen und Wirkungen der einzelnen Instrumente auf sich nachgehen und mal hier, mal dort probieren. Nach einer Weile malt der Dozent zwei Zeichen an die Tafel: < >. Er fragt, was das wohl bedeuten könne? Die Gruppe findet mehrere Möglichkeiten: z.B. leise – laut – Pause – laut – leise; oder: wenig Töne pro Zeiteinheit – viel Töne – Pause – viel Töne – wenig Töne. Beide Entwicklungslinien werden für sich und danach kombiniert auf den Instrumenten gespielt. Einige Gruppenmitglieder werden schneller laut, beschleunigen ihre Tonfolge mehr als andere. Führungsansprüche, Konfliktvermeidungsstrategien werden in unterschiedlichsten Ausprägungen bei den Teilnehmern anschaulich. Auf der

Grundlage des gemeinsamen Handelns mit den Musikinstrumenten sind individuelle Verhaltensweisen und ihr Zusammenwirken in der Gruppe für alle Beteiligten erkennbar geworden. Wiederholungsübungen ermöglichen mehr und mehr gleichberechtigte und solidarische Gruppenproduktionen. Tonbandaufnahmen dienen als empirische Grundlage für weitere Einsichten und Lernprozesse im Individuum und in der Gruppe.

Das Musizieren als gemeinsame Tätigkeit hat Handeln und Erkennen in der Gruppe und in der Situation spontan ermöglicht, hat Spaß gemacht und beim späteren Wiederanhören sogar ästhetischen Genuß bereitet, wenngleich nur einer dabei war, der ein Instrument zu spielen gelernt hatte. Obwohl manchem Beteiligten besonders unangenehme und teilweise jahrelang verborgen gehaltene Wahrheiten (z.B. unangemessenes Dominanzstreben) über sich selbst und über seine Wirkung auf die Gruppe offen vor Augen geführt werden, fühlt sich niemand in die Ecke gedrängt, bzw. keiner ist verstimmt, wie dies z.B. aus bloß sprachlich orientierten, therapeutischen oder gruppendynamischen Sitzungen bekannt ist. Das kritisierende und damit leicht verletzende Wort bezieht sich hier auf ein gemeinsames Erlebnis, bleibt eben nicht abstrakte Vermutung oder Spekulation. Der gemeinsame Erlebnishintergrund macht das einzelne Individuum sich selbst und den anderen Gruppenmitgliedern anschaulich. Das Nachdenken über sich, über den anderen, über den Gruppenzusammenhang usw. hat für alle Beteiligten eine allgemein zugängliche empirische Grundlage. Dies fördert erlebnisnah die Selbstwahrnehmung, das Verstehen des Du, das Sichverständlichmachen im Wir und schließlich auch den gemeinsamen Lernfortschritt in der Sache.

Unter Verwendung wissenschaftstheoretischer Begriffe ließe sich das folgendermaßen ausdrücken: Die Theoriebildung über sich, den Mitmenschen, den Gruppen- und Lernprozeß bezieht sich auf eine unmittelbar und konkret erlebte Praxis. Es handelt sich deshalb um eine praktische Theoriebildung, die mit der Weiterführung der folgenden Praxis in einem unmittelbaren Bezug steht. Ein solches Theorie-Praxis-Modell entspricht pädagogischen Verhältnissen, in denen niemals abstrakte Anfänge gesetzt werden können, sondern wo immer aus nicht zu unterbrechenden Praxisabläufen heraus Weiterentwicklungen eingeleitet werden müssen. Mehr noch, will Pädagogik die Würde des einzelnen Individuums achten, so ist es eine moralische Aufgabe, das lebensgeschichtlich immer besondere, vorweg theoretisch nicht bestimmbare Subjekt aus seiner sinnlichen Wahrnehmung heraus zum Ausgangspunkt der erzieherischen Theoriebildung zu machen und es umgekehrt eben nicht zum Objekt einer abstrahierenden ‚objektiven' Theorie werden zu lassen. Das Objektive einer pädagogischen Theorie kann eben nur in ihrem einmaligen Subjekt- und in ihrem historischen Praxisbezug liegen.

Es mag anhand solcher Auffassungen verständlich werden, weshalb manche Romane, Kunstfilme, Bilder usw. pädagogisch ergiebiger sind als perfekte lernzielorientierte technische Medien und auch als zahlreiche Objektivität beanspruchende Theorien (z.B. Lerntheorien), die sich ausdrücklich mit der Erziehung, Psychologie und Soziologie der Menschen befassen. Gemeinsamer Erlebnishintergrund ist für erzieherische Arbeit äußerst bedeutsam. Er ermöglicht stets von neuem aktuelles pädagogisches Handeln und Erkennen im Zusammenhang; Anschauen und Weiterdenken werden nebeneinander möglich. In dieser Hinsicht ist das Musizieren auf dem erwähnten Medienseminar ein wissenschaftlich unvoreingenommenes Ablaufen und Beschauen von Praxis, ein zeitweiliges Anhalten in theoretischem Nachdenken und Sprechen und immer wieder die Neuaufnahme einer zu erweiternden Praxis.

Schon bald ist die Gruppe aus eigenen Erfahrungen in der Lage, schwierige Stücke besser zu spielen – z.B. aus einem allgemeinen Instrumentengemurmel ein führendes Instrument heraustreten zu lassen, es mit dem übrigen Instrumentarium in seinen Möglichkeiten zu fördern bzw. in seinen Schwächen zu unterstützen, sowie die Übergabe der Führung an ein anderes Instrument zu begleiten und zu erleichtern. Schließlich spielt die Gruppe ohne weitere Vorbereitung eine ganze Geschichte: Morgendämmerung im Park einer Großstadt, in dem sich ein Liebespaar findet. Die Rollenverteilung bleibt zunächst offen. Erst aus dem Prozeß des gemeinsamen Musizierens entwickelt sich zwischen zwei Instrumenten und den sie handhabenden Menschen eine spezifische Kommunikation, die allen beteiligten und gleichzeitig beobachtenden Gruppenmitgliedern das veranschaulicht, was der Liebende im nachhinein eindeutig und endgültig in Sprachstrukturen festhält: „Sie hat mich nicht angenommen.“

Praxis mit solchen Medien bietet den Beteiligten also die Möglichkeit, sich im Vorraum sprachlicher Festlegung und Etikettierung selbstverwirklichend auszudrücken. Was wahr ist, wird nicht vorweg vom Wort, sondern erst von der Tat bestimmt. Die Sprache wird Ausdruck von gelebter Praxis, nicht umgekehrt. Die sensibel erfahrbaren, sprachlich aber nur schwer faßbaren, feinen praktischen Zwischenräume des unmittelbaren Erlebens werden durch Sprache nicht vorschnell überbrückt oder gar vorweg verdeckt. Diese immerwährende Gefahr der Sprache, in der Verständigung zwischen Menschen ‚Quelle der Mißverständnisse‘ (Saint-Exupérie) zu sein, wird durch erlebbaren Praxisbezug im pädagogischen Feld entscheidend verringert. Ohne Zweifel bleibt Sprache selbst ein wichtiges pädagogisches Verständigungsmittel, wenn nicht letztlich das wichtigste. Doch nicht das beschließende, erklärende, das vorweg exakt definierte Wort, der vorgegebener logischer Struktur folgende Satz, sondern nur das sich unter Sprechenden erst allmählich erschließende, subjektiv und situativ erzählende, semantisch offene, das weniger auf Logik als auf Ausdruck abzielende Gespräch kann der Weiterführung pädagogischen Handelns und Erkennens dienen.

In der pädagogischen Erkenntnis, die sich wie ihre Praxis auch immer primär auf den konkreten Menschen zu beziehen hat, können Begriffe, Sätze, ja sogar Theorien eben immer nur Vorwissen für ein neues pädagogisches Handeln und Erkennen sein. Menschlicher Ausdruck und pädagogisches Verstehen sind ontogenetisch wie phylogenetisch eben nicht abschließbar, solange der Mensch das bleiben soll, was wir als Mensch bezeichnen: nämlich unabgeschlossene Individualität und Kollektivität. Die wichtigen Problemstellungen pädagogischer Erkenntnis beziehen sich demnach weniger auf die Formulierung von Ergebnissen; entscheidend sind vielmehr folgende Fragen: Wie können pädagogisch relevante Begriffe, Strukturen, Theorien aus anschaulicher Praxis gefunden werden, und wie können sich strukturierte Erkenntnisse wieder in konkrete Praxis zurückführen lassen?

Was sind also pädagogische Medien?

Was pädagogische Medien sind, läßt sich anhand der technischen Medien also zunächst nur negativ bestimmen. Aber auch das Beispiel des gemeinsamen Musizierens trägt nicht unmittelbar dazu bei, die Sachverhalte theoretisch genauer, d.h. theoriefähiger und damit auch wiederum praxissicherer zu machen. Ein solches Vorhaben wird dadurch besonders erschwert, daß es sich bei dem Terminus ‚Medium' – wie wir einleitend bereits angesprochen haben – um einen Mammutbegriff handelt, der eine immer unkontrolliertere, inflationäre Verwendung findet. Nahezu alles kann Medium genannt werden: „Medium Photographie" auf einem Ausstellungsplakat, „Medium Bergwandern" in einer Broschüre des Alpenvereins, Medium des Segelns, des Gespräches, Medienerziehung, Mediathek, Medium der Schönheit usw. HUBERT KIRCHGÄSSNER (o.J.) schreibt in seinem Arbeitspapier zu den „pädagogischen Medien":

> „Grundsätzlich kann alles, was sich einem didaktischen Zweck unterordnen läßt, ein pädagogisches Medium sein. Der Wochenmarkt oder das Fernamt der Post können für eine Schulklasse im Rahmen des Gemeinschaftsunterrichts pädagogische Medien sein, obwohl sie ihrem eigentlicheren Zweck nach etwas ganz anderes darstellen."

Da alles, was im menschlichen Leben von der jeweils nachwachsenden Generation kennengelernt werden soll, didaktische Zwecke erfüllen kann bzw. sogar muß, gibt es in der Tat eigentlich nichts, was nicht auch pädagogisches Medium sein könnte. Die Aussage klärt also weniger, was pädagogische Medien sind, als daß sie besagt: Lernen ist überall möglich und notwendig. Nicht Pädagogik oder pädagogische Medien werden demnach definiert, sondern hier wird lediglich ein zentraler pädagogischer Gegenstand, nämlich das Kennenlernen der Welt durch die Nachfahren, benannt. Was pädagogisches Medium ist, bleibt ungeklärt.

Wie unpräzise der pädagogische Aspekt von Medien heute öffentlich gehandelt wird, zeigt ein Beispiel aus der Zeitschrift ‚betrifft: erziehung‘ (5/79, S. 79ff.). Unter dem Stichwort „Medien“ werden hier kommerzielle Kinderfernsehmagazine (‚Telefant‘ und ‚Siehste‘) mit dem Informationsblatt einer Jugendgruppe (‚Kinderzeitung Karussel‘) begrifflich gleichgestellt. Das ‚Unpädagogische‘ der kommerziellen Fernsehmagazine steht zunächst gleichberechtigt neben dem ‚Pädagogischen‘ der selbstproduzierten Kinderzeitung. Erst die Kritik der Zeitschriften hebt ihren verschiedenartigen pädagogischen Gehalt voneinander ab: Die einen sind eben mit allen möglichen pädagogisch nicht zu vertretenden Tricks auf Käuferfang, die anderen bangen um ihre von Zensur bedrohte ehrliche pädagogische Aussage und damit um ihre Existenz als Jugendaktivität. Hier wird deutlich, wie der neutralisierte und formalisierte Begriff ‚Medium‘ ein innergesellschaftliches Schlachtfeld schafft, auf dem Kinder und Jugendliche gegen ökonomische Riesen kämpfen dürfen, auf dem Pädagogisches zugunsten von Kommerziellem letztlich zu Grabe getragen wird.

Die zentrale Frage bleibt also: Wann und wodurch werden Medien bzw. das Medium der Photographie oder des Bergwanderns zu pädagogisch sinnvollen Medien? Um Beantwortung dieser praktisch so bedeutsamen Frage bemühen sich mehrere Theorieversuche – im Bereich der technischen Medien allemal, worauf wir hier nicht erneut eingehen wollen (vgl. HAGEMANN/TULODZIECKI, 1978). Wir wollen vielmehr anhand der Überlegungen von PETZOLDT zur Rolle der Medien in seinem Konzept integrativer Pädagogik unseren Gedankengang über die pädagogischen Medien weiter zu entwickeln versuchen. Medien werden hier ebenfalls als „Träger von oder Systeme von Informationen in einem kommunikativen Prozeß“ verstanden, „die methodisch vermittelt werden sollen“ (PETZOLDT 1977, S. 101). Gemäß einer solchen Definition werden Medien erneut als formal-abstrakte Kategorie aufgefaßt und definiert. PETZOLDT (1977, S. 107ff.) unterscheidet Medien nach drei Kriterien:

1. nach ihrer Modalität (Medien als natürliche bzw. bewußt vorbereitete – geladene – Träger von verschiedenartigen Lernanreizen),
2. nach ihrem Substrat (ist das Medium eine Person, eine Handlung oder eine Sache?) und

3. nach ihrer Qualität (unterschiedliche Ausdrucks- und Wirkungsmöglichkeiten).

Die hier gewählten Kriterien helfen, Spiele, Tänze, Musikinstrumente zu unterscheiden, nicht aber das Spielen, Tanzen, Musizieren als pädagogischen Prozeß. Der Atomfilm und die Musikinstrumente lassen sich diesen PETZOLDTschen Kategorien zuordnen, nicht aber das durch sie ausgelöste pädagogische Handeln und Erkennen. Medien führen ein theoretisches Eigenleben im Vorfeld von Pädagogik, die es in kommunikativen Prozessen lediglich methodisch angemessen einzusetzen gilt.

Medien können so gesehen pädagogisch relevant sein, was sie wohl auch in hohem Maße sind, aber als pädagogisch im Sinne einer eigenständigen Kategorie sind sie nicht zu bezeichnen. Sollen wir also unseren Begriff von den „pädagogischen Medien“ aufgeben und auch künftig von Medien und Pädagogik als getrennten Phänomenen sprechen, sie weiterhin als zwei voneinander zunächst unabhängige Bausteine einer übergreifenden pädagogischen Theorie und Praxis behandeln? Wir meinen, nein! Wir wollen daran festhalten, Medien für unser Fachgebiet als implizite pädagogische Phänomene zu entwickeln. Unser grundlegender Gedanke dabei ist, daß es Pädagogik überhaupt nur vermittelt geben kann. Gerade deshalb wollen wir mit unseren ausführlichen begrifflichen Bemühungen zu verhindern suchen, daß Medien beliebig als pädagogische Waren auf den ‚Märkten der wissenschaftlichen Eitelkeiten und des wirtschaftlichen Profits‘ fachfremd gehandelt werden können. Die Qualität pädagogischer Medien läßt sich nämlich erst in der Tätigkeit der Pädagogen selbst bestimmen und nicht in modischen, wissenschaftlich-technischen oder ökonomischen Trends (man denke z.B. an den Auf- und Abstieg des Programmierten Lernens). Einer solchen Veräußerlichung der Pädagogik wollen wir theoretisch fundierter als anderswo entgegentreten. Pädagogische Medien und ihre Theoriebildung sind so betrachtet Gegenstücke zu den technischen Medien und die sie fundierenden Wissenschaften. Wir werden darauf zurückkommen.

In Übereinstimmung mit unseren sonstigen Überlegungen in diesem Buch gehen wir davon aus, daß Medien in ihrer pädagogischen Qualität nur in Zusammenhang mit konkreten pädagogischen Kontexten zu erfassen und zu beurteilen sind. Eine – wie auch immer geartete – pädagogische Qualität kann Medien nicht schon vor der pädagogischen Handlung beigemessen werden. Pädagogisch betrachtet kann es also nicht auf das Medium Rollenspiel oder Psychodrama an sich ankommen (wie etwa bei PETZOLDT), sondern nur darauf, wie die beteiligten Menschen mit solchen Spielen umgehen, wie sie sie entwickeln, wie sie sich in ihnen ausdrücken, wie sie zum Besserverstehen von sich selbst und den anderen genutzt werden, wie Erziehende oder Miterziehende die Notwendigkeit erzieherischer Hilfen im Vorgang des Spielens zu erkennen und zu verwirklichen vermögen. Systematisierungsversuche pädagogischer Medien führen erst dann nicht mehr in die falsche Richtung, beschäftigen sich also erst dann nicht mehr lediglich mit pädagogischem Vorgeplänkel, wenn die in pädagogischen Prozessen mit Medien umgehenden Menschen selbst, nicht aber lediglich abstrakte Medienkategorien zu Ausgangspunkten des Nachdenkens und der weiterführenden pädagogischen Handlungsplanung gemacht werden.

Mutterbrust als pädagogisches Medium?

Am Beispiel des Säugens zwischen Mutter und Kind wollen wir unsere Gedanken weiter veranschaulichen. Unter dem Verständnis eines Sender-Empfänger-Verhältnisses ließe sich die milchspendende mütterliche Brust als Medium, als Träger, als Vermittler bezeichnen. Die Mutter wäre Produzent, das Kind Konsument in diesem Vorgang. Unzweifelhaft ließe sich das Säugen als technischer Abfüllvorgang über den Träger ‚Brust' in dieser Weise begrifflich strukturieren. Wir können auch nach Modalität, Substrat und Qualität des Mediums ‚Brust' fragen. Aussagen über das pädagogische Geschehen beim Säugen mit der Brust selbst erhalten wir dadurch jedoch nicht. Dieses ist weit mehr; denn mit der Nahrungsabgabe an und der Nahrungsaufnahme durch den Säugling wird nicht nur der Hunger des Kindes gestillt, es ereignet sich nicht nur Ernährungserziehung, sondern auch Zärtlichkeitserziehung und soziale Erziehung des jungen Menschen.

An solcher komplexer im einzelnen Menschen anzulegenden Erziehung – versuchen wir das konsequent zu Ende zu denken – wird unmittelbar deutlich, daß das über einen Träger vermittelte Sender-Empfänger-Verhältnis zur Beschreibung von Erziehungsverhältnissen gar nicht ausreichen kann. Erst dadurch, daß das Säugen zu einer stets neu gestalteten gemeinsamen Tätigkeit zwischen Mutter und Kind wird, kann die Brust Medium für die Verwirklichung erzieherischer Aufgaben sein. Nicht nur das Hinhalten der Brust durch die Mutter, sondern auch die Aufnahme der Brust mit dem Mund des Kindes, also die gleichberechtigte gegenseitige Beteiligung der Menschen, kann jene zwischenmenschliche Beziehung schaffen, die jede Erziehung, soll sie mehr sein als funktionale Sozialisation, zur Voraussetzung hat.

Beim Säugen erzeugt die Brust der Mutter Gefühle im Mund des Kindes und umgekehrt das Kind mit seinem Mund entsprechende an der Brust der Mutter.

Unter gegenseitiger Beteiligung verschmelzen Brust und Mund zu einem komplementären Medium, zu einer gemeinsamen Mitte, die von zwei unterschiedlichen Seiten ausgehend hergestellt und entfaltet wird. Diese gemeinsame Mitte zwischen Mutter und Kind entsteht eben gleichermaßen an der milchspendenden Brust wie an dem milchsaugenden Mund. An und in Brust und Mund entfaltet sich ein individuelles und situativ veränderliches zwischenmenschliches Geschehen zwischen Mutter und Kind. Zunächst saugt das Kind, dann luddelt es, zunächst ist die Mutter auf die Ernährung, dann auf die spielerische Interaktion mit dem Kind konzentriert. Von Moment zu Moment, von Mahlzeit zu Mahlzeit, von Tag zu Tag, vom ersten bis zum letzten Säugen teilen sich Mutter und Kind an Brust und Mund einander mit. Sie machen sich gegenseitig erfahrbar. Sie drücken sich im Medium im Sinne ihrer gemeinsamen Mitte an Brust und Mund für den anderen verstehbar aus.

Beide Menschen auf ihrer je unterschiedlichen Entwicklungsstufe wirken an dem Prozeß ihrer gemeinsamen, nach vorne offenen, und subjektiven zwischenmenschlichen Entwicklung mit. Wenn auch Mutter und Kind gemeinsam in diesen Vorgang einbezogen sind, so ist doch nicht zu übersehen, daß die Mutter allein an ihm in erzieherischer Verantwortung beteiligt ist. Um das Kind erziehen zu können, muß die Mutter das Kind besser verstehen, als dieses sich selbst verstehen kann. In Abhängigkeit von dieser Bedingung ist das eigentliche pädagogische Medium die Brust der Mutter. Das Pädagogische an dem Medium Brust ist jedoch nicht nur diese selbst, sondern zugleich auch das, was die Mutter unter Berücksichtigung ihres sich ständig verändernden Kindes in erzieherischer Verantwortung aus dem Säugungsvorgang mit der Brust macht und für künftiges Handeln als möglich und notwendig erkennt. Die Brust als pädagogisches Medium ist also nicht nur der für sich existierende Vermittler, sondern insbesondere die so oder so von der Mutter gestaltete Mitte zwischen Mutterbrust und Kindermund.

Aus einer solchen Sichtweise pädagogischer Medien erscheint es demnach als unzulässige Reduktion von Komplexität, Medien im pädagogischen Tätigkeitsbereich unabhängig von den handelnden Menschen zu betrachten oder gar theoretisch systematisieren zu wollen. Es ist nämlich ein folgenreicher Trugschluß, der aus dem verzerrten Theorie-Praxis-Verhältnis unserer Kultur stammt, in pädagogischen Verhältnissen ginge es nur um Vermittlung von theoretisch oder begrifflich immer schon Vorgegebenem, wofür es lediglich der angemessenen Träger, eben z.B. der vorgefertigten Medien bedarf. In pädagogischen Verhältnissen geht es letztlich vielmehr immer und stets von neuem über Vermittlung hinaus um Überwindung und Weiterentwicklung, also auch um bisher beim Lernenden wie aber auch beim Lehrenden, beim Zu-Erziehenden wie beim Erziehenden Unentdecktes, um über das immer schon Vorgegebene Hinausführendes. Es geht eben in der Erziehung nicht nur um Vermittlung von einer Generation zur anderen, wie es die technologische Denkfigur des Sender-Empfänger-Verhältnisses bzw. des Trägermodells von Medien unterstellt. Dies ist eine gegenüber den Nachkommen respektlose Verflachung des Denkens und Planens. Hier geht es eher um Verplanen. Erziehung kommt es auf gemeinsame Mitte zwischen den Altersgruppen an, und zwar auf stets von neuem gemeinsam hervorzubringende Mitte, aus der heraus das individuell wie kollektiv Künftige auf der Grundlage des Vorgegebenen überhaupt nur entstehen kann. ‚Medien', seien es nun Film, Fernsehen oder auch Spiel und Ton, werden demnach erst dann zu pädagogischen Medien, wenn sie nicht nur Vermittler für Erzogene zu Unerzogenen sind, sondern wenn sie in der Mitte zwischen den am pädagogischen Geschehen beteiligten Menschen prozeßhaft hervorgebracht werden.

Ein pädagogisches Medium kann deshalb niemals bloß statische oder harmonische Mitte sein. Es ist vielmehr konfliktreiche konkrete Handlung und diskursive dynamische Erkenntnis. Dieser Tatbestand setzt abstrakter Strukturierung und begrifflicher Zuordnung im Bereich pädagogischer Medien, wie überhaupt in der Pädagogik, entscheidende Grenzen. Diese Auffassung von pädagogischen Medien macht ihre Erfassung und theoretische Kategorisierung schwierig, sie ist aber in pädagogischer Verantwortung notwendig, um die technologische, ziel- und theoriegesteuerte Pädagogik überwinden und Pädagogik verstärkt als praktische Tätigkeit zwischen Vorgabe und Aufgabe wie auch als praktische Wissenschaft weiterentwickeln zu können.

Bei den Römern war ‚Medium' mehr!

Erst eine solche umfassendere Sichtweise kann helfen, die gesamte Komplexität pädagogischer Medien hervorzubringen. Die folgende ethymologische Betrachtung des lateinischen Wortes Medium kann unsere erweiterte Auffassung von diesem Begriff nachdrücklich unterstützen. Unsere Überlegungen zu pädagogischen Medien erscheinen uns in diesem Zusammenhang geradezu als Rückführung zu ursprünglichen Bedeutungsgehalten des Wortes. Die Bedeutung ‚Träger' oder ‚Vermittler' läßt sich im Lateinischen nämlich gar nicht finden. Stattdessen wird Medium mit Mitte bzw. sogar mit das Mittelste übersetzt (vgl. MENGE-GÜTHLING, 1911, S. 465f.). Daran, daß Worte entsprechend den Entwicklungen der Zeit umgedeutet werden oder neue Gegenstände bezeichnen, ist zunächst nichts auszusetzen. Sprache ist eben auch lebendig und nicht bloß starre Struktur. Von Interesse können eigentlich nur die Auswirkungen solcher Veränderungen auf das menschliche Denken und Handeln sein. Aus „Mitte“ „Träger“ zu machen bzw. aus „Das Mittelste“ „Vermittler“, bedeutet allerdings, den offenen Begriff „Medium“ zu einem gerichteten Sachverhalt umzufunktionieren. Angesichts der schon angesprochenen Senderlastigkeit der technischen Medien hat eine solche Begriffsänderung lediglich noch die Suggestion der Mitte in einem technologischen Denkmodell zur Folge. Tatsächlich treten solche Medien – sind sie nicht von der Lerngruppe selbst produziert – lediglich von außen über den Gruppenrand in das pädagogische Geschehen hinein.

Die vorgefertigten audiovisuellen Medien garantieren eben nicht mehr, wie in der römischen Auffassung des Wortes, eine ‚von allen Seiten zugängliche Öffentlichkeit‘. In der Einseitigkeit ihres Vermittlungsauftrages erzeugen diese Medien eben nicht mehr jenen mit Medium bezeichneten römischen Sachverhalt der ‚offenen Straße‘, in der sich alltägliches Leben und ‚menschliche Gesellschaft‘ stets von neuem entwickeln. Im Gegenteil: die technischen Medien dienen der ‚außengeleiteten Gesellschaft‘ eher als der offenen Debatte vorgreifendes informationspolitisches und auch pädagogisch- didaktisches Instrument, das zum vorbestimmten, nicht aber zum allseitigen, ganzheitlichen, selbstbestimmten Gebrauch in der Gemeinschaft zur Verfügung gestellt wird (aliquod in medium dare). Der offene lateinische Bedeutungsgehalt des Wortes Medium im Sinne von ‚Gemeinwohl, Gemeinsamkeit, gemeines Beste‘ schrumpft in dem Begriff der audio-visuellen Medien zusammen auf ein von Experten vorgefertigtes und durch politische Interessen gefiltertes Hör- und Sichtmaterial, das durch die allgegenwärtige Multiplikation von außen ‚zum Gemeingut‘ gemacht wird (res cedit in medium). Gerade an den beiden letztgenannten lateinischen Wortgehalten wird deutlich, daß ein Film nach römischer Ausdrucksweise niemals ‚Medium‘ sein kann. Er wäre hier bestenfalls ‚aliquod‘ (irgendwas) oder ‚res‘ (eine Sache) gewesen. Erst der Vorgang und die Beteiligung aller, die eine Sache in die Mitte setzen (res in medio sita), so daß sie allen Beteiligten gleichermaßen zugängliches Gemeingut werden kann, machen audiovisuelle, technische und sonstige Medien im komplexeren Sinn des lateinischen Wortes zu Medien.

Um Mißverständnissen vorzubeugen, seien uns einige zwischengeschobene Bemerkungen gestattet. Mit den bisherigen Ausführungen zur Thematik der Medien wollen wir keinesfalls die modernen technischen Medien lediglich verteufeln bzw. zum zivilisatorischen Müll abstempeln. Wir wollen auch keinesfalls in kulturpessimistischer Absicht die weltweite Kommunikationsentwicklung rückgängig machen. Wir sehen die hilfreichen Möglichkeiten, die diese Medien gerade auch für die pädagogische Arbeit anbieten. Zeigen wollen wir allerdings, daß das, was hier allgemein Medium genannt wird, menschliche und damit historische Produkte sind, die in ihrer konservierten Form nicht schon eine ‚pädagogische' Qualität an sich haben können. Es geht also um die Relativierung einer Überschätzung, die andeutungsweise seit einigen Jahren in der Zurücknahme des Programmierten Lernens und technischer Ausrüstungsperfektion insbesondere in den Schulen ja bereits im Gange ist.

Wir wollen versuchen, die Tatsache „pädagogischer Medien" vor dem Hintergrund gemachter Erfahrungen in unserer Forschungsarbeit zu diesem Thema ja selbst überhaupt erst weiterführend zu bestimmen. Dabei müssen wir vorweg verständlich zu machen suchen, daß wir die herrschende mediendidaktische und auch medienpädagogische Einschätzung vorwiegend der technischen Medien nur vor dem Hintergrund einer lerntheoretisch verkürzten und technologisch ökonomisierten Definition von Pädagogik sehen und verstehen. In einem solchen vornehmlich lernzielgesteuerten Unterricht, der die Erziehungszustände der Schüler und die pädagogische Qualifikation der Lehrer vernachlässigt, mögen technische Medien als Vermittler ohne Zweifel eine größere Bedeutung gewinnen können als in Lernprozessen, die Unterricht und Erziehung als unauflösbaren Zusammenhang bewältigen wollen.

Das für den ‚pädagogischen Bezug' unerläßliche mitmenschliche Verstehen fördern technische Medien ohne weiteres eben nicht, eher behindern bzw. ersetzen sie es. Als Träger und Vermittler zwischen Menschen erzeugen die technischen Geräte nicht Annäherung, sondern vielfach Distanzierung. Man sieht sich gemeinsam einen Film an und tut doch nichts Gemeinschaftliches. Dieses sind eben Auswirkungen, wie sie im Ganzen gesehen in der Demontage und ideologischen Deformation des dynamischen, gesellschaftsoffenen lateinischen Wortes ‚Medium' vorgezeichnet sind. Die Entwicklung von Medium zu jenen statischen, vorgefertigten Konserven versinnbildlicht die Reduktion des Menschen auf Computermentalität und die Perfektionierung einer technologischen Steuerung pädagogischer Prozesse. Was heute in unserer ‚hochentwikkelten' Zeit Medium ist, war zu Römerzeiten bestenfall Instrument, Werkzeug, Hilfsmittel zur Erreichung von ‚Medium'. Wie herrlich weit haben wir's gebracht; eine Verflachung, die uns staunen macht. Die moderne audiovisuelle Kommunikation kann erst dann Medium als gesellschaftliche Mitte werden, wenn nicht alle Gesellschaftsmitglieder nur an ihrer Konsumtion (Empfang), sondern auch an ihrer Produktion (Sender) beteiligt sind. Da dies nicht der Fall ist und heute wohl auch gar nicht mehr sein kann, hat die technische Entwicklung uns eben nicht nur Erweiterungen gebracht, sondern auch tiefgreifende geistige und demokratische Verelendung massenhaft ermöglicht.

Diesen Sachverhalt für die praktische und theoretische pädagogische Arbeit weiterführend zu überwinden, ist ein zentrales Anliegen dieses Buches.

Kategorisierungsmerkmale pädagogischer Medien

Zum Zwecke eines geeigneten theoretischen Zugriffs auf den praktischen Sachverhalt pädagogischer Medien wollen wir abschließend fünf Beurteilungskriterien herausstellen:

1. Pädagogische Medien müssen als *allgemeine Kulturgüter* (Sprache, Spiel, Musik, Tanz, Formen mit Ton) verfügbar sein. (Dieses Kriterium trifft auch für die Massenmedien von heute insbesondere zu).
2. Pädagogische Medien müssen nicht nur als Kulturgüter vorhanden sein, sondern sie müssen für die Beteiligten auch handhabbar sein, sie müssen eine *gemeinsame Tätigkeit* nicht nur theoretisch zulassen, sondern sogar praktisch begünstigen. (Dieses Kriterium gilt für die audiovisuellen Medien in besonders unaufwendiger Weise; sie ermöglichen massenhaftes gemeinsames Zusehen und Anhören).
3. Pädagogische Medien müssen nicht nur zu gemeinsamer Tätigkeit irgendwie anregen, sondern sie erfordern darüber hinaus aktive *Beteiligung und Gegenseitigkeit* aller Subjekte, zwischen denen eine gemeinsame Mitte (was durchaus auch Konflikt und Auseinandersetzung bedeuten kann) hervorgebracht werden soll. (Aktive gegenseitige Beteiligung können die Konsumenten der modernen Medien nur noch zeitlich verschoben, beispielsweise im nachgängigen Gespräch, entwickeln).
4. Pädagogische Medien helfen auf der Grundlage von Beteiligung und Gegenseitigkeit jedem Individuum seinen subjektiven *Ausdruck* zu finden und damit intersubjektives *Verstehen* der Beteiligten zu ermöglichen. (Ausdruck und Verstehen als zentrale Kategorien pädagogischer Arbeit sind in dem medialen Sender-Empfänger-Modell so gut wie gar nicht vorgesehen).
5. Pädagogische Medien werden erst dann wirklich pädagogisch, wenn sie dem Erzieher über Ausdruck und Verstehen das fachkundige pädagogische *Urteil* und die moralische pädagogische *Verantwortung* in bezug auf die Zuerziehenden erkennen und praktisch verwirklichen helfen. (Beides können die technischen Medien nur noch abstrakt, d.h. ohne Bezug zum konkreten Menschen. Diesen Medien ist es von ihrer Anlage her also gleichgültig, was die Menschen aus ihnen machen, und damit letztlich auch gleichgültig, was sie aus den Menschen machen).

Mit diesen fünf Kriterien werden nun nicht nur pädagogische Medien kategorisiert, sondern auch pädagogische Könnens-Aspekte für die „Erziehung der Erzieher“ benannt.

III. Wo liegen Schwerpunkte praktischer Vorerfahrungen?

Reinhard Hübner

Medien brauchen Themen – Themen brauchen Medien

Geheime Themen

Bei dem Seminar „Der Fremde“ haben wir am zweiten Nachmittag damit begonnen, Gesichtsmasken zu bauen. Immer zwei Teilnehmer belegten zusammen das Gesicht eines Dritten mit Stücken von Gipsbinden. Vorher war das Gesicht mit Vaseline eingekremt worden.

Nachdem die fertigen Gipsmasken von den Gesichtern abgenommen worden waren, wurden sie getrocknet und mit Agoplast ausgelegt. Die Agoplastmaske wurde dann wiederum nach einer gewissen Trockenzeit aus der Gipsmaske herausgenommen. Mit einem Schillermesser wurden die Ränder der Agoplastmaske geglättet und Löcher oder Schlitze zum Sehen hineingeschnitten. Das alles ist scheinbar in erster Linie ein handwerklicher, also mehr technischer Vorgang. Bedeutsamer aber ist, daß die Teilnehmer beim Herstellen der Maske mit dem Gesicht eines anderen Menschen beschäftigt sind, und umgekehrt, daß sich derjenige, der sich die Maske abnehmen läßt, den beiden anderen anvertraut. Gerade dieses Sich-Anvertrauen und dieses Umgehen mit einem anderen Menschen wurde von den Teilnehmern intensiv erlebt. Zwei Rückmeldungen mögen das verdeutlichen:

Sabine: Das hatte sehr viel mit Vertrauen zu tun. Dieses Gefühl mit der Gipsmaske vor dem Gesicht gehandikapt zu sein, empfand ich sehr intensiv. Weil ich im Krankenhaus gearbeitet habe, ist mir dabei erst einmal bewußt geworden, wie es manchen Leuten da gegangen sein muß, die ich gepflegt habe. Ich hab mich in deren Situation jetzt besser hineinversetzen können.

Sigi: Ich meine, besser wär's vielleicht noch gewesen, wenn ich Manfred vorher gefragt hätte, ob ihm das was ausmacht, daß wir reden oder so. Von mir weiß ich z. B. noch: Die hatten schon den oberen Teil des Gesichts mit Gipsstreifen belegt, und ich hab' immer noch geredet. Bei Manfred war das dann so, daß der überhaupt nicht geredet hat, vielleicht auch, weil wir stiller waren, ich weiß es nicht. Ich hatte immer das Gefühl, der braucht Ruhe und muß sich jetzt darauf besinnen und konzentrieren, und ich wollte möglichst vorsichtig sein und ihn nicht zum Lachen bringen. Und dann wollte ich auch auf ihn eingehen, wollte gucken, wie er sich jetzt verhält, ob er Zeichen macht. Ich habe dann z. B. die angehauen, die geredet haben, die sollten doch endlich ruhig sein.

In beiden Fällen ging es um mehr als nur um den technischen Vorgang der Herstellung einer Maske. Beim Glätten der Ränder der fertigen Maske und beim Einschneiden der Sehlöcher war jeder für sich mit seiner Maske beschäftigt. Auch hier beobachtete ich bei verschiedenen Studenten und Lehrern Ähnliches: Sie sprachen wenig miteinander, betrachteten lange ihre Maske von verschiedenen Seiten, hielten sie ans Gesicht. Beim Glätten der Ränder ließen sie sich viel Zeit. Erst recht war das so, als in die Masken Löcher zum Sehen geschnitten wurden. Sehr behutsam entstanden schmale Schlitze, Rundlöcher oder Öffnungen, nur so groß wie eine Pupille. Der einfache technische Vorgang wurde zu einem liebevollen schöpferischen Prozeß. Otmar sagte mir später, daß er sich die viele Zeit genommen habe, um sich mit seiner Maske wirklich vertraut zu machen, und das habe für ihn auch geheißen, sich mit sich selbst vertraut zu machen.

Ich habe diese Beobachtungen so ausführlich geschildert, weil an ihnen deutlich wird, daß die Arbeit mit Medien immer ein Thema hat. Es ist natürlich möglich, daß die Themen verborgen bleiben, nicht wahrgenommen und nicht öffentlich werden. Ich habe bei der Arbeit mit Medien aber noch nie erlebt, daß sich nicht irgendein „geheimes Thema“ einstellt. Wenn wir unseren Seminaren inzwischen immer ein Thema vorweggeben, so liegt ein Grund dafür eben darin, daß die Arbeit mit Medien stets auch eine Auseinandersetzung mit Inhalten ist. Das wollen wir mit diesem Aufsatz deutlicher machen. Das gemeinsame Thema erfüllt dabei verschiedene Funktionen. Zur Erläuterung greife ich auf ein Beispiel aus meiner früheren Praxis zurück.

Bei einer der ersten Maskenbauwerkstätten, die ich mitgeleitet habe, hatten wir lediglich die Technik des Maskenbaus erklärt. Einige Jugendliche formten daraufhin mit dem Ton, von dem die Maske abgenommen werden sollte, wild drauflos. Es entstanden Großkopfmasken mit drei oder vier Gesichtern. Andere Teilnehmer waren völlig hilflos und begannen immer wieder von vorne.

Beim Bemalen der Maske war es ähnlich. Die einen brachten sämtliche Farben, die wir im Hause hatten, pur oder gemischt auf der Maske unter, die anderen wagten kaum eine zweite Farbe zu benutzen. Im Spiel mit den Masken war des öfteren zu sehen, wie zwei Spieler lediglich hilflos aufeinander zugingen, mit den Köpfen aneinander stießen, ein paar Schritte miteinander gingen und dann ihr Spiel wieder abbrachen. Zum Teil nahm das Umgehen miteinander auch aggressivere Formen an. Es waren also bei dieser Werkstatt sowohl beim Maskenbau wie bei dem Spiel geheime Themen da, und wenn sie nur „Verwirrung“ und „Hilflosigkeit“ hießen.

Wir hatten damals diese hintergründigen Themen und ihren Einfluß auf die Praxis noch nicht erkannt. Aber rückblickend wird uns deutlich, wie die geheimen Themen ohne ein gemeinsam bekanntes Thema zunächst ausufern und sich irgendwann dann wieder unbewältigt auflösen. Das heißt, daß ein vorgegebenes gemeinsames Thema auch die Funktion hat, die einzelnen Situationen und Menschen in einen verbindlicheren Beziehungszusammenhang zu bringen. – Ich greife noch einmal zurück auf das Beispiel von den Gesichtsmasken. Das Vertrautwerden mit sich selber, von dem Otmar sprach, war in dem Seminar in Malente nicht irgendein beliebiger thematischer Schwerpunkt, sondern es wurde folgerichtig zu einem inhaltlichen Aspekt des Themas „Der Fremde": Ich bin mir auch selber fremd; ich will Fremdheit zu mir selber überwinden; will mit mir vertrauter werden: ich lerne die Fremdheit des anderen besser verstehen.

Bei Medienseminaren mit einem Thema wie in Mözen und Malente erleben wir – anders als bei jener Maskenbauwerkstatt – daß sehr durchdachte Spielszenen entstehen. Die Ergebnisse der Arbeit regen hier zu Assoziationen, zu neuen Bildern, auf jeden Fall zu gezielteren Auseinandersetzungen an. Sicher sind es nicht nur Themen, sondern auch andere vorgegebene Strukturen, die einen Rahmen schaffen, in dem sich Phantasie und schöpferische Prozesse entfalten. Themen haben in unseren Seminaren also ordnende, helfende Funktionen.

Themenwahl

Die Themen, die wir gewählt haben, sind nicht zufällig. Die Vorstellung von den vier Elementen, Feuer, Erde, Luft und Wasser, stammt aus einer mythischen Bilder- und Gedankenwelt. Den Begriff „Fremder, Fremdling" können wir als archetypisch bezeichnen.

Seitdem wir damit begonnen haben, unserer Arbeit mit Medien ein Thema zu geben, kommen viele dieser Themen aus der Welt der Märchen, Sagen und Mythen: „Die Uralten" hieß ein Maskenbauseminar, „Das Gerücht" eine Theaterwerkstatt und „König und Narr" ein weiteres Seminar zur Praxis mit pädagogischen Medien.

Vorausgegangene Beobachtungen beim Masken- und Puppenbau und bei der Entwicklung von einfachen Spielszenen hatten uns zu solchen Themenwahlen angeregt. In späteren Seminaren hat sich dann die förderliche Beziehung zwischen solchen Themen und der Arbeit mit pädagogischen Medien immer wieder bestätigt.

Ich möchte zwei Beispiele aus früheren Seminaren vorstellen, die für mich diesen Sachverhalt besonders deutlich gemacht haben. Das Thema für die

Gruppenarbeit bei einer Theaterwerkstatt, bei der Masken ein wesentliches Element bildeten, hieß: „Begegnung zweier fremder Gruppen". Es entstand folgende Szene:

Zwei Gruppen sitzen in den äußersten Enden des Raumes. Sie sind unterschiedlich verkleidet. Die eine Gruppe trägt grün, die andere weiß. Auch in den Bewegungen gibt es unterschiedliche Merkmale. Aus jeder Gruppe wird einer auf den Weg gesandt. In der Mitte des Raumes begegnen sie sich. Sehr vorsichtig gehen sie umeinander herum, berühren sich zunächst zaghaft, tasten sich ab, umarmen sich. Von der grünen Gruppe macht sich ein zweiter auf den Weg. Er sieht die beiden anderen, erschrickt, weil er denkt, daß sein Freund bedroht ist. Er schlägt den Weißen nieder. Er zieht mit seinem Freund in die grüne Gruppe zurück und berichtet dort mit langsamen Bewegungen von dem Geschehen. Der Weiße kriecht mühsam in seine Gruppe zurück und berichtet dort. Und dann machen sich beide Gruppen auf. Langsam gehen sie aufeinander zu. Den Verwundeten nehmen die Weißen mit sich. Als sie aufeinander treffen, bricht der Verwundete wieder zusammen. Die anderen aber bleiben voreinander stehen, betrachten sich. Dann ziehen sie alle in das Lager der Weißen und tragen den Verwundeten mit sich. Er ist wie tot. Im Lager der Weißen beugen sich alle über den Leblosen und halten ihre Hände über ihn. Da richtet er sich auf, und alle finden sich in einem Kreis und strecken ihre Arme als Zeichen der Freude in die Höhe.

Spielerisch und spontan ist eine mythische Szene entstanden. Es sind Riten für Begrüßung und Abschied entwickelt worden. In dem abschließenden Gespräch wurde von den Teilnehmern über Fragen wie „Opfertod" und „Versöhnung" nachgedacht. Aufgrund einer Anregung eines befreundeten Spielpädagogen habe ich bei einem Maskenbauseminar die Teilnehmer ihren Masken einen Namen geben lassen. Ferner sollte sich jeder für seine Maske eine Vorgeschichte überlegen. Da gab es dann Namen wie Rufundor oder Zeilis und in den Geschichten wurde beispielsweise erzählt, wie eine Maske ganz lange allein auf dem Grund des Meeres gehaust hatte. Aber sie wollte so gerne mit den anderen tanzen, und darum hatte sie sich auf den Weg gemacht und ist jetzt hier. Ähnlich wie in der obigen Spielszene regt das Medium Maske zum Wiederfinden von Mythen an.

Von solchen Vorerfahrungen her haben wir auch die Themen für die Seminare in Mözen und Malente gewählt. Dort haben wir dann erneut entsprechende Beobachtungen gemacht. Die Masken, die gebaut wurden, waren nicht im vordergründigen Sinn realistisch, sondern stammten aus einer anderen Bilderwelt als aus der, die uns täglich umgibt. Und wenn die vier Elemente ihre Entstehung spielten, wurden neue Mythen geboren. Das Thema regt ja auch insbesondere dazu an.

Die Arbeit mit pädagogischen Medien spricht also auch offensichtlich andere Schichten unseres Bewußtseins an als die Anforderungen, die täglich an uns herangetragen werden. Sie läßt tiefere Bilder, die in uns sind, Gestalt annehmen. Daß die Hände Urbildhaftes formen und daß in Spielszenen, in denen – und das ist wichtig – Sprache und Requisiten nur eine untergeordnete Rolle spielen, Mythen entwickelt werden und Riten entstehen, hängt sicher auch damit zusammen, daß die Arbeit im technischen Ablauf für die Teilnehmer zumindest in der Anfangssituation ungewohnt und ungeübt ist. Sie haben in diesem Bereich keine Vorerfahrung, es gibt keine Handlungsklischees. Die Teilnehmer sind zu ungeübt, um eine Maske genauso formen zu können, wie sie es von ihrer Vorüberlegung her wollen. Sie sind auch nicht gewohnt, durch ihre Körper Begriffe auszudrücken oder Situationen darzustellen, zumindest sind sie sich ihrer Körpersprache in den meisten Fällen nicht bewußt. Das bedeutet, daß sie sich hinter diesen Äußerungen weniger verstecken können – vor sich selbst und vor anderen –, hinter der Sprache, hinter der geübten, gewohnten Verständigungsform. Deshalb entsteht eher Originales, Erstes, Archaisches, Urbildhaftes.

Es ist dann aber auch unsere Erfahrung, daß geübtere Teilnehmer nicht mehr anders arbeiten wollen: Szenen werden nicht mehr rational erdacht, sondern erspielt. Sie werden in Bildern gefunden. Die Maske entsteht erst während der Arbeit am Ton. Der Reiz dabei ist nach Äußerungen der Teilnehmer der, daß sie neue, eigene Entfaltungsmöglichkeiten ausprobieren und Neues an sich selber entdecken.

Die mythischen Themen haben etwas mit der eigenen Existenz zu tun. In dem Gespräch nach dem Spiel der Elemente sagt Marga:

> Ich hatte ja am Anfang große Schwierigkeiten, Erde darzustellen, weil ich im Grunde genommen ja mich darstellen mußte. Das kann man irgendwie nicht so spielen, ohne sich darzustellen. Und das habe ich dann auch getan. Bei allem, was mein Element betrifft, habe ich meine Darstellung nie als Rolle empfunden. Und da muß ich sagen, daß mir einfach klar geworden ist, was Erde eben ist, und was für mich diese Erde ist, und wieso ich diese Erde bin.

Es ist selbstverständlich, daß bei der Wahl des Themas über das Gesagte hinaus die Vorerfahrung der Teilnehmer in der Arbeit mit pädagogischen Medien eine Rolle spielt. Das Thema von Mözen „Die vier Elemente" berührte nicht übermäßig stark Fragen der eigenen Persönlichkeit, so daß das Schwergewicht auf den ersten eigenen Erfahrungen mit pädagogischen Medien lag, während das Thema von Malente „Der Fremde" schon eine größere Nähe zu eigenem Erleben und auch zu der eigenen Praxis als Pädagoge hatte.

Welches Medium eignet sich für welches Thema?

Wir haben auf beiden Seminaren, also in Mözen und in Malente mit großen, farbigen Tüchern und mit Masken gearbeitet. In Mözen waren es Halbkopfmasken, die über Ton zu den vier Elementen gebaut wurden, in Malente waren es die eigenen Gesichtsmasken, die aus der Erinnerung an eigene Fremdheitserlebnisse heraus bemalt wurden.

Die Rolle, die diese Medien dann auf den beiden Seminaren gespielt haben, war allerdings sehr unterschiedlich. In Mözen wurden vor allem die Tücher für die Darstellung der Elemente und für ihr gemeinsames Spiel benutzt: Die Teilnehmer, die sich mit der Luft identifiziert haben, liefen mit großen Bewegungen durch das Gelände, das Tuch flatterte hinter ihnen her, oder sie bewegten das Tuch in ruhigem, wiegendem Rhythmus um sich herum.

Bei dem Feuer flackerten die gelben und orangefarbenen Tücher; bei dem Wasser sahen wir eine ganz leichte Bewegung wie bei einem stillen See, das Fließen eines Baches und hohe Wellen; die Spieler der Erde bewegten sich langsam und schwer unter ihren Tüchern. Die Masken hatten bei dem Spiel kaum eine Funktion, schon der Prozeß des Maskenbaus verlief relativ lustlos. In den anschließenden Gesprächen wurde immer wieder von der Bedeutung der Tücher gesprochen.

Ganz anders war es in Malente. Die Masken standen ganz im Vordergrund des Geschehens und der Gespräche. Ich habe schon berichtet, wie behutsam die Teilnehmer mit ihren Masken umgegangen sind. In dem anschließenden szenischen Spiel haben alle Kleingruppen ihre Masken benutzt. Fremdheit wurde aufgehoben durch das Abnehmen der Masken, z. T. wurden sie sogar fortgeschmissen. Masken wurden in einer Szene auch getauscht, so als ob einer dem anderen seine Fremdheit abnehmen würde. Die Tücher spielten demgegenüber bei diesem Seminar nur eine untergeordnete Rolle. Nur bei einer Spielgruppe wurden die Tücher als Ausdrucksmittel für Fremdheit und für das Überwinden von Fremdheit stärker in das Spiel einbezogen. Im übrigen dienten die Tücher lediglich als Hilfsmittel, z. B. zum Verkleiden.

Dieser Unterschied mag bis zu einem gewissen Grade durch die äußeren Gegebenheiten und durch unsere Vorbereitung bedingt gewesen sein. In Mözen war Sommer. Wir konnten im Freien auf einer großen Wiese spielen. Das lud förmlich dazu ein, mit den Tüchern herumzulaufen, sie im Winde flattern zu lassen, große bunte Farbkleckse in die grüne Landschaft zu setzen. Die Masken schränkten aber das Blickfeld ein und hinderten dadurch auch die Bewegung.

In Malente war Winter. Die Arbeit fand in einem zwar großen, aber geschlossenen Raum statt. Es gab also nicht soviel Bewegungsfreiheit für das

Spiel mit den Tüchern. Außerdem hatten wir die Arbeit an und mit Masken gründlich vorbereitet. Wir hatten in einer vorangegangenen Einheit aus großen Tüten einfache Masken gebaut. Die Studenten hatten auf diese Maske das gezeichnet, was sie in einem Spiegel in ihrem Gesicht an Fremdem entdeckt hatten. Die Maske wurde dann mit einem anderen getauscht. Mit der Maske dieses anderen gingen dann die Teilnehmer durch den Raum und begegneten wiederum ihrer eigenen Maske auf dem Kopf eines anderen. Es wurde also schon mit den Tütenmasken gespielt. Sehr viel ausführlicher als in Mözen haben wir auch über die fertigen Agoplastmasken gesprochen: Welche Fremdheit stellst du durch deine Maske dar? Und: Was sehen die Betrachter in der Maske, was assoziieren sie?

Ich denke allerdings, daß es trotz der unterschiedlichen Rahmenbedingungen und trotz der unterschiedlichen Vorbereitung auffällig ist, was für ein anderes Gewicht die beiden Medien, Tücher und Masken, auf den beiden Seminaren gehabt haben. Der Hauptgrund scheint mir weniger in den genannten Äußerlichkeiten zu liegen, als daß bestimmte Medien und bestimmte Themen eine größere Nähe zueinander haben. Indirekt ist das auch den Äußerungen der Teilnehmer zu entnehmen, wenn sie berichten, wie sie gerade über die Tücher einen Zugang zu dem Thema „Die vier Elemente" und über die Masken zu dem Thema „Der Fremde" gewonnen haben.

Uli: Die Tücher haben mir geholfen, mich mit dem Thema zu befassen. Das Thema war zwar einerseits in mir, aber durch die Tücher konnte ich es in Bewegung und Handlung überführen. Im Prozeß des Spiels hatte ich dann neue Einsichten und konnte neue Erfahrungen machen, die ich in die laufende Handlung zurückgeben konnte.
Dagmar: Für mich bedeutet dieses Schlüpfen in die Maske ein Schlüpfen in meine Rolle, daß ich also das, was ich empfinde, ganz deutlich und übertrieben ausdrücken kann. Also vor allen Dingen habe ich das Gefühl gehabt, daß ich zum ersten Mal anderen mitteilen kann, wie ich mich z.B. in so einer Außenseiterrolle gefühlt habe, und das fand ich unheimlich gut.

Inwiefern in den vorliegenden Fällen jeweils ein Medium und ein Thema eine besondere Nähe zueinander haben, ist leicht einzusehen. Die Elemente unterscheiden sich in Farbe und Bewegung. Die Tücher haben da eine verstärkende Funktion. – Fremdheit hat dagegen etwas mit Nichterkennen und Verbergen zu tun: Hinter meiner Maske kann ich mich verstecken; mein wahres Ich, meine wahre Mimik bleiben hinter meiner Maske unerkannt.

Bei der Arbeit mit Medien bringe ich Bilder, Gefühle, Bewegungen, die in mir sind, nach außen. Was davon in welcher Weise verstärkt werden kann, ist bei den verschiedenen Medien unterschiedlich. Zu den Tüchern wurde gerade gesagt, daß sie Bewegung und Farbe verstärken können, aber ich kann auch mit ihnen etwas zudecken, ich kann mich auch mit ihnen verkleiden.

Wenn ich mich nicht selber schminke, ist bei dem Gestalten des anderen Gesichts immer meine Beziehung zu diesem Menschen mit dabei und das, was ich in ihm sehe, das, was ich in dem Gesicht des anderen darstellen will.

Von solchen Überlegungen und Beobachtungen her ist es sicher nicht sinnvoll, die Medien beliebig einzusetzen: Eigentlich könnten wir jetzt einmal schminken! – Laß uns mal dieses oder jenes Spiel spielen. Zu den bisherigen Überlegungen kommt nämlich noch eine besonders bedeutungsvolle hinzu:

Es wurde gesagt, daß bei der Arbeit mit pädagogischen Medien immer geheime Themen zum Mitschwingen gebracht werden. Wenn ich also ein Medium für die Arbeit an einem Thema auswähle, überlege ich auch, welche Themen unterschwellig anklingen können und in welcher Beziehung sie zu dem eigentlichen Seminarthema stehen. So spielte bei den Gipsmasken das behutsame Umgehen miteinander und Vertrauen eine Rolle. Beides hatte eine mitbestimmende Bedeutung für das gemeinsame Aufspüren und Erleben von Fremdem.

Beim Schminken kommt als geheimes Thema noch die Berührung des anderen, der Körperkontakt hinzu. Das gilt auch für manche Bewegungsübungen. Außerdem gibt es etwa bei der Körperarbeit Übungen, die beruhigen, und solche, die lebendig machen, aufwecken. Es gilt also die Regel, daß bestimmte Medien für die Arbeit an bestimmten Themen geeigneter sind als andere. Trotzdem soll nicht grundsätzlich behauptet werden, daß bestimmte Medien für einzelne Themen überhaupt nicht in Frage kommen. Wichtig bleibt die Überlegung, für welchen Aspekt eines Themas ich ein Medium einsetze und wie die Arbeit mit dem Medium vorbereitet wird bzw. in welchem Stadium des Gruppenprozesses es eingeführt wird.

Ich denke, daß wir z. B. in Mözen die Arbeit mit den Masken zu wenig vorbereitet und zu abrupt damit begonnen haben, so daß die Motivation der Teilnehmer gering blieb.

Natürlich ist es auch bei den einzelnen Teilnehmern unterschiedlich, an welcher Stelle ihre Grenzen liegen. Brigitte konnte sich z. B. nicht mit ihrer Maske anfreunden, konnte sie nicht bemalen: Für Sigi lagen dagegen besondere Schwierigkeiten in einer vorangehenden Übung, einer Baummeditation. Dabei tun sich jeweils zwei zusammen. Der eine ist passiv und läßt sich von dem anderen, dem Aktiven, nach einer Geschichte, die der Anleiter erzählt, als Baum bewegen und gestalten. In der anschließenden Diskussion meint Sigi zu der Baummeditation:

Wenn ich jetzt so die anderen sehe, wie sie einander als Bäume bewegen, dann kann ich sagen, na gut, die machen das, und für die ist das wichtig. Aber wenn ich das jetzt machen müßte, würde ich mir lächerlich vorkommen, weil das für mich eben nichts Selbstverständliches ist, so eine Baumgeschichte. Da bin ich so gehemmt, und da kommt dann auch noch dazu, den anderen zu berühren. Da muß ich dann noch Schranken abbauen.

Im Gegensatz zu Brigitte konnte sich Sigi demgegenüber in das Bemalen ihrer Maske richtig vertiefen:

Mit den Masken, da hab' ich überhaupt nicht mehr nach rechts und links geguckt. Da hab ich gesehen, also das ist 'ne Aufgabe mit dem Spiegel, nämlich Fremdes in dem eigenen Gesicht zu entdecken. Da habe ich das einfach gemacht und hab' nicht geguckt, was die anderen jetzt machen, was für Farben die jetzt nehmen, sondern habe das so gesehen: Das machst du jetzt für dich ganz allein; das bist du und das ist auch egal, was dabei rauskommt, ob das jetzt gut oder schlecht ist.

Ein Thema mit Medien behandeln

In Mözen wurde zweimal eine Spielszene in Kleingruppen entworfen und den anderen vorgeführt.

In der ersten Szene waren die einzelnen Elemente, also Feuer, Erde, Wasser, Luft, jeweils unter sich in einer Gruppe geblieben. Die Aufgabe war, sich unter Benutzung der Tücher den anderen Elementgruppen so darzustellen, wie man sich selber als Element erlebte. In der zweiten Szene – einen Tag später – wurde die Gruppe gemischt. In jeder Gruppe waren alle Elemente vertreten. Die Aufgabe war, ein Spielstück zu dem Thema „Die Entstehung der Elemente" zu entwickeln.

Die Vorbereitungsarbeit zu den beiden Szenen verlief unterschiedlich. Bei der Vorbereitung zu der ersten Szene, bei der die Elemente unter sich blieben, waren besonders fröhliche, entspannte Gesichter zu sehen. Wir hörten viel Lachen aus den einzelnen Gruppen. Diese Gelöstheit hielt sich durch bis in das Gespräch hinein, das wir im Anschluß an die Vorführung der Szenen führten.

Bei der Vorbereitung der zweiten Szene hatten alle Gruppen erhebliche Schwierigkeiten. In der einen Gruppe verweigerte sich Inge sogar der Mitarbeit, weil ihr Iris unsympathisch war. In anderen Gruppen spielte die Frage der Dominanz eine größere Rolle als noch am Vortage.

Wir haben dieses unterschiedliche Spielverhalten bei der Vorbereitungsarbeit zur ersten und zur zweiten Szene in einem anschließenden Gespräch thematisiert. Von den Teilnehmern wurden die Andersartigkeiten deutlich wahrgenommen und erläutert:

Inge: Da waren so Verständnisschwierigkeiten, sich in die anderen Elemente hineinzuversetzen. Schwierig war auch, Vorschläge zu machen, mit denen die anderen Elemente etwas anfangen konnten.
Barbara: Ich habe ein bißchen weitergedacht, was den Unterschied ausmacht zwischen der Spielhandlung gestern und heute. Ich glaube, ein wichtiges Kriterium ist, daß sich gestern Menschen zusammenfanden, die sich vielleicht ähnlich sind von der Grundstruk-

tur, weil sie eben alle Wasser, Erde oder Luft gewählt haben. Und heute sind nun die verschiedenen Elemente geradezu aufeinandergeprallt. Das war sehr viel schwerer.

Aber das Zusammenkommen mit den anderen Elementen hat auch neugierig gemacht. Es wurde daran gelernt.

Marga: Ich fand es gut, jetzt in eine Gruppe zu kommen, in die auch andere Stimmungen hineinkamen. Und wollte jetzt auch die kennenlernen. Ich interessiere mich dafür, die Spannungen da irgendwo auszutragen.
Gabi: Mir ging es ähnlich wie Marga. Ich wollte jetzt nur dazu sagen, daß ich, wenn ich Ungleichheit empfinde, keine Spannungen habe. Wenn ich Unterschiede entdecke, nehme ich das einfach nur an, oder ich lehne es ab. Ich kann es dann auch bei mir selber besser annehmen, daß ich Sachen anders mache oder anders denke als andere. Ich brauche nicht zu denken, ich muß mich jetzt anpassen.
Reinhard: Mir fällt bei dem, was du sagst auf, daß das Spiel mit den vier Elementen sehr geeignet ist, andere Arten kennenzulernen.
Gabi: Also ich wurde ziemlich lebendig gemacht dadurch, daß auch andere da waren.

An diesem Erlebnis aus Mözen und an den Diskussionsbeiträgen kann verdeutlicht werden, welche Bedeutung die Arbeit mit Medien für das Lernen zu einem Thema hat.

Bei den zitierten Diskussionsbeiträgen fällt auf, daß nicht abgehoben über ein Thema gesprochen wird, sondern die Teilnehmer sprechen – und das ist durchgängig in den Gesprächen nach den einzelnen Arbeitsphasen so – als Betroffene, als Beteiligte. Sie sprechen über Erfahrungen, die sie im Zusammenhang mit dem Thema gemacht haben und über die Einsichten, die ihnen dadurch gekommen sind. In ihrem Rollenverhalten in einem Spielstück, in dem Bild, das sie gemalt haben, oder in der Maske, die sie einem anderen geschminkt haben, machen sie etwas von sich selber sichtbar, nicht nur für die anderen, sondern auch für sich selber. Dieses Sichtbarmachen geschieht weitgehend spontan, unreflektiert und unkontrolliert. Die Teilnehmer kennen vorher ihr eigenes Ergebnis nicht, werden selber überrascht von dem, was von ihnen sichtbar wird. Ich erinnere an die abwertende Aussage von Brigitte über ihre Tütenmaske. In diesem Fall konnte sie nicht annehmen, was von ihr sichtbar geworden ist. Demnach war sie dadurch persönlich stark betroffen.

Solche Selbstwahrnehmungen geschehen außerdem noch laufend während der Übungen. Das steht im Zusammenhang mit dem, was ich über die geheimen Themen gesagt habe. Die Teilnehmer lernen ihre Hemmungen kennen, ihre Grenzen, ihren Mangel an Vertrauen. Aber sie nehmen auch ihre Fähigkeiten wahr, sie erleben, wie sie Hemmungen abbauen und Grenzen überschreiten. Ich habe dazu verschiedene Diskussionsbeispiele genannt, und wir haben oft erlebt, daß die Teilnehmer im Verlauf eines Seminars durch die positiven Erlebnisse befähigt wurden, auch jene Bereiche bei sich zu akzeptieren, in denen sie noch nicht über die Grenze gehen konnten oder wollten (vgl. auch HEINZ: Verstehenlernen ... S. 153ff.).

Die Arbeit mit den Medien ermöglicht darüber hinaus in Zusammenhang mit dem Thema, neue Verhaltensweisen zu erproben. Bei den Spielen zu den Elementen konnte das Verhalten in einer gleichgearteten Gruppe oder in unterschiedlich zusammengesetzten Gruppen nicht nur erfahren, sondern auch erprobt werden. Dagmar hat zum ersten Mal beim Maskenspiel zur Außenseitersituation zeigen können, wie sie sich als Außenseiterin fühlt.

Ich denke darum, daß bei den szenischen Spielen oder auch beim Maskenbau, beim Malen, bei den Bewegungsübungen mehr geschieht als nur das Sichtbarmachen der inneren Bilder. Indem die Teilnehmer gestalten und darstellen, gehen sie mit dem jeweiligen Gegenstand bereits um, machen ihre Erfahrungen mit ihm, erproben Verhaltensweisen und bewältigen möglicherweise bereits ein Stück verborgener Problematik.

Die Leichtigkeit bei dem Spiel der Elemente mit den Tüchern erklärte Iris so:

Der Mensch wird hier als Ganzes gesehen und kann sich als Ganzes einbringen.

So wurde auch von anderen Studenten davon gesprochen, daß die Arbeit mit den pädagogischen Medien das ganzheitliche Lernen am Thema ermöglicht. Das bedeutet, daß die Teilnehmer sich mit ihren unterschiedlichen Möglichkeiten in das Lernen einbezogen fühlten, also mit ihrem Körper, ihrer Phantasie, ihrer Denkfähigkeit, ihrer Schöpfungskraft, ihrem handwerklichen Können. Es wurde nichts bewußt ausgeklammert.

Inge spricht davon, wie sie bei der Arbeit mit den Medien zur Auseinandersetzung mit dem Thema motiviert wurde:

Es stand nur ein Wort oder ein Satz im Raum, und dann haben wir was gemacht. Daß wir uns ganz unvoreingenommen getroffen und angefangen haben zu arbeiten, hat uns hier aktiviert, anders als im Seminar in der Hochschule. Wenn wir so auch an der Hochschule arbeiten würden, würde ich mich viel stärker verantwortlich fühlen, weil ich denke, der Ausgang der gemeinsamen Arbeit ist total offen. Und wie das ausgeht, daran habe ich jetzt tatsächlich meinen Anteil.

Bei einer Spielszene kann das Ergebnis vorher nicht festgelegt werden, bei einem Bild auch nicht. Die Lernergebnisse stehen nicht fest, sondern sind davon abhängig, was die Einzelnen dazu beitragen.

Von Uli wurden die Medien als Hilfe zur Verständigung bei der Auseinandersetzung innerhalb der Gruppe erlebt.

Für mich war wichtig, daß Dinge, wenn wir mit miteinander sprechen, oft so unwahrscheinlich kompliziert erscheinen. Beim Umgang mit Masken und Tüchern werden sie plötzlich ganz klar und einfach.

Die Themen werden in Gruppen behandelt

Wir arbeiten nicht mit Einzelnen, sondern mit Gruppen. Das bedeutet, wenn z.B. Spielszenen in mehreren Kleingruppen erarbeitet werden, daß unterschiedliche Szenen zum gleichen Thema entstehen. Es werden so viele verschiedene Masken zu einem Thema gebaut, wie es Teilnehmer gibt. Das wird auch niemand anders erwarten.

Anders ist es, wenn z.B. die Art der Anleitung bei Bewegungsübungen unterschiedlich erlebt wird. Es geschieht ja durchaus, daß der eine die gleiche Anleitung als hilfreich, der andere als verwirrend erlebt. Dem entspricht, daß sich die einzelnen Teilnehmer bei völlig verschiedenen Übungen wohlfühlen und entspannen können. Und die fertigen Arbeitsergebnisse, ob es nun Bilder oder Szenen sind, lösen bei den Einzelnen ganz unterschiedliche Assoziationen aus.

Wir versuchen, das den Teilnehmern bewußt zu machen. Darum gehen wir in der Regel bei der Besprechung der Bilder und Szenen so vor, daß zunächst die Betrachter sagen, was sie sehen bzw. gesehen haben, welche Assoziationen ihnen dazu kommen und wie sie das Gesehene interpretieren. Würden zunächst die Darsteller sagen, was sie haben darstellen wollen, so würde wahrscheinlich nur darüber gesprochen werden, nicht aber darüber, was sie tatsächlich dargestellt haben. Zwischen beidem besteht oft ein beträchtlicher Unterschied. In dem tatsächlich Dargestellten wird aber sehr viel mehr von den inneren Bildern sichtbar als in dem ursprünglich Geplanten. Sprechen die Betrachter zuerst, wird den Darstellern dabei geholfen wahrzunehmen, was und wie sie tatsächlich dargestellt haben.

Außerdem achten wir darauf, daß die unterschiedlichen Assoziationen nicht mit „richtig" oder „falsch" zensiert werden. Es soll den Teilnehmern ja gerade bewußt gemacht werden, daß ein und derselbe Gegenstand eine Fülle unterschiedlicher Assoziationen hervorrufen kann. Dadurch wird dem einzelnen Teilnehmer die Möglichkeit gegeben, zu seinen Assoziationen und Interpretationen zu stehen und sich nicht hinter einem „richtig" oder „falsch" zu verbergen bzw. sich davor zu fürchten. Es wird ihm die Möglichkeit gegeben, für sich selber Verantwortung zu übernehmen.

Mir ist eine Äußerung von Sabine an dieser Stelle wichtig:

Wir haben aus dem Spielen von Außenseiterrollen gelernt, wieviele Möglichkeiten von Außenseiterverhalten es gibt. D.h. wir werden für die Zukunft wissen, daß man zu einem Punkt, an dem wir stehen, immer verschiedene Aspekte finden kann. Und dann ist es wichtig, Geduld zu haben, z.B. mit der Entwicklung, die man durchmacht. So haben wir gelernt, daß es wichtig ist zu akzeptieren, daß man zwar an einem Punkt steht, aber daß man diesen Punkt nicht als Endpunkt ansieht, sondern als Ausgangspunkt für eine Weiterentwicklung.

Sabine sagt, daß ihr die vielen verschiedenen Äußerungen aus der Gruppe dazu verholfen haben zu erkennen, an welchem Punkt sie steht, und das zu akzeptieren. Genau das ist es, was wir an dieser Stelle mit unserer Arbeit erreichen möchten.

Es wird an ihrem Diskussionsbeitrag aber auch deutlich, daß eine differenzierte Betrachtungsweise des Themas dadurch möglich wird, daß die Assoziationen und Interpretationen der unterschiedlichen Teilnehmer zugelassen werden. Es kommen dadurch für den einzelnen Teilnehmer die Gedanken und Bilder zum Thema der anderen zu seinen eigenen hinzu.

Der Beitrag von Sabine ist übrigens ein Bericht aus einer Kleingruppe am letzten Vormittag des Seminars in Malente, die in einer Feed-back-Runde darüber nachgedacht hat, welche Bedeutung das Seminar für sie gehabt hat. Sie ist dabei zu Wir-Aussagen gekommen.

Wir erleben, daß nicht nur in der Kleingruppenarbeit, sondern auch in der großen Runde im Gespräch oder bei der gemeinsamen schöpferischen Gestaltung einer Szene Inhalte gemeinschaftlich werden können. Der Einzelne bleibt in diesen Prozessen nicht bei seinen Assoziationen stehen, indem er sie für sich allein thematisiert und ihnen bei sich nachgeht. Die vorgesehenen Strukturen fordern ihn dazu auf, mit seinen Eindrücken in die Auseinandersetzung mit den anderen Teilnehmern zu treten.

Ellen Kubitza

Sehen lernen – Sichtbar machen – Wieder sehen lernen

Diese drei Wahrnehmungsbereiche bilden die wichtigste Erfahrungsgrundlage für meine Praxis mit pädagogischen Medien.

Sehen lernen

Die Überschrift habe ich gewählt, um deutlich zu machen, daß meine „Erfahrung“ ein Prozeß ist, der anhält. Sie ist ein Weg, den ich seit vielen Jahren gehe. Erfahrung setzt sich bei mir aus vielen kleinen Schritten zusammen. Sie besteht in der Wechselbeziehung zwischen selbst lernen und andere lehren. Um dies zu verdeutlichen, möchte ich zunächst beschreiben, wie sich meine Arbeitsweise bis heute entwickelt hat. Ich habe in meinem Studium Sport als Wahlfach gehabt. Immer war ich in der Schule unzufrieden gewesen über die Möglichkeiten, die der Schulsport anbot. So lernte ich, daß Bewegung eine Ausdrucksform des Menschen ist, die in der Schule nur unter dem Gesichtspunkt der Leistung betrachtet wird. Die Trennung in die Bereiche „Hier mußt du stillsitzen“ und „Hier mußt du dich bewegen“ hat mir nie gefallen. Als ich dann in der außerschulischen Jugendarbeit selbständig entscheiden konnte, wie ich Themen vermitteln will, entstand die Idee, Bewegung und bestimmte Themen zu verbinden. Ich hatte noch keine klaren Vorstellungen, wie das aussehen könnte, als mir die Möglichkeit geboten wurde, an einem Seminar teilzunehmen, das von KATYA DELAKOVA und MOSHE BUDMOR (USA) geleitet wurde. Dieses Seminar hat mir wichtige Impulse gegeben für meine weitere Arbeit, da ich zum ersten Mal das erlebte, was ich mir vorstellte: Lernen als Prozeß, der den ganzen Menschen einbezieht. In diese Art zu lernen begebe ich mich selbst immer wieder, einmal, indem ich auch zwischendurch als Teilnehmer in Gruppen arbeite und mich neuen Erfahrungen aussetze, zum anderen, indem ich – wenn irgend möglich – mit einem anderen Menschen zusammenarbeite. So hilft es mir sehr, daß ich in vielen Seminaren mit REINHARD HÜBNER zusammenarbeiten und gemeinsame Lernprozesse erleben und reflektieren kann. Ich beschreibe im folgenden die Entwicklung solcher gemeinsamen Seminare und wähle nach Möglichkeit Beispiele aus der Seminar-Praxis mit Studenten, die in diesem Buch beschrieben ist.

Zu Beginn unserer Arbeit – vor ca. fünf Jahren – haben wir unsere Arbeitseinheiten sehr exakt vorbereitet, genau die einzelnen Schritte überlegt, und erstaunlicherweise war der Ablauf dann auch meistens unseren Vorstellungen entsprechend. Aus meiner momentanen Sicht erstaunt mich das nicht; denn wir konnten nur das aus dem lebendigen Prozeß aufgreifen und weiterbearbeiten, was wir sehen konnten – und wir sahen, worauf wir in unseren Gedanken vorbereitet waren. Ich gehe sogar so weit zu vertreten, daß wir anderes auch gar nicht sehen wollten; denn neu entstehende Situationen hätten uns als Anleiter verunsichert (So ist die Naivität des Anfangs, die mangelnde Erfahrung des Anleiters auch gleichzeitig ein positiver Faktor, der vor Verunsicherungen oder gar Scheitern schützt). Eine anfängliche Gefahr ist beispielsweise, auf Fragen einzugehen, die in psychoanalytische Bereiche gehen, ohne daß der Anleiter eine analytische Ausbildung hat. Solche Fragen aus der Gruppe dürfen ohne entsprechende Erfahrungen nicht aufgenommen werden. So mußten wir um unserer eigenen Unerfahrenheit willen vieles übersehen und uns eng an unser vorgedachtes Konzept anlehnen. Dieses Konzept war nicht nur genau vorüberlegt, sondern auch voller vorgeplanter Impulse. Wir benötigten für eine Arbeitseinheit immer wieder neue Anstöße zur Weiterarbeit, weil das Erkennen von Impulsen aus der Gruppe noch zu wenig ausgebildet war, und deshalb vorzeitig weiterführende Impulse von uns gesetzt werden mußten. Vieles blieb also „unbesehen" und wurde nicht aufgegriffen. Wir machten große Schritte und nahmen die Details fast gar nicht wahr. Die Gespräche nach den Spieleinheiten oder Übungsphasen blieben kurz, und die neuen Impulse setzten oft nicht bei dem an, was geschehen war, sondern bei dem, was wir „vorgesehen" hatten.

Unsere Fähigkeiten, verändernde oder zusätzliche Ereignisse aufzugreifen, erweiterten sich, je mehr wir selbst erfahren hatten, je mehr wir sehen und bei uns zulassen konnten, auch an kritischen Fragen. Es erwies sich dabei als hilfreich, daß wir fast immer zu zweit arbeiteten. Es entlastete uns, in schwierigen Situationen nicht allein verantwortlich zu sein, nicht alles sehen, wahrnehmen, durchdenken, entscheiden und die ganze Konzentration allein aufbringen zu müssen. Dieses Bewußtsein, es ist noch jemand da, half uns, mutiger, zuversichtlicher und lockerer in neue Situationen zu gehen.

Wir veränderten deshalb mit der Zeit und mit zunehmender Erfahrung unsere Vorbereitungsweise. Es entstand nur noch eine grobe Struktur, und wir überlegten uns zum Thema passende Methoden. Mehr und mehr bestimmte der in der Gruppe laufende Prozeß den Fortgang der Seminare. Inzwischen sind Pausen zwischen den Arbeitseinheiten unsere wichtigste Vorbereitungszeit geworden, da immer aus dem Geschehenen das Kommende entwickelt wird. Außerdem sind wesentlich weniger Anfangsanstöße zum gemeinsamen Erleben notwendig, da die daraus entstehenden Aktionen und die Gespräche erheblich mehr Zeit beanspruchen. Eine offene Planungsweise setzt allerdings umfassendere Erfahrungen der Anleiter voraus, wenn die Seminarentwicklung nicht zu Fehlentscheidungen und Defiziten führen soll. Ich zitiere ein verdeutlichendes Gespräch aus dem Malenteseminar, das sich auf Erfahrungen mit einer Atemübung bezieht.

Werner: Gestern abend, das hat Ellen vorhin schon angesprochen, haben wir auch über den Unterschied Mözen und Malente gesprochen, in einem kleinen Kreis. Da wurden wir auch gefragt, wie wir denn Reinhard und Ellen erlebt haben in bezug auf ihre fachliche Einbringung in das Seminar. Mich würde jetzt interessieren, ob wir aus dem Teilnehmerkreis dazu spezielle Beobachtungen gemacht haben. Das gehört ja auch in den Feed-back-Rahmen. Ob wir als Teilnehmer in die Lage versetzt worden sind, über das Können und die Erfahrung, die hinter der Arbeit der Anleiter stehen, Aussagen machen zu können?
Uli: Ich habe mir schon den Unterschied der mehr offenen Vorbereitung in dem jetzigen Seminar notiert. Für mich war es angenehmer, was die einzelnen Spielabschnitte anging. Ich spürte aber auf der anderen Seite, daß die Anleiter das anscheinend etwas stärker in Anspruch genommen hat, daß sie deswegen teilweise nicht über das Maß an Gelassenheit verfügten, wie es manchmal doch erforderlich gewesen wäre. Es erschien mir so, als wir hier auf dem Fußboden lagen und die Atemübungen gemacht haben. Da hat Ellen gezählt, für meinen Atem völlig irre gezählt: 1, 2, 3, 4, 5, 6, 7, 8. Dann kommt bei mir erst eine Pause vor dem Ausatmen. Da hast du aber gleich wieder angefangen: Pfff. Da hab ich dann überventiliert und gemerkt, daß mir übel wurde.
Ich: Ist das für alle so gewesen? Ich muß immer gucken dabei, das ist unheimlich schwierig, jeder hat einen anderen Atemrhythmus. Für manche war dies Zählen bis acht schon viel zu lange. Da sah ich, daß sie sich anstrengen mußten, nicht schon anzufangen mit der Ausatmung. Also deshalb gehe ich schnell zum individuellen Atemrhythmus über, ohne zu zählen. Aber es würde mich noch interessieren, ob es auch für andere viel zu schnell war.
Diethard: Eher zu langsam. Die Pause zwischen Ein- und Ausatmen war ja da. Also ich empfand genau das Gegenteil.
Ich: Du hast sie schon gemacht, diese Übung. Aber es war eine Reihe von Leuten dabei, die sie zum ersten Mal gemacht haben, denen es schwer fiel, den Atem länger anzuhalten (Gemurmel).
Uli: Das stimmt auch, ich hab das schon öfter machen müssen. Beim Chorleiterseminar, bei der Stimmbildung. Mir fiel es bloß auf, daß die Einatemphase kürzer war als die Ausatemphase. Beim Ausatmen hatte man mehr Zeit. Aber dann fiel mir noch auf, das ging mir nicht um das Atmen im besonderen, sondern daß du beispielsweise plötzlich von dem Rande her sehr viel andere Hinweise organisatorischen Inhalts gabst.
Reinhard: Das war ein Fehler, das gebe ich zu.
Uli: Das waren so einzelne Punkte, wo man merkte, daß auch ihr viel stärker in Anspruch genommen ward. Ich weiß zwar nicht, ob das der Erfolg von dem war, was sich außerhalb

des Seminars hier ereignete oder ob es mehr mit der offeneren Planung zusammenhängt, die natürlich immer mehr neue Vorbereitung und viel mehr organisatorische Aufgaben – könnte ich mir denken – mit sich brachte.
Ich: Das Organisatorische geht. Aber es ist so, daß wir eben nach einer Phase reflektieren, und aus dieser Reflexion die Vorbereitung für die nächste Phase machen. Und da waren manchmal die Zeiten relativ kurz. Deshalb haben wir das manchmal in 10 Minuten oder einer halben Stunde gemacht. Und das ist anstrengend. Dazu ist eine unglaubliche Konzentration erforderlich.
Reinhard: Wenn man solche Seminare durchführt, wo man von der Situation der Gruppe aus weiterentwickelt, was in der nächsten Einheit drankommt, ist die einzig sinnvolle Arbeitszeit viermal eineinhalb Stunden am Tag. Und die dann genau einhalten. Eine lange Mittagspause, und nachmittags und abends eine Einheit. Und das ist hier immer mehr geworden, sehr viel mehr geworden. Wir sind nie ausgekommen mit der Zeit. Und dann noch die Vorbereitung, das ist ein unheimlicher Streß geworden. Es ist eigentlich zuviel Arbeitszeit gewesen in den vier Tagen.
Ortrud: Ich glaube, daß die Art und Weise, wie die Gruppe hier geworden ist, dieses Gruppengefühl und Klima, das hier entstanden ist, ganz wesentlich darauf zurückzuführen ist, daß das Seminar nicht restlos vorstrukturiert war, sondern daß eins auf das andere aufbaut. Ich hab das einmal bei dir gemerkt, Ellen, mittendrin, so ganz konkret, als wir so lachen mußten bei dem „A“ summen, da hast du das ganz schnell gelassen. Das wäre nicht mehr gegangen, das wäre immer schlimmer geworden.
Ich: Das war mir auch klar. Dazu muß ich noch was sagen. Das war eine typische Fehleinschätzung, die daraus entstanden ist, daß wir was umgebaut hatten, vorher eine Einheit überlegt hatten, dann haben wir aber eine Hälfte der Einheit vorgezogen und sind nach dem Mittagessen im Grunde mitten in die Einheit eingestiegen. Und was ich mir vorher nicht überlegt hatte, war, daß man dann in dem Zustand, gerade gegessen zu haben, sowieso müde, nicht im Liegen noch eine Atemübung machen kann. Das führt also entweder dazu, daß man einschläft, oder daß aus Albernheit was ganz anderes geschieht. Also das ist für mich eine Erfahrung, an der ich gelernt habe. Das würde ich nicht ein zweites Mal machen. Ganz klar, dann kann man höchstens im Sitzen was machen, die Konzentration im Sitzen hervorrufen.
Uli: Also, ich habe auch stärker als in Mözen gemerkt, daß ihr, glaube ich, neue Erfahrungen gemacht habt, die ihr beispielsweise am gestrigen Tag, im Vergleich zum vorgestrigen Tag, wohl auch besser einsetzen konntet. So hatte ich vorgestern immer unter dem Phänomen zu leiden, daß ich immer dann gerade müde oder träge wurde, wenn eine neue Einheit losging. Und daß ich dann wach wurde, als es vorbei war.

Dieser Gesprächsausschnitt kann anhand ganz einfacher Zusammenhänge deutlich machen, wie der Anleiter offener Seminarprogramme erfahren sein muß im Erkennen der Befindlichkeit der Teilnehmer – also im Sehen – und wie erfahren er gleichzeitig sein muß im Setzen des richtigen organisatorischen Rahmens – also im Voraussehen. Ich werde in der Praxissituation von den Menschen wie von den Arbeitsbedingungen überrascht, wenn ich nicht vorher irgendwann einmal erfahren habe, daß verschiedene Menschen unterschiedlich schnell atmen, und daß der Zeitpunkt der Mahlzeiten einen Einfluß auf das Gelingen von und Wohlbefinden bei Atemübungen hat. Ohne entsprechende vorausgegangene Erfahrungen und ohne die Fähigkeit, immer umfassendere Erfahrungen stets von neuem zu machen, läßt sich eine erfahrungsreiche Medienpraxis – zumal wenn sie weitgehend offen sein soll – gar nicht gestalten und erst recht nicht pädagogisch vermitteln. Erfahrungen haben und Erfahrungen machen bedeutet dabei im wesentlichen sehen lernen. Dies wiederum hat das Sichtbarmachen zur Folge und setzt es gleichzeitig voraus.

Sichtbar machen

Sichtbar machen heißt hier für mich, etwas Gestalt gewinnen zu lassen: Einen Gedanken, ein Gefühl, ein Thema, eine Geschichte, einen Traum usw. Also etwas, das ein Mensch in sich hat, soll durch Medien nach außen kommen, in irgendeiner Weise Gestalt werden und dadurch für ihn selbst und für andere anschaubar werden. Diesen Vorgang finde ich wichtig, weil er zur Klärung dessen, was innen ist und zur Bewußtwerdung beiträgt und eine distanziertere Betrachtung erlaubt.

Zum Sichtbarmachen kann ich verschiedene Medien benutzen: Sprache ist für uns das üblichste. Darüber hinaus stehen uns in unseren Seminaren Malen, Musizieren, Spielen, Puppen, Masken, Schminken, Bewegen, Tücher und anderes, worüber Reinhard und ich Erfahrungen haben, zur Verfügung. Mit Hilfe dieser Medien kann man also etwas von innen nach außen bringen und es während dieses Prozesses formen. Es verdichtet sich dabei zu einer individuellen Gestalt. Dagegen wird im Sportunterricht meistens lediglich eine Bewegungsfolge wiederholt, die ein anderer vorgemacht hat. *Der Vorgang verläuft von außen nach außen.* Individualität wird hier nur in geringem Maße sichtbar. Die von innen sichtbar gewordene Gestalt (Szene, Maske, Bild) kann von allen Gruppenmitgliedern betrachtet werden und in einen gemeinsamen Prozeß des Verstehens und Erkennens versetzen. Jeder einzelne kann sich wahrnehmen und sich im Zusammenhang mit den anderen erfahren. Er kann sich mit anderen agierend, interpretierend, assoziierend, erkennend erleben. Das sichtbar Gewordene ermöglicht in anderer Weise die Betrachtung als ein nur gedachter Gedanke oder ein nur gesprochener Satz. Eine Maske, die ich geformt habe, ist ein Ausdruck zunächst nicht sichtbarer Empfindungen. Ich kann eine Maske zu einem Thema bauen oder zu dem, was mich gerade bewegt, sie wird immer etwas von dem zeigen, was in mir oben auf liegt. Ich kann dann diese Maske betrachten, und, indem ich mich ein Stück von ihr entferne, lege ich Distanz zwischen mich und meine Maske. Durch diese Distanzierung wird erweitertes Selbsterkennen ermöglicht. Ich kann das, was ich geschaffen habe, ansehen, betrachten, erfassen und annehmen als zu mir gehörend. Ich kann erleben, daß die Maske mir fremd ist, oder daß die anderen sie ganz anders wahrnehmen als ich.

Wir erlebten einmal, daß Studenten, die Masken zum Thema „Der Fremde" gestaltet hatten, sich mit diesen langsam vertraut machten, sie immer wieder anschauten und allmählich das gestaltgewordene Stück Fremdheit anzunehmen begannen. Langsam von allen Seiten anschauen können, was ich aus mir herausgestellt habe, ist eine pädagogisch unerläßliche Hilfe zur Reflexion und schließlich zur Bewältigung. Die ungeformten, ungestalteten Dinge in uns können uns ängstigen. Zur Verdeutlichung derartiger Vorgänge zitiere ich einen weiteren Gesprächsabschnitt aus dem Malenteseminar. Die Teilnehmer berichten darüber, ob bzw. wie ihnen das Fremde in ihrer Maske (beschnittene und bemalte Tüten) vertrauter wurde.

Birte: Ich habe ziemliche Schwierigkeiten gehabt. Ich hab eine halbe Stunde mein Gesicht angeguckt und festgestellt, ich kann überhaupt nichts Fremdes an mir finden, bis ich immer wieder hingeguckt hab. ... Ich weiß nicht, ob es mir da nicht erst fremder geworden ist; aber irgendwo war es plötzlich nur noch so'n Gegenstand, weil ich da unheimlich gesucht hab nach irgendwas. Dann hab ich beschlossen, auf meine Maske überhaupt nichts zu malen, weil ich dann mein Gesicht immer nur als Gegenstand empfunden hab, der ziemlich ausdruckslos ist. ... Als ich dann meine Maske im Kreis wiederfinden sollte, das fand ich schön: die war mir da unheimlich vertraut gegenüber den ganzen anderen Masken.
Reinhard: Und wie steht das im Verhältnis zu dem, was vorher gewesen ist, wo es zuerst für dich irgendwo auch was Schlimmes war, und dann plötzlich war es doch schön, die Maske wiederzufinden.
Birte: Das war durch den Abstand dann verstärkt meine Maske geworden.
Dagmar: Mir ging es so, als ich meine Maske dann wiedersah, kriegte ich zuerst einen Schreck, da mußte ich erstmal ein paar Schritte zurück machen und dann langsamer rangehen, und dann merkte ich, sie wurde mir langsam vertrauter, vor allen Dingen, als dann die Maske ihr Gesicht einmal wegwendete. Dann merkte ich, ich wollte eigentlich doch wieder mit ihr in Kontakt kommen, und als sie sich mir dann zuwendete, da merkte ich langsam, beim Ansehen, daß dieses Fremdheitsgefühl doch etwas wegging. Ich mußte sie noch ganz lange angucken, bevor ich überhaupt bereit war, sie wieder aufzusetzen. Vor allen Dingen als dann derjenige, der sie mir aufsetzte, mich dann auch berührte und das Gefühl ausdrückte, du kannst sie akzeptieren, da hab ich sie eigentlich erst richtig akzeptiert. Vorher war das immer noch so'n Zwiespalt, aber danach ging's dann besser.
Brigitte: Mir war sie widerlich, meine Maske. Ich hab mich auch nicht mit ihr angefreundet, als ich sie sah, ich wollte sie eigentlich überhaupt nicht treffen. Ich hab sie mir dann ja auch sofort vom Gesicht gerissen, wollte sie auch am liebsten zerknüllen.
Sigi: Mir ging das ähnlich so. Mir war meine Maske auch nicht vertraut, ich hab sie auch gleich meinem Partner abgenommen und weggelegt. Als ich in den Spiegel geguckt hab, da hab ich gesehen, daß ich unheimlich ernst guck. Ich hab dann auch Partien gefunden, die ich sonst nicht so sch', wenn ich in den Spiegel guck, und die hab ich dann auch aufgemalt, aber ich kann nicht unbedingt sagen, daß das jetzt was Fremdes für mich ist. Ich fand dann, meine Maske wirkte nachher ganz anders, als sie mir auf dem Kopf saß, als

vorher, wo sie flach ausgebreitet auf der Erde lag, da sah es mehr bunt aus, und nachher, als Ina sie auf dem Kopf hatte, da war das so'n hageres Gerippe, und da war sie mir wirklich fremd.

Diethard: Ich überleg gerade, ob ich meine Maske versteckt habe, als ich sie Gerd abgenommen habe. Ich glaub, ich hab sie mit dem Gesicht vor den Bauch gehalten. Nach unserem Gespräch ist mir bewußt geworden, daß man viele kleine Ängste zu seinem Gesicht hat. Ich habe im Spiegel festgestellt, daß ich eine ziemlich dunkle Augenpartie habe durch die Brille, und daß ich zum Beispiel meine eigenen Augenbrauen seit Monaten oder Jahren überhaupt nicht mehr mit Bewußtsein gesehen habe und das heißt, daß durch die Brille etwas entstellt, etwas versteckt wird, und daß Dunkelheit auch nicht gerade Kontaktfreude ausdrückt oder so, wenn man eine Art ‚Inkognito' vor sich herträgt, als ob man eine dunkle Brille trägt, und da stecken Sachen drin, Befürchtungen, so würde ich das sagen. Und wenn ich die Maske dann versteckt habe, dann heißt das eigentlich, daß die Ängste so groß sind, daß ich sie gar nicht wahrnehme oder gar nicht wahrnehmen will.

Die Seminarteilnehmer bringen zum Ausdruck, wie die Gestalt des Fremden im eigenen Gesicht, die in den Masken sichtbar geworden ist, Prozesse der Selbsterkenntnis in Gang bringt. Birte und Dagmar wird ihre Maske durch Ansehen vertraut, Brigitte und Sigi bleibt sie fremd, Diethard entdeckt mögliche Wirkungen seines Gesichtes auf andere Mitmenschen. Das sichtbar gemachte Innere löst unterschiedliche Verarbeitungsprozesse aus. In diese Prozesse sinnvoll einzugreifen, setzt umfangreiche pädagogische Erfahrungen mit Medien voraus: Hinterfrage ich Birtes und Dagmars Vertrautheit mit ihrer Maske? Versuche ich Brigitte und Sigi soweit zu bringen, daß sie das Fremde in ihren Gesichtern annehmen lernen? Dränge ich Diethard, weiter in die sozialen Behinderungen durch seinen Gesichtsausdruck einzudringen? Ich muß mich fragen und aus Erfahrungswissen heraus antworten, wo liegen die Grenzen des Sehenkönnens und -wollens bei den einzelnen Teilnehmern?! Belasse ich den einzelnen Teilnehmer bei seiner selbst sichtbar gemachten und gefundenen Grenze, oder mache ich ihm Angebote, *über seine Grenze zu gehen?* Bin ich zu solchen Angeboten selbst überhaupt fähig und erfahren genug? In jedem Fall müssen Grenzüberschreitungen freiwillig sein, ohne Zwang von außen. Die Kraft dazu muß in dem Übenden selbst entstehen. Als erfahrener Anleiter sollte ich spüren, bei wem ich ein wenig mehr fordern kann, oder wen ich vor sich selbst schützen muß. Als ich Ortrud einmal bei einer Körperübung mit einem kleinen Fingerdruck nachhalf, ihren Körper über einen bestimmten Punkt hinaus zu dehnen, meinte sie: „Du hast mich nicht nur ermutigt, meine Dehnungsgrenze zu überschreiten, sondern mich damit überhaupt ein bißchen weitergeschubst." Das Sichtbargemachte muß in seinen Einschränkungen und Möglichkeiten gesehen werden können, um es zum Zwecke der Erweiterung über den erreichten Zustand hinauszuführen. Je mehr Erfahrung der Anleiter im Sehen hat, desto mehr kann er für die Teilnehmer sichtbar machen, desto besser kann er ihnen helfen, selbst besser sehen zu lernen.

Wieder sehen lernen

An diesem, was so sichtbar wird, kann ich als der Prozeßbeobachtende auch wieder ablesen, was der nächste Schritt der Seminargestaltung sein könnte. Das gilt für die Entwicklung des Einzelnen wie auch für die gesamte Gruppe. Das heißt: Dadurch, daß nicht von außen etwas übernommen und nachgeahmt wird, sondern etwas von innen nach außen gebracht wird, sind ganz individuelle Schritte möglich und auch notwendig. Bei Bewegungsübungen bedeutet das, daß ich so oft es förderlich ist, die Anleitung spreche, während die Teilnehmer versuchen, mit geschlossenen Augen das Gehörte in ihre individuelle Körpersprache umzusetzen. Sie sehen nicht, was die anderen machen. Manche entdecken dabei, daß sie an eine Grenze ihrer Beweglichkeit kommen, manche gehen nicht einmal an ihre Grenze heran. Für die ganze Gruppe kann eine Ermutigung gegeben werden, diese eigene Grenze festzustellen und zu versuchen, ein wenig darüber hinaus zu gehen – freiwillig und ohne Angst.

Als Anleiter versuche ich dementsprechend abzulesen, wieviel Zeit ich lassen muß, und wie schwer die Übungen für eine Gruppe sein dürfen. Das Maß ist dann ein Kompromiß zwischen den Extremen, und vielleicht können Einzelne dann einen kleinen Anstoß vertragen, etwas kräftiger zur üben. Zu sehen, wo dies möglich ist, bedarf intensiver Beobachtung. Aus Erfahrung weiß ich, daß ich an manchen Tagen viel weniger sensibel wahrnehme und dann dazu neige, zu einfache oder auch zu schwierige Übungen auszuwählen. Auch die Tagesform der Gruppe kann eine Rolle spielen für den Grad der Schwierigkeit und die Dauer von Übungen. Ebenso muß ich die Vorerfahrungen der Teilnehmer beachten. Menschen, die schon oft mit entsprechenden Medien gearbeitet haben, können sehr konzentriert über längere Zeit an einer enggefaßten Aufgabe arbeiten und sehr exakt möglichst viele Formen erproben (z.B. welche Kreise unterschiedlicher Größe kann ich mit meinen Armen machen?). Sie arbeiten langsam und ausdauernd, während andere nur ihr Pensum absolvieren oder sich schnell erschöpfen. Ungeübte verlieren schnell die Lust und wissen nicht mehr, was sie weiter tun sollen. Für sie ist es notwendig, strenger anzuleiten, d.h. in kleineren Schritten vorzugehen und mehr Hilfen für Ideen zu geben. Leicht könnte ein ungeübter Leiter mehr fordern wollen, das aber würde nur Verweigerung hervorrufen.

Schritte zu neuen Erfahrungen sind meist mit Angst besetzt. Deshalb ist eine Situation herzustellen, in der möglichst wenig Angst aufkommen kann. Zu spüren, was für eine Gruppe oder auch für Einzelne zu viel ist und was eine angemessene Forderung ist, ist das Entscheidende. Das gerade ist aber nur durch eigene Erfahrung möglich. Im folgenden schildere ich ein Beispiel für eine Fehleinschätzung aus Erfahrungsmangel:

Wir haben jahrelang mit Gruppen Statuen gebaut, d.h. einer baut ohne Worte einen anderen zu einer lebenden Statue. Dieser läßt sich bewegen, als sei er aus Ton. Es gibt verschiedene Weisen, diese Übung anzuleiten. Man kann damit beginnen, den „Ton" auf der Erde mit geschlossenen Augen liegen zu lassen, oder im Stehen mit offenen Augen. Man kann die Partner bis zum Ende der Übung zusammen arbeiten lassen, oder, um die Erfahrung zu erweitern, die Modelleure von einem „Ton" zum anderen gehen lassen. Diese verschiedenen Anweisungen bedeuten unterschiedliche Schwierigkeitsgrade. Im Laufe der Zeit waren wir bei dem Typ von Zielgruppe, mit dem wir in der Regel arbeiten, bei der schwierigsten Stufe angelangt, auch wenn es neue Gruppen waren.

Vor kurzem arbeiteten wir mit einer Lehrlingsgruppe – eine für uns weniger gewohnte Zielgruppe. Da wir mit der komplizierten Anweisung (und den schwierigeren Schritten für die Teilnehmer) nie mehr Probleme hatten, leiteten wir die Übung entsprechend an. Doch es geschah etwas, womit wir nicht gerechnet hatten. Die meisten der Teilnehmer waren nicht einmal fähig, im Liegen die Augen zu schließen – das erforderte von ihnen schon ein Maß an Vertrauen, das nicht vorhanden war. So entstand gar nicht erst eine Atmosphäre, in der Ruhe und Konzentration bestimmend werden konnten. Es wurde immer unruhiger, die Teilnehmer lachten und wurden zunehmend aggressiver miteinander. Diejenigen, die sich auf die Übung einlassen wollten, hatten keine Chance. In dieser Gruppe hätten wir im äußersten Fall die Übung im Stehen mit geöffneten Augen beginnen dürfen und vielleicht sogar zu dritt arbeiten lassen sollen (zwei formen eine Person), damit nicht zu viel Nähe befürchtet werden kann. Außerdem hätte die Anleitung nicht am Anfang im ganzen erfolgen dürfen, sondern hätte Schritt für Schritt begleitend sein müssen. Die Phasen der Konzentration durften nicht zu lang sein.

In diesem Fall hatten die Teilnehmer darüberhinaus am Vormittag schon eine lange, intensive, schöpferische Einheit durchgestanden, in der sie eine ganz genau angeleitete Handmassage miteinander gemacht und sich dann anschließend gegenseitig geschminkt hatten. Dabei waren sie konzentriert und aufmerksam. Nachmittags kamen sie schon mit Kaffeetassen und Zigaretten in den Raum, und die Unruhe legte sich nicht. Leider thematisierten wir diese Widerstände nicht einmal für uns, geschweige denn in der Gruppe, sondern fingen an zu arbeiten. Wir versuchten das Lachen, Schubsen, das sich gegenseitig Befehlegeben aufzufangen. Wir übersahen, daß die schöpferische Phase vom Vormittag schon sehr viel Kraft gekostet hatte, auch Grenzüberschreitungen gefordert hatte. Außerdem war der Körperkontakt miteinander in freieren Übungen für diese Gruppe ein zu großer Schritt ins Ungewohnte. Hier hatten wir also nicht genügend Erfahrung mit dieser Zielgruppe, um die Regel „die Angst möglichst gering zu halten" optimal zu beachten. In positiven Erfahrungen ist das Überschreiten der Grenzen mit viel Freude und Lust am Ausprobieren verbunden und mit dem Erlebnis „Ich kann ja mehr, als ich gedacht habe". Und so entstehen Aktivität und Motivation zu neuen Entdeckungen. Wichtig für das Vorgehen ist noch eine weitere Erfahrung in der Arbeit:

Es ist notwendig, daß alle zuschauenden und zuhörenden Teilnehmer dem Darstellenden, Zeigenden oder der spielenden Gruppe ihre ganze Aufmerksamkeit zur Verfügung stellen. Diese Aufmerksamkeit ist die notwendige Unterstützung, um sich dem Neuen mutig zuzuwenden und in der Auseinandersetzung die Akzeptierung durch die anderen zu erfahren. Auch das war in dieser Situation nicht gegeben.

Weil der Gruppenleiter von dem her, was er sieht, spürt, hört jeweils eine Einschätzung der Gruppensituation, aber auch das Befinden einzelner Teilnehmer geben können muß, sollte er sich darin üben, Körperhaltungen, Körperstrukturen, Bewegungsabläufe und Interaktionen bewußt zu erfassen, aber auch seine eigenen Körperhaltungen auf die dahinter liegenden Gefühle hin zu beobachten.

Mir geschah in einem anderen Seminar einmal folgendes: Ich hatte ein Spiel vorbereitet und die Teilnehmer miteinander ebenfalls Statuen bauen lassen. Ausführlicher hatte ich mich dem Thema „Umgang miteinander“ gewidmet und erklärt, daß es nicht auf die fertige Statue ankomme, sondern auf den Prozeß des Formens: Spüren, daß ich aktiv/passiv bin, den anderen bewegen kann/mich bewegen lassen kann. Danach wollte ich die Gruppe dem Hauptthema entsprechend aufteilen in Könige und Narren. Die Entscheidung, zu welcher Gruppe jeder gehört, war vorher langsam entstanden (ähnlich wie bei den vier Elementen in Mözen). Die mich überraschende Situation war nun, daß vier Teilnehmer sich nicht für eins von beiden entscheiden konnten, und das machte mich einen Moment hilflos – es entsprach nicht meiner Vorstellung. Diese verhinderte, daß ich mich auf die neu entstandene Situation einlassen konnte, weil ich ja ein Ziel hatte, nämlich: nur zwei Gruppen. Ich konnte also nicht im Prozeß eine neue Erfahrung zulassen, sondern setzte die Teilnehmer unter Druck, sich zu entscheiden. Als ich dann in Ruhe – während die Gruppen arbeiteten – über die für mich unbefriedigend verlaufene Situation nachdachte (sie distanziert von allen Seiten angstfrei durchdenken konnte), fiel mir folgendes auf: Wenn ich aufmerksam und angstfrei gewesen wäre, hätte ich mich von meinem vorgeplanten Ziel lösen und mich auf die neue Erfahrung, nämlich eine dritte Gruppe der Unentschlossenen zu bilden, einlassen können. Das wäre eine spannende Entdeckung gewesen, was diese Gruppe mit der gestellten Aufgabe gemacht hätte. Stattdessen saß ich da mit dem Gefühl, den Gruppenprozeß zu stark gesteuert zu haben. Die Reflexion über diese Situation hat bewirkt, daß ich seither mehr Mut habe, unerwartete Abweichungen aufzunehmen und erlebe, daß genau darin für mich ein Reiz liegt: das, was entsteht, habe ich nicht vorherdenken („vorhersehen“) können. Ich versuche über meine eigenen Grenzen zu gehen, wie ich es von den Teilnehmern fordere.

Mit all diesen komplizierten Zusammenhängen hängt in unserer Arbeit die Erfahrung zur Anleitung von Übungen mit Medien und Spielen zusammen. In unserer Praxis haben wir immer deutlicher erlebt, daß präzise Anleitung wichtig ist. Bei der Anleitung von Spielen muß mir selber die Aufgabenstellung ganz klar sein. Es kommt manchmal auf die genaue Formulierung, auf einzelne Wörter sogar an, und darauf, ob ich etwas aktiv oder passiv beschreibe. Öfter entwickeln wir neue Spiele, die erst beim zweiten oder dritten Mal Anleiten auch genügend klar gemacht werden können für die Gruppe. Wenn eine Situation sich nicht unseren Vorstellungen entsprechend entwickelt, ist es besser, eine zusätzliche Information zu geben, als später den Prozeß unterbrechen zu müssen. Ebenso notwendig ist bei Körperübungen, daß der Anleiter eine klare praktische Vorstellung von der Übung hat. Und das allein genügt in diesem besonderen Fall nicht: er sollte jede Übung, bevor er sie anleitet, selbst erlebt haben, nach Möglichkeit in einer Gruppe unter anderer Anleitung. Mir fällt dazu ein Beispiel ein: In einer Gruppe leitete ich eine Atemübung, bei der die Teilnehmer auf dem Boden liegen. Alle Anweisungen waren genau – nur hatte ich vergessen zu sagen: „Stellt die Fußsohlen so auf den Boden, daß die Knie angewinkelt sind". Nun mühten sich die Teilnehmer ohne diesen Hinweis, die Übung auszuführen, aber das war bei einigen gar nicht möglich. Ich spürte selbst beim Zuschauen in meinem Körper Widerstände gegen diese Übung. Als Anleiter konnte ich das vergebliche Mühen der Teilnehmer jedoch nicht selbst körperlich erleben und damit die fehlende Hinweise in meiner Anleitung nicht spüren. Durch erweiterte Erfahrungen im Wiedersehen sehe ich heute jedoch viel besser, welche Abläufe noch nicht klar sind. Ich weiß dann, wo ich noch einmal ansetzen, was ich noch einmal klarer wiederholen muß. Diese Fähigkeit zu sehen ist jedoch immer abhängig von dem Grad der erreichten Erfahrung.

Zu allem gehören pädagogische Vorerfahrungen

Zu den Grundlagen des Anleiters muß noch die Kenntnis hinzukommen, welche Übungen wohin führen. Ich muß Übungen kennen, die sich für ein Warm-up eignen und wissen, welche dieser Übungen am Anfang nur Zerrungen hervorrufen. Für die nachfolgende Gruppenarbeit ist es wichtig zu entscheiden, ob das Warm-up wachmachen, zu meditativer Konzentration oder zur Entspannung führen soll. Außerdem gibt es Übungen, die eine besondere Aufmerksamkeit des Anleiters erfordern, da sie leicht zu aggressivem Verhalten führen. Eventuell ist es dann notwendig abzubrechen und mit der Gruppe über das zu sprechen, was der Anleiter *gesehen* hat (nicht was er interpretiert). Das heißt, der Anleiter fordert durch seine Beobachtung die Gruppe auf, über das nachzudenken, was geschehen ist, und unterstellt nicht von vornherein irgendwelche Gefühle und Absichten bei den Teilnehmern. Verschiedene Situationen nicht der Einfachheit halber stehen zu lassen, ist eine notwendige Anforderung an die Anleiter, wie die folgende Auseinandersetzung nach dem Abnehmen der Gesichtsmasken im Malenteseminar zeigen mag:

Brigitte: Da jetzt auch andere vielleicht irgendwelche Gedanken dabei hatten, wollte ich mal fragen, das kam mir so, als Reinhard die Anweisung gab: „Ja, und seid sehr einfühlsam“. Ich hab das mit Schülern ja auch gemacht, und die machen da Witze mit sich und machen sich auch Angst. Die sind dann gar nicht einfühlsam mit den anderen. Aber ich hab auch immer erlebt, daß das Erlebnis dennoch unheimlich Spaß gebracht hat. Da durchgekommen zu sein durch die Angst war für die genauso erlebnisbetont wie jetzt all das andere, was wir gemacht haben. Die Schüler – und ich selbst hab sowas auch ordentlich spannend gefunden – entschuldigten sich dann, daß sie einen groben Witz dabei gemacht hatten, und das fand ich dann auch ziemlich witzig. Sowas, glaub ich, kann auch dabei sein.
Hans: Also, daß er den Witz gemacht hatte, nicht daß er sich jetzt entschuldigte, oder was fandest du witzig?
Brigitte: Daß er da einen Witz gemacht hat, zwar unfreiwillig, aber ich meine, durch so eine Situation jetzt durchzukommen, auch wenn man ein bißchen geärgert wird.
Werner: Aber was bedeutet das z. B. für den Abbau von Fremdheit?
Brigitte: Mir kann auch jemand näher kommen, der mich so'n bißchen ärgert, nicht nur jemand, der immer nur lieb ist, muß ich ganz ehrlich sagen.
Antje: Ja, das find ich gut zum Beispiel, daß du jetzt sagst für dich, weil du vorher gesagt hast für alle. Das letzte Mal war einer dabei, der ist fast ausgeflippt, und da finde ich, wenn einer Platzangst hat oder sowas, muß man wirklich ganz vorsichtig sein und von daher – also das ist meine Erfahrung – bin ich auch heute ganz vorsichtig gewesen und hab versucht, damit das nicht irgendwie schiefläuft, ganz behutsam vorzugehen, so daß das auch ein Schrittchen weitergehen kann. So etwas wie einen Batsch aufs Gesicht darfst du beim Gesichtsmaskenanlegen nur machen, wenn du einschätzen kannst, daß das nicht stört. Bei der Fremdheit, die wir uns gegenüber haben, bin ich mir da jedoch nicht sicher. Ja, vor allen Dingen bestimmten ‚mutigen' Männern gegenüber – ich kann es ruhig laut sagen – bin ich äußerst mißtrauisch, daß die, wenn sie eins auf den Mund oder auch eins auf die Augen kriegen, ganz schön ängstlich und verstört werden, auch wenn die sich dabei dicke tun und die Starken markieren wollen.
Werner: Ich könnte das auch noch ein bißchen verstärken. Im Grunde genommen steht ja dahinter diese Mutprobe, sagen wir mal mit dem Auto mit 100 auf eine Wand zuzufahren. Wer dann am spätesten bremst, der ist dann der King, und ich meine, das ist ja etwas, was Reinhard und Ellen mit Sicherheit in diesem Seminar nicht wollen. Wenn du das jetzt so allgemein sagst, daß das das Dominierende oder das Allgemeine in der Arbeit mit Schülern ist, dann würde mich das tatsächlich interessieren, wie du das pädagogisch einschätzt?
Brigitte: Erstmal kann ich das nicht verallgemeinern, denn nicht für jeden ist natürlich solche aggressive, witzige Reaktion befreiender als dieses ständige Sensibilisieren. Das wollte ich eigentlich nur zum Ausdruck bringen. Wenn du sagst, daß jemand Platzangst bekommt, dann muß dieses Erlebnis für den auch nicht immer tragisch sein, sondern der hat sich genauso erkannt in der Situation, daß er nun was nicht verträgt. Das kann dir auch passieren, wenn du ganz einfühlsam mit ihm umgehst, und dann bist du nämlich auch schockiert. Ich hab mal bei einem Mädchen eine Gipsmaske gemacht, die sie unheimlich gerne haben wollte, und ich hab es selbst gemacht, weil das Mädchen sehr empfindsam war, und auf einmal war sie aufgestanden, hat sich die Maske abgerissen, und das war für sie kein Problem, sie hat sich da erkannt in dem Moment. Ich glaube auch solche, manchmal harten Situationen muß man nicht immer jemandem unbedingt vom Leibe halten, sondern sie auch mal durchstehen lassen und dann hinterher wirklich sagen, steh dazu, das bist du, bei dir ist das so.

Werner: Du hast heute morgen selbst mit deiner Maske etwas erfahren: du wolltest sie kaputtmachen, du konntest es aber nicht. Dahinter sehe ich einen ganz einfühlsamen Prozeß von Selbsterfahrung. So eine Aussage kann man auch als eine pädagogische Information stehen lassen. Aber mich würde einfach doch interessieren, wie das ist, wenn ich jemandem beim Gesichtsmaskenabnehmen die Nasenlöcher zuschmiere und Angst mache. Hinterher freuen die sich zwar möglicherweise, daß sie das durchgestanden haben, aber wo bleibt das pädagogische Verstehen, das da vorgeschaltet sein sollte, warum man so etwas zulassen kann bzw. sollte. Wenn du mir das mitschilderst, kann ich deine Auffassung annehmen, wenn du das aber so generell für eine Gruppe sagst, dann würde ich das nicht teilen.
Manfred: Ich möchte das gerne wieder aufs Seminar beziehen, was du nämlich gesagt hast, steht für mich in dem Zusammenhang, in dem ich hier zum Seminar gehe. Solche Frotzeleien, auf einer Kumpelebene sich anmachen und einfach auch Angst machen, mal sehen, wie stark der andere ist, das kennen wir alle. Wie es dem Einzelnen dabei geht, das ist dann die zweite Frage, wie das einer besteht, und ich bin eigentlich hier, um diesen Verstehensbereich ein bißchen in mir zu wecken durch Selbsterfahrung und Sensibilisierung für den anderen und für mich selbst. Da finde ich es schon sehr gut, wenn wir auch verstärkt über diesen Bereich reden. Was du gebracht hast, darf nicht vergessen werden, das finde ich – so wie du das aufgefaßt hast – auch unheimlich wichtig, das ist Realität, ist vorhanden und damit muß gearbeitet werden. Auf dieses Seminar bezogen, hat das für mich jedoch einen anderen Wert. Hier sollte in erster Linie über Verstehen und Empfindungen geredet werden, weil ich mich darin verstärkt üben will. Das kann ich noch nicht genug.
Reinhard: Ich hab den Anfang eurer Diskussion nicht mitgekriegt, nur ein Gedanke ist mir gekommen, den möchte ich ganz gerne sagen. Ich würde niemals Gesichtsmasken bauen, ich sag das überspitzt, mit dem Ziel, daran zu lernen, mit den Frotzeleien und dem üblichen Umgangston, den Jugendliche miteinander haben, besser fertig zu werden oder mich darin zu stärken, damit umgehen zu können. Wenn das mein Lernziel wäre, daß ihr das lernen solltet, dann würde ich keine Gesichtsmasken bauen. Gesichtsmasken würde ich immer mit dem Lernziel bauen, behutsam miteinander umgehen zu lernen und Vertrauen zu gewinnen, Vertrauen zu erweitern.
Werner: Vielleicht kann ich abschließend meine Gedanken dazu sagen, weil mir das wichtig scheint. Ich kann nicht für jede pädagogische Absicht jedes Medium einfach nehmen, dann erreiche ich möglicherweise etwas völlig Verkehrtes, sondern deshalb sind wir auch hier, um für so etwas, was du nanntest, – das sind ja auch pädagogische Gegenstände – das seh ich genauso, die entsprechenden Medien und Wege zu lernen. Ich sage auch, daß die Masken keine Wege dazu sind. Genauso läßt sich das Beispiel darauf anwenden, was Uli brachte: Wenn ich so unbedacht bei Kindern beim Maskenbau so etwas Aggressives sich entwickeln ließe, dann überstehen die vielleicht die Frotzeleien und tun so, als fühlten sie sich auch stark, aber das pädagogische Ergebnis kann sein, daß Kinder, die eben zehn- oder zwanzigmal in ihrem Entwicklungsprozeß solche Frotzeleien überstanden haben, selbst in ihrem Erwachsenenleben Sadisten werden. Wenn ich so etwas aussage, Brigitte, dann meine ich, gehören folgende Überlegungen dazu: Was kann das möglicherweise für pädagogische Konsequenzen haben, und ist das ein geeignetes Medium, und welche Vorerfahrungen habe ich in bezug auf dieses Kind, und ob ich mit ihm über diese Maske frotzeln kann, ohne ihn zu einem Sadisten zu machen. So abgelöst, nur um sadistischen Spaß zu legitimieren, kann ich deine Auffassungen pädagogisch nicht stehen lassen, sie machen mich eher ärgerlich.

Wenn der Umgang mit pädagogischen Medien solche Fragen aufwirft, ob der Lehrer bei der Entwicklung der Medien Aggressionen im gleichen Ausmaß zulassen oder gar ermöglichen soll wie Behutsamkeit im Umgang mit den Mitmenschen, so stellt sich hier die Notwendigkeit pädagogischer Klärungen. Ich will auf den Vorgang hier inhaltlich nicht weiter eingehen. Zeigen wollte ich nur, wie die Medienarbeit meine pädagogische Erfahrung herausfordert. Mir geht es in diesem Beitrag mehr darum zu zeigen, wie sich Inhalte sichtbar machen lassen, und wie ich sie sehen bzw. wiedersehen lernen kann. Meine Erfahrungsdarstellung hat sich vornehmlich auf das Sehen bzw. Sichtbarmachen bzw. Wiedersehenlernen konzentriert, da dies Grundvoraussetzungen für das praktische und theoretische Behandeln pädagogischer Inhalte ist. Mein Angebot zur Erfahrungserweiterung zielt somit primär auf das Lernen im Handeln. Ich sammle Erfahrungen, indem ich mit mir selbst oder auch mit anderen etwas tue. Dieses Tun reflektiere ich, um daraus die Fortsetzung der Praxis zu entwerfen. Es muß deutlich geworden sein: Nicht jeder kann ohne weiteres mit pädagogischen Medien arbeiten. Dazu ist Erfahrung notwendig, die über das Wissen hinaus in jahrelanger Kleinarbeit erworben werden muß. Die Erfahrungen müssen sich nicht nur auf die Medien selbst beziehen, sondern insbesondere auch auf die Menschen, mit denen ich arbeite. Einschränkend muß ich sogar sagen, wir können nur mit Medien arbeiten, die wir in bezug auf beteiligte Menschen von Grund auf kennengelernt haben. Wir wollen Medien nicht einfach technisch einsetzen oder anwenden, wir wollen an ihnen Menschliches hervorbringen.

Schlußbemerkung

Mein geheimer Wunsch in dieser Arbeit mit pädagogischen Medien ist es – über alle angesprochenen Punkte hinaus –, daß möglichst viele Menschen, vor allem aber zukünftige Lehrer, in sich den Reichtum wieder entdecken, der in den eigenen Bildern enthalten ist. Je mehr sie lernen, die Fülle ihrer in ihnen vorhandenen Vorstellungen, Träume, Wünsche, Farben, Bewegungsmöglichkeiten und Bilder in ihr Bewußtsein einzubeziehen und für ihren Alltag nutzbar zu machen, desto mehr phantasievolle Menschen wird es in Zukunft geben. Leider verlernen die Menschen heute schon früh, ihre eigene Bilderwelt zu gestalten. Fernsehen und andere perfekte, vorfabrizierte Dinge verdrängen die mühevoller herzustellenden eigenen Phantasiebilder, die früher durch Vorlesen und Märchenerzählen gefördert wurden. Daneben tut die „Macht der exakten Wissenschaft“ und die Zweidimensionalität der modernen städtischen Bauweise ein übriges. Überall werden wir von Informationen, Zweidimensionalität und objektiven Tatsachen überhäuft, die zwar unser intellektuelles Denken vielleicht noch befriedigen, aber kaum noch neue sinnliche Erfahrung zulassen. Der Unterricht in der Schule besteht weitgehend aus der Vermittlung intellektueller Fähigkeiten – die Gefühlswelt und die Phantasie werden so gut wie gar nicht einbezogen. Wir sind noch in der Lage, dies zu spüren – fangen wir doch an, uns wieder zu denkenden, fühlenden und handelnden Menschen zu entwickeln.

IV. Woran mangelt es in der Hochschule?

Otmar Heinz

Lernprozesse in zwei Pädagogikseminaren

Den folgenden Beobachtungen und Überlegungen zu Seminarverläufen in der Hochschul-Ausbildung von Pädagogen liegen, neben eigenen Erfahrungen während meiner „Hochschulsozialisation", zwei mir paradigmatisch erscheinende praktische Beispiele unterschiedlicher Seminarformen zugrunde: Zunächst werde ich den sogenannten „Hochschulalltag" darstellen, das heißt es werden Szenen aus einem Hochschulseminar geschildert, Szenen, wie sie jedem, der diese „Ausbildungsanstalt" besucht oder besucht hat, bekannt vorkommen dürften. Anschließend wird gezeigt, wie man das Thema dieses Seminares auf weniger konventionelle Art bewältigen kann: Szenen eines Medienseminares werden der üblichen Seminarpraxis gegenübergestellt. An diese Schilderung knüpfen prinzipiellere Erwägungen bezüglich dieser Form des Lernens an, um dann schließlich aus der Gegenüberstellung Konsequenzen für das künftige pädagogische Handeln, das aus der jeweiligen Art der Ausbildung resultiert, zu ziehen.

Ein Hochschulseminar

Das folgende Hochschulseminar soll im wesentlichen unter dem Aspekt seines formalen Ablaufes und seines strukturellen Aufbaues untersucht werden. Eine detaillierte Diskussion der inhaltlichen Seite ist nicht intendiert, obwohl auch diese die Reduziertheit hochschulpädagogischen Handelns sichtbar werden ließe. Allerdings sind formale und inhaltliche Seiten des Seminarverlaufes nur abstrakt und analytisch, nicht aber konkret zu trennen: genau wie kein Inhalt ohne Form vorstellbar ist, können Formen nur über Inhalte ihre Dimension erlangen. Damit die Analyse der formalen Seite der Seminarszene nachvollziehbar und eindeutig werden kann, wird es zunächst notwendig, sie inhaltlich zu skizzieren.

Schon die Auswahl gerade dieses Hochschulseminares wurde durch sein Thema bestimmt; zwar laufen die meisten Pädagogik-Seminare im Hochschulrahmen nach ähnlichem Schema ab, so daß die vorherrschenden didaktischen Mechanismen auch überall sonst aufzeigbar gewesen wären, aber ausschlaggebend war die Kombination des Themas „Sexualität und Geschlechterrollen" mit einer niedrigen Teilnehmerzahl. Der Themenbereich rührt unmittelbar an die persönliche Sphäre eines jeden Teilnehmers, und eine innerliche Distanzierung fällt hier schwerer als etwa beim Thema „Sozialpädagogik und Schule"; die geringe Teilnehmerzahl – selten waren mehr als zehn Personen anwesend – ließ eine Arbeitsgruppen-Atmosphäre und eine hohe Diskussionsdichte erwarten, die dem einzelnen breiten Raum zur Darstellung und Verwirklichung seiner persönlichen Vorstellungen hätte ermöglichen können.

Das Seminar „Sexualität und Geschlechterrollen" fand ein Semester vor dem unten angesprochenen Medienseminar statt und wandte sich an eine gleiche studentische Population. Einmal wöchentlich trafen sich die Teilnehmer des Hochschulseminares für eineinhalb Stunden, um in immer wieder wechselnder personeller Zusammensetzung verschiedene Bereiche zum Thema durchzuarbeiten, wie etwa „Sexualität und Feminismus", „Sexualität und Gewalt", „Sexualität von Kindern" oder „Sexualität und Kriminalität".

Genau wie der Hochschulrahmen räumlich nie verlassen wurde, setzt man sich dabei auch nie anders als verbal über die gewählten Inhalte auseinander. Dies schien auch bald undenkbar, da sich im jeweiligen Ablauf der zwei Stunden eine gewisse Ritualisierung beobachten ließ: zu Beginn wurde entweder ein Referat vorgetragen oder ein Thesenpapier ausgehändigt, das von einem oder zweien der Anwesenden vorbereitet worden war. In der verbleibenden Zeit sollte nun in der Diskussion versucht werden, die Teilnehmer dem Wissensstand der besonders Präparierten anzunähern, um eventuell Kritik an unterschiedlichen Ansätzen leisten zu können.

So begann auch in der „Sitzung" über „Sexualität und Gewalt" die Referentin ihre Thesen zu erläutern:

Wie wollen wir also vorgehen? Ich habe letztesmal diese Broschüre vom Frauenhaus verteilt. Ich finde das Problem schwierig; es gibt eigentlich keine fundierteren wissenschaftlichen Untersuchungen. Ich kann also nur von Erfahrungsberichten und von meinen eigenen Erfahrungen im Frauenhaus ausgehen. Deshalb habe ich hier auf diesem Zettel ein paar Thesen zusammengestellt zum Thema „Gewalt gegen Frauen", dann können wir darüber diskutieren, oder ihr stellt mir Fragen.

Wenn wir das Thema richtig aufarbeiten wollten, müßten wir ganz weit in der Geschichte zurückgehen, um das gesamte Problem aufzugreifen, die Rolle der Frau und des Mannes nochmal generell aufgreifen, um zu sehen, welche wirtschaftlichen Zusammenhänge zur Gewalt gegen Frauen führten.

Ich habe da ein bißchen Schwierigkeiten, weil das Thema auch durch die Öffentlichkeitsarbeit schon ziemlich weit im Bewußtsein verankert ist und sich viele schon Gedanken darüber gemacht haben. Ich stehe in der Arbeit so drin und habe das Gefühl, das ist alles völlig klar und einleuchtend und nicht schwierig, damit umzugehen.

Aber … mir ist klar, daß das eine unvollständige Aufzählung ist und kann auch die Frage nicht so definitiv beantworten, wieso geschlagen wird. Das ist in den meisten Fällen ein Sammelsurium an Gründen, die angegeben werden und eben eine Folge des patriarchalischen Systems, in dem wir leben.

Der erste Grund ist der, daß Männer aus Eifersucht schlagen, daß sie ihre Frauen als Besitz betrachten. Wenn man die Geschichte betrachtet, dann hat sich die Ehe ja deshalb herausgebildet, weil die Männer die Kinder als Arbeitskräfte brauchten und die Frau als Arbeitskraft gebraucht wurde und deswegen festgeschrieben werden mußte, von welchem Mann die Kinder sind und somit auch die Frau zum Besitz des Mannes wurde. Die Eifersucht resultiert meiner Meinung nach daraus, daß die Männer Angst haben, ihren Besitz zu verlieren. Der Grund wird in 25% der Fälle angegeben, wenn Männer ihre Frauen aus Eifersucht schlagen.

Der nächste Grund ist, daß Männer oft selber Opfer einer ungerechten Gesellschaft sind; das ist einer der von der Linken benutzten Erklärungsansätze, der als ziemlich progressiv gilt. Die Männer leiden unter den Produktionsverhältnissen, unter denen sie stehen im Betrieb, und sie übertragen ihre beschissene Lage auf die Situation der Familie und schlagen die Frau. Gegen diesen Erklärungsansatz kann man anführen, daß Frauen, die auch in der Produktion stehen, ihre Männer auch nicht schlagen.

Ein weiterer Punkt ist, daß Männer unter Alkoholeinfluß stehen. Das haben auch die Untersuchungen und Statistiken jetzt gezeigt, daß ein hoher Prozentsatz der Frauen, die in die Frauenhäuser kommen, mit der Problematik zu tun haben, daß ihre Männer Alkoholiker sind und oft auch nur schlagen, wenn sie diese Hemmschwelle überwunden haben, wobei alle Männer, die unter Alkoholeinfluß schlagen, auch schlagen, wenn sie ohne Alkohol sind, also sie schlagen ihre Frauen nicht nur, wenn sie besoffen nach Hause kommen, sondern auch sonst.

Weiterer Erklärungsversuch ist, daß Männer nur dann schlagen, wenn sie in ihrer Erziehung selbst Gewalt erfahren haben und der Meinung sind, daß das, was für sie richtig war, so verkehrt nicht sein kann. Da wird versucht – und das umfaßt den nächsten Punkt auch – die Schuld an diesem Versagen den Müttern zuzuschieben, daß die Mütter eben versagt haben, und die Väter auch, es also auf die Eltern zu reduzieren, daß die Erziehung nicht vorbildhaft war. Die Männer sind aufgrund ihrer eigenen schlechten Erfahrungen quasi gezwungen, das jetzt umzusetzen in ihrer eigenen Familie und schlagen dort auch. Dagegen spricht also auch wieder, daß die Mädchen und Frauen aus den gleichen Familien nicht diese Konsequenz daraus ziehen.

Der nächste Punkt ist schon ziemlich alt und ist durch Freud und die Freudianer untermauert worden. Der Masochismus, gerade im Bereich der Sexualität, daß der die Männer noch dazu ermutigen würde, die Frauen zu schlagen, daß es zum höchsten Glück der Frauen gehören würde, gewaltsam erobert zu werden. Das setzt sich ja bis heute fort, und das ist, glaube ich, ein Punkt, der nur schwer auszuräumen ist.

Es wird deutlich, daß die Referentin zwar vom Thema persönlich angesprochen und subjektiv betroffen ist[1], daß sie aber auf der anderen Seite gerade versucht, dieses persönliche Engagement in sterilen, „wissenschaftlich"

---

1 Daß sich gerade Frauen durch dieses Thema persönlich betroffen fühlten, zeigt der Umstand, daß außer dem Dozenten nur weibliche Seminarteilnehmer sich zu Wort gemeldet hatten.

anmutenden Thesen zu verbergen. Ihr Anliegen ist es nicht, ihre „persönlichen Erfahrungen" mit „Frauen und Gewalt" darzustellen, die erscheinen ihr „nur" subjektiv, sondern sie will ein umfassendes Spektrum an möglichen, scheinbar „objektiven" Erklärungsansätzen liefern, die aber alle, wie sie selbst bemerkt, zu kurz greifen. Um ihr Thema „richtig" zu bearbeiten, sieht sie nur die Möglichkeit, es „generell" aufzufassen. Ohne es zu bemerken, beurteilt sie damit eine subjektive Vorgehensweise als „falsch" – sie diskriminiert sich selbst. Obwohl sie bemerkt hat, daß ihre Erklärungsansätze alle nicht zureichen, hält sie sie in der Summe für wissenschaftlich; möglicherweise weil diese in ihrer theoretischen Allgemeinheit und damit verbundenen Praxisferne schwer nachzuvollziehen sind, denn in ihrer eigenen Praxis ist das alles „einleuchtender": „Ich stehe in der Arbeit so drin und habe das Gefühl, das ist alles völlig klar und einleuchtend und nicht schwierig damit umzugehen." Hätte die Referentin die Absicht, künftigen Pädagogen aus der Praxis gewonnenes „Handlungswissen" zu vermitteln, wäre dies kein Problem für sie; so aber sucht sie nach „den Gründen", die „definitiv" beantworten, „wieso geschlagen wird".

Auch im weiteren Seminarverlauf bezieht man sich nicht auf seine eigenen Erfahrungen mit dem Problembereich; vielmehr beruft man sich auf schriftliche Äußerungen von „Autoritäten". Diese dienen offensichtlich aber weniger dazu, den „Horizont" anderer zu erweitern, als vielmehr als „Bluff" (W. Wagner 1977), was man alles „sonst noch" gelesen hat:

Dozent: Reich geht davon aus … Von einer ähnlichen Voraussetzung geht auch Kentler aus ….
Studentin: Aber es gibt ja unheimlich viele Begründungen: Kentler nimmt z. B. an – ich habe noch ein anderes Buch von ihm gelesen, es heißt: „Sexualerziehung für Eltern" oder „Eltern lernen Sexualerziehung", das war sehr interessant, war auch nett geschrieben – da gibt er zum Beispiel an … Andere geben wieder andere Begründungen an: was ich sehr amüsant fand, Margret Mead hatte in einem südamerikanischen Stamm …
Dozent: Also ich finde diese Stelle bei Schelsky aber ganz gut … wenn das so ist – angenommen, das stimmt – dann frage ich mich, was will dann Kentler … Auch bei den angeblich so freien Völkern, schreibt Ernest Borneman …

Fünf verschiedene Autoren und sechs verschiedene Bücher werden hier gleich zu Beginn der Seminarsitzung in die „Diskussion geworfen". Bei diesem „Wissensbombardement" ist es nur natürlich, daß man andere, bekanntere für sich selbst sprechen lassen muß:

Studentin: Da wollte *ich* gerne etwas zu *sagen, vorlesen* und zwar von diesen Prinzipien der Neillschen Erziehungspraxis. Da steht also erstens …

Die eigene authentische und greifbare Praxis mit dem Problembereich wird gegenüber den Aussagen bekannter Autoren als minderwertig abgetan. Man gibt sich hier also der Illusion hin, irgendwann – und zwar wenn man alle entsprechenden Bücher darüber gelesen hat – Realität adäquat handhabbar zu haben. Daher werden Äußerungen und Meinungen nicht durch eigene Erfahrungen belegt, sondern durch Literaturstellen: wer am meisten gelesen hat, besitzt die größte Erfahrung. Man spricht also mittels Bücher und Autoren über Sachverhalte und erkennt nicht, daß man so bestenfalls Erfahrungen aus zweiter Hand besitzt. Vielmehr herrscht der Glaube, daß man nur den richtigen (!) Autor gelesen haben muß, der in seinen Schriften diesen bestimmten Gegenstand umfassend abgehandelt hat, um darüber Bescheid zu wissen und damit umgehen zu können. Nun gilt es nur noch herauszufinden, was der Autor genau gemeint hat, wobei man dann auch mit den Kategorien „richtig – falsch" operieren kann. So äußert sich eine Studentin nach Kritik von Dozentenseite: „Also ich habe aber doch erhebliche Zweifel, ob das richtig ist" folgendermaßen:

Studentin: Ich glaube, so will er (der Autor) das auch gar nicht verstanden sehen.
Dozent: Ja, wenn sich aber die Gesellschaft insgesamt wandelt, das ganze Normgefüge, also nicht nur speziell auf dem sexuellen Gebiet, sondern in allen zwischenmenschlichen und sozialen Beziehungen, dann würden ja neue Normen in der Gesellschaft auftreten. Eine gewandelte Gesellschaft würde mit anderen Normen aufwarten. Man kann nicht wissen, wenn man jetzt einen einzigen Faktor verändert, wie er sich das hier vorstellt, was daraus wird, weil die Veränderung um sich greift.
Studentin: Ich weiß nicht, ich hatte das eigentlich mehr so verstanden, daß das der Punkt sein soll, bei dem es einsetzen sollte. Und logischerweise darauf aufbauend, müssen sich natürlich andere Bereiche auch verändern, weil das zwingend ist. Nur daß das eben der Ausgangspunkt sein sollte, so habe ich das verstanden.
Dozent: Ja sicherlich, das ist sicher richtig.

Daß als Realität nie die eigene, persönliche Erfahrung genommen wird, zeigt auch die folgende Seminarszene:

Dozent: Die vielen verheirateten Frauen, die also weder so eine hohe Bildung noch so ein hohes Bewußtsein haben wie Sie als Studentin und auch nicht so unabhängig sind, sondern die eben verheiratet sind und zu Hause wohnen müssen, die können ihre Identität, wenn sie es mal begriffen haben, können nur gewinnen in dem täglichen Umgang mit ihren Männern, und das sind ganz kleine Schritte, in denen sie Zuwachs an Identität gewinnen; z.B. wenn es so war, daß bisher, wenn Einladungen sind, wenn Bekannte da sind, die Männer sich in die Ecke zurückziehen und ihre Biertischpolitik verzapfen und die Frauen sich in die andere Ecke und über die Kinder reden, ja, so wie das bisher war. Und wenn jetzt so eine Frau sagt, das mag ich aber nicht mehr, sondern ich bleib' bei den Männern sitzen und rede da mit, wenn Sie sagen, ist ja nichts Besonderes – ja für so eine Frau schon, für eine ungebildete Frau, für die schon

Sprechen, Formulieren usw. eine große Hürde bedeutet, für die ist das was Besonderes, wenn sie dann nachher bei den Männern sitzenbleibt und nicht zu den anderen Weibern geht und dann den Tratsch da fortsetzt. Und das ist für sie ein kleines Stückchen Gewinn von Identität. Und die gewinnt sie eben nur in der unmittelbaren Beziehung zu ihrem Mann und zu anderen, die da dann noch sind, das will ich damit sagen. Sie hat gar nicht die Möglichkeit, sich zurückzuziehen. Eine Studentin kann sich zurückziehen, aber diese Frau hat ja gar nicht die Möglichkeit, die hat ja keinen anderen Weg zur Identitätsgewinnung als, indem sie Schritt für Schritt die Beziehung zu ihrem Partner verändert. Wie sollte es denn sonst gehen?
Studentin: Aber ich glaube, das wäre ja gerade der falsche Schritt: nehmen wir mal dieses Beispiel: das sind jetzt vier Männer und vier Frauen, und das teilt sich nachher auf. Jetzt sagt aber eine Frau: ich mach' das nicht mit, ich will jetzt auch mal zeigen, daß ich das 'n bißchen in Frage stelle, also setze ich mich jetzt zu den Männern. Was macht sie ...? Jetzt ist sie eine, und vier Männer sind da. Jetzt kann sie im Grunde, wenn sie da nicht gleich irgendwie als ein bißchen komisch angesehen wird, muß sie versuchen, über das mitzureden, über das die Männer gerade reden. Sie wird das nie schaffen als einzelne, vor allem, wenn sie das zum erstenmal macht und sich selbst noch unsicher dabei fühlt, vier Männern das an Gesprächsthema aufzuzwingen, was sie bereden möchte. In diesen Beziehungen, die Sie so preisen, da kommt ja auch der Mann nicht auf die Idee, sich zu den Frauen zu setzen. Das passiert ja auch nicht. Daß die Frau, daß ein Anspruch an die Frau gestellt wird ...
Dozent: Ich erhebe ja gar nicht den Anspruch. Ich habe nur versucht, Ihnen zu schildern, wie doch die Realität der allermeisten Frauen ist.
Studentin: Das ist ja auch richtig ...
Dozent: So leben doch nun mal die allermeisten Frauen.

Der Dozent muß also die Realität – so wie er sie sieht, nicht so wie sie ist – schildern. Er greift – woher, weiß nur er – ein vorgestelltes, beliebiges Beispiel heraus, um seine Thesen deutlich zu machen, was soviel heißt: er erfindet Realität (was nun nicht heißt, daß seine Schilderung in dieser oder ähnlicher Form nicht irgendwo praktisch auffindbar wäre) passend zu seinen schon vorher gefaßten Thesen. Praxis wird dadurch zu einer vorgestellten Praxis, die den theoretischen Aussagen verfügbar gemacht wird, sie hat lediglich noch Belegcharakter, ist für die Theorie da. Die Aufgabe von Theorie/Wissenschaft, Praxis/Realität zu erfassen, zu strukturieren und gegebenenfalls Hilfen für deren Veränderung anzubieten, wird hier gerade auf den Kopf gestellt.

Über die vom Dozenten vorgegebene Vorstellung von Realität kann man sich nun in aller Allgemeinheit unterhalten, ja sogar kontrovers auseinandersetzen – wenn man davon absieht, daß der Seminarleiter das bereitwillig akzeptierte Gesprächsthema vorgegeben hat. Bei alledem wird aber der Rahmen der Unverbindlichkeit nicht verlassen, eine eigene persönliche Stellungnahme ist nicht mehr erforderlich. Nun kann man über „Frauen und Männer" reden, als sei man selbst geschlechtslos.

Prekär wird nun solch ein Seminar, wenn die Thematik als ein persönliches Problem erkannt wird: Es geht im folgenden Gesprächsabschnitt um die Frage nach geschlechtsspezifischen Eigenschaften:

Dozent: Welche (Eigenschaften) haben Sie denn tatsächlich? Haben Sie andere als Männer, oder muß man dazu kommen, das ist völlig offen, welche Eigenschaften jemand hat, die sind überhaupt nicht geschlechtsspezifisch.

Studentin: Sie können nicht geschlechtsspezifisch sein, das ist klar –. Aber mir fällt es im Umgang mit Männern sehr häufig auf, gerade in Wohnungssituationen, daß ich erheblich emotionaler und was weiß ich noch alles bin und daß mich das auch stören kann. Daß ich aber auf der anderen Seite gerne dazu stehe, aber daß mich das auch in einigen Bereichen stört, wenn ich müde bin, abgespannt und ich mir sämtliche Trauermärchen anhören muß von allen Anwesenden; da kann man dran arbeiten, und zu den Eigenschaften würde ich stehen.

Dozent: Das ist richtig, das würde ich voll unterstützen. Mir scheint der Schritt bei der Sache ist ein ganz grundsätzlicher: die Frauen müßten daran interessiert sein, daß die Männer ihnen nicht bestimmte Eigenschaften zuschreiben und sich selbst bestimmte Eigenschaften zuschreiben lassen. Also dieser ganze Zuschreibungsmodus, daß die Männer nicht die Instanz sind, die diesen Zuschreibungsmodus in Gang setzen. Das wäre für mich der grundsätzliche Schritt. Ich weiß nicht, wie Sie darüber denken oder wie Sie glauben, daß das zu machen ist. Das ist doch nun mal so …

Studentin: Und daß wir uns sagen, ich hab' die Eigenschaften, und ich steh' dazu und versuche, das beste für mich daraus zu machen, so positiv zu sehen, um dieser Schizophrenie aus dem Weg zu gehen.

Dozent: Die Zuschreibung aber bleibt. Genauso wenn die Neger sagen: „Black is beautiful", dann ist die Zuschreibung nach wie vor da, und es gibt eben black, und es gibt white. Aber dann wird ja dadurch nichts geändert, es wird nur anders, es wird anders bewertet. Und da ist für mich ein entscheidendes Problem: das ist das, was Marx die „menschliche Emanzipation" genannt hat, im Gegensatz zur „politischen Emanzipation". Daß also nicht nur die eine Gruppe relativ zur anderen Gruppe auf ein anderes Niveau kommt oder mehr anerkannt wird durch die andere Gruppe, das ist zwar auch wichtig, aber das löst das Problem noch nicht auf menschlicher Ebene, sondern auf menschlicher Ebene werden Probleme erst gelöst, wenn das ganze Kriterium in Frage gestellt wird, daß also eine Unterscheidung zwischen schwarz und weiß völlig unerheblich ist. Wenn man dazu kommt, „das interessiert mich nicht mehr", es gibt eben nur Menschen, und genauso wenn eine Unterscheidung oder Zuschreibung von geschlechtsspezifischen Rollen und Eigenschaften usw. als solche unerheblich wird, wenn man dazu kommt, dann wäre das auch eine menschliche Emanzipation, also nach dem Begriff von Marx. So scheint mir das Problem hier zu liegen.

Wenn sich ein Teilnehmer im Thema wiederfindet, die angesprochenen Probleme als seine eigenen erkennt und seine persönlichen Schwierigkeiten mit den thematisierten Inhalten darlegt, macht er deutlich, daß er beabsichtigt, das bisher Gesagte und hypothetisch Angebotene an seiner konkreten Lebenspraxis zu messen – er verläßt damit den Rahmen der allgemeinen

Unverbindlichkeit. Dieses Subjektiv- und Praktisch-Werden im Seminar hätte nun zur Konsequenz, daß man nicht nur auf das Gesagte, von der Teilnehmerin als Person losgelöst, eingehen müßte, sondern sich mit ihr als ganzer Person, mit all ihren Gefühlen und Ängsten, mit ihrem Wissen und ihren Widersprüchenlichkeiten auseinandersetzen müßte – das Seminar *über* Pädagogik würde dann selbst *zur* pädagogischen Praxis.

Voraussetzung ist dann aber ein persönliches Engagement nicht nur an der abstrakten Sache, sondern auch an der Person und ihren subjektiven Schwierigkeiten; der Dozent, der auf persönliche Äußerungen eingeht, würde zum Pädagogen. Er ginge damit selbst als Person und nicht nur als an der allgemeinen „Sache" interessierter auf die beteiligten Menschen in Verbindung mit dem Stoff ein. Es ist aber in Hochschulseminaren einfacher, risikoloser und deshalb üblicher, wieder grundsätzlich zu werden, sich über Emanzipation bei MARX auszulassen, als das Wagnis pädagogischer Praxis einzugehen – kann man dann auch wieder über Praxis allgemein reden und Globalbegriffe zu ihrer möglichen Veränderung vorschlagen. Die anfängliche Frage nach der Person und ihren Eigenschaften entpuppt sich also als rhetorische, das persönliche Problem wird flugs zum generellen Problem „menschlicher Emanzipation".

Die Seminarpraxis selbst kann so nicht als Praxis erlebt werden, die pädagogischen Implikationen der gerade aktuellen Situation werden geleugnet, die Chance, über sich selbst und die eigene pädagogische Handlungskompetenz etwas übend zu erfahren, wird vertan. Schnell kann man sich auf den allgemeinen Tenor einigen, daß bestehende Institutionen und die Gesellschaft „wahre" Pädagogik verhindern, so daß, bevor man „richtig" mit Pädagogik anfangen kann, die Gesellschaft „abgeschafft" sein müßte. Diesen fast entschuldigenden Charakter bekommt dann folgende Dozentenäußerung:

Das heißt: es ist eben ein Phänomen der Gesellschaft; darin drückt sich eine bestimmte Spielart der Gesellschaft aus, oder bestimmte Dinge, die in der Gesellschaft liegen, drücken sich hier aus.

Die Schwierigkeiten mit „narrativen Verhaltensweisen", die Unfähigkeit, auf die Person einzugehen und der Rückzug auf demonstrative Mechanismen zeigen sich auch in folgender Szene:

Eine Studentin beschwert sich über chauvinistisches Verhalten an der Hochschule und erzählt von ihren Erfahrungen mit einem Professor:

Wir hatten also ein Plakat an der Wand, das hatte eine Gruppe gemacht, wo lauter nackte Frauen ausgeschnitten waren, eben um die Realität zu zeigen. Und dann wirft er (der Professor) mir vor, daß ich nicht gleich, als ich reinkam ins Seminar, gefordert hätte, daß da auf die andere Seite ein Plakat mit nackten Männern gehängt wird. Er haut uns da ständig in irgendeine Ecke rein, die ich überhaupt nicht einnehmen will. Und macht mich auf die Art und Weise, oder versucht es zumindest, mich oder meinen Standpunkt lächerlich zu machen, indem er sagt: na diese schönen nackten Mädchen und noch fragt, wo nackte Männer sind. Daß er so alle Einwände, seiner Meinung nach, von mir oder von Frauen, die ähnlich denken wie ich, vorwegnimmt und gleich von vornherein lächerlich macht, und mir so also die Möglichkeit nimmt, überhaupt noch was Vernünftiges zu dem Thema zu sagen.

Auf diese persönliche Schilderung reagiert jetzt der Dozent in einer ähnlichen Weise, wie sie von der Studentin moniert worden war, ohne daß dann aber entsprechender Einspruch stattfindet:

Aber Sie haben ja schon den Konfikt. Als die Frauen anfingen zu studieren, gab's ja nicht 'mal den Konflikt, sondern da haben die Professoren, die sahen, daß da auch Frauen sitzen, immer nur gesagt: Meine Herren, und dann fingen sie an zu reden. Und Sie haben es ja zur Kenntnis genommen. Das ist ja schon ein großer Fortschritt. – Aber zu dem Schulproblem zurück ...

Hier wird also auch wieder deutlich, daß es nicht möglich scheint, in solch einem Seminarrahmen die eigene, momentane Praxis als Praxis zu reflektieren. Ein abstrakter Gegenstand, „das Schulproblem", dient dazu, die persönliche Ebene erneut verlassen zu können. Es stellt sich dann allerdings die Frage, wessen Problem dies noch ist?

Dozent: Also mich interessiert die Frage sehr – nicht so sehr für mich persönlich, sondern als Problem vor den Geschlechterbeziehungen: ein zentrales Problem, finde ich, und ich habe letztes Mal ja schon darauf hingewiesen und muß nochmal betonen, daß für mich eben das Beziehungsproblem im Zentrum steht.

Persönliche Belange müssen im „Hochschulseminar" offensichtlich immer einem allgemeinen „Lernziel" untergeordnet werden. Daher wird es für den Dozenten auch während des Seminars öfters notwendig, darauf hinzuweisen, was „eigentlich das Problem ist":

Verstehen Sie, worauf ich (!) hinaus will, oder mach' ich mich nicht ganz deutlich? Oder erkennen Sie das Problem nicht so, oder ist es für Sie kein Problem?

Ein Problem ist also abstrakt „da"; nun muß es „nur" noch gelingen, daß auch jeder dieses Problem erkennt. Es wird nicht gesehen, daß Probleme an Personen gekoppelt sind, die erst bestimmte Situationen oder Konstellationen als problematische erkennen oder benennen müssen; es hängt also immer von den beteiligten Personen ab, ob etwas für sie zum Problem wird oder nicht.

Durch die in diesem Seminar praktizierte Verfahrensweise kann man sich zwar eine abstrakte Kritikfähigkeit und eine versierte Hinterfragenstechnik antrainieren, die aber, da sie nicht in der Person, sondern lediglich im Kopf des Pädagogen verankert ist, und sich nicht auf konkrete Praxis bezieht und aus ihr heraus notwendig geworden ist, häufig hohl und phrasendrescherisch wirkt.

Kritikfähigkeit wird dann nur noch zum Nachweis des Wissens eines pädagogisch Tätigen, nicht aber zum Beweis seiner Fähigkeit, sich handelnd und erkennend zu qualifizieren. Pädagogen, die nur in solcher Art Hochschulseminaren (deren Berechtigung zum Erwerb von Wissen nicht angezweifelt werden soll, aber Pädagogik reduziert sich eben nicht nur auf Wissen, sondern umfaßt auch Können) ihre pädagogische Bildung erlangen, können zwar zeitweilig genau die Unzulänglichkeiten von Praxis aufweisen und benennen, sind aber nicht geübt, selbst verändernde Handlungsprozesse praktisch und verantwortlich zu gestalten. Von eigener Praxis losgelöste Interpretationen verhindern, sich auf Praxis einlassen zu können, machen einem selbst vielmehr vor den Unwägbarkeiten von Praxis und dem praktisch Tätigen vor der Macht der Theorie Angst.

Sinnvolle pädagogische Interpretationen sind nur möglich, wenn und weil man sich gleichzeitig als Handelnder und Erkennender auf Erziehungswirklichkeit eingelassen hat – abstraktes Kritisieren hört sich möglicherweise gebildet an, verhindert aber eigene praktische Erfahrung, statt sie, wie angenommen, einzuleiten.

Diesem Hochschulseminar gelang es nicht, sich selbst zu thematisieren, wenn auch gerade das verbal für einen qualifizierten Erzieher gefordert wurde: man gelangte etwa zur Einsicht, daß man Toleranz kindlichem Verhalten gegenüber nicht einfach vorschreiben kann:

Nur über den Kopf kann man das ja auch nicht ändern. Da muß man nämlich erstmal bei sich selber anfangen.

In dieser Situation reagiert der Dozent mit einem Hinweis auf seine Literaturliste: „Ich gucke gerade die Literaturliste, habe ich Ihnen angegeben ...“ und empfiehlt in einem mehrminütigen Monolog ein Buch, weil darin gezeigt wird, daß ratsuchende Erziehungsberechtigte nicht mit direkten Ratschlägen für bestimmte Situationen abgefertigt, sondern gezwungen werden, sich und die Situation zu reflektieren, sich selbst dabei zu erkennen, zu erkennen, was sie mit ihrem Kind eigentlich wollen und so dazu gelangen, selbständig entscheiden zu können.

Diese Forderung, die der Dozent sich zu eigen macht, sich als Person mit einer jeweils individuellen Entwicklung in Erziehungszusammenhängen mitzureflektieren, steht unvermittelt in der aktuellen Seminarsituation –, welche Lücke zeigt sich hier zwischen theoretischem Anspruch und praktischer Realisation: gerade durch sein eigenes Verhalten verhindert der Dozent in der aktuellen Seminarsituation, was er selbst verbal fordert – eine „double bind“-ähnliche Situation. Zwar handelt es sich hier um eine fundamentale Forderung nach qualifizierterer Pädagogik und sich selbsterkennenden

Pädagogen, aber sie ist in diesem Rahmen nur dazu angetan, Bewußtsein weiter zu strukturieren, nicht aber grundsätzliche Verhaltensänderung hervorzurufen.

Letzteres könnte nur gewährleistet sein, wenn die konkrete Seminarsituation als eigene Praxis erkannt und mit ihren pädagogischen Implikationen zur Reflexion und praktischen Übung herangezogen wird, wie es z.B. im Medienseminar erfahrbar wurde.

Das Medienseminar

In den ersten vier Februartagen 1980 trafen wir uns in Malente, um das Thema: „männlich – weiblich“ mit pädagogischen Medien zu behandeln. Es sollte also nicht nur in „Sitzungen“ über diesen Bereich geredet werden, sondern wir wollten uns den damit verbundenen Problemen unter Integration von Bewegung und unserer manuellen Fähigkeiten nähern. Was körperlicher Ausdruck/Bewegung mit dem Thema zu tun haben können, mag folgendes kurzes Beispiel illustrieren:

Unterschiede im Verhalten von Männern und Frauen und in der Einschätzung dieses Verhaltens zeigten sich in einer Übung, in der wir uns mit Tüchern bewegen sollten. Zunächst gingen wir alle „als Frauen“ durch den Raum, dann „als Männer“, anschließend sollten wir uns so bewegen, als trügen wir etwas „Wertvolles“; das Tuch sollte schließlich die „Last der Frauen“ symbolisieren, die nach einiger Zeit in die Mitte des Raumes getragen und dort abgelegt werden sollte, dann entsprechend die „Last der Männer“.

Es zeigte sich, daß viele Männer die „Last der Frauen“ sehr mühelos tragen konnten (etwa an einem Finger), während sie unter ihrer eigenen Last fast zusammenbrachen. Die Tücher halfen, Differenzen, in der Art sich zu bewegen, zu verstärken, Unterschiede wurden besonders kraß. Durch die Art, wie sie sich „als Frauen“ bewegten, zeigten die Männer den Frauen, wie sie sie sahen und umgekehrt natürlich genauso. Vorurteile, die in der verbalen Auseinandersetzung nie zutagetreten, da sie oft noch nicht einmal vor sich selber eingestanden werden, wurden dabei offenkundig.

Es ist festzuhalten, daß durch die beschriebenen Medienübungen verbalistische Kommunikationsmittel relativiert oder sogar ganz ausgeschaltet wurden. Wichtiger, als sich durch Worte auszudrücken, wird dabei, sich im ganzheitlichen Handeln zu verdeutlichen. Durch den Einsatz von Körperausdruck treten kognitiv-rationale Absichten zugunsten von Äußerungen mit affektiv-emotionalen Inhalten in den Hintergrund.

Nach einigen weiteren Bewegungsübungen teilten sich die Teilnehmer in eine Männer- und eine Frauengruppe. Die Mitglieder jeder Gruppe sollten nun in Zusammenarbeit aus allem auffindbaren Material und allen möglichen Gegenständen eine Männer- und eine Frauenfigur erstellen. Zur Verwendung konnten also Tücher, Papier, Stühle, Blumen, Äste, Besen, Putzeimer usw. kommen. Jedoch sollte die Frauengruppe zuerst die Frauenfigur und die Männergruppe zuerst die Figur des Mannes in Angriff nehmen; wenn die gleichgeschlechtliche „Statue" stand, sollte man sich der andersgeschlechtlichen zuwenden. Anschließend sollte in den jeweiligen Gruppen die gemeinsame Arbeit reflektiert werden.

Als wir in der Männergruppe anfangen wollen, bilden sich sofort zwei Fraktionen: die einen wollen gleich losstürmen und Material zum Bauen herbeischaffen, die anderen möchten zunächst überlegen, was und wie wir überhaupt bauen wollen, um nach einem solchen Plan entsprechendes Material heranzuziehen. Da sich so schnell keine Lösung dieses Konfliktes abzeichnet, einigt man sich, daß beide Gruppen getrennt ihren Interessen nachgehen, um nach einer Viertelstunde wieder zusammenzukommen und dann eventuell gemeinsam weitermachen zu können. Als aber eine Vielzahl von Gegenständen vorliegt, scheint ein solcher Anreiz zu bauen von ihnen auszustrahlen, daß diese Abmachung vergessen wird. So kommt es, daß die Mehrzahl unmittelbar ans Werk geht und eine Minderheit überwiegend vom Rand aus zuschaut.

Nun aber zu den Figuren, die auf diese Art entstanden sind:

Der „Mann" der Männergruppe besteht aus einem Grundgerüst von drei aufeinandergetürmten Stühlen, rundumwickelt mit einem riesigen, dunkelblauen Tuch; der linke Arm, gebildet von einer Stuhllehne, hält eine Bierflasche, der rechte Arm umfaßt einen riesigen, ihn um mindestens einen Meter überragenden Ast; um diesen Ast windet sich eine Rolle Toilettenpapier; die Beine des Mannes – eine Hose – ragen unter dem Tuch hervor, und seine Füße bilden zwei gelbe Stiefel; neben ihm auf dem Boden steht eine leere Rotweinflasche, ein großer Rucksack mit Gestell und ein Bild mit segelnden Männern auf sturmgepeitschten Wellen; verborgen hinter dem Bild liegt Strickzeug; als Kopf schließlich dient eine große, geschlossene Metallkugel (ursprünglich ein aufklappbarer Aschenbecher), auf der noch eine Mütze sitzt. Das Ganze wirkt imposant, stark und martialisch.

Die „Frau", die daneben steht, ist etwa nur halb so groß; ihr Gerüst ist nur ein Mop, dessen Fransen gleichzeitig den Kopf abgeben und der in den Wäscheleinen eines auseinanderfaltbaren Trockenständers steckt; sie ist ebenfalls mit einem Tuch drapiert, das jedoch die ganze Vorderseite offen läßt; zusätzlich hat sie ein „Palästinenser-Tuch" um den Kopf geschlungen; in der vorderen Öffnung liegen zwei Kissen, getrocknete Blumen und ein Hygiene-Beutel; im rechten Arm hält sie ein paar Tannenzweige und einen Handfeger; ihre Füße sind zwei schwarze Damenstiefel, zwischen denen eine Flasche Selterswasser steht und neben denen eine Schaufel liegt. Insgesamt wirkt sie überaus unstabil, zerbrechlich, so daß einer aus der Gruppe meinte: „Die könnte ich ja glatt umpusten".

Zur gleichen Zeit hat auch die Frauengruppe ihre Figuren erstellt, wobei dem eigentlichen Bauen eine längere Unterredung als bei den Männern vorausgegangen ist:

Die „Frau" ist eine Figur mit einem massiven Sockel aus mehreren Stühlen, die ineinandergeschoben sind; aus diesem Unterkörper, gewandet in ein gelbes Tuch, ragen zwei Oberkörper: der eine, der nach links tendiert, ist rund und glatt und in ein orange-rotes Tuch gehüllt; in Brusthöhe hängen zwei saftige Äpfel; der Kopf darauf ist eine grüne Stoffkugel, mit einem Kopftuch; der andere Oberkörper, der den ersten um Kopfhöhe überragt und seitlich nach rechts herauswächst, ist dürr und flach – ein violettes Tuch über einem Stock; der Kopf dieses Teils wird ebenfalls durch eine grüne Stoffkugel, jedoch mit Hut gebildet; unter dem rechten Teil steht ein derber Männerstiefel, während links ein Pantoffel hervorlugt; an der Stelle, an der sich der Körper zweiteilt, steckt ein Heft der Zeitschrift „Brigitte". Der violette Teil wirkt kalt und schroff, während der orange-rote einen drallen und sinnlichen Eindruck hervorruft.

Der „Mann" ist an ein Stehpult festgebunden; eine Lederjacke hängt an einem Kleiderbügel, der Reißverschluß zu einem Drittel geöffnet; auf der linken Brusttasche prangt eine große orange-rote Papierblume; aus der linken Seitentasche ragt Strickzeug, aus der rechten die Zeitungswerbung einer Zigarettenmarke: Marlboro; die Beine sind durch eine mollige, karierte Wolldecke verhüllt, unten aber spitzen ein Paar Sportschuhe hervor; der Kopf ist ein schwarzes Stoffknäuel, in dessen Mitte eine Zigarette steckt; den Kopfschmuck bildet etwas dürres Laub und ein paar kleine, trockene Zweige; links neben dem Mann steht ein Papierkorb. Dieser Mann, der nur etwa halb so groß wie die Frau neben ihm ist, wirkt protzig-großspurig und mickrig zugleich und dadurch lächerlich.

Keine der vier Figuren hat ein Gesicht.

In einer Plenumsrunde am selben Abend unterhielten wir uns über die Figuren, wobei jede Gruppe zunächst über ihre Arbeit berichtet, dann sollte die andere Gruppe jeweils sagen, was sie sieht und wie das auf sie wirkt, wonach die Gruppe, die gebaut hatte, sagen sollte, was sie beabsichtigt hatte.

Bei den Frauen stellte sich heraus, daß über die weibliche Figur harte Auseinandersetzungen stattgefunden hatten, während man über die männliche Figur rasch einer Meinung war: „Wir hatten sehr viel Spaß dabei und waren uns sehr einig". Obwohl gerade zu dieser Figur die Ansicht aufkam, es handele sich um eine Karikatur, sagte Dorle:

Das ist auch einfach so persönliche Erfahrung, das muß nicht so stimmen, aber das ist so erlebt.

Wenn Dorle schon persönliche Erfahrungen im „Mann" wiederentdeckte, so nimmt es nicht wunder, daß sie sie erst recht in der von ihr mitgebauten „Frau" wiederfindet:

Es ging nicht darum, daß es nach außen gut wirkt, sondern wie wir uns identifizieren können, nicht damit das jetzt stark wirkt, sondern wie wir das empfinden.

Dem Entstehungsprozeß der Frau ging also eine Auseinandersetzung voraus, nach der man, vermeintlich einig, zu bauen begann. Diese Einigkeit war zwar eine Illusion – einige konnten ihre Vorstellungen nicht einbringen, sie hatten ein ganz anderes Bild von „ihrer" Frau –, aber trotzdem konnten sich alle mit Teilen, viele sogar mit der ganzen Figur identifizieren; etwa Birte:

Also ich kann mich auch emotional damit identifizieren, weil ich eben auch diese Gespaltenheit da ständig irgendwo erlebe. Es ist eben so – für mich jedenfalls – genauso eine Unterscheidung zwischen Rationalem und Emotionalem, die da auch zum Ausdruck kommt; wobei eben das Emotionale mir eigentlich so viel mehr liegt manchmal, so auch als Frau eben mehr liegt, glaube ich. Und mehr rationale Sachen, mir Dinge bewußt zu machen, das ist unheimlich schwierig und das hebt dann auch teilweise ab. Das ist genauso, wie das hier auch dargestellt worden ist.

Während Birte sich relativ glatt mit der Figur ins Einvernehmen setzen kann, bemerkt Dorle bei sich in dieser Hinsicht Probleme:

Was ich ständig vorgesetzt krieg, wie Frauen gesehen werden, wenn ich nur mal so nachmittags das Fernsehen anschalte, das ist zum Heulen. Das sind Frauen oder Frauen-Rollen – das ist furchtbar; da möcht ich mich nicht mit identifizieren. Ich weiß aber, es ist auch ein Stück da bei mir; ein Stück wurde ich auch so erzogen, und es steckt in mir, auch von dieser „Brigitte-Frau" oder so was – aber das ist widerwärtig ... Das macht mich wütend und traurig zugleich.

Dorle sieht in der Figur ein Stück von sich selbst widergespiegelt, einen Teil, mit dem sie nicht einverstanden sein kann. Durch ihre Äußerung wird auch deutlich, daß in der Figur zum Teil ihre eigene Biographie auftaucht, Erinnerungen an ihre eigene, zurückliegende Erziehung erwachen, und sehr expressiv stellt sie ihre emotionale Reaktion darauf dar.

Im weiteren Verlauf des Gespräches entdeckt man, daß auch die Mann-Figur weibliche Elemente trägt, d.h. daß sich die Frauen auch in dieser Figur zum Teil wenigstens wieder selbst dargestellt haben. Daraufhin wurden die drei Figuren nicht mehr einzeln betrachtet, sondern als eine Einheit mit drei Aspekten. Elfi zieht daraus für sich folgende Schlüsse:

Ich möchte mal alle drei Figuren zusammensehen, dann erklärt sich mir noch ein Stück, was ich gesehen habe. Irgendwie hat das zusammen viel mehr mit meiner Lebendigkeit zu tun, und das eine (die Frauenfigur allein, OH.) ist mir zu idealisiert, zu stilisiert, da find ich mich nicht ganz drin wieder. Für das, was ich gefühlt habe, ist das (die Figuren zusammen zu sehen, OH.) eine gute Erklärung: nämlich daß ich so einen Teil von mir, den ich dann nicht so gut finde, einfach in so eine Figur (die Mann-Figur, OH.) abschiebe. Aber eigentlich finde ich die sehr lebendig, also ich will die dabei haben. Ich möchte das Ganze betrachten und sagen: das bin ich.

Während es in der Frauengruppe möglich wurde, sogar die andersgeschlechtliche Figur als „Projektion" eigener Anteile zu erkennen, waren viele Mitglieder der Männergruppe zunächst noch nicht einmal in der Lage, Teile von sich selbst in der selbst gebauten Mann-Figur zu entdecken. Man distanzierte sich von ihr, konnte „das doch nicht ernstnehmen"; was zustande gekommen war, „ist nur Zufall". Trotzdem erkannte Ulf den Entstehungsprozeß der Figuren als ein Abbild einer „typisch männlichen Vereinzelung", als ein Beispiel für „verinnerlichte Konkurrenzkämpfe und für Individualitätszwänge“ und sah „auf der anderen Seite auch Unfähigkeit, mit dem eigenen Geschlecht zu kooperieren“.

Daß man das Entstandene und den Prozeß, wie es dazu gekommen war, nicht ernstnehmen wollte/konnte, macht deutlich, wie schwer sich gerade auch Männer mit ihrer Geschlechtsrolle tun, wie unsicher sie darin sind. So versammelten sie in dem „Mann“ alle greifbaren Klischees von der Mann-Rolle, und diese Verunsicherung im Umgang mit sich selbst ließ sie umso hemmungsloser mit der Frauen-Figur umgehen.

Die Männer gingen spontan und ohne viel nachzudenken an die Konstruktion „ihrer“ Figuren; was entstand, waren Figuren, die Klischees ausdrückten (entsprechend der „Mann“ der Frauengruppe). Diese Klischees sind aber Bestandteil der Realität; sie können nicht durch bloßes, gedankliches Wollen aus der Welt geschafft werden. Dies wird auch in der oben zitierten Äußerung Elfis deutlich: für sie gehören die Klischees mit zur „Lebendigkeit“, werden sie einfach weggelassen, wirken die Figuren glatt und steril. Erst indem die Figuren ihre Widersprüchlichkeit – gefühlsmäßiges Sein versus gedankliches Wollen – behalten, die durch allzulanges Planen und Nachdenken eingeebnet würde, bieten sie Ansatzpunkte, an ihnen weiterzuarbeiten und damit über die darin zum Ausdruck kommenden Klischees hinauszugelangen. Wenn ich Wirklichkeit immer wieder verleugne, nicht bereit bin, sie zunächst einmal abzubilden, kann ich sie nicht verändern.

In der Ansammlung männlicher Attribute kam daher eine eher unbewußte Sichtweise zum Ausdruck, die rational nicht zugelassen oder gar vertreten worden wäre, die darum aber nicht weniger real ist.

Als Maren ihrer Bestürzung über die Figuren der Männergruppe Ausdruck gab: „Also ich find, negativer als ihr eine Frau darstellt, kann es gar nicht sein“ machte sich Betroffenheit bei einigen Männern breit, die dann von Hennes sehr drastisch artikuliert wird:

Ich muß sagen, daß mich die ganze Sache jetzt ziemlich betrifft, daß nichts von dem Zufall ist, daß ich mich in der Arbeit, in dem was ich gemacht habe, mich sau-verdammt wiederfinde. Das macht mich jetzt unheimlich kribbelig, weil es genauso bei mir im Alltag abläuft: daß ich zwar oben meinen Kinderkalender reinsteck und sag, ich bin ja auch irgendwo Kind, daß ich aber nur ganz wenig versuche, dem auch zu entsprechen. Letztlich ist das, was hier bei den Männern gelaufen ist, genau das, was sich auch im Alltag abspielt: wir wollen uns immer irgendwo verstehend zeigen oder: ich will mich verstehend zeigen, mach ein bißchen was in dieser Richtung, aber steck auch ganz leicht zurück. Ich fühle mich also sau unwohl dabei, daß ich mich nicht dagegen gewehrt habe, daß so etwas dabei herauskommt.

Die persönliche Betroffenheit entstand erst, als man die eigenen Produkte mit den Augen der anderen, der Frauen also, wiedersah. Erst als man sich in sie hineinversetzte, konnte man verstehen, was mit den Figuren ausgelöst worden war. So öffnete sich der „Gefühlspanzer“, der noch in der Mann-Figur den Kopf bildete, zumindest einen Spalt weit. Dadurch, daß man das Gefühl der Betroffenheit nicht abwehrte, eröffneten sich auch für einen selbst neue Einsichten; z.B. für Uli:

Ich kann also im Augenblick nur nochmal sagen, daß ich eigentlich persönlich doch sehr betroffen bin, auch von mir selbst. Und in dieser Praxis, die wir hier hatten, ist mir auch nochmal deutlich geworden, wie sehr ich auch noch die Zoten und diese Dinge in meiner Praxis realisiere, obwohl ich eigentlich vom Anspruch her schon viel weiter war. Das wurde vorhin als Selbstbezichtigung bezeichnet – ich kann das nun auch nicht anders sagen.

Diese Einsichten, zu denen Uli und andere gelangten, sind nun aber nicht allgemeiner Art, und sie stellen auch keinen generellen Geltungsanspruch, sondern sie treffen lediglich auf den zu, der sie ausspricht. Hier bahnt sich schon am ersten Abend an, was Ortrud zwei Tage später allgemeiner formuliert:

Wie soll man jemandem zu seiner Emanzipation verhelfen, das ist doch ein Widerspruch in sich selber. Für mich ist die Identität wichtig. Wenn Männer nicht begreifen, daß sie eine geschlechtliche Identität haben, daß sie sich mit ihren geschlechtlichen Normen auseinandersetzen müssen, das kann ich doch nicht für sie als Frau, das ist doch ein Widerspruch. Sie müssen doch mal sagen: Leistung, Sexualität, diese ganzen einengenden Zwänge für Männer, unter denen sie leiden und mit denen sie sich gegenseitig so unter Druck setzen und quälen, die müssen sie doch für sich aufarbeiten, das kann ich doch nicht als Frau machen.

Wurde anfangs noch von einem vorgestellten Ziel her argumentiert: die Emanzipation, so liegt jetzt das Schwergewicht der Überlegungen auf der Person, ohne jedoch das Ziel darüber zu negieren. Nicht abstrakte Wunschvorstellungen sollen nun den Umgang miteinander regeln, sondern die Fähigkeiten und Möglichkeiten der konkret Beteiligten, an denen sich die Zielvorstellung brechen lassen muß. Daß diese Sicht- und Handlungsweise eine fundamentale Bedeutung für pädagogisches Handeln besitzt, ist evident.

Um aber mit den eigenen persönlichen Potentialen umgehen zu können, muß man sie erst, und das heißt dann letztlich sich selbst, erkannt haben; dazu gehört dann auch, eigene Unzulänglichkeiten wahrnehmen zu lernen. Nur wenn er sich selbst kennengelernt hat, kann Hans zu dem Schluß kommen: „und da stehe ich jetzt auch mehr zu mir“.

Die Figuren regten zu wechselseitigen Interpretationen an, und verhalfen schließlich als Reflexionsanstöße zum Nachdenken über sich selbst, zur Beschäftigung mit dem eigenen Ich. Insofern stellt das Lernen mit pädagogischen Medien ein selbstbestimmtes Lernen par excellence dar: man bestimmt nicht nur selbst, was man lernt (indem man von selbsterlebten Situationen ausgeht und die eigene Lebensgeschichte in die Darstellung miteinfließt), sondern man lernt vor allem sich selbst kennen, wie man vom eigenen Selbst bestimmt ist. Indem der eigenen Person Handlungs- und Selbstbestimmungsmöglichkeiten zur Verfügung gestellt werden, kann man zu Recht von subjektbezogenem Lernen sprechen. Kein Wunder also, daß die Lernergebnisse nicht vorweg benannt oder festgelegt werden können, genauso wie eine Dichotomisierung in „richtig – falsch" nicht mehr angebracht ist. Was gelernt wird, entwickelt sich immer in Abhängigkeit von intra- und interpersonellen Prozessen, deren tatsächlicher Verlauf nicht projektiert werden kann.

In den Figuren ging es daher weniger darum, sich zunächst auf ein theoretisches Gebäude über die Beziehung der Geschlechter zu einigen, um dieses dann im Bild zu erstellen, als darum, sich mit seiner ganzen Person auf den Inhalt einzulassen und das Thema aus der Sicht des einzelnen in der Gruppe produktiv werden zu lassen. Daher kann der Erkenntnisgewinn von Person zu Person auch nur unterschiedlich sein: während der eine Kindheitserlebnisse reaktiviert und eventuell ausagiert, um sich auf diesem Weg über eigene Defizite Klarheit zu verschaffen, steht beim anderen die Erkenntnis im Vordergrund, nur sehr schwer, über viele Hindernisse hinweg, an die eigene, verschüttete aktuelle Gefühlswelt heranzukommen, und wieder andere erleben ihre Schwierigkeiten, wenn sie sich nicht nur in abstrakten Gedankengängen mit einem Thema auseinandersetzen sollen, sondern auch mit ihrem Körper, mit Bewegung, mit Handlungen, die auf Gefühle bezogen sind.

Konstitutiv für jedes Lernen dieser Art ist – unabhängig von seinen konkreten Inhalten, die von Individuum zu Individuum differieren – seine Verbundenheit mit der subjektiven Gefühls- und Erlebniswelt des jeweils Betroffenen. Diese subjektive Gefühlswelt ist ihrerseits nur im Zusammenhang mit den konkreten Erfahrungen während der individuellen Lebensgeschichte zu verstehen, die dann teilweise im „Bauen", bewußt oder nicht-bewußt, vergegenwärtigt werden.

Am Ende des Seminars faßte Ortrud ihre Lernerfahrungen zusammen: „Ich bin viel gelassener geworden, viel geduldiger." Solche Seminarergebnisse sind nicht von Ortruds Person abgehoben, sondern beziehen sich ganz konkret auf sie selbst. Lernergebnisse dieser Art wirken auch über die vier Tage des Seminars hinaus; man kann sogar erwarten, daß sie sich in Ortruds künftigem Handeln als Pädagogin niederschlagen werden.

Im Umgang mit pädagogischen Medien bleibt man aber nicht bei der Beschäftigung mit dem eigenen Ich stehen – das wäre reine Selbsterfahrung –, sondern sieht sich selbst immer auch im Zusammenhang mit der eigenen pädagogischen Handlungsfähigkeit. So richtete sich die Frage, die sich den Teilnehmern in bezug auf die Figuren stellte, nicht auf eine monokausale

Erklärung (etwa psychoanalytischer Art: das ist also eine Projektion!), sie war vielmehr zunächst auf die Person gerichtet: „Was löst das bei euch aus, daß die Figuren so geworden sind?". Warum, durch welche äußeren oder inneren Anlässe sind die Figuren so geworden, interessiert unter pädagogischem Aspekt nur sekundär. Pädagogisch wichtiger ist die Frage, wie gehe ich damit um, daß die Figuren durch ihre Beschaffenheit das und das auslösen. Eine pädagogische Fragestellung kann also lauten:

- Was habe ich gewollt?
- Was habe ich bewirkt, bzw. was hat mein Tun ausgelöst?
- Wie gehe ich damit weiter um?

Damit ist ein weiterer grundlegender Unterschied zum Hochschulseminar genannt:

Dieses bleibt bei Erklärungen stehen: „Das ist eben eine Folge des patriarchalischen Systems, in dem wir leben". Solche monokausalen Ableitungen sind leicht zu treffen und verpflichten die eigene Person zu nichts, ja Pädagogen müßten davor kapitulieren: man kann unter solchen Bedingungen doch nichts bewirken. Bei noch so gesellschaftskritischer Attitüde bleiben solche monokausalen Analysen letztlich undialektisch, eine Seite verabsolutierend, also einfach spannungsreduzierend.

Im Medienseminar begannen wir bei uns selber, um von uns ausgehend zu allgemeineren Aussagen zu gelangen. Im Hochschulseminar ging es um *die* geschlagenen Frauen. Bei aller Notwendigkeit sich damit auseinanderzusetzen, wird dort den Teilnehmern überhaupt nicht bewußt, daß sie sich bei diesem Allgemeinheitsgrad nur mit Klischees beschäftigen, die, da man nie zu den eigenen Erfahrungen vorstößt, auch nie als die eigenen Klischees erkannt und bearbeitet werden können –, hinter der kritischen Attitüde verbirgt sich das gängige Stereotyp.

Im Medienseminar wurde man sich dieses Stereotyps – auch im Hinblick auf sich selbst – oft sogar schmerzlich bewußt. Dies löste persönliche Betroffenheit aus, die gezeigt werden durfte. So wurde über die Figuren eine tiefergehende Auseinandersetzung möglich und eine anhaltendere Wirkung wahrscheinlich.

Die in der nur verbalen Auseinandersetzung praktizierte Spannungsreduktion verführt oft zu einem oberflächlichen Streben nach Harmonie, die sich letztlich als Illusion entpuppt. Man ist einhellig der Meinung: die Gesellschaft ist schuld; nun gilt es nur noch die richtigen Begriffe dafür zu finden – Auseinandersetzungen werden zum Streit um Worthülsen.

Wie deutlich geworden sein wird, gilt es aber gerade, auftretende Spannung, etwa zwischen Klischee und Wollen, aufzuzeigen, auszuhalten und im pädagogischen Handeln fruchtbar zu machen. Daß letzteres nicht durch bloßen Wissenserwerb dem Subjekt fremdbleibender Theorien erreicht werden kann, dürfte einleuchten: Pädagogische Kompetenz kann nur im ständigen Wechselverhältnis von pädagogischem Handeln und Erkennen erworben und erweitert werden. Medienseminare stellen ein ideales Lernfeld dar, die Fähigkeiten erfahrungsbezogen zu erkennen und verantwortungsbewußt zu handeln, sich übend anzueignen.

Arthur Kühn

Erfahrungen eines Hochschullehrers in einem Medienseminar

Mein Interesse an einer Teilnahme am Medienseminar in Mözen nahm zu, als ich erfuhr, daß es sich um ein Seminar mit pädagogischen Medien handelte und daß es keineswegs ausschließlich um theoretisches Erkennen und um Bücherwissen ging. Vielmehr sollten die Teilnehmer des Seminars durch eigenen Umgang mit verschiedenen Medien, z.B. mit Masken und Tüchern, Erfahrungen mit den Medien gewinnen und die pädagogische Bedeutung dieser praktischen Erfahrung kritisch reflektieren.

Wie viele der am Hochschulleben teilnehmenden Studenten und Hochschullehrer hatte mich schon immer die Beziehungsarmut und mehr noch die Beziehungsbeliebigkeit zwischen Lehrenden und Lernenden im normalen Seminarbetrieb enttäuscht. Durch Wochenendseminare, Exkursionen und im Rahmen von Schulpraktika versuchte ich, diese Beziehungsarmut zu überwinden und zu einer verbindlicheren und intensiveren Zusammenarbeit mit den Studierenden zu kommen. Freilich blieben auch dabei die Inhalte der Zusammenarbeit – selbst wenn sie Themen aus der unmittelbaren Erfahrungsumwelt der Studenten wie Familie, Jugendgruppe und Schule behandelten – einem Objektbereich von Literatur, Ausarbeitungen und Referaten verhaftet und wurden weitgehend unabhängig von den persönlich-subjektiven Erfahrungen der Studierenden vermittelt.

Da ich mich im Laufe meiner Tätigkeit als Hochschullehrer von den Positionen einer positivistischen Wissenschaftsauffassung mehr und mehr kritisch distanzierte, lag in meiner oben beschriebenen Praxis ein Widerspruch, der mir zunehmend Schwierigkeiten, mich selbst als stimmig zu erleben, bereitete: ich war in einer Arbeitsform steckengeblieben, in der sich wohl eine freundlich entspannte Atmosphäre der Zusammenarbeit ergab, in der ich aber nur wenig Rückmeldungen erhielt, ob diese Art der Zusammenarbeit für die Studenten eine über die Aufnahme und Verarbeitung von Prüfungswissen hinausgehende praktisch lebendige Bedeutung hatte, und zwar insbesondere in Hinblick auf ihre erzieherische und erziehungswissenschaftliche Qualifikation.

In Gesprächen mit H. G. HOMFELDT und W. LAUFF waren mir die von mir subjektiv erlebten Schwierigkeiten als Widersprüche akademischer Praxis überhaupt deutlicher geworden. Von einer Zusammenarbeit mit Kollegen, die wie ich an einer Verlebendigung der Hochschulpraxis interessiert waren, versprach ich mir Hilfe für neue Orientierungen. So sagte ich meine Teilnahme am Medienseminar gern zu.

Die ersten Erfahrungen mit den Medien sind ermutigend

Die Begegnung mit pädagogischen Medien hat im Seminar in Mözen auf unterschiedliche Weise stattgefunden. Es ist nicht das Ziel meines Beitrages, eine umfassende und ausführliche Schilderung dieser Begegnungen zu liefern. Hervorheben möchte ich jene Teile des Seminargeschehens, die mir Anregungen für konkretere erziehungswissenschaftliche Arbeit im Hochschulbereich vermittelten. Ich werde mich bemühen, diese Teile aus der Praxis des Seminars zu schildern.

Da es um die Darstellung *sehr komplexer* Situationen geht, werden sich viele Züge dieser Situationen für den Leser nicht wieder einholen lassen: sie sind nicht erfaßt und unwiderbringlich verloren (vgl. LAUFF/HOMFELDT 1979, S. 171 ff.). Anders sieht es mit solchen Geschehnissen, Äußerungen usw. aus, die im Rahmen laufender Beobachtungen, Interviews und Tonbandaufnahmen festgehalten werden konnten. Die Auswertung dieser Aufzeichnungen gestattet immerhin ansatzweise den Versuch, gelaufene Praxis in ihrer Komplexität zu schildern. Auch läßt sich eine komplexe Situation durch das Aufzeigen wichtiger Strukturen verdeutlichen. So ist die soziale Situation des Seminars von den unterschiedlichen Teilnehmern her zu kennzeichnen: sie unterscheidet sich allein dadurch in erheblichem Umfang von der Situation herkömmlicher Hochschulseminare. Weit davon entfernt, schon zu Beginn über eine einheitliche Gruppenstruktur zu verfügen, ebensowenig aber auch nur ein Haufen von Menschen, die sich nicht oder kaum kennen, teilte sich das Seminar in verschiedene Gruppen auf, die zusammenarbeiten wollten: die Gruppe der Hochschullehrer, die sich um eine kritische Auswertung der Seminarpraxis im Rahmen eigener Aktivitäten der Teilnahme und Beobachtung bemühten und sich zu regelmäßigen Auswertungsgesprächen zusammenfanden, die beiden Spiel- und Gruppenpädagogen Ellen und Reinhard, die wesentliche Teile der „Seminardramaturgie" in Hinblick auf die Medien, die Spiele, die Bewegung konzipiert hatten, und in die übrigen Teilnehmer, von denen die meisten Diplom-Studierende, Lehrer und Lehrerstudenten aus Kiel und Flensburg waren.

Eine wesentliche Voraussetzung der Seminarplanung oder besser der Seminardramaturgie bestand darin, daß jeder Teilnehmer sich auf symbolischer Ebene mit einem der vier vorgegebenen Elemente Feuer, Wasser, Erde und Luft identifizieren konnte, um im Umgang mit den pädagogischen Medien diese symbolische Identität einzubringen und auszudrücken. Ich erlebte das Seminar so, daß der Umgang mit den Medien auf den Ebenen der Darbietung, der Wahrnehmung, des Verstehens und der Interpretation der symbolischen Identitäten gute Voraussetzungen für Prozesse der erzieherischen und erziehungswissenschaftlichen Reflexion innerhalb des Seminars bot. Das möchte ich im folgenden verdeutlichen. Hierzu erscheint es mir notwendig, die wichtigsten Phasen des Seminars hinsichtlich des Umgangs mit den Medien und den Elementidentitäten kurz zu skizzieren:

1. Phase: Ich wähle meine symbolische Elementidentität, mache mich mit meiner Elementidentität vertraut, lerne verschiedene Ausdrucksformen und Gestalten meiner Elementidentität kennen (z. B. pantomimische Darstellung; Bau von Gesichtsmasken, Auswahl eines Tuches, Schminken).

2. Phase: Ich bringe meine Elementidentität mit Hilfe des Mediums Tuch in die Gruppe meiner Elementgenossen ein. Ich nehme die Darstellung der Identität meiner Elementgenossen wahr. Ich erlebe, wie meine Darstellung von den Mitgliedern meiner Elementgruppe wahrgenommen wird. Wir beginnen, eine Form der gemeinsamen Darstellung zu suchen. Dabei nutzen wir sowohl verbale wie nicht-verbale Formen der Verständigung.

3. Phase: Unsere Elementgruppe führt den anderen Gruppenmitgliedern ihre Elementidentität vor. Die anderen Gruppen führen uns ihre Elementidentität vor. Ich erlebe, wie meine Darstellung in der Gruppe als Teil meiner persönlichen Elementidentität oder als Teil der Gruppenelementidentität von meinen Gruppenmitgliedern (im Innenverhältnis) und den Mitgliedern der anderen Gruppen (im Außenverhältnis) wahrgenommen wird. Nach den Spielen erfahre ich in Rückmeldungsprozessen, wie unser – mein – Spiel verstanden und interpretiert worden ist. Ich bringe meine Interpretationen für die Spiele ein.

4. Phase: Mitglieder der verschiedenen Elementgruppen arbeiten in neuen Gruppen zusammen, um eine gemeinsame Darstellung über die Entstehung der vier Elemente zu spielen. Ich erlebe nun die besondere Bedeutung meiner Elementidentität im Vergleich zu den verschiedenen Identitäten meiner Gruppenmitglieder. Ich kann meine Identität neu und anders ausdrücken, da neue Formen der Zusammenarbeit, des Spiels, der Phantasie für die Darstellung wichtig sind. Ich erlebe, wie die Verständigung etwas komplizierter wird. Planung und Ausführung der Darstellung nehmen mehr Zeit in Anspruch.

In allen Phasen erfolgt eine Vermittlung der Innenbedeutung „Was bedeutet es mir?" (später im Gruppenzusammenhang auch: „Was bedeutet es uns?") und der Außenbedeutung: „Wie erleben es die anderen?"

Einen großen Teil meiner Erfahrungen mit pädagogischen Medien habe ich aus dem direkten Umgang mit den Medien und aus den Rückmeldungsprozessen im Seminar gewonnen. Ich möchte mich im weiteren Gang meiner Darstellung vorwiegend auf diese beiden „Säulen" des Seminars beziehen. Über den ersten größeren Rückmeldungsprozeß nach den Spielen mit den Tüchern in der 3. Phase habe ich Protokoll geführt. Hieraus einige Auszüge:

Reinhard eröffnet die Diskussion mit der Bitte an die Teilnehmer, sich über ihre Eindrücke vom Spiel der Elementgruppe „Luft" zu äußern. – Die Teilnehmer sitzen in einem lockeren Kreis in der Sonne auf dem Rasen vor dem Haus; die Gesichter wirken auf mich teils neugierig, z. T. sogar etwas aufgekratzt, teils entspannt und ruhig. – Auf die Bitte von Reinhard beginnen etliche Teilnehmer sofort mit Rückmeldungen, die durchweg zustimmend ausfallen. Man betont, die Gruppe „Luft" habe ihr Element sehr treffend dargestellt, man schildert die Eindrücke lebhaft und farbig. Als Mitglied der Gruppe „Luft" erlebe ich diese Rückmeldungen als angenehm, weil ich erfahre, wie intensiv unsere Darstellung bei den Teilnehmern angekommen ist, wie gut sie die Ausdrucksformen, um die wir uns bemühten, beschreiben können. – Der Prozeß der positiven Rückmeldungen läuft auch bei den anderen Gruppen weiter. Es bereitet mir Freude, nun meine Eindrücke vom Spiel der anderen äußern zu können. Ich erlebe, wie alle mir aufgeschlossen zuhören. Es fällt mir auf, daß die Stimmung mit dem Weitergehen des Rückmeldungsprozesses sich hebt, daß die Gesichter immer freundlicher und heller werden, daß viele Teilnehmer entspannt lächeln oder fröhlich lachen. Sonnenschein und Heiterkeit der Gruppe treffen gut zusammen; alle, so scheint es mir, haben das Gefühl, daß der Vormittag gut gelaufen ist.

Die Stimmung beim Rückmeldungsgeschehen mag durch folgende Protokollauszüge noch etwas stärker veranschaulicht werden:

Manfred meint zum Feuer: Mir kamen die Körper vor wie Holzscheite, die zusammenwaren und doch einzeln brannten. Otmar hatte das Tuch noch vor sich, als die anderen ihres schon weg hatten; er machte den Eindruck eines ganz dicken Scheites. – Arthur: Mich hatte es überrascht, als es sich so vital ausbreitete! – Werner: Birte als kräftig flackerndes Feuer lernte ich von einer ganz anderen, viel vitaleren Seite kennen! – Reinhard: Ja, sollen wir zur zweiten Gruppe noch mal weitergehen? Du sagtest schon, Willi, daß es dir sehr viel klarer geworden wäre! – Willi: Ja, klarer, und ich hab auch mehr Spaß gehabt daran. – Arthur: Ich habe das zweite Spiel wesentlich weicher empfunden in den Bewegungen. – Willi: Was ich gestern gesagt habe, die zwei unterschiedlichen Wasser, das ist mir heute gar nicht aufgefallen. Das Wasser kam mir heute gleichmäßig vor und harmonisch. Es war eine Einheit. Nur daß der Wind heute ein rotes Tuch hatte, das hat mich etwas verwirrt. – Iris: Das lag daran, daß kein anderes da war. – Gabi äußert sich sehr positiv über das integrierte Zusammenspiel der Elemente: Das wurde besonders deutlich am Schluß, als die Erde umschlossen war von anderen Elementen! – Iris: Vor allem hatten wir den Schluß gar nicht abgesprochen. Sondern das hat sich einfach so ergeben. – Reinhard: Hat sich so ergeben beim Spiel? Das ist toll! – Iris: Und da haben wir gemerkt, daß wir auch mehr aufeinander eingehen. – Marga: Ich fand die Erde auch ganz toll. Ich fand sie ungeheuer ausdrucksvoll. – Ellen: Gestern war es doch sehr unsicher. Wo soll ich eigentlich hin? Heute war das so viel klarer. Hier gehör ich hin, und um mich gruppiert sich das!

Auch die Bedeutung der Medien selbst sprechen die Teilnehmer des Seminars in den Rückmeldungsprozessen an. Dabei wird deutlich, daß die Medien eine befreiende Wirkung auf die Teilnehmer ausüben:

Auf die Frage Barbaras, was die Tücher nun eigentlich bedeuteten, erfolgten ähnlich lebhafte Rückmeldungen wie auf die Frage Reinhards, wie die Teilnehmer die Darstellung der Gruppe erlebt hätten. – Inge betonte, sie habe mit Hilfe der Tücher ihr „Meergefühl" den anderen sprachlos „aber im Grunde viel intensiver als durch Sprache" mitteilen können und habe über die Tücher das „Meergefühl" der anderen recht gut mitgeteilt bekommen. – Arthur erklärt, daß ihm die Tücher erst zur Verständigung mit den Mitgliedern seiner Gruppe gedient hätten, später, bei der Kontaktaufnahme mit der Gruppe „Wasser", habe er auch die Außenbedeutung der Tücher erkannt, zum Schluß, bei der Darstellung vor den übrigen Gruppenmitgliedern, habe für ihn der Außencharakter der Tücher im Erleben überwogen. – Manfred hob hervor, daß für seine Beziehung zum Tuch die Vorbereitungsphase und der gesetzte Rahmen sehr wichtig und konstruktiv gewesen seien. – Ellen und Reinhard bekundeten ihr Erstaunen, wie wortarm und spielerisch die Gruppen mit dem Medium Tuch umgegangen seien und wie sehr sich die Teilnehmer mit Hilfe der Tücher in ihrer Ausdrucksfähigkeit gegenüber der tuchlosen Darstellung gesteigert hätten. Dies habe auf sie den Eindruck eines befreienden Geschehens gemacht. Aus der Gruppe fand diese Darstellung lebhafte Zustimmung. – Uli meinte, die Darstellung der Gruppen habe ihm auch den Zugang zu den von ihm nicht gewählten Elementen erleichtert. – Werner: Auch zu den anderen Menschen? – Uli nach kurzem Zögern: Das auch, natürlich.

In diesem Rückmeldungsprozeß erlebe ich mich und die Teilnehmer in einer sehr geöffneten Weise: aufmerksam und aufnahmebereit auf die Darstellungen und Interpretationen der anderen eingehend. Diese Bereitschaft führe ich auf das Erleben ermutigender sozialer Beziehungen im Umgang mit den Medien innerhalb der angebotenen Spielmöglichkeiten zurück:

a) Meine Identität – wenn auch in der Einschränkung auf symbolische Darstellung innerhalb spielerischer Abläufe – unbefangener als gewohnt darstellen zu können;
b) mit anderen mich über meine und deren Identität so verständigen zu können, daß wir eine hohe wechselseitige Annahmebereitschaft erleben;
c) mich mit anderen um eine klare Darstellung von Identität zu bemühen, ohne reiche Ausdeutungsmöglichkeiten verhindern zu wollen;
d) mich mit anderen um den Ausdruck sowohl gemeinsamer spielerischer und kommunikativer Praxis zu bemühen.

So erlebe ich mich bereit zum Verstehen und zur Mitteilung meiner Verstehensbereitschaft, weil ich erlebt habe, wie ich verstanden worden bin bzw. wie sich alle Mühe gaben, mich zu verstehen. Zugleich erlebe ich in einer fast erlösenden Weise die Befreiung von komplexen sozialen Zwängen, die mich sonst in meinen sozialen Beziehungen belasten können. Mit meiner

Verstehens- und Aufnahmebereitschaft wächst auch mein Wohlwollen, meine freundliche Stimmung für die anderen. Und ich merke, daß auch ich von der freundlichen Stimmung der anderen umgeben bin.

Ohne Zweifel hat der Umgang mit den Medien dazu beigetragen, daß die Teilnehmer des Seminars einem wichtigen Ziel erzieherischer Arbeit näher gekommen sind: in zwischenmenschlichen Beziehungen andere aufmerksamer wahrzunehmen, sich in ihre Situation hineinversetzen zu können, sie zu achten. Verstehen läßt sich um so eher entwickeln, je unbefangener und offener jeder seine Identität darstellen, sich mit seinen individuellen Besonderheiten einbringen kann. Eine solche Offenheit, die viel wechselseitiges Vertrauen und die Abwesenheit hemmender sozialer Ängste verlangt, kann sich in sozialen Situationen mit ausgeprägten Rollenzwängen, wie wir sie im Leben der Schulen und Hochschulen nach wie vor antreffen, kaum entwickeln. Die zwanglose Entwicklung von Einfühlungsvermögen und Verstehensfähigkeit ist noch immer eine Ausnahme.

Gruppendynamische Erwartungen geraten in Widerspruch zu erziehungswissenschaftlichen Zielen

In der Beschränkung auf symbolisch-spielerische Übungen liegt aber zugleich auch eine Gefahr, nämlich die der Verselbständigung bestimmter Bedürfnisse, die Teilnehmer während der Spiele befriedigen. Das Spiel schirmt gegen Einflüsse der Außenwelt gewissermaßen ab, es kann, indem der Druck von Zwängen und Widersprüchen hinter dem Spielgedanken verschwindet, zu ganz ungewohnten Erlebnissen der Entlastung und Befreiung führen. Mit solchen Erfahrungen verbindet sich dann nicht selten das Bedürfnis, sich durch die spielfremde Wirklichkeit nicht im Spiel stören zu lassen: ein Bedürfnis, das für die Konzentration auf das Spiel nicht unwichtig sein kann, das aber auch die Abwehr von Kritik und Selbstkritik bewirken kann und so eine problematische Eigendynamik erhält.

Auch während des Medienseminars in Mözen erlebten wir die Herausbildung derartiger Bedürfnisse. Nachdem die erste Begegnung mit den Medien eine ermutigende Befreiung von einseitiger kognitiver Ausrichtung vermittelte, wollten etliche Seminarteilnehmer vom „Kopf" überhaupt nichts mehr wissen. Diese Orientierung stand einem weiteren wichtigen Ziel des Seminars, der kritischen Reflexion über gemeinsame Praxis, im Wege.

Für die Neigung etlicher Teilnehmer des Seminars, Aufforderungen zur kritischen Reflexion als Einbruch in die gefühlsmäßig so angenehme und entlastende Sphäre des Spiels abzuwehren, gibt es anschauliche Belege aus den Seminarprotokollen. – So nimmt die bereits zitierte heitere Diskussionsrunde nach den ersten Spielen mit den Tüchern ein ziemlich lustloses Ende. Das Unbehagen setzte schon ein, als Werner lediglich darauf verwies, daß Medien – wie hier die Tücher – sich gut dazu eignen, erzieherische Initiativen aus dem Prozeßgeschehen des Spiels heraus zu entwickeln, statt in fremdbestimmender Weise erzieherischen Prozessen Lernziele vorzugeben. Sofort monierten einige Teilnehmer, sie fühlten sich nun abgelenkt von der direkten Auseinandersetzung mit dem Erlebten, es würde zu allgemein reflektiert! Der Widerstand wächst, als Hans Günther einwirft, wir müßten uns vor der Konstatierung eines scheinbaren Gegensatzes von Kopf und Körper hüten. Dieser Gegensatz würde nur durch die entfremdete akademische Praxis hergestellt. Für uns bestünde demgegenüber die Aufgabe, beide Ebenen zu verbinden, unsere situative Befindlichkeit mit der erkennenden Aufgabe zu verknüpfen. Im Protokoll heißt es dann weiter:

Ellen meinte zustimmend: es sei ja immer wieder zu beobachten, wie Kinder in der Schule zum Stillsitzen ermahnt und auf diese Weise zum Vergessen und Verdrängen ihrer Körperlichkeit angehalten würden. Nun meldete sich Arthur zu Wort und ergänzte Hans Günthers Beitrag um die Dimension der sozialen Beziehungen. Er betonte, daß nicht nur Körpergefühle, sondern mit zahlreichen Ängsten und Hemmungen auch soziale Bedürfnisse nach Annahme und Anerkennung vernachlässigt würden. Während dieser Beiträge breitete sich eine gewisse Verdrossenheit in der Runde aus; etliche Teilnehmer verloren den fröhlichen und entspannten Gesichtsausdruck, auch nahmen zerstreute Aktivitäten zu. Kaum hatte Arthur geendet, meldete sich Inge zu Wort und griff Hans Günther an: Ich finde, du hast viel zu lange gesprochen, viel zu gut formuliert und viel zu präzise! Werner griff diesen Einwurf auf, als sich allgemein die Stimmung ausbreitete, man solle nun aufhören und die Mittagspause beginnen lassen. Hans Günther sagte, er verstehe Inge einerseits ganz gut, aber andererseits könne er nicht einsehen, warum sein Beitrag als so bedrohlich erlebt werde. Er fühle sich dann auch verkrampft, wenn man ihn als bedrohlich erlebe. Ein Teilnehmer sagte, er empfinde das nicht als bedrohlich, was vorgetragen worden sei. Er sei nur etwas müde und habe sich zurückgezogen. Hans Günther griff das auf und empfahl, sozusagen auf die Körpersignale zu achten, statt schon wieder in eine gestresste Seminaratmosphäre zu geraten. – Die Unruhe nahm zu, als Werner etwas provokatorisch forderte, man müsse hier auch immer die Situation der Hochschule mitbedenken, also mitreflektieren, wo wir herkommen, daß wir Hochschulangehörige sind. Inge meinte, sie wolle die Erfahrung mit den Medien hier und jetzt erleben und aus dieser Erfahrung nicht herausgerissen werden. Hans Günther versuchte, Inge zu verdeutlichen, daß wir zwar jetzt hier etwas erleben, uns aber auch fragen müssen, was dies für uns als Hochschulangehörige bedeute. Darin – in der Verbindung beider Bereiche – des Erlebens und Handelns einerseits und der Interpretation andererseits lägen sicher Schwierigkeiten. Marga sagte, sie käme sich jetzt vor wie ein Kind, dem die Mutter den Ball weggenommen habe, um es ins Bett zu schicken. Ellen betonte, es ginge darum, daß hier und jetzt über die Erfahrungen reflektiert werden müsse, nicht aber über die Situation im Hochschulbereich.

Ich habe deswegen so ausführlich aus meinem Protokoll zitiert, weil aus ihm die Anfangssituation des Seminars so deutlich wird. Werner und Hans Günther wollen die Zielsetzung des Seminars klarstellen, doch einige studentische Teilnehmer halten ihnen den „zu großen Kopf" entgegen. Sie tun dies um so bereitwilliger, weil sie durch die Spiele und den ersten Umgang mit den Medien noch mehr davon überzeugt sind, ihr Mißtrauen gegen die „kopflastige" Wissenschaft sei berechtigt. Werners und Hans Günthers Versuche, diesen Teilnehmern eine ganzheitliche Auffassung von wissenschaftlicher Arbeit aus dem Prozeß der Diskussion heraus zu vermitteln, muß angesichts derartiger Einstellungen scheitern. Der hier beschriebene Konflikt trägt für die derzeitige Hochschulsituation typische Züge: Studierende verfügen über genügend Kritikvermögen, um sich gegen entfremdete Strukturen des Hochschulbetriebs aufzulehnen, haben aber durch ihre eigene Schul- und Hochschullaufbahn so viel Entfremdung in sich aufgespeichert, um jene Fähigkeit nicht entwickeln zu können, die GERTRUD BECK (1978, S. 62) als selbstkritische Reflexion des eigenen Objekt- und Subjektstatus beschreibt. Durch die einseitige Betonung des Subjektstatus kann ein wesentlicher Teil dieses selbstkritischen Vermögens, die eigene Entfremdung zu erkennen und zu reflektieren, nicht hinreichend ausgebildet werden. Diese Konstellation läßt sich verstehen, wenn man sich vor Augen hält, unter welchem Leistungsdruck Studenten in ihrer normalen Schul- und Hochschullaufbahn gestanden haben und wie groß demzufolge ihr Bedürfnis nach Entlastung ist. Aber gerade dieses Bedürfnis steht der Entwicklung eines ganzheitlichen Wissenschaftsverständnisses auch im Wege.

Die im Protokoll geschilderte Situation veranschaulicht dies gut. Obwohl es nicht an Bemühungen fehlt, der Diskussion eine rationale Grundlage zu verschaffen, geben etliche Teilnehmer ihre Abwehrhaltung nicht auf. Ellen scheint in dieser Phase des Gesprächs für die studentischen Bedürfnisse mehr Verstehen zu entwickeln. Sie mahnt, sich auf die unmittelbare Erfahrung mit den Medien zu beschränken. Möglicherweise hat sie ein größeres Gespür für die Bedeutung emotionaler Hilfen. Und auf diese scheinen doch viele der studentischen Teilnehmer dringend angewiesen zu sein. Sie sind in der Anfangsphase des Seminars durch Erwartungen, sich kritisch mit Perspektiven pädagogischer Arbeit auseinanderzusetzen, noch überfordert.

Der Konflikt und das sich in ihm äußernde Mißtrauen schwelen weiter und kommen am Abend des zweiten Seminartages in Zusammenkünften vor und nach dem Abendessen erneut zum Ausdruck. Das Mißtrauen richtet sich zunächst gegen die Arbeitsform, die von den Hochschullehrern bevorzugt wird: Teilnahme und Beobachtung. Man fühlt sich observiert. Was wird da eigentlich festgehalten? Für welchen wissenschaftlichen Auswertungsversuch muß man herhalten, das Material liefern? Während dieser Auseinandersetzung stellt sich für mich immer deutlicher heraus, daß das Mißtrauen etlicher Teilnehmer auch mit Unklarheiten einhergeht: sie argwöhnen, daß sie in die selbstkritische Arbeit des Seminars nicht voll miteinbezogen werden sollen. Sie fühlen sich abgeschoben auf die Objektseite. Und gerade von der wollen sie sich befreien. Forschung hat ohnehin den Anstrich, fremden Interessen zu dienen. Gegen sie richtet sich das Mißtrauen daher in besonderer Weise.

Zunächst gelingt es kaum, bei allen Teilnehmern diese Unklarheit zu beseitigen und das Mißtrauen zu zerstreuen. Umsonst bemühen wir uns, notwendige Formen des Vorgehens zu verdeutlichen. Unsere Offenheit für alle Erfahrung, die aus dem Prozeß entsteht, wird von vielen studentischen Teilnehmern, die ganz andere Perspektiven von Wissenschaft verinnerlicht haben und diese noch verlernen müssen, als Unklarheit mißverstanden, wie sich aus folgendem Disput deutlich herauslesen läßt:

Inge: Zum Beispiel zu deinen Ängsten: bei mir sind das auch Ängste, aber mehr davor, daß ich die Wissenschaftlichkeit der ganzen Sache nicht sehe. Wenn du behauptest, ich komme hier nicht her mit festen Interpretationsrastern, dann heißt das ja noch nicht, daß du jetzt offen für alles bist. Sondern du hast diese Raster wahrscheinlich einfach unbewußt. Also irgendeines hast du doch! So ein Monster von Wahrnehmung bist du ja auch nicht. Wenn das so ist, dann ist das alles für mich nicht mehr objektiv, aber trotzdem spielst du hier immer mit dem Wort „Wissenschaftlichkeit“. Da ist für mich immer ein Kriterium Objektivität. Das verwirrt mich ziemlich. Und diese Wirre die hab ich im Kopf. Das ist nicht mehr Angst, sondern so eine Wirre einfach.
Werner: Ich hab versucht, das klarzumachen, daß mir daran gelegen ist, daß ich nicht nur Konsumenten will in diesem Seminar oder die, die das hier interessant finden, sondern daß ich die bevorzugen würde, die schon Jahre hier mit unserem Ansatz arbeiten und mit uns gemeinsam sich um einen Zusammenhang bemühen, der ein anderer ist als die von dir gemeinte Objektivität.
Inge: Ich bin auch bereit, bei eurem Ansatz mitzuarbeiten. Aber ich hab trotzdem diese Wirre, weil ich durch mein Studium die anderen Sachen ganz schön irgendwo drinhab. Und das kann ich nicht einfach wegstreichen. Und diese Unklarheit wird hier auch unterstützt!

Stellt also ein Hochschullehrer – wie Hans Günther in derselben Diskussionsrunde – die unterschiedlichen Positionen der erziehungswissenschaftlichen und erzieherischen Arbeit mit den unterschiedlichen Akzentuierungen des Erkennens und Handelns entschiedener und verbindlicher dar, so gerät er in den Verdacht, repressive Rollendefinitionen im Sinne unterschiedlicher Machtverteilung vorzunehmen.

Von diesem Mißverständnis her ist auch die Diskussionsrunde nach dem Abendessen des zweiten Seminartages geprägt. Nun halten einige Teilnehmer Werner nicht mehr den „zu großen Kopf“ entgegen, sondern die Verweigerung von Mitbestimmung und voller Einbeziehung in die Forschungsaktivität. Das „Ihr“ der Hochschullehrer und das „Wir“ der Studenten werden noch einmal gegeneinander ausgespielt. Interessanterweise bleiben Ellen und Reinhard von der Kritik verschont. Im Zentrum der Kritik steht Werner. Der argumentiert für sachliche Zusammenarbeit und wehrt sich gegen die Erwartung, daß das Seminar auch gruppendynamische Aufgaben zu erfüllen habe. „Daß ihr euch hier nur wohl fühlt, kann ich euch nicht bieten!“ Die studentischen Entgegnungen lassen an Heftigkeit nichts zu wünschen übrig. Immer wieder verweisen sie auf die Wichtigkeit der Beziehungsebene. Ein stärkeres „Wir“ des gesamten Seminars fordern sie. Und dieser Forderung will sich ja keiner verschließen. Nur daß es langsam geht mit dem „Wir“, wenn es in verbindlicher Zusammenarbeit gewonnen werden soll, darauf weist Werner noch einmal besonders deutlich hin.

Allmählich erhält die Auseinandersetzung die Konturen eines sachlichen Gespräches. Aus den Beiträgen der Studenten läßt sich ein ernsthaftes Interesse an aktiver Teilnahme herauslesen. Den Hochschullehrern ist es gelungen, ihre Position im Seminar weiter zu verdeutlichen und ihr Selbstverständnis von der Seminararbeit noch besser zu erläutern. Die lange Diskussionsrunde läßt die meisten Teilnehmer ermüdet, einige sogar erschöpft zurück, doch ich habe den Eindruck, daß sich das Mißtrauen gegen die Hochschullehrer und die Unklarheit über die Seminararbeit deutlich abgeschwächt haben. An diesem Abend ist etwas mehr gemeinsame Praxis von Hochschullehrern und Studenten über die offene Auseinandersetzung erschlossen worden.

Trotzdem waren die Hochschullehrer noch keineswegs sicher, daß nun die von Positionen des Mißtrauens geleiteten Auseinandersetzungen ein Ende haben würden. Die Hochschullehrer hatten den Studenten Einseitigkeiten vorgehalten; aber waren sie in ihrem Bemühen, die Studenten zu überzeugen, nicht selbst einseitig, d.h. ohne genügenden Bezug auf das Selbstverständnis der Studierenden, vorgegangen? Zu dieser Fragestellung gab ein Gespräch mit Ellen und Reinhard am dritten Seminartag hinreichend Anlaß:

Reinhard: Gestern abend habe ich ganz stark einen Widerspruch bei euch Hochschullehrern empfunden. Und zwar an der Stelle, daß ihr im Augenblick, wo ihr bei den Medien mitmacht, Schwäche zeigt: da seid ihr Menschen wie alle anderen auch! Und in dem Augenblick, wo es um die Diskussion geht, da behaltet ihr recht! Was ich gestern abend vermißt habe, ist einfach, daß einer von euch ein einziges Mal gesagt hat: ‚Ach ja, an der Stelle haben wir vielleicht nicht genug nachgedacht! Das könnte man vielleicht besser machen.‘ Aber da erscheint ihr plötzlich als die kings, und im Grunde unterscheidet ihr euch da gar nicht von anderen Dozenten, die eben alles wissen und gar nicht zugeben können, daß sie auch Menschen sind und irgendwo sich mal irren können und nicht alles im Blick haben.

Ellen: Ich war nun gestern abend nicht dabei. Aber wenn ich jetzt an die anderen Diskussionen denke, da erlebe ich schon, daß ihr öfter so was drauf setzt, um das mal so auszudrücken. Also, daß ihr öfter das letzte Wort habt. ‚Das ist richtig! Und nun beachtet mal dieses!' Was ich gut verstehen kann, trotzdem ist das nicht konsequent von eurem Ansatz her. Ich finde, ihr hört manchmal nicht gut genug.
Hans Günther: Kannst du mal ein Beispiel sagen?
Ellen: Wenn mehrmals jemand aus der Gruppe was sagen wollte – ich weiß nicht mehr, wer es war – dann war auch ich gespannt, was der oder die sagen wird –, aber er oder sie kam gar nicht zum Zuge. Weil immer wieder jemand ihr dazwischenredete. Und natürlich ist das in einer solchen Gruppe so, daß die den Mund halten, wenn jemand wie ihr oder wir den Mund aufmachen, dann hören die zu, wenn man es mit der nötigen Sicherheit einbringt. Wenn es sich um ein studentisches Gruppenmitglied handelt, dann ist es viel schwerer. Das ist einfach eine Erfahrung, die hatten wir in den ganzen Jahren. Und wenn es dann noch jemand ist, der sowieso schon Schwierigkeiten hat, was zu sagen, dann wird er es zwei oder drei mal versuchen, und dann nicht mehr. Dann ist er ruhig für den Rest der Zeit. Und das ist wirklich eine Frage von Sensibilität, die ihr ja mit diesen Prozessen erreichen wollt: zugucken, was läuft eigentlich, wo ist im Moment jemand dran und will was sagen, und dann selbst den Mund zu halten. Da auch ein Stück strenger mit sich selbst umgehen und sich sagen: „Gut, jetzt laß ich das erstmal." Nur wenn etwas überhaupt nicht mehr weiterläuft zu sagen: ‚So, nun muß mal was passieren. Nun muß ich eingreifen!' Da seid ihr manchmal zu schnell mit irgendeiner Interpretation oder mit einer Vorgabe, wo ich persönlich noch länger warten würde, was aus der Gruppe kommt.
Hans Günther: Du meinst auch das wahrscheinlich, daß es durchaus passieren kann, über Wahrnehmen und Verstehen zu reflektieren, aber in der Situation selbst wird gar nicht wahrgenommen und verstanden!
Ellen: Ja, genau, das meine ich.

Für mich war in diesem Gespräch die Überlegung wichtig, daß für die Weiterentwicklung unserer Perspektiven von sinnvoller erziehungswissenschaftlicher Arbeit das Ringen um Einsichten und die Leistung von Überzeugungsarbeit unverzichtbare Voraussetzungen sind, wir aber nicht minder bedeutende Voraussetzungen wie Verstehensfähigkeit und Einfühlungsvermögen keinesfalls aus dem Blick verlieren dürfen.

Im Umgang mit den Medien wächst die Bereitschaft der Seminarteilnehmer zu kritischer Reflexion

Daß sich die Auseinandersetzungen mit den Seminarteilnehmern während der ersten Seminartage für die Arbeit im übrigen Seminar auszahlten, zeigt der weitere Seminarverlauf. Im Umgang mit den Medien überwiegt nun die Bereitschaft zu einer intensiven kritischen Reflexion der gewonnenen Erfahrungen, ohne daß die Beziehungen und Positionen der Hochschullehrer und der Studenten im Seminar noch als besonderer Gegenstand der Kritik hervortraten. Damit wurden Fragen der Hochschularbeit aus der Seminardiskussion aber nicht einfach ausgeblendet. Im Gegenteil: aus der Beschäftigung mit den Erfahrungen im Umgang mit den Medien entwickelte sich eine zunehmende Bereitschaft der Seminarteilnehmer, Fragen der Hochschulpraxis kritisch und selbstkritisch zu erörtern.

So zeichnete sich eine neue Phase des Seminarverlaufs ab: hatte die erste Begegnung mit den Medien neben der Vermittlung ermutigender Erfahrungen noch stark Bedürfnisse nach Entlastung von Zwängen aus der Hochschulsituation angerührt und viele Teilnehmer in einer Abwehrhaltung gegen kritische Auseinandersetzung über sinnvolle Arbeit in dieser Situation gedrängt, konnte durch die offene Auseinandersetzung zwischen Hochschullehrern und Studenten und sicher auch durch die vermittelnde Rolle von Ellen und Reinhard so viel Vertrauen in ernstgemeinte gemeinsame erziehungswissenschaftliche Arbeit gewonnen werden, daß von dieser Vertrauensgrundlage her eine von gruppendynamischen Erwartungen weniger eingeengte Zuwendung zur Erfahrung und Erkenntnis mit den Medien möglich war. Aus den folgenden Protokollnotizen geht der stärkere Anteil kritischer Reflexion in den Gesprächen über die Erfahrungen mit den Medien deutlicher hervor:

a) auf der Ebene der Auseinandersetzung mit der symbolisch gewählten Identität

Gabi: Am Anfang, als ich mich für Feuer entschied, da habe ich ganz doll gefroren, und da habe ich mich für Wärme entschieden. Jetzt habe ich Schwierigkeiten, zwischen den beiden Merkmalen, die ich dem Feuer zugeschrieben habe, zu unterscheiden: bin ich jetzt das kaputtmachende oder das friedlich Wärme gebende Feuer? Und dieser Widerspruch hat sich für mich langsam aufgehoben. Gestern, als ich mich endlich beim Spielen viel wohler gefühlt habe, bin ich endlich beides gewesen: ich bin sowohl ganz ruhige Glut gewesen als auch flackerndes Feuer – und das ist mir jetzt erst klar geworden.
Micha: Für mich hat sich eigentlich der Ausgangspunkt Feuer, als Streichholzflamme, die ich zurest auf Papier gebracht habe, unheimlich verändert. Ich würde jetzt keine Streichholzflamme mehr malen. Was ich gespielt habe, das ist eigentlich etwas ganz anderes. Es sind mir auch viele andere Sachen bewußter geworden. Ich würde jetzt auch eine andere Maske bauen, wobei ich noch gar nicht weiß, wie die aussehen würde.

b) auf der Ebene der sozialen Erfahrung im Umgang mit den Medien

z. B. über den *Anfang:*

Gabi: Ich fand es unheimlich gut, das einfache Anfangen. Ich such mir jetzt ein Element aus und überleg und arbeite mich langsam rein in mein Feuer. Und werde dann schließlich Feuer. Mit verschiedenen Medien: Erst überleg ich mir das, dann mal ich das auf, dann versuch ich das darzustellen, ohne irgendetwas, nur durch mich, dann mit den Tüchern, dann mit mehreren, dann in der Gruppe dieses Darstellen, gemeinsam dies Feuer, und daran anschließend das noch Differenziertere: was fang ich mit anderen Elementen an? Was fang ich mit Gleichgesinnten an? Was fang ich mit den anderen Feuern an? Was fangen wir gemeinsam mit den anderen Elementen an? – das, fand ich, war unheimlich gut integriert in den Gruppenprozeß insgesamt – also für uns alle.

…aber auch über die *Entwicklung in den Gruppen:*

Arthur: Es geht ja hier zum Teil um sehr symbolische Erfahrungen mit den Elementen. Aber dahinter stehen ja auch ganz konkrete Erfahrungen mit den Mitgliedern der Gruppe über die Medien. Hat sich das auf eure Beziehungen erfahrbar ausgewirkt?
Micha: Bei mir hat sich das eindeutig auf meine Beziehung zu Hans ausgewirkt. Als wir uns das erste Mal gesehen haben, haben wir uns, glaube ich, ein bißchen negativ eingeschätzt, was möglicherweise aus dem Konkurrenzverhalten kommt. Die ersten Worte haben wir in der Uni miteinander gewechselt. Doch dann, als sich die Elementgruppen gebildet hatten und Hans und ich zusammen in der Feuergruppe waren, da haben wir etwas zusammen gemacht. Und das mach ich unter anderem auch daran fest, daß wir uns „Knister" und „Knaster" nannten, und daß wir dabei festgestellt haben, daß wir gern weiter was zusammen machen würden und auch was zusammen machen könnten.

So gelangen die Teilnehmer zu immer offeneren Darstellungen eigener Befindlichkeit, also auch bestimmter Ängste, die sonst leicht unter Verschluß gehalten werden. Es hat sich genügend Vertrauen herausgebildet, um diese Bereitschaft zur Offenheit zu stärken. Gerade für die Einschätzung des kritisch-reflexiven Gehaltes erziehungswissenschaftlicher Seminare erscheint es wichtig, ein Mehr an Vertrauen nicht als ein Mehr an Harmonie mißzuverstehen.

Vertrauen soll sich ja gerade als Fundament für das Aushalten und die Bewältigung von Störungen und Konflikten erweisen. Im Verlauf des Medienseminars konnte ich Beispiele solcher Vertrauensleistungen feststellen: zwar besserte sich die Stimmung erheblich mit der Dauer des Seminars, gleichwohl gaben einige Seminarteilnehmer, die eine besondere Sensibilität für Gruppenzwänge – nicht zuletzt in Richtung einer „Harmonie-Verpflichtung" – in das Seminar mit eingebracht hatten, ihre skeptische Distanz bis zum Ende des Seminars nicht auf. Von der Basis des Vertrauens her konnten aber neben der Aufarbeitung positiver Erfahrungen und Einstellungen, die im Umgang mit den Medien gewonnen wurden, auch negative Erfahrungen und Einstellungen der Distanz und der Nicht-Annahme offen angesprochen und reflektiert werden: der Umgang mit den Medien trug zu dieser Öffnung bei und erhöhte die Tragfähigkeit des Seminars für die Verarbeitung auch konfliktreicher Erfahrungen.

Mein Bericht würde also recht einseitig ausfallen, würde er sich ausschließlich auf solche positiven sozialen Erfahrungen berufen, wie sie Micha am Beispiel der „Knister-und-Knaster-Brüderschaft" mit Hans schilderte. Die Arbeit oder das Spiel in den Gruppen löste bei einigen Teilnehmern auch Spannungen und Unlustgefühle aus. Zwar halte ich es nicht für die Aufgabe dieses Berichtes, hierfür schlüssige Erklärungen zu liefern, doch möchte ich die Tatsache kraß unterschiedlicher Erfahrungen und Einstellungen von Teilnehmern im Medienseminar auch nicht ganz ohne Kommentar anführen. Die Erklärung wird nicht zuletzt durch die unterschiedlichen Persönlichkeitsstrukturen erschwert. Trotzdem lassen sich gewisse Gemeinsamkeiten in der Grundeinstellung bei den studentischen Teilnehmern unterscheiden: nämlich einmal eine von vornherein auf mehr gemeinschaftliche Ziele in der Seminararbeit gerichtete Einstellung und zum anderen eine mehr individualistische Einstellung, die bei etlichen Teilnehmern eine stärkere Distanz – nicht zuletzt eine gefühlsmäßige – zum Seminargeschehen mit sich brachte. Diese Konstellation unterschiedlicher Grundeinstellungen kommt in der folgenden Gesprächsrunde gut zum Ausdruck:

Arthur: Für mich stellt sich die folgende Frage: wie breitet sich mit der Dauer unseres Zusammenseins eure Annahmebereitschaft aus? Wie wird es mehr oder weniger egal, mit wem man etwas macht, z.B. eine Paarübung oder einen Gruppenprozeß? Wie weit fallen dabei persönliche Eigenarten nicht mehr so ins Gewicht?
Iris: Mir erging es heute anders als Arthur. Ich hätte gern noch mehr Gruppenmitglieder abgelehnt. Ich mochte es aber nicht tun. Mir war das unangenehm, jemanden abzulehnen. Ich merke jetzt, daß ich es doch hätte tun sollen. Für mich ergibt sich ein echtes Problem, wenn wir jetzt in diesen Gruppen so weiterarbeiten sollen. Ich finde das sogar fast unmöglich.
Uli: Aber warum hast du dann nicht mehr abgelehnt?
Iris: Weil ich mich sowieso schon so erlebe, daß ich nach meinem Gefühl handle und nicht bereit bin, Leute mit rationalen Gründen einfach anzunehmen oder abzulehnen. Und manchmal denke ich, vielleicht sollte ich es doch öfter tun. Und eigentlich will ich es aber doch nicht.
Gabi: Ich möchte auf die Frage von Arthur eingehen, ob es für mich egaler wird, mit wem ich was mache. Es wird mir nämlich nicht egaler, aber die Abgrenzung, mit wem ich etwas mache, wird geringer. Deswegen habe ich auch weniger Angst, mit ganz vielen etwas zu machen.
Micha: Mir geht es wie Gabi. Ich könnte mit jedem so eine Szene zusammenstellen. Das heißt nicht, daß es mir egal ist; es gibt schon Leute, die mir näher stehen. Aber ich könnte nicht sagen, daß ich mit den anderen überhaupt nicht zusammenarbeiten kann. Ich hab das Gefühl, daß durch das gemeinsame Erleben, das langsame Heranführen so viel Gemeinsamkeit da ist, aus der heraus ich mit allen Leuten etwas machen kann. Es gibt auch keine starke gefühlsmäßige Abneigung mehr.
Iris: Also mit dem Können, das sehe ich schon, aber ich habe da einfach keine Lust zu. Ich seh nicht ein, daß ich einen Tag etwas mache, wozu ich keine Lust habe.

Dieser Ausschnitt aus der Diskussionrunde läßt vor allem die eigenwillige und distanzierte Haltung von Iris erkennen, während Gabi und Micha die solidarischen Aspekte der Gruppenarbeit im Seminar stärker betonen. Obwohl etliche Teilnehmer, wie gesagt, sich aus der Distanz nicht herauslösten, hat es andere gegeben, bei denen sich eine Entwicklung auch im Bereich der Grundeinstellung beobachten ließ. Zu diesen Teilnehmern des Seminars gehört auch Iris. Über die Stationen ihrer Entwicklung läßt sich in Kürze folgendes sagen:

Das oben zitierte Gespräch mit ihr erfolgte zu einem Zeitpunkt, wo sich für sie das Seminarerleben negativ zuspitzte. Sie hatte zwar von Anfang an Distanz gezeigt, in der Gruppe „Luft“ aber zunehmende Unbefangenheit und spielerische Phantasie entwickelt. Der Umgang mit dem Medium Tuch hatte für sie ganz offensichtlich eine sehr befreiende Bedeutung, wie ich als Spielpartner gut beobachten konnte. Weil ich mich über diese Entwicklung von Iris freute, wandte ich mich ihr im Verlauf des Seminars etwas stärker zu, beobachtete sie aufmerksamer und führte auch einige Gespräche mit ihr.

Kurz nach der obigen Diskussion wollte Iris aus der Gruppe ausscheiden, weil sie Inge nicht mehr ertragen zu können meinte. Beide haben sehr unterschiedliche Eigenheiten: während Inge sich oft sehr direkt und angriffslustig verhält, neigt Iris zu einem stilleren Verhalten. Im Verlauf des Gesprächs gelangte Iris zu stärkerer Selbstkritik und sah ein, daß ihr Verhalten auf die Gruppe lähmend wirkte. Aus diesem selbstkritischen Gesprächsimpuls heraus ging Iris sodann auf Inge wieder zu und versöhnte sich mit ihr. Das nächste Spiel der Gruppe mit beiden überraschte alle in der enormen Steigerung von Geschlossenheit und Harmonie. In einem abschließenden Gespräch mit Iris konnte ich mehr über ihr starkes Unabhängigkeitsbedürfnis und über die aus diesem Bedürfnis resultierenden Konflikte in ihren Beziehungen zu anderen Menschen erfahren. Wenn auch das Seminar diese Konfliktsituation nicht aufheben konnte, so hatte es Iris doch die Möglichkeit geboten, sich durch eigenes Zutun die Erfahrung eines komplizierten Gemeinschaftserlebnises zu erschließen.

Meine wichtigste Erfahrung aus dem Medienseminar in Mözen: Die gelungene Zusammenführung von Handeln und Erkennen

Es mag mit der ausgeprägten Arbeitsteilung der fortentwickelten Industriegesellschaften aber auch mit irrationalen Überlieferungen eines wenig demokratisch entwickelten Bildungswesens zusammenhängen, daß die Trennungen von Theorie und Praxis, von Erkennen und Handeln im Wissenschaftsbetrieb tief verwurzelt sind. Selbst in der Soziologie, die doch eine solche Trennung gesellschaftskritisch aufarbeiten und daraus Konsequenzen für ihre eigene Wissenschaftspraxis ziehen müßte, gilt es häufig noch als unumgänglich, Theorien, Strukturanalysen und in diesem Sinn Forschung überhaupt lediglich der etablierten Wissenschaft zu überlassen, die alltägliche Praxis gesellschaftlicher Arbeit aber wissenschaftlich nicht qualifizierten, für Praxis extra ausgebildeten Kräften zuzuweisen. Das geltende Leitbild ist hier der durch langjähriges Studium hochqualifizierte Experte, der seine Zeit nicht in der Alltagspraxis vergeuden darf, sondern erhabeneren Forschungszwecken zur Verfügung stellen muß. In den Erziehungswissenschaften sieht es nicht viel anders aus. Der Lehrer z. B. wird nicht als Erkennender, sondern lediglich als Handelnder begriffen –, und so kann es nicht erstaunen, daß bereits Lehrerstudenten sich dieses Selbstbild zu eigen machen und ihre Bereitschaft, erzieherische Arbeit kritisch erziehungswissenschaftlich zu reflektieren einschränken auf die Einübung notwendigen Prüfungswissens. Der Lehrer auch als Erkennender ist für manche, die sich ein sehr einfaches und handfestes Praxisbild vom Beruf des Lehrers machen, fast eine absurde Vorstellung. Die reflexionsarme Praxis in vielen Berufen scheint solchen Auffassungen recht zu geben, wenn sie sich gegen ein solches Verständnis vom Lehrer wenden.

Für mich war die Erfahrung des Medienseminars in Mözen eine Bestätigung, daß eine Praxis (hier der Hochschule), die in erzieherischen Bereichen eine Zusammenführung von Handeln und Erkennen leistet, nicht utopisch, sondern durchaus möglich ist. Freilich kann sie, so geht aus meinen Beobachtungen hervor, nicht ohne Auseinandersetzung und schließlich Überwindung erheblicher Widersprüche und Schwierigkeiten gelingen. Im Medienseminar bedeutete dies zunächst, den Studenten die Möglichkeit zu geben, ihre Bedürfnisse nach Entlastung überhaupt artikulieren zu können, ihre Sehnsucht nach größerer wechselseitiger Nähe (aber auch nach Überwindung ihrer Ängste und Hemmungen vor intensiverer wechselseitiger Begegnung) in gruppenbezogenen Zielen zu suchen. Es hieß: Mißverstehensprozesse auszuhalten und Überzeugungsarbeit für die eigentliche erziehungswissenschaftliche Praxis zu leisten, in der Lehrer nach wie vor ihren zentralen Ort im erzieherischen Handeln beibehalten aber zugleich auch Erkennende sind. Die Hochschullehrer sollen wichtige Aufgaben wohl auch weiterhin in der Forschung finden, dabei ihre Forschung aber aus laufender erzieherischer Praxis gestalten. Diese zweifelsohne schwierige Zusammenführung der unterschiedlichen Anteile des Handelns und Erkennens gelang im Seminar schließlich mit Hilfe der Medien, die allen Teilnehmern den Zugang zu konkreter Erfahrung unterschiedlicher Prozesse wechselseitiger Wahrnehmung und des Verstehens erleichterten. Die Erfahrungen des Seminars ermutigten mich, auch im Bereich der Soziologie zu größerer Praxisnähe zu gelangen und gemeinsam mit den Studierenden in der Auseinandersetzung mit gesellschaftlichen Praxisfeldern eine Annäherung der Positionen und Prozesse des Erkennens und Handelns zu versuchen.

V. Wie wirken pädagogische Medien in der Ausbildung?

Werner Lauff

Selbsterfahrung und pädagogische Lehre als Zusammenhang

Wir lernen „Blinde" führen

Ausgehend von der bekannten Übung der Führung eines „Blinden" möchten wir einen ersten Versuch machen den Zusammenhang von Selbsterfahrung und pädagogischer Lehre zu veranschaulichen. In der Übung ging es um folgendes:

„Jeder Seminarteilnehmer sucht sich einen Partner. Ohne Sprache einigen diese sich, wer blind bzw. wer Blindenführer ist. Der Führer übernimmt die Verantwortung dafür, daß der Blinde seine Umgebung kennenlernt, ohne daß er Schaden nimmt. Nach einer Weile lösen sich die Partner in ihrer Aufgabe ab: Der andere führt, der eine wird blind. In einem weiteren Durchgang verändert der Praxisanleiter die Aufgabe: Der Blinde sorgt nun selbst dafür, daß er die Umgebung kennenlernt, der Sehende wird geführt und hat lediglich noch die Aufgabe, den Blinden vor Schaden zu bewahren."

Die Seminarteilnehmer lernen sich in dieser Übung in vier verschiedenen Führungssituationen kennen:

1. Blind geführt werden,
2. blind führen,
3. sehend führen und
4. sehend geführt werden

In anschließenden Gesprächen werden zunächst Selbsterfahrungen ausgetauscht: Möchte ich lieber führen oder geführt werden? Wie habe ich das Blindsein erfahren? Solcher Austausch zwischen den Teilnehmern ist insofern pädagogisch bedeutsam, als dadurch einsichtig wird, wie der einzelne zu Führungsaufgaben steht. Der eine Teilnehmer führt lieber, der andere wird lieber geführt; ein dritter kann eher als Blinder führen als als Sehender, bei einem vierten verhält es sich genau umgekehrt, für einen fünften gibt es keine Unterschiede in den verschiedenen Führungssituationen. An dieser Stelle des Gesprächs wird deutlich, daß jeder sein individuelles Verhältnis zu Führungsaufgaben hat. Dringt man nur weit genug in die Einzelheiten vor, so führt keiner wie der andere. Jede Klassifizierung wird zu grob, um die subjektiven

Besonderheiten berücksichtigen zu können. Die Beteiligten lernen: Jeder macht die gleiche Sache anders, erfährt anderes, lernt anderes. *Die Einheitlichkeit der Übung löst sich also auf in subjektive Vielfalt.*

In dieser Weise werden die einzelnen Teilnehmer sich und den anderen in ihrem Führungsverhalten anschaulich und einsichtig. Die künftigen Erzieher bzw. Erziehungswissenschaftler erfahren sich selbst, sie lernen sich kennen, aber lernen sie damit auch erziehen? Sie lernen ihren Umgang mit dem Problem zu führen, aber erwerben sie damit auch zwangsläufig die Fähigkeit zu pädagogischer Führung? Selbsterfahrung ist wohl doch nur Teil, nicht aber das Ganze pädagogischer Qualifikation. Wie also läßt sich aus der subjektiven Vielfalt pädagogische Eindeutigkeit, wie aus dem allgemein Menschlichen das pädagogische Berufliche herausfiltern? In der Pädagogik fällt die Trennung zwischen Privatheit und Beruf immer schwer. Wir werden darauf zurückkommen. Im Gespräch über die Übung des Blindenführens gelang die Zuspitzung auf das Pädagogische, als die Studenten statt von „blind" von Kindern und statt von „sehend" von Erziehern sprachen. (Das Kind braucht eben noch nicht alles zu sehen.) Diese Interpretation reduzierte das Problem der Führung auf lediglich zwei pädagogische Führungsvarianten:

1. Das Heranführen der Kinder an die Lerngegenstände ihrer Umgebung durch die Erzieher (aktive Führung der Erzieher) und
2. das Hineingeführtwerden der Erzieher in die Lernzusammenhänge der Kinder durch diese selbst (passive Führung der Erzieher).

In der ersten Führungsvariante liegen pädagogisches Urteil und pädagogische Verantwortung ausschließlich in der Hand des Erziehers, in der zweiten partizipiert das Kind am pädagogischen Urteil, lediglich die endgültige Verantwortung bleibt beim Erzieher. Im ersten Fall bestimmt der Erzieher formal und inhaltlich den Lernprozeß des Kindes, im zweiten Fall begleitet er ihn lediglich vorwiegend mit der Maßgabe, Schaden von dem Kind abzuwenden, den dieses noch nicht sehen kann.

Nach Aussagen der Studenten fiel es ihnen in der aktiven Führungsrolle besonders schwer zu entscheiden, an welche Lerngegenstände sie die Blinden heranführen sollten. Allerdings hat ihnen diese Führungsaufgabe immer dann auch besondere Befriedigung verschafft, wenn ihr Urteil die Zustimmung des Blinden fand. Solche Reaktionen verstärken Verantwortungsfreude und -bereitschaft bei den Sehenden, wie sicherlich in einem allgemeineren Sinne überhaupt bei Lehrenden und Erziehenden. Den Studenten fiel in der Übung auf, wie schwer es für sie ist zu begreifen, was der Blinde braucht. Da war es schon viel einfacher für sie, wenn der Blinde sich selbst vortastete und sich ihre Aufgabe nur auf das Erkennen und Abwehren von Gefahren beschränkte.

Unter diesem Gesichtspunkt der Bewahrung vor Gefahren fühlten sich dann einige Studenten allerdings zu einer verschärften Führung legitimiert (Häufig hat es den Anschein, daß beispielsweise die Verkehrserziehung manchen Lehrern und Erwachsenen zu solchen verschärften Führungsneigungen herhalten muß). Die blinden Studenten stießen in solchen Fällen verschärfter Führung im Raum zwar nirgendwo mehr an, aber dadurch verloren sie nach ihren eigenen Aussagen auch jede Eigenorientierung und damit ihre Eigeninitiative zur Mitgestaltung der Lernprozesse. Andere Blinde verloren das Vertrauen zu ihren sehenden passiven Führern bzw. konnten es erst gar nicht gewinnen, weil diese ihre Führungsverantwortung zu weitgehend auf den Blinden übertragen hatten und gar nicht mehr einfühlsam wahrnahmen, so daß negative Lernerfahrungen durch Anstoßen, Anrempeln, einfach durch An-Grenzen-Stoßen die Führungsinitiative der Blinden zunehmend beeinträchtigten und zum Verschwinden brachten.

Die Folgen einer solchen wenig verstehenden passiven Fürhungsverantwortung waren also einmal Angst vor Orientierungslosigkeit und zum anderen Angst vor unerkannten Widerständen. Beides lähmte die Führungsaktivität der Blinden. Als den Studenten im Gespräch über die Übung dann die Frage gestellt wurde, ob sie denn die beginnende Angst oder die Orientierungslosigkeit einzelner Blinder gar nicht bemerkt hätten, wurde allgemein das immer wieder neugestellte pädagogische Problem offensichtlich, wann Führung bzw. auch Hilfe in welcher Form gewährt bzw. inwieweit sie gegebenenfalls auch wieder zurückgenommen werden müssen, um Kinder und Jugendliche in ihren Lernprozessen, die ihnen ja letztlich niemand abnehmen kann, optimal zu fördern und zu unterstützen. *Aus der selbsterfahrenen Vielfalt subjektiven Führungsverhaltens in der Übung ist im Gespräch die objektive Notwendigkeit variabler und verstehender pädagogischer Führungsfähigkeiten sichtbar geworden.*

Exkurs: Was ist pädagogisches Wissen?

Als pädagogisches Medium ist die Führungsübung ebenso wie das anschließende Gespräch darüber als praktischer Handlungs- und Erkenntnishintergrund zwischen allen Beteiligten hervorgebracht worden. Mit Hilfe des pädagogischen Mediums konnte sich jeder Wissen sowohl über sich als führendes Subjekt als auch über die objektive Aufgabe pädagogischer Führung aneignen. Subjektive und objektive Erkenntnis stehen hier ebenso wenig unvermittelt nebeneinander, wie handlungsbezogenes praktisches und erkenntnisbezogenes theoretisches Wissen. Die Lernenden haben vielmehr Wissen erworben, das sich im Grenzbereich von Struktur- und Prozeßwissen bzw. von Erkenntnis- und Handlungswissen verflüssigen und ineinander vermischen läßt.

Ein solches Wissen über Führungsprobleme in der Pädagogik ist von anderer Qualität, als das statische sozialpsychologische Wissen über Führungsstile wie es z. B. in der „Erziehungspsychologie" von TAUSCH seit über einem Jahrzehnt den künftigen Lehrern als unpraktisches Berufswissen an die Hand gegeben wird. Wir wollen diesen Unterschied deutlicher machen. Die beiden wesentlichen Typenkonzepte des autokratischen bzw. sozial-integrativen Erzieherverhaltens beschreiben TAUSCH & TAUSCH (1970, S. 175) – und mit ihnen seit LEWINS grundlegenden Forschungen vor 40 Jahren eine inzwischen unübersehbare Schar von Erziehungstechnokraten – wie folgt:

„Typenkonzept *autokratisches* Verhalten: Verärgerung, Befehlen, Unfreundlichkeit, Verständnislosigkeit, Erregung, Unhöflichkeit. Bei Jugendlichen hierdurch ausgelöste Vorgänge: Unfreiheit des Handelns, Verschlechterung der Beziehung zu Erziehern, spätere Unangepaßtheit, negative gefühlsmäßige Erfahrungen, ablehnende Reaktionen, unmittelbare Angepaßtheit, Hinderung der seelischen Reifung.

Typenkonzept *sozialintegratives* Verhalten: Höflichkeit, Ruhe, Verständnis, Optimismus, Verärgerung, Freundlichkeit, als richtig beurteiltes Erzieherverhalten. Bei Jugendlichen hierdurch ausgelöste Vorgänge: Spätere Angepaßtheit, unmittelbare Angepaßtheit, positive gefühlsmäßige Erfahrungen, Förderung der seelischen Reifung, annehmende Reaktionen, Unfreiheit des Handelns."

Solche Typenkonzepte, die Komplexität reduzieren sollen, könnten dem Buch „Pädagogik leicht gemacht" entnommen sein. Sie tun so, als müßte man sich nur für das Richtige: in der Demokratie eben für das Sozialintegrative, die Höflichkeit, Ruhe, Freundlichkeit usw. entscheiden und schon sei pädagogisch alles gut und gelöst: terribles simplifikateurs. Pädagogisches Urteilsvermögen und pädagogische Verantwortung schrumpfen hier zusammen in die bürokratische Auswahl eines richtigen Typenkonzeptes. Pädagogisches Verhalten, das die subjektiven und situativen Besonderheiten in stets neuen Variationen verstehend in den Handlungs- und Erkenntnisprozeß einzubeziehen hat, erfordert zu seiner Orientierung jedoch weit komplexeres Wissen als die bloße Verfügbarkeit von Typenkonzepten. Am Anfang steht pädagogisch betrachtet nicht irgendein abstrakter Führungsstil zur Debatte, sondern die konkrete Frage: Wie will, kann und auch wie muß *dieser* Blinde von Sehenden geführt werden? und: Inwieweit muß, will und kann ich mich als Sehender von diesem Blinden führen lassen, ohne meine pädagogische Verantwortung zu vernachlässigen?

Vorab entworfene Typenkonzepte und Führungsstile können niemals dauerhaft in Ausschließlichkeit, sondern – wenn überhaupt – dann bestenfalls nur in stets nach Urteil und Verantwortung neu bestimmten Mischungsverhältnissen verwirklicht werden, sollen sie den beteiligten Menschen – Erziehern wie Zuerziehenden – gerecht und hilfreich werden können. Das Wissen von Erziehungsstilen erscheint in seiner schematischen Verabsolutierung als Verflachung und letztlich als Ausschaltung des pädagogischen Verstehens und Erkennens. Um ein pädagogisch Wissender zu sein, gehört eben mehr dazu als die Anreicherung von vorgefertigtem Wissen im Kopf. Über die Qualität dieses Kopfwissens und die Prozeduren seiner Herstellung schreibt BLOOM (1972, S. 45) in kritischer Weise:

„In vielen Schulen wird Wissen als Hauptkennzeichen für die Ausbildungsstufe, die ein Individuum erreicht hat, angesehen. Dies wird am Inhalt unserer standardisierten Leistungstests offensichtlich ... Viele Lehrer und Erzieher schätzen Wissen zu einem gewissen Grad, weil es sich einfach lehren und lernen läßt. Massenmethoden wie Vorlesungen, audiovisuelle Methoden, gedrucktes Material und ähnliches können leicht für den Erwerb von Informationen benutzt werden ... Die Leichtigkeit, mit der man den Umfang des vom Studenten erworbenen Wissens abschätzen kann, hängt sicher damit zusammen. Fast alle Lehrer haben beträchtliches Vertrauen in ihre Fähigkeit, Wissensprüfungen zu entwerfen. Weil Wissen so einfach zu lehren und zu überprüfen ist, wird es als Lernziel stark betont und steht in keinem Verhältnis zu seiner Nützlichkeit oder seiner Bedeutung für die Entwicklung des Individuums.“

Das Lehren und Erlernen von vorgefertigtem Wissen ist unter solchen Lernbedingungen insbesondere für die Lehrenden auf den bequemsten Nenner gebracht. Verwissenschaftlichte Curricula stellen alles Wissenswerte scheinbar objektiv und motivationsfreundlich abgepackt zur lernenden Übernahme in allen Schul- und Ausbildungsstufen zur Verfügung. Der Praxisbezug dieses Wissens für die Lebensgestaltung der lernenden Menschen wird unbefragt unterstellt. Die Lernvorgänge bleiben außengesteuert und vermitteln vorwiegend die Strukturen wissenschaftlicher Disziplinen, nicht aber praktisch verwertbare Wirklichkeitsaussagen. Als heimlicher Lehrplan bewirken solche abgeschlossenen Wissensinhalte bzw. starren Curricula die kontinuierliche Ablenkung von sich selbst und setzen das *Haben* von Wissen vor das *Finden* von Wissen.

Solches szientisches Wissen über Führung in der Pädagogik reicht eben nicht aus zur Bewältigung bzw. zur Interpretation von praktischen Führungsaufgaben, dazu ist nicht nur eine andere Qualität von Wissen, sondern eine andere Art des Erlernens von Wissen erforderlich. Zusammenfassend wollen wir hier festhalten: Relativ konstantes, als objektiv anerkanntes Forschungs- und Studierwissen bedarf in der Pädagogik der Ergänzung durch ein nie abschließbares und nur subjektiv zu erwerbendes Übungswissen (vgl. BOLLNOW 1978), das durch übende Wiederholungen in seiner Qualität zwar niemals endgültig objektiv, wohl aber mehr und mehr intersubjektiv gemacht werden kann.

Pädagogisches Lernen besteht also aus der Übernahme und dem Finden von Wissen zugleich. Nur so läßt sich Wissen *handlungs- und subjektbezogen aneignen,* was für die Pädagogik von grundlegender Bedeutung ist.

Wenn MASLOW (1973, S. 77) meint, daß Menschen Wissen suchen können, um Angst zu reduzieren, wir zum gleichen Zweck Wissen häufig aber auch zu vermeiden trachten, dann wird das Wissenschaft treibende Subjekt selbst zum notwendigen Gegenstand des Erkennens. Ich selbst habe mich zu fragen, aus welchen Gründen gewinne oder vermeide ich welches Wissen? „Das Problem der Selbsterkenntnis des Erziehers (ist deshalb) eines der Grundprobleme der Pädagogik“ (LANGEVELD 1951, S. 24). Ich muß mich selbst im Spannungsfeld zwischen pädagogischer Lehre und Selbsterfahrung, zwischen Beobachtung und Teilnahme, zwischen mir und Gruppe bzw. Gesellschaft wahrnehmen, erfahren und erkennen können. Dies kann nur praktisch geschehen. Eine „philosophische Theorie des reflektierten Selbstverhältnisses führt noch nicht zu einem reflektierten Selbstverhältnis, und ein reflektiertes Selbstverhältnis braucht nicht die Theorie“, meint TUGENDHAT (1979, S. 48). Zur Selbsterkenntnis brauchen wir den anderen Menschen: „Wir Menschen sind nicht gleicher Art; das Menschsein entfaltet sich in der Bewegung verschiedener Lebewesen und Anschauungen durch einen geistigen Kampf, der, solange er von der Wahrheit beflügelt wird, ein liebender Kampf ist, im unabschließbaren Prozeß“ (JASPERS 1977, S. 376).

Wir lernen „Fremdheit“ kennen

Die Behandlung des Themas „Der/Die Fremde“ auf dem Seminar in Malente gipfelte in der Darstellung von fünf Spielszenen, in denen die vorher erarbeiteten Medien, wie Maske, Tücher und Spiel Verwendung fanden. Die Inhalte der fünf Szenen, die vorher in Gruppen erarbeitet worden sind, werden hier zunächst knapp zusammengefaßt:

Szene 1: Eine Kindergruppe spielt Ringelreihn. Ina steht abseits. Sie versucht vergebens, in den Kreis zu kommen. Beim Seilspringen lassen die Kinder sie mitmachen, ziehen das Seil aber immer stramm, so daß Ina Fehler macht und wieder ausscheiden muß. Die anderen tuscheln und lachen dann schadenfroh. Beim Hinkelstein die gleichen Abläufe. Ina kommt nicht rein. Darüber wird sie wütend und versucht, sich mit Gewalt dazwischenzudrängen. Auch diese Bemühungen scheitern, die anderen gehen einfach auseinander und schließen sich erst wieder zusammen, als Ina weggeht. Ina holt einen Lehrer zu Hilfe, der mit ihr auf den Spielplatz geht. Die Gruppe ist freundlich zu dem Lehrer und tut so, als gäbe es keine Spannungen zu Ina. Der Lehrer und Ina werden aufgenommen, und alle tanzen zusammen, wobei der Lehrer, nicht aber Ina beachtet wird.

Szene 2: Eine Gruppe sitzt in fröhlicher Stimmung zusammen. Dagmar kauert traurig in der Ecke. Nach einer Weile bewegt sie sich langsam auf Knien rutschend in Richtung Gruppe. Die anderen werden aufmerksam auf sie, begucken und bestaunen sie in ihrer Verkümmertheit. Sie versuchen Dagmar einzubeziehen, finden aber keine Form, die sie annehmen kann. Sie wendet sich wieder ab, wenngleich sie sich nicht gänzlich entfernt. Nacheinander versuchen einzelne, Dagmar einzubeziehen, indem sie ihr zuwinken und um sie herumtanzen. Sie erreichen Dagmar nicht, die sich schließlich wieder ganz in ihre Ecke zurückzieht. Mehr oder weniger ratlos stehen die Mitglieder der Gruppe da. Birgit überspielt dann das Ende, indem sie sich zu Dagmar in die Ecke kauert und sie mit Streicheln zu trösten versucht. Sie hatte die Spannung nicht aushalten können.

Szene 3: Eine Gruppe sitzt um einen Tisch. Die anwesende Frau wird getröstet. Der Mann kommt zur Tür herein. Die Männer der Tischrunde richten sich auf, als wollten sie sich gegen den Ankömmling stark machen. Der Mann ist erstaunt über die Gäste, setzt sich an den Tisch, rutscht unsicher auf seinem Stuhl hin und her. In dem Hin und Her des Gesprächs wird der Mann zunehmend ausgeschlossen und wütender. Er reißt alles an sich, klopft auf den Tisch, steht auf, läuft herum. Die Frau zeigt, wie bedrohlich ihr das ist, ihre männlichen Beschützer werden immer kleinlauter. Schließlich winkt der Mann abwertend ab und geht zur Tür hinaus. Die Tischrunde ist unsicher, was nun wohl passieren wird. Mit aggressiven Drohgebärden kommt der Mann zurück. Er poltert, die Tischrunde hält dem stand. Er bleibt ausgeschlossen, wütend wendet er sich ab und zieht vondannen. Die Frau wird von den Männer der Tischrunde beglückwünscht.

Szene 4: Eine Gruppe knüpft ihre Tücher aneinander, legt sie über die Schultern und beginnt im Kreise zu tanzen. Michael sitzt mit seinem Tuch verschüchtert in der Ecke. Er versucht, an die Tanzenden heranzukommen. Die Tanzenden bleiben auf sich konzentriert, tanzen weiter, hocken sich umschlungen zusammen, genießen ihre Nähe und Vertrautheit. Michael steht alleine herum, macht zögernde und unsichere Schritte auf die Gruppe zu, zieht sich wieder zurück. Aus einem Tanz heraus hält Sabine Michael ihr Tuch hin. Er knüpft sich in der gemeinsamen Bewegung an die anderen Tücher, wird nahtlos einbezogen in den gemeinsamen Tanz der erweiterten Gruppe.

Szene 5: Vier Einzelpersonen liegen auf dem Boden. Sie erheben sich langsam, schließen sich zu Paaren, dann zu viert zusammen und beginnen, immer schneller im Kreis zu tanzen. Die auseinanderstrebenden Kräfte werden so stark, daß der Kreis auseinanderfliegt und alle hinpurzeln. Als erster richtet Uli sich selbst und dann nach und nach die anderen wieder auf. Die Aufgerichteten orientieren sich wieder, treffen zusammen, trösten sich, beginnen erneut im Kreis zu tanzen. Uli versucht vergebens, noch in den Kreis einbezogen zu werden, doch die gemeinsame Bewegung der anderen schließt Uli wie eine massive Front aus. Der immer schneller werdende Kreis fliegt wieder auseinander. Uli steht versteinert da und hilft nicht noch einmal.

In einem Zeitraum von nicht mehr als einer halben Stunde erlebten die Seminarteilnehmer in diesen fünf Szenen ein äußerst differenziertes und verschiedenartiges Spektrum von Fremdsein und Außenseitertum. Es steht außer Zweifel, daß jeder an diesen Szenen viel über Fremdsein, Abweichung, Außenseiter durch eigene Beteiligung und durch Anschauung lernen konnte.

Die Spielszenen stellten eine sinnlich erlebbare Praxis dar, über die dann gemeinsam reflektiert werden konnte: Was haben wir gesehen? Was wollten wir darstellen? Was bedeutet das pädagogisch? Daß hier nicht nur gespielt wurde, das heißt lediglich Spielwirklichkeit erzeugt wurde, verdeutlichte sich an der tatsächlichen Hilflosigkeit der Teilnehmer, die Spielsituationen pädagogisch sinnvoll – sei es durch praktische Handlung, sei es durch theoretische Reflexion – auflösen zu können.

Diese Hilflosigkeit zeigte sich mehr oder weniger in allen fünf Szenen. Es konnten weniger fertige pädagogische Schlußfolgerungen als Fragen gelernt werden: Was bedeutet solch ein auf äußerer Autorität beruhender Integrationsversuch eines Lehrers pädagogisch? Ist er Ausgangspunkt für Steigerung von Fremdheit oder Beginn eines allmählichen Auflösungsprozesses? Was macht eine Gruppe mit ihren Ohnmachtsgefühlen, wenn die Einbeziehung von Dagmar nicht gelingt? Was bedeutet das, wenn ein Pädagoge die Spannung der Hilflosigkeit nicht aushalten kann und statt pädagogischer Hilfe nur ichbezogenes Mitleid realisiert? Wann sollen Konflikte, die aus Fremdheit entstehen, beraten werden, wann kann die gegenseitige Entfremdung auf die Spitze getrieben werden? Wodurch kann es gelingen, einfach aus der Bewegung heraus einen Außenstehenden wie Micha anzubinden? Was muß man als Pädagoge können, um dazu fähig zu sein? Ist es in der Tat so, daß gut- oder auch pädagogisch-gemeinte Hilfe entfremden kann? Wodurch läßt sich eine solche widersprüchliche Entwicklung vermeiden?

Fragen über Fragen, wenig endgültige Antworten, dennoch hatten die Seminarteilnehmer den starken Eindruck, viel zu ihrem pädagogischen Handeln und Erkennen hinzugelernt zu haben. Die Teilnehmer waren sich jedenfalls darüber einig, mit mehr Ganzheitlichkeit, emotionaler Betroffenheit, mit besserem Wahrnehmen- und Verstehenkönnen, mit mehr Praxisbezug, unter erweiterter subjektiver und prozessualer Vielfalt zum Thema „der Fremde“ – also letztlich pädagogischer – gelernt zu haben, als dies möglich ist, wenn sie beispielsweise in GUSKIN & GUSKIN (1972, S. 104f.) „Sozialpsychologie in Schule und Unterricht“ nachgelesen hätten, wo etwa in den Schlußfolgerungen zum Kapitel „Konformes und abweichendes Verhalten in Schulklassen“ folgendes geschrieben steht:

„Manche Gruppen weisen allerdings beträchtliche Toleranz gegenüber einer großen Spielbreite individueller Verhaltensformen auf. Unter Umständen unterstützen sie sogar die Kreativität, Individualität und Originalität einzelner Mitglieder, indem sie Selbstbewußtsein und Offenheit hochschätzen und belohnen. Unter solchen Bedingungen führt Konformität gegenüber den Gruppennormen nicht zu Gleichförmigkeit, sondern zu Heterogenität und Verschiedenartigkeit. So kann auch der Lehrer aufgrund seiner Macht Schüler entweder zur genauen Erfüllung vorgeschriebener Anforderungen oder zur freimütigen Äußerung kreativer Reaktionsweisen und Ideen veranlassen. Ein solcher Lehrer wird die bloße Wiederholung seiner eigenen Worte durch die Schüler nicht gelten lassen, gut durchdachten und begründeten Widerspruch dagegen gutheißen und belohnen. Ziel einer Unterrichtsstrategie dieser Art sind letzten Endes grundlegende Werte (wie z.B. Kreativität) und nicht so sehr spezifische Verhaltensweisen (wie zum Beispiel die ‚richtige' Antwort)."

Wie wenig subjektiv, situativ und prozeßbezogen, also letztlich wie pädagogisch nichtssagend, ist eine solche Feststellung: „Manche Gruppen weisen allerdings beträchtliche Toleranz gegenüber einer großen Spielbreite individueller Verhaltensformen auf". Wie unbedeutend ist es, die plumpe dogmatische Praxisbelehrung zu erfahren: „Ein solcher Lehrer wird die bloße Wiederholung seiner eigenen Worte durch die Schüler nicht gelten lassen". Wir wollen diese „Forscherbeschimpfung" nicht fortsetzen, sie ließe sich unter pädagogischem Blickwinkel auf weite Teile sozialwissenschaftlicher Literatur ausdehnen. Aus Mangel an konkretem Praxisbezug schaffen solche Forschungsergebnisse eine pädagogische Qualifikation, die zwar theoretisch scheinbar konsistent, praktisch aber völlig beliebig und unverbindlich ist. Es ist typisches ‚Praxisschockwissen', das meinungsmachend feststellt, wo es lediglich zu Fragen anregen und zur Wahrnehmung fähiger machen sollte.

Ohne Zweifel ist es bedeutsam, vorgegebene Namen, Begriffe oder gar Theorien für die Bewältigung von pädagogischem Handeln und Erkennen bereit zu haben. Der vorliegende Begriff des Helfersyndroms[2] war in einem solchen Sinne durchaus hilfreich für die Interpretation der Szene 5. Doch erst in Verbindung mit Ulis Handlung und ihrer Reflexion in der Gruppe kann mit diesem Begriff pädagogisches Verständnis entstehen, zu dem jeder Pädagoge subjektiven und situativen Bezug aufbauen kann. Darauf wollen wir weiterführend eingehen. In der Praxis ihrer Theoriebildung über die Szene suchten die meisten Seminarteilnehmer im Sinne ihres Verständnisses vom Helfersyndrom die Ursache für Ulis Alleingelassenwerden lediglich in seinem pädagogischen Verhalten: Er sei nach dem Tanz allein gewesen und habe sich gesagt: die sind allein, denen muß ich helfen. Er habe keine verstehende Beziehung zu den anderen aufgenommen und nicht abgewartet, bis die anderen auch Interesse an ihm gezeigt hätten. Er sei einem ichbezogenen Impuls gefolgt, die anderen nicht um ihretwillen aufzubauen, sondern nur, um sich selbst zu bestätigen, daß er andere aufbauen kann. Da Uli immer von sich aus gekommen sei, habe er die eigene Abkapselung selbst erzwungen. Er habe den anderen zu wenig Möglichkeiten geboten, auch an ihm etwas zu tun. Diese

2 Vgl. W. SCHMIDBAUER (1977). In der folgenden Erörterung geht es nicht um eine Würdigung dessen, was SCHMIDBAUER gesagt hat, sondern darum, was die Seminarteilnehmer daraus gemacht haben.

Einsichten sind wohl allesamt theoretisch richtig. Sie können Uli bzw. dem pädagogischen Subjekt, das er vertritt, dazu dienen, sich an seinem Handeln zu erkennen und sich in einem emanzipatorischen Selbsterkenntnisprozeß durch Übung über seine pädagogischen Unzulänglichkeiten hinauszuführen.

Gleichzeitig aber sind die theoretischen Bewältigungsversuche der Seminargruppe mit Hilfe des Begriffes vom Helfersyndrom auch falsch oder besser gesagt nicht umfassend genug. Sie berücksichtigen kritisch nämlich nur den Teil, der in der Spielhandlung aktiv ist, nicht aber auch den Teil mit vorwiegend passiver schweigender Praxis. Der Vorgang der Theoriebildung zu der genannten Szene mit Hilfe vorgegebener Begriffe schafft also eine Art neuer Praxis, die selbst wieder hinterfragt werden muß: Welches Vorverständnis von Pädagogik steht dahinter, daß Ulis Verhalten überhaupt als Pädagogenverhalten interpretiert wird? Welche pädagogischen oder auch politischen Erfahrungen der Diskussionsteilnehmer rücken einseitig das Pädagogenverhalten, nicht aber auch das Gruppenverhalten in den Mittelpunkt des Erkenntnisinteresses der Seminarteilnehmer? Wie kommt es zu solchen Formen vereinseitigter, nahezu masochistischer Selbstkritik der Pädagogen anhand des Begriffes vom Helfersyndrom? In welchem Zusammenhang steht diese Selbstkritik der Pädagogen mit der allgemein üblichen lähmenden Systemkritik unter Pädagogen usw.?

Wieder Fragen über Fragen, die sich aus der Interpretation der Spielszene mit Hilfe der theoretischen Konstruktion vom Helfersyndrom ergeben. Der vorgegebene Begriff bringt also eine Interpretationspraxis in dem einen Teil in Gang und behindert sie gleichzeitig in dem anderen Teil. Pädagogische Praxis wird mit solchen Superbegriffen allzu schnell einseitig und theoretisch handhabbar gemacht, ohne daß die praktischen Gesamtzusammenhänge erschlossen werden. Es wird gar nicht mehr wahrgenommen, daß der Begriff des Helfersyndroms die pädagogische Hilflosigkeit nicht nur bezeichnet und erklärt, sondern sie auch festschreibt und legitimiert: Unter bestehenden Bedingungen kann der Pädagoge eben nur noch hilflos sein, sagt man sich. Wenn er Hilfe anbietet, die nicht angenommen wird, so wird er getadelt und erhält schadenfrohe Pädagogenschelte. Die Erziehungsbedürftigkeit und -notwendigkeit der umgebenden Gruppe als prozessuale Aufgabe der pädagogischen Hilfe hingegen wird gar nicht mehr gesehen und verstanden. Aus dem begrifflich fixierten Vorurteil wird kein Urteil, aus dem Vorverständnis kein weiterführendes Verständnis.

Der Begriff vom Helfersyndrom schützt somit die diskutierenden Studenten vor der schwierigen pädagogischen Aufgabe, die konkreten Menschen aus der Praxis heraus überhaupt verstehen zu müssen. Die Verfügbarkeit des Begriffes legitimiert sie, keinen weiterführenden Interpretationsrahmen für pädagogisches Handeln erstellen und schließlich praktisch realisieren zu müssen. Die Kritik des Pädagogen mit Hilfe des Helfersyndroms entpuppt sich als statische Vermeidungsstrategie, sich als Pädagoge prozessual besser befähigen zu müssen bzw. die schwierige Arbeit an pädagogischen Notwendigkeiten in unserer Gesellschaft überhaupt fortsetzen zu wollen. Wissenschaftlicher Fleiß, der den Begriff hervorbrachte, produziert – völlig unbeabsichtigt natürlich – praktische Faulheit. Die Hervorbringung wahrer Begriffe garantiert also keinesfalls aus sich heraus schon seine sinnvolle handlungsrelevante Aneignung.

Die handlungsrelevante Aneignung von pädagogischem Wissen zu garantieren, stellt pädagogische Wissenschaft selbst vor eine schwierige pädagogische Aufgabe. Pädagogen müssen beispielsweise nicht nur lernen, nach vorgefertigten wissenschaftlichen Begriffen pädagogische Prozesse beobachten zu können, sondern wir müssen ihm eben auch beibringen, wie er freigesetzt von der Herrschaft vorgefertigter Begriffe und Theorien an dem menschlichen Geschehen jedweder Art authentisch und sinnlich teilnehmen und Neues erkennen kann und darüberhinaus, wie er beides obendrein noch miteinander zu verbinden vermag: Das Gedankliche mit dem Sinnlichen.

Exkurs: Teilnehmen und beobachten

Sollen Handeln und Erkennen, Selbsterfahrung und pädagogische Lehre, Wissen und Wissender einen Zusammenhang bilden können, so gehören als methodisches Mittel auch Teilnahme und Beobachtung in pädagogischen Feldern untrennbar zusammen. Dabei ist das optimale Mischungsverhältnis zwischen Teilnahme und Beobachtung in Abhängigkeit von konkreten Situationen jeweils neu zu bestimmen. Für den Pädagogen ist Teilnahme dabei nicht nur eine methodische Bedingung (wie etwa für den Sozialwissenschaftler), sondern unverzichtbare Grundlage dafür, das Beobachtete überhaupt verstehen zu können. Teilnahme und Beobachtung als Entweder-Oder-Kategorien aufzufassen und zu praktizieren, ist gleichbedeutend damit, Praxis und Theorie in der Pädagogik als Zusammenhang aufzulösen. Nehme ich nur teil, verharre ich in bloßer Praxis, beobachte ich nur, so folge ich bloß vorgegebener Theorie. Wie bedeutsam die Teilnahme des Beobachters im pädagogischen Feld ist, erfährt OTMAR HEINZ bei den Untersuchungen zu seiner Diplomarbeit (1979, S. 117 ff.) über das Verstehenlernen mit pädagogischen Medien im Malente-Seminar:

„Es war das erste Mal, daß ich während des Seminars aus der Gruppe der Teilnehmenden ausscherte, um mich voll und ganz meiner Beobachtertätigkeit widmen zu können. Das erste, was ich allerdings wahrnahm, war, daß ich das Gefühl bekam, mich nicht nur räumlich von der Gruppe abzusondern, sondern mich auch sonst in eine Stellung außerhalb der Gruppe zu bringen, nicht nur räumliche Distanz aufzunehmen, sondern auch innerliche. Ich bemerkte, daß ich keinen inneren Bezug zu dieser Übung hatte – sie ließ mich vollkommen unberührt. Nur indem man sich auf die Aktivitäten des Feldes einläßt und sich in den laufenden Seminarprozeß als gleichberechtigtes und gleichbehandeltes Mitglied eingibt, eröffnen sich Perspektiven zu den Erfahrungen und Erlebnissen, die jeder Teilnehmer macht".

Während Otmar aus seinen Erkenntnisabsichten heraus die Notwendigkeit des Zusammenhangs von Teilnahme und Beobachtung offenkundig wird, wehren die vornehmlich selbsterfahrungs- und handlungsmotivierten übrigen Studenten die Bedeutung der Beobachtung in Medienseminaren zunächst ab. Sie wollen in ihrer Teilnahme weder selbst besondere Beobachtungsfunktionen übernehmen, noch von anderen beobachtet werden. Dies empfinden sie als Störung. Die Beobachtungsinteressen der Dozenten erzeugen bei den Studenten erhebliches Konfliktpotential. Worum es dabei geht, macht Micha in seinem folgenden Diskussionsbeitrag deutlich:

Das mit der Beobachtung sind ja zwei Sachen. Unser Unwille ist deshalb auch verschieden. Da ist einmal das Problem, daß wir Studenten nicht wissen, wie man selbst zugleich mitmachen und dann auch noch protokollieren kann. Wir finden auch den Rahmen nicht, wie das organisatorisch und inhaltlich ablaufen soll. Die andere Sache ist die, daß, wenn ihr als Dozenten beobachtet, wir da möglicherweise in Interpretationsraster von euch reingepackt werden, die möglicherweise an den Haaren herbeigezogen sind.

Micha bringt einmal zum Ausdruck, daß er nicht zugleich teilnehmen und beobachten kann, und zum anderen betont er sein Mißtrauen, beobachtet zu werden. Das eine Bedenken meint die Unfähigkeit, aus unmittelbarer beteiligter Praxis durch Beobachtung Wissen hervorbringen zu können; das andere Bedenken bezieht sich auf die Sorge, mit Hilfe von anonymem Wissen falsch interpretiert und somit zu einem wissenschaftlichen Objekt verunstaltet zu werden. Das erste Problem, das Micha stellvertretend für alle übrigen Studenten hat, resultiert unter anderem daraus, daß nach positivistischer Wissenschaftsauffassung Praxis, an der ich handelnd teilnehme, nicht auch gleichzeitig Gegenstand meiner wissenschaftlichen Untersuchung sein kann. Praxis soll nach positivistischem Wissenschaftsverständnis eben nicht originär miterlebt, sondern nur durch die Brille eines auf der Grundlage schon bestehender wissenschaftlicher Ergebnisse und Theorien vorgefertigten Konstrukts von außen besehen und registriert werden.

Der zweite Konfliktpunkt greift viel tiefer. Er hat etwas damit zu tun, daß akademisch ausgebildete Menschen zwar ihre Wissenschaft genau kennen, kaum aber mehr fähig sind, die Menschen authentisch wahrzunehmen und zu verstehen, denen diese Wissenschaft dienen soll. Wissen über die zu behandelnden bzw. zu erkennenden Menschen wird nicht mehr durch Beteiligung an diesen Menschen hervorgebracht, sondern aus ‚wissenschaftlich' abgesicherten Wissensbeständen lediglich entnommen und anprobiert. Die Abwehr der Studenten dagegen, beobachtete Wissenschaftsobjekte zu sein, erscheint also menschlich natürlich und sogar überdies von gesundem Selbsterhaltungsanspruch. Doch bloße Abwehr kann ihre eigenen sozialisierten wissenschaftlichen Arbeitsweisen nicht ohne weiteres verändern, auf die sie im späteren Berufsleben selbst dann mangels Masse allzu häufig zurückgreifen. So sehr sie auch bereit sei, in einem handlungs- und subjektbezogenen Ansatz mitzuarbeiten, meint Inge in der Diskussion, so sehr sehe sie, wie sie die anderen Sachen schon ganz schön drauf habe durch ihr Studium. Die könne sie nicht einfach wegstreichen.

Inge kann es sich am Ende ihres Studiums gar nicht mehr vorstellen, daß sie ohne ein vorgefertigtes Schema beobachten kann. Sie kann es nicht annehmen, daß Wissen über sie erst durch konkrete Teilnahme und Anschauung von ihr selbst gewonnen werden soll. Wenn das bei uns Hochschullehrern aber dennoch so sei, dann könne das für sie überhaupt nicht mehr objektiv sein, dann könnten wir für unsere Beobachtung Wissenschaftlichkeit überhaupt nicht beanspruchen. So wird zum Zweck des Abbaus von Mißtrauen nach mehr objektivierender Wissenschaftlichkeit gerufen, die in ihrer heutigen Verfassung das Mißtrauen und die Verweigerung der Studenten gegen unsere Beobachtungen ja geradezu erst hervorgerufen hat. An dieser Stelle bricht die Grundsehnsucht positivistischer Wissenschaftsauffassung wieder durch, daß nämlich – wenn nicht jetzt, so doch irgendwann einmal – ein sich gleichbleibendes, von Subjekten und Situationen unabhängiges Wissen mit einer kalkulierten objektiven Wahrheitssicherheit zum fortwährenden Gebrauch zur Verfügung stehen möge. Es ist vor dem Hintergrund vorherrschender Wissenschaftsauffassungen äußerst schwierig, den Studenten zu verdeutlichen, daß in der pädagogischen Wissenschaft das Objektive in der niemals abschließbaren Vielfalt des Subjektiven geborgen liegt. Je mehr Subjektives wir aus Teilnahme und Beobachtung kennen- und verstehengelernt haben, umso objektiver werden wir. Mehr wissenschaftliche Objektivität in der Pädagogik ist eben nur durch mehr Intersubjektivität in der Einübung verstehender Teilnahme und interpretierender Beobachtung als Zusammenhang zu erreichen.

Die angesprochenen Konflikte zwischen Lernenden und Lehrenden durch eine pädagogische Ausbildung überwinden zu wollen, die zum Inhalt hat, daß auch erziehungswissenschaftliche Aussagen über ein Kind nur durch erzieherisches Handeln mit diesem Kind gewonnen werden können, bedeutet demnach auch Abbau von vorweg gegebenen objektiven Sicherheitsgarantien in der Wissenschaft. So meint Tugendhat (1979, S. 357) in seinen Buch „Selbstbewußtsein und Selbstbestimmung“:

„Aber der Verlust (von Sicherheit, W. L.) kann auch ein Gewinn sein. Indem wir nicht mehr glauben, im Besitz der Wahrheit zu sein, können wir die Erfahrung des Sokrates erneuern, daß uns der Ausblick auf das Gute im Wissen des Nichtwissens gegeben ist, und in diesem Zurückgeworfensein auf uns selbst lernen wir es schätzen, daß wir nach dem wahrhaft Guten fragen können.“

Positivistisches Objektivitäts- und Sicherheitsstreben überwinden zu wollen, geht nicht ohne zwischenzeitliche Verunsicherung. So etwas ist mit Schmerzen und deshalb mit Abwehr verbunden. Es erfordert konzentrierte pädagogische Arbeit der Beteiligten – auch der Hochschullehrer – an sich selbst, die nur im Zusammenhang von Handeln und Erkennen voranbewegt werden kann. Endgültige theoretische Sicherheit als angestrebtes Strukturmerkmal von Wissenschaft muß im Bereich der Wissenschaften vom Umgang mit Menschen einer stets von neuem zu schaffenden variablen und offenen theoretischen Sicherheit weichen, sollen die Menschen Herr auch über ihre sozialwissenschaftlichen Produktionen bleiben. Bewegliche Sicherheit in Gestalt von mehr Intersubjektivität in der pädagogischen Qualifikation zu erwerben, erfordert nicht nur eine andersartige Lehre, sondern auch den gründlichen Erwerb von entsprechendem pädagogischen Können und damit von Sicherheit in lebendigen pädagogischen Prozessen.

In Hochschulseminaren soll berufliche Sicherheit durch Übung von vorwiegend wissenschaftspraktischem Können erworben werden. Nach unserem Wissenschaftsverständnis schließt eine erziehungswissenschaftliche Qualifizierung allerdings die erzieherische mit ein. Der entsprechend ausgebildete Wissenschaftler, der um das Verstehen eines Mitmenschen bemüht ist, soll diesem immer objektiv gerechter werden können, als jeder statistisch noch so valide und reliabel abgesicherte Test. Der Konflikt zwischen Studenten und Hochschullehrern um den Zusammenhang von Teilnahme und Beobachtung machte nun erneut folgendes deutlich: Die Vermittlung von theoretischem Tatsachenwissen zum Zusammenhang von Handeln und Erkennen bzw. von Teilnehmen und Beobachten in der Pädagogik reichte nicht aus, um die Studenten in diesen Punkten auch praktisch fähiger zu machen. Wiederum wurde den Beteiligten klar: Es kommt auf die handlungsrelevante Aneignung entsprechenden Wissens an.

Denn schon oft hatten wir unseren komplexen Anspruch mit den Studenten einvernehmlich diskutiert. Nun in der Praxis erlebten sie, wie stark ihre Widerstände gegen die praktische Durchführung des Ansatzes noch sind.

Viele Male fragten sie uns Hochschullehrer: „Was macht ihr denn da?“ Viele Male erklärten wir von neuem, ohne praktisches Einverständnis zu erreichen. Am eigenen Leibe mußten die Studenten erfahren, daß sie die Trennung von Theorie und Praxis bloß theoretisch überwinden wollten, ohne jedoch auch bereit zu sein, die bequemen Vereinfachungen einer Theorie-Praxis-Trennung bzw. der Vereinseitigung der Teilnahme zu Lasten der Beobachtung praktisch aufzugeben. Die Reflexion dieser Praxiserfahrungen erst konnte zunehmende Motivation schaffen, Teilnahme und Beobachtung als Zusammenhang praktizieren und erdulden zu wollen.

Zunächst stellt Uli fest, daß er ja nun schon seit einigen Semestern intensiv an der wissenschaftstheoretischen Fundierung des Zusammenhangs von Handeln und Erkennen mitarbeite. Das habe ihm bisher auch schon viel gebracht. In der aktuellen Konfliktsituation zum Problem des Beobachtens ermuntert er die Dozenten, die Studenten eben nicht nur mithandeln zu lassen, sondern sie auch stärker in die Praxis des Erkennens einzubeziehen. Die Hochschullehrer sollten sich ebenfalls nicht auf einen gesicherten Erkenntnisrahmen zurückziehen, sondern die praktische Hereinnahme der Studenten riskieren, auch wenn ihre wissenschaftlichen Erkenntnisse dadurch langsamer vorankämen. Manfred unterstützt Uli daraufhin: „Ich will hier studieren, was mich interessiert, und das interessiert mich, was ihr da so an Ergebnissen aus diesen Seminaren mitnehmt und wie ihr das macht, und ich finde, das muß Bestandteil dieses Seminars sein, das muß hier auch vermittelt werden.“ Hans Günther macht daraufhin deutlich, daß dieser Anspruch ja nicht mehr theoretisch gefordert werden muß, sondern heute morgen schon ein Stück realisiert wurde:

„Wir haben nämlich einerseits Selbstwahrnehmung und Selbsterfahrung thematisiert und gleichzeitig versucht, das in einen interpretativen pädagogischen Gesamtrahmen zu stellen. Doch darauf reagierten einige mit Streß. Da war dann auch eine Grenze der Vermittlung gesetzt, und auf die laß' ich mich dann entsprechend ein. Ich kann mir nach diesen konfliktreichen Gesprächen um Teilnahme und Beobachtung nun auch vorstellen, daß wir künftig weiterführend in dieser Weise miteinander umgehen können.“

Daß der Zusammenhang von Teilnahme und Beobachtung im Seminar an anderer Stelle ja bereits praktiziert und bedingungslos akzeptiert wurde, machte schließlich Iris in ihrem Beitrag deutlich:

„Mir ist jetzt zu dem Problem mit dem Beobachten noch eingefallen, daß heute morgen ja immer nur eine Gruppe gespielt hat und die anderen haben zugeschaut. Hinterher, als wir unsere Wahrnehmungen noch einmal austauschten, kamen zwei Wahrnehmungsarten zusammen: Einmal wie wir uns selbst gefühlt haben als Spielende und einmal wie die Beobachter uns gesehen haben. Aber im Vordergrund standen dann nur unsere Wahrnehmungen als Mitmachende und das, was die Beobachter gesehen und auch reflektiert haben, ist da nicht genügend miteingeflossen.“

In der Diskussion um Teilnahme und Beobachtung in den Medienseminaren wird erneut offensichtlich, wie schwierig es ist, subjekt- und prozeßbezogenes Wissen aus der Praxis heraus handlungsrelevant zu erwerben. Praxis als Erkenntnisquelle überhaupt benutzen zu können, setzt weit komplexere als die hochschulüblichen Fähigkeiten des Beobachtens, sondern vielmehr die des teilnehmenden Wahrnehmens, Verstehens, Interpretierens und Handelns voraus. Um Fremdheit aus den Szenen kennenzulernen, ist insbesondere das Vermögen notwendig, teilnehmen und beobachten nicht nur theoretisch, sondern auch praktisch als Zusammenhang bewältigen zu können.

An Britta erkennt sich die Gruppe

Am dritten Tag des Seminars sind die Gesichtsmasken fertiggestellt. Wir sitzen in einer großen Runde und wollen über unsere Selbstwahrnehmungen und -erfahrungen beim Herstellungsprozeß der Masken sprechen, die nun angemalt vor uns liegen. Im ersten Teil des Gesprächs kommt zum Ausdruck, daß sich nahezu alle an ihrer Maske freuen und sich während des gesamten Herstellungsprozesses sehr wohl, ja teilweise sogar immer wohler gefühlt haben. Die Thematik des Seminars „Der/Die Fremde", die die Gestalt der Maske bestimmen soll, ist bei vielen Teilnehmern dabei in den Hintergrund getreten. Das drückt sich auch in einigen Masken deutlich aus. Es sind vielfach fröhliche, sehr ebenmäßige und schöne, nicht aber auch immer Fremdheit ausdrückende Masken entstanden. Linda bemerkt z. B.: „Brittas Maske sieht aus wie Britta". Britta erwidert: „Ja, das sollte sie auch. Ich wollte malen, wie ich mich jetzt fühle." Nachdem andere Teilnehmer erzählen, wie sie in der vorausgegangenen gelenkten Meditation die Fremdheit gefunden haben, die sie mit ihrer Maske ausdrücken wollen, äußert Britta:

„Ich hatte gar keine Lust, mich darauf zu konzentrieren. Situationen, in denen ich mich fremd fühle, gibt es für mich öfter, aber dann ist das für mich immer wieder auch schnell abgeschlossen. Und ich hatte keine Lust jetzt, da zehn Minuten dran zu denken. Ich hab' mich darauf konzentriert, so wie ich mich jetzt fühle."

Während Britta so in Übereinstimmung mit sich und ihrer Maske diese nochmals aufsetzt und sie von den anderen beschauen läßt, stellen mehrere Teilnehmer fest, daß es ihnen so ähnlich gegangen sei wie Britta. Bert meint:

„Zuerst habe ich mir zwar eine Situation mit Fremdheitsgefühlen vorgestellt, aber nach einer Weile Malen hab' ich mich unheimlich entspannt und vor mich hingepfiffen und fühlte mich ganz wohl so. Ich hab' mich mehr so auf die Farben konzentriert. Ich wollte die fremde Situation gar nicht auf die Maske bringen."

Brigitte hat ähnliche Gefühle entwickelt:

„Mir ist das eigentlich so ähnlich gegangen. Heute morgen, als wir Fremdheit spielen sollten, da hatte ich ein solches Fremdheitserlebnis, da hab' ich fürchterlich geweint. Das war auch gut so. Das ist zwar noch nicht bewältigt, aber es war einfach gut, daß es rauskam. Und als ich dann bei der gelenkten Meditation auf der Decke lag, wußte ich inzwischen, daß ich in solchen Fremdheitssituationen öfter stehe. Und als ich dann die Maske bemalen sollte, hatte ich keine Lust mehr an Fremdheit zu denken, bzw. ich dachte: Das haben wir ja gehabt. Jetzt malste einfach drauf los. Denn was von sich auf die Maske malen, das kommt dann sowieso raus, wenn es Spaß macht."

Fremdheitsgefühle haben die zitierten Studenten öfter, aber dann haben sie keine Lust mehr daran zu denken. „Das haben wir ja gehabt". Jetzt vergesse ich die Aufgabe, mich an Fremdheitsgefühle zu erinnern und male „einfach drauf los". Dabei wird sich „unheimlich entspannt". „Ich habe vor mich hingepfiffen und fühlte mich ganz wohl so". Als die Persönlichkeit, die man ist, kommt man sowieso raus, „wenn es Spaß macht". Die gestellte Aufgabe wird vom Wunsch nach Spaß verdrängt. Anspannung in der Arbeit zum Hervorbringen eines noch unbekannten – möglicherweise sogar unangenehmen – Gegenstandes wird allzu schnell aufgelöst in Wohlbefinden erreichter Gemütszustände. Wie schon Selbsterfahrung und Lehre zu Beginn des Seminars so bleiben auch jetzt Glück und Aufgabe unverbundene Gegensätze. Das eine schließt das andere aus. Einer Aufgabe zu folgen, erscheint vielen als Entfremdung von der eigenen Person. Solcherart Verhalten kann die einseitig romantische Sehnsucht der Menschen von heute nach unbeeinträchtigter Rückkehr zu sich selbst erkennen lassen. Gezielte konzentrierte Arbeit wird dabei als Störung empfunden.

Nach einstündiger Diskussion wird offensichtlich, daß dieses Aussteigen aus der aufgabenbezogenen Arbeit von niemandem als etwas Bemerkenswertes angesprochen wird. Bewältigung und Nichtbewältigung der spezifischen Aufgabe (der/die Fremde) stehen für die beteiligten Studenten gleichberechtigt nebeneinander. Der entscheidende Punkt des Übergangs von Aufgabenanspruch zu Aufgabenaufgabe wird zwar Gegenstand von Selbstwahrnehmung, nicht aber von pädagogisch relevanter Selbsterkenntnis. Das pädagogisch Bedeutsame an diesem Übergang bleibt bisher unangesprochen. An Brittas Äußerungen anknüpfend und zunehmend verallgemeinernd greift Werner deshalb diese Problematik wieder auf:

„Wenn du sagst, Britta, du hast dich nicht auf die Aufgabe eingelassen, du hast nur das Gefühl auf dich wirken lassen, was so schön war, dann hast du genau den Gegenstand des Seminars wieder aus dem Auge verloren: nämlich die pädagogische Qualifizierung durch Selbsterfahrung an einer Aufgabe. Der spezielle Gegenstand in der gelenkten Meditation war, in dir eine fremde Situation zu fühlen und zu denken. Und genau weil das ein bißchen Anstrengung macht, hast du gesagt, ich will in meinem Wohlbefinden bleiben. Und genau das ist bei Pädagogen eine ganz knifflige Stelle, die in der beruflichen Tätigkeit immer dann auftritt, wenn man sich in etwas anderes hineinversetzen muß, man selbst aber nur bei sich bleiben möchte. Das gerade ist das Anstrengende am pädagogischen Beruf. Solche Arbeit, die Anstrengung macht, hätte man auch hier leisten müssen. Wenn man da aussteigt, steigt man aus einem ganz wichtigen Selbsterkennungsprozeß aus."

Dieser Einwand verändert schlagartig die bisher äußerst harmonische Gruppenatmosphäre. Brigitte erinnert an eine ähnliche Störung der Gruppenharmonie durch Werner am Vortag. Britta bedauert: „Im Augenblick macht das alles wieder kaputt." Auf Werners Bemerkung hin, daß das letztlich nur alles heiler machen könne und nach Ellens Bekräftigung der vorgetragenen Auffassungen von Werner, zieht sich Britta noch weiter in sich zurück: „Ich fühle mich jetzt so unverstanden." Ellen und Reinhard, als die Praxisanleiter des Seminars, versuchen die angesprochene Thematik dann umgehend von den Personen zu lösen, um die Diskussion sachbezogen zu halten. Reinhard meint: „Es geht hier nicht darum, daß jemand getadelt oder angegriffen wird. Es geht darum, daß eine konkrete Situation entstanden ist, über die jetzt pädagogisch nachgedacht werden soll. Da ist eine Entscheidung gefallen, und nun fragen wir uns, was ist die Konsequenz dieser Entscheidung?" Doch die Reflexion und Diskussion über den angesprochenen Zusammenhang von pädagogischer Aufgabe und individuellem Befinden wird weiterhin stark abgewehrt.

Die Bedeutung der erlebnismäßigen Vorgänge des Rückzugs in die Privatheit, wo es doch um die öffentliche Aufgabe beruflicher pädagogischer Qualifizierung gehen soll, wird in der Diskussionsgruppe zunächst nicht hinreichend erkannt. Es wird nicht gesehen, daß der tätige Pädagoge ständig in dem Zwiespalt steht, sich in seiner Arbeit zwischen privater Harmonie und Erziehungsverantwortung zu entscheiden. Pädagogische Verantwortung entwickelt sich eben nicht nur aus dem jeweiligen Gefühlszustand des Erziehenden, sondern insbesondere aus den langfristigen und aktuellen Besonderheiten der Zuerziehenden sowie aus den übergreifenden gesellschaftlich-historischen Erziehungsmöglichkeiten und -notwendigkeiten. Die subjektive Privatheit, so bedeutend ihre Erhaltung für die innere Konsistenz des pädagogischen Subjekts auch ist, muß sich brechen lassen an den objektiven Berufsanforderungen, soll der ‚geborene Erzieher' zum erzogenen Erzieher qualifiziert werden können. Wissenschaftlich qualifizierte Erzieher – davon gehen wir aus – haben ihre berufliche Arbeit auf einem qualitativ höheren Niveau zu bewältigen, soll ihre langfristige Ausbildung einen objektiven Sinn haben. Umfassend ausgebildete Pädagogen sollen in der Lage sein, erziehungsschwierige Kinder, institutionelle Bedingungen und Besonderheiten der eigenen

Person nicht als Störungen ihrer Arbeit abzuwehren, sondern sie gerade als Gegenstand pädagogischer Aufarbeitung erkennen und bewältigen zu können.

Eine pädagogische Ausbildung, die zwischen Selbsterfahrung und Wissensvermittlung trennt, verhindert geradezu diesen entscheidenden qualitativen Sprung pädagogischer Qualifikation. Sie hilft das Leid, die zeitweise Ohnmacht, ja sogar die mannigfachen psychosomatischen Erkrankungen der tätigen Pädagogen nicht zu vermeiden, sondern eher vorzuprogrammieren, da eine selbstreflexive Distanziertheit zu den pädagogischen Berufsanforderungen nicht entwickelt werden kann. Genau über diese Klippe vermag der sich pädagogisch-praktischer Tätigkeit nicht verpflichtet fühlende, zu dieser in einem unverbindlichen Verhältnis stehende Erziehungswissenschaftler komplikationslos hinwegzurationalisieren. Wie sehr die hochschulsozialisierten Pädagogikstudenten dies bereits zu tun in der Lage sind, machte der Fortgang des Gruppengesprächs um Britta und Werner offenkundig.

Mehr und mehr rückt nämlich ein neuer Gegenstand in das Zentrum der hektischer werdenden Auseinandersetzungen: Hat Werner Britta genug Verstehen entgegengebracht? An diesem Knotenpunkt der Gesprächsentwicklung wird besonders deutlich, wie das Nachdenken über den einen pädagogischen Gegenstand eine neue eigenständige Praxis schaffen kann, die selbst wieder ihre eigenen aktuellen Erkenntnisgegenstände hervorbringt. Dieser neue Gegenstand – Werners Verstehensfähigkeit – macht die angesprochene Praxissituation insofern noch diffuser, als einige Teilnehmer mit dem Hinweis auf das Verstehen Besänftigung des Individuums und Harmonisierung der Gruppe – also Gruppendynamisches – meinen, andere, da das Verstehen Bestandteil jeder pädagogischen Aktion sein soll, den Aspekt der Verfrühung assoziieren (die richtige Einsicht kann dem Schüler jetzt noch nicht vermittelt werden).

Brigitte – auf Hans Günther eingehend – stellt z.B. erleichtert fest: „Das finde ich unheimlich nett, daß du jetzt fragst, ob Werner Britta gut genug verstanden hat“. Hans Günther wendet sich jedoch gegen diese gruppendynamische Auffassung von Verstehen: „Ich meine das nicht im Sinne des Beruhigens und Besänftigens. Für mich hat Werner sein Problem nicht so entfaltet, daß Britta es für sich annehmen konnte. Das aber gehört zum Vorgang pädagogischer Qualifizierung dazu.“ Die Gruppe stellt sich mehr und mehr schützend vor die ‚schwache‘ Britta und abwehrend gegen den ‚starken‘ Werner. Fühlte sich zunächst Britta auf der Anklagebank, so soll jetzt Werner draufgesetzt werden, insbesondere als dieser fragt, ob er Britta als künftige Pädagogin möglicherweise nicht sogar besser verstanden habe, als Britta sich selbst. Diese Bemerkung ist für die meisten Gesprächsteilnehmer kein sachlicher Einwand mehr, sondern ein unerträgliches Maß an Arroganz. Manfred meint: „Jemanden besser verstehen als derjenige sich selbst – da pack' ich mir doch an'n Kopp!"

Zwei Verstehenslinien kreuzen sich im Prozeß der Auseinandersetzung: Britta fühlt sich allmählich von der Gruppe immer mehr verstanden, Werner immer weniger. Britta zeigt Entlastung, Werner wird unter größer werdender Anspannung zum ‚Fremden'. Theoretisch wird Verstehen gegenüber Britta beansprucht, praktisches Verstehen gegenüber Werner wird gleichzeitig nicht entwickelt. Er wird zum heftig abgelehnten Fremden, zum Außenseiter. Er setzt seine Maske auf, um seine Fremdheitsgefühle allen deutlich zu zeigen. Diese non-verbal verdichtete Situation vermehrt zunächst weiter die Angriffsreaktionen, nicht aber das Bemühen um Verstehen. Einige springen auf und gehen raus. Bert schreit Werner an: „Also ich hab' wahnsinnige Aggressionen gegen dich. Ich wär' fast hingegangen und hätte dir diese Scheißmaske da runtergerissen und hätte dir dann ein paar in die Fresse hauen können."

Die Duplizität der Ereignisse ist bis hierher von den Seminarteilnehmern nicht bemerkt worden: Kostete es Anstrengung, sich in eine Fremdheitssituation hineinzudenken, so kostet es jetzt Mühe, die neu entstandene Fremdheit zuzulassen, wahrzunehmen, zu erschließen und zu behandeln. Setzte man sich für das Verstehen des einen ein, so wird es für den anderen jetzt nicht aufgebracht. Bewältigten die Seminarteilnehmer die eine Aufgabe deshalb nicht, weil sie ihr erreichtes Wohlbefinden bewahren wollten, so erbringen sie jetzt nicht den zur Konfliktbewältigung notwendigen Arbeitsaufwand, weil sie in ihrem Ärger und ihrer Empörung gegenüber einem spannungsableitenden Fremden verharren wollen. In beiden Fällen wird distanzlos emotional reagiert, anstatt selbstreflexiv im Sinne einer intersubjektiven pädagogischen Aufgabenbewältigung beobachtet und nachgedacht. Sieht man die Aufgabenstellung jedoch als eine typisch pädagogische an, die sich für Lehrer in der Schule, für Sozialpädagogen im Heim, für Vater und Mutter in der Familie – ja konkret für Hochschullehrer in ihrer Seminarpraxis – immer wieder ergeben kann, so wird an dieser Stelle offenkundig, wie die künftigen Berufspädagogen pädagogische Arbeit – zumindest bis zu diesem Zeitpunkt ihrer Berufsausbildung – vorwiegend mit der jeweiligen Besonderheit ihrer Person, nicht aber auch mit abgesichertem pädagogischem Wissen und Können angehen. Bereits vorhandenes Wissen z.B. über Außenseitertum existiert unabhängig von den handelnden Personen, kann den tätigen Pädagogen in der praktischen Situation also nichts nützen. Selbsterfahrung bleibt umgekehrt unverbunden mit vorhandenem Wissen, führt die handelnden Personen also nicht über sich selbst hinaus an entsprechende Wissensbestände heran. So kommt es zu dieser typischen Theorie-Praxis-Diskrepanz der Hochschulpädagogen, Verstehen von anderen zu fordern, ohne es selbst praktisch zu gewähren bzw. überhaupt praktisch gewähren zu können.

Werner zeigt in dieser Situation seine Betroffenheit von der gegen ihn gerichteten Kraft: „Ich hatte meine Kritik an Britta als sachlichen Beitrag aufgefaßt. Nun bin ich nicht mehr emotionsfrei, sondern muß ganz stark schlucken gegen Eure Angriffe und meine Angst.“ Er schildert dann den Werdegang seiner Maske: Sie halte seine Gefühle fest, die er hatte, als seine Argumente in der Vortagsdiskussion über den weiteren Programmverlauf bei niemanden Berücksichtigung fanden. Er nahm sich als Fremder in der Gruppe wahr. So fühlte er sich auch, als er vorhin mit seinem ernstgemeinten Beitrag erneut aus der Gruppe herausgedrängt werden sollte. Um sich als emotional Beteiligten verständlich zu machen, habe er dann die Maske wieder aufgesetzt. Daraufhin meint Hans-Peter, das Blatt wendend: „Ich konnte das eigentlich gut vertragen, was Werner gesagt hatte. Hier wurde ein wichtiger Punkt angesprochen, der mir und anderen noch nicht bewußt war. Das hatte Werner erkannt.“ Während zahlreiche Teilnehmer noch in ihrer Abwehrhaltung verharren: (Bert kommt es gar nicht auf den Inhalt an, sondern wie Werner sich verhalten hat; Dieter nennt es eine Sauerei, daß Werner nicht genug auf Britta eingeht; Britta wehrt sich dagegen, daß sie mit Verstehen Streicheleinheiten meint usw.) greift Vera Werners Beitrag schließlich wieder auf:

„Ich hab' das auch schon gedacht, was Werner gesagt hat. Ich hab' mich gefragt, wo gibt es für mich Situationen – weil ich das gut nachvollziehen kann und ich sehr dankbar bin, daß Du das gesagt hast – die ich nicht bis zum Ende durchmache und aus denen ich vorher aussteige. Hier liegt so'n Punkt, an dem wir alle arbeiten müssen.“

Veras Freundin Ortrud ergänzt:

„Ich versteh' das, was Werner gesagt hat auch, und das ist mir in diesem Moment ganz besonders klar geworden, das war mir vorher auch nicht so klar, und das hat mir sehr viel weitergeholfen, und ich fand das jetzt auch nötig. Es wäre natürlich besser gewesen, wenn uns das vorher mal klargeworden wäre. Ich versteh' ja auch, daß Werner uns das klarmachen will, aber das wirkt auf mich dennoch wie Sendungsbewußtsein. Und in diesem Moment ist er ja Pädagoge an uns, und wir sollen lernen für unsere eigene Praxis später. Aber wir sind dann ja auch sowas wie Schüler jetzt, wenn wir daran erinnert werden, daß hier ja auch Erziehung ist. Dann muß Werner – was sicher sehr schwierig ist – auf zwei Ebenen handeln: als Teilnehmer und auch als pädagogischer Lehrer, und wir auch als Schüler.“

Obwohl Ortrud die angesprochenen Gedanken als wichtig für sich ansieht, fällt es ihr schwer, diese in einem – wie sie immer noch meint – ausschließlichen Selbsterfahrungsseminar von einem Lehrer anzunehmen. Sie macht damit erneut deutlich, wie stark bei handlungsbezogener Lehre das Widerstreben ist, den gleichberechtigten Teilnehmer auch in seiner Funktion als Lehrer anzuerkennen – und umgekehrt. Personen, die selbst Lehrer werden wollen, können das „Schülersein“ im Zusammenhang mit Selbsterfahrung nur schwer ertragen. In anderer Form taucht damit nach dem vorausgegangenen intensiv miterlebten Gespräch der Zusammenhang von Privatheit und öffentlicher Aufgabe als ungelöstes Problem wieder auf. Die dialektische Spannung des Zusammenhangs zwischen Privatheit und öffentlicher Aufgabe bzw. zwischen Schüler und Lehrer wird in positivistisch verfügbares Einheitswissen aufgelöst, wenn Brigitte Ortruds Hinweis auf das Lehrer-Schüler-Verhältnis wieder aufnimmt und meint: „Ich seh' das genauso wie du, aber wenn man einfach Mensch ist in der Kommunikation, dürfte das diese Unterschiede nicht geben.“

Die Unterschiede zwischen Lehrer und Schüler, zwischen Privatheit und öffentlicher Aufgabe, zwischen Selbsterfahrung und pädagogischer Lehre und die Spannungsfelder zwischen den Polen werden ins ‚einfach Menschseinwollen‘ verwischt. Pädagogischer Beruf und Menschsein werden identisch gesetzt. Pädagogisches Versagen wirkt sich als allgemein menschliches Versagen aus. Beruflicher Ärger ist privater Ärger und umgekehrt. Die Störung eines Schülers in meinem Unterricht trifft mich als Menschen, anstatt zur beruflichen Aufgabe des Lehrers zu werden. Die den verschiedenen beruflichen Situationen angemessene Trennungs- bzw. Verbindungslinie zwischen Privatheit und öffentlicher Aufgabe finden zu können, erweist sich als eine entscheidende Berufskompetenz, die nicht nur wissensmäßig, sondern ebenfalls handlungsrelevant angeeignet werden will. Eine Problematisierung dieser pädagogischen Kompetenz ist in unserem Seminar in Gang gekommen, dies mögen zwei Aussagen von Brigitte und Britta vom folgenden Seminartag anschaulich machen:

Während Brigitte am Vortag noch der Auffassung war, daß es aussreiche, Mensch in der Kommunikation zu sein, stellt sie jetzt in der Szenenbesprechung zu einem Außenseiterspiel erweiternd fest: „Ich bin durch das Gespräch sehr angesprochen, weil ich auch oft so reagiert habe, so aus Mitleid und menschlichem Gefühl. Dann bin ich auf die Nase gefallen. Nun frag' ich mich heute, inwieweit muß man Emotionalität aushalten, und erst mal durch die Situation umfassend durchsteigen. Inwieweit ist das teilweise nur Egoismus, wenn man gleich auf die Leute eingeht, weil man sich dann selbst etwas Gutes tut? Das hab' ich für mich daraus gezogen. Nachher hält man die Situation nicht durch und kann nicht weitermachen.“

In dem Gespräch über eine andere Spielszene zum Außenseiterproblem äußert sich Britta auf die vorausgegangene Situation bezugnehmend: „Ja, ich bin da weitergekommen. Also gestern haben wir da alle sehr emotional reagiert. Nicht nur ich, sondern auch einige, die mich verteidigt haben gegen Werner. Gestern habe ich gar nicht gesehen, daß der andere auch Außenseiter sein kann. Da kam mir und den anderen das so vor, als ob ich der bedauernswerte Außenseiter und Werner nur der böse Buhmann ist, der mich dazu macht. In Wirklichkeit war es dann so, daß wir Werner dann sehr schnell zum Außenseiter gemacht haben. In dem Maße, in dem es mir in der Gruppe besser ging, ging es ihm schlechter. Das sehe ich heute, und da bin ich ein ganzes Stück mit mir weitergekommen, mein Empfinden von meinem Erkennen auch mal abtrennen zu können."

Vor dem Hintergrund des erörterten konfliktreichen Geschehens wollen wir nun im Sinne der Weiterfürhung unserer Gedanken zwei Feststellungen treffen:

1. Jeder Pädagoge – also auch jeder Hochschullehrer – kann pädagogische Situationen nur so bewältigen, wie er selbst bis zum gegebenen Zeitpunkt pädagogisch fähig geworden ist (Ein Narr, der mehr gibt, als er hat).
2. Gelebte pädagogische Praxis ist nur als künftige, nicht aber als vergangene Praxis revidierbar. Was war? ist nicht die Frage, sondern: Was wird sein? Das Vergangene stellt lediglich noch die verbindliche und verpflichtende Grundlage für das Erkennen des Notwendigen und das Behandeln des Zukünftigen dar (Ein Narr, der mehr hat, als er gibt).

Vergangene pädagogische Situationen können also erstens nicht besser sein als die tätigen Pädagogen. Sie stellen zweitens die Aufgaben für künftige Erziehungsarbeit. Die Problematisierung des Zusammenhangs von privat und Beruf am Beispiel Brittas war im Verlaufe des Gesprächs, wenn auch konfliktreich, so doch bei allen Teilnehmern angekommen. Man fühlte sich nach dem ‚Gewitter' ein Stück klarer. Die Praxis zeigt also Erziehungsergebnisse, aber auch neue Erziehungsaufgaben. Wie war denn die Praxis abgelaufen, daß dieses Ergebnis erreicht werden konnte? Nicht so, daß Werners wie auch immer vorgetragener Hinweis unmittelbar pädagogisch verwertet wurde, sondern so, daß sich ein irrationales Gruppengeschehen davon ausgehend ausbreitete. Dieses konnte nicht so stehenbleiben, sondern mußte nun selbst zur weiterführenden pädagogischen Aufgabe werden. In einer Gruppe von erwachsenen Menschen, denen es um pädagogische Qualifikation geht, ist von Maskerunterreißen, Rausschmeißen, bis hin zu ‚ein in die Fresse hauen' die Rede gewesen. Bemühungen um Versachlichung und Besänftigung haben da gar nicht mehr geholfen. Um dem einen seine Liebe zu zeigen, wird der andere gehaßt. Verstehen wird theoretisch gefordert, praktisch aber nicht entwickelt. Das muß in einer Arbeit, in der es darum geht, sich selber in pädagogischen Zusammenhängen kennenzulernen, unbedingt weiter hinterfragt und behandelt werden.

Auch die Versuche zur Konfliktlösung müssen reflektiert werden, um mehr von sich und der Gruppe zu erfahren. Da hatte Ellen z.B. versucht, Werners Beitrag in einen richtigen Inhalt und eine falsche Form aufzulösen. Hätte

Werner auf diese Kompromißformel eingehen können, so wäre der Gruppenprozeß sicherlich anders verlaufen. Die Gruppenharmonie hätte wiederhergestellt werden können, weil sich Werner wenigstens zur Hälfte ins Unrecht hätte setzen lassen. Werner meint aber, er habe diesen Inhalt nun einmal in dieser Form eingebracht; darauf habe nicht er, sondern die Gruppe selbst unangemessen, nämlich formal, nicht aber auch inhaltlich reagiert. Erst in den Diskussionen nach den Darstellungen der Fremdheitsszenen am nächsten Tag gelingt es, die entstandene emotionale Betroffenheit auch als einen pädagogischen Inhalt auf andere Seminarteilnehmer zu übertragen. Stark erregt äußert sich in einem längeren Beitrag nochmals Hans Günther zu den Ereignissen vom Vortag:

„Ich hab' das Phänomen, das du jetzt erneut angesprochen hast, von gestern her, als das mit Britta ging, noch lebendig vor mir. Das erregt jetzt in mir auch ein ganz dolles Zittern, wenn einer dir da in die Fresse hauen will oder dir eins langen will. Da muß ich sagen, das erschauert mich und macht mich ganz doll wütend. Daß das möglich ist! Im Grunde genommen muß es doch jetzt darum gehen zu sehen, daß da jemand ist, der nicht so in der Lage ist, sich so in den praktischen Prozeß einzubringen, daß es für den anderen annehmbar ist. Und nun muß die Gruppe doch eigentlich da selbst praktisches Verstehen entwickeln, sonst spiegelt sie ja selbst nur wider, was dem Vorredner nicht gelungen ist. Und verhält sich statisch und haut dem, der Stärke zeigt, aber im praktischen Prozeß Schwäche, haut dem das noch um die Ohren."

Hans Günther spricht hier aus, was viele inzwischen ebenfalls spüren: Die Gruppe hat sich unverhältnismäßig verhalten und den pädagogisch gemeinten Beitrag von Werner nicht pädagogisch aufgenommen. Der Konflikt um Britta wird von der Gruppenseite her problematisiert. Als einen bedeutenden pädagogischen Faden mit politischem Symbolgehalt greift Werner den Zusammenhang von individuellem und Gruppen-Verhalten wieder auf:

„Ich will das jetzt noch weiter zuspitzen. In unseren bisherigen Diskussionen haben wir Gruppe und Individuum immer nur so formal entgegengesetzt und haben vorwiegend zum Ausdruck gebracht, wenn der Einzelne die Gruppe richtig anpackt, dann reagiert die Gruppe nicht mit Widerspruch und Konflikt. Da kann man ja nur zu dem Schluß kommen, daß Hitler die Gruppe der Deutschen einstmals richtig angepackt hat. Das kann doch nicht so stehen bleiben, das muß doch betroffener machen als alle anderen Einzelheiten, die wir in diesem Konflikt bisher erlebt haben. In lebendiger pädagogischer Praxis konnten wir, wenn wir es auswerten, erfahren, wie leicht auch heute wieder entgegen unserem theoretischen Anspruch ein totalitäres Gruppenklima entstehen kann, wenn sich die potentiellen Gegenkräfte gegen solche Entwicklungen in Schweigen hüllen und sich nicht schon im Prozeß des Entstehens zu Wort melden und sich mitverantwortlich zeigen."

Jetzt erst, wo unser eigener Seminarverlauf praktisch dingfest gemacht hatte, daß in der Gruppe latente Aggressivität gegenüber Andersdenkenden, Ausschlußneigungen gegenüber Minoritäten, Solidarität nach innen, faschistische Haltungen nach außen entstehen können, war eine theoretische Reflexion solcher widersprüchlicher Haltungen bei einzelnen Seminarteilnehmern möglich. Man mußte erst einmal anhand wirklicher Verhaltensweisen Anschauung von sich selbst gewinnen, um zu merken, daß sein praktisches Tun mit seiner theoretischen Meinung vielleicht gar nicht übereinstimmt. Vor diesem Handlungshintergrund konnte jeder Beteiligte damit beginnen, sein eigenes Theorie-Praxis-Verhältnis in diesem Punkt konsistent zu machen; die Theorie von sich selbst blieb bezogen auf konkrete Praxis und eben nicht mehr beliebig. Dies erscheint als bedeutender Schritt zur Selbsterkenntnis. An dieser Stelle des Gruppenprozesses beginnt sich die Gruppe dann auch deutlich zu differenzieren:

Willi: „Ich wehre mich jetzt ein bißchen dagegen, von *der* Gruppe zu sprechen und den Satz: ‚ich hau' dir eins in die Fresse' auf die ganze Gruppe zu übertragen. Ich stehe nicht dahinter, und ich habe das gestern auch nicht gesagt, und ich hab' auch nicht mal so gedacht."
Dagmar: „Ich frag' mich, warum ich dazu die ganze Zeit den Mund gehalten habe und mich dadurch in die Reihe der anderen einbezogen habe."
Werner: „Dagmar macht besonders deutlich, daß sich der einzelne da jetzt nicht einfach rausreden kann. Das klingt wie der Satz unserer Eltern im Nationalsozialismus: ‚Wir haben von alledem nichts gewußt'. Wir haben selbst in unserer kleinen Gruppe erlebt, wie leicht in einem solchen Klima kollektive Aggression entsteht, wenn die Gegenkräfte nicht unmittelbar aus der Gruppenmasse aussteigen und sich zu Wort melden. Gerade wir müssen so etwas vor dem Hintergrund unserer politischen Vergangenheit pädagogisch sehr ernst nehmen."
Ina: „Ich seh' das ein, was du sagst. Aber gestern hatte ich unheimliche Angst, was zu sagen, weil ich das Gefühl hatte, das beruhigt nicht das Ganze, sondern dann läuft das noch mehr auseinander oder gegeneinander. Der Effekt von dem wäre also keine Klärung, sondern im Gegenteil zwei weitere verhärtete und zerstrittene Fronten. Am liebsten hätte ich in den Haufen reingebrüllt: ‚Nun seid mal alle still und besinnt euch!'."
Werner: „Ina wirft nun eine neue Frage auf, ob hier das Auftreten einer Autorität den Konflikt hätte lösen können. Wir wissen es nicht, können es nicht wissen, ob Ina das geschafft hätte, weil sie es praktisch nicht versucht hat. Aber es kann ja gar nicht nur darum gehen, den Konflikt unter allen Umständen zu unterdrücken. Für den übenden Lernprozeß – aus dem Handeln entwickelt sich das Erkennen für neues Handeln, nicht nur theoretisches, in diesem Fall auch praktisches – kann das Eingreifen einer Autorität genauso ein pädagogischer Fehler sein, wie der gestrige Versuch, den inhaltlichen Einwand zu Brittas Maske ins Formale zu wenden. Mit solchen Tricks mag man Konflikte bewältigen, nicht aber Inhalte gemeinsam klären und weiterentwickeln. Wollen wir inhaltliche Klärung widersprüchlicher Positionen, so muß ein bestimmtes Quantum an pädagogisch-praktischer Spannung ausgehalten werden können. Nur so lernen Einzelne und auch Gruppen über erreichte Grenzen hinaus."

Exkurs: Ist subjektives Lernen politisches Lernen?

Brittas Verhalten war Ausgangspunkt für vielfältiges Lernen. Vor dem Hintergrund unserer Darstellung möchten wir abschließend noch einige Überlegungen zur politischen Bedeutung eines solchen Lernens anstellen. Man könnte ja meinen, wir huldigten hier einem längst überwundenen subjektivistischen Ansatz; wir machten Pädagogik ohne politischen Bezug. Genau dazu äußerte sich auch Manfred auf dem Mözenseminar:

„Mir ist folgendes in den Sinn gekommen: wenn ich so um die Hausecke käme und keine Ahnung von dem ganzen Seminar hätte, und sähe uns hier bewegen, tanzen, Masken bauen, schminken, ich würde denken, die spinnen. Ich sehe mich da gespalten. Einerseits will ich lernen, an mir was zu verändern, ich möchte alles gerne mitmachen. Andererseits sind meine Eltern Arbeiter, und auch ich habe lange Zeit gearbeitet. Die könnten sowas nie machen, und wir haben da ein verdammt schönes Privileg. Das ist so'n politischer Widerspruch in mir, und ich weiß nicht, ob ich das jetzt hier gut finden darf. Darf ich mir diesen Luxus eigentlich einfach leisten?"

Aus seiner besonderen Lebensgeschichte heraus erinnert sich Manfred an die politischen Ungleichheiten und Ungerechtigkeiten in unserer Gesellschaft. Privilegien beurteilt er als zu überwindende gesamtgesellschaftliche Erscheinungen. Nun erkennt er sich im Medienseminar als jemand, der solche privilegierten Bildungsangebote nutzt. Er nimmt diese Angebote gerne wahr, weil sie ihm selbst helfen sich zu verändern. Unklar ist ihm allerdings, ob er damit nicht gerade einen individuellen Beitrag zur sozialen Verfestigung von Ungerechtigkeiten leistet. Obwohl er am Medienseminar teilnimmt, scheint sein Wunsch nach Veränderungen an sich selbst hinter seinem theoretischen Anspruch nach Veränderung der gesellschaftlichen Verhältnisse zurückzustehen. Anders lassen sich diese Zusammenhänge wie folgt ausdrücken: Sich selbst als Aufgabe der Veränderung aufzufassen, rangiert bei Manfred – wenn auch nicht ganz zweifelsfrei – hinter der Aufgabe, die Gesellschaft zu verändern. Umgekehrt will er sich also eher selbst als fertig vorgegebenes Individuum belassen, als den vorgegebenen Gesellschaftszustand zu akzeptieren. Uli löst dieses Problem für sich anders, indem er meint:

„Ich kann mich sehr gut in die Problematik Manfreds hineindenken. Allerdings persönlich belasten tut mich das weniger. Ich sehe auch, daß ich gewisse Vorteile in Anspruch nehme, die anderen Mitgliedern dieser Gesellschaft nicht zuteil werden. Das gilt aber nicht nur für dieses Seminar, sondern überhaupt auch dafür, daß ich an der Hochschule studiere. Wenn ich zuließe, daß mich das belastet, wüßte ich keinen Ausweg. Ich kann niemals mehr sagen: Ich will jetzt eine andere Lebensgeschichte haben. Ich kann eigentlich nichts anderes tun, als für mich wichtige Erfahrungen zu machen, auch unter dem Vermittlungsaspekt; das Rad meiner Lebensgeschichte kann ich nicht zurückdrehen."

Uli sieht sich stärker als das Ensemble der auf ihn im Verlaufe seiner Lebensgeschichte einwirkenden gesellschaftlichen Verhältnisse. Dies will er als Gegebenes kennenlernen und mit weiterführenden Erfahrungen möglichst ergänzen und erforderlichenfalls überwinden. Dazu können ihm die Medienseminare notwendige Selbsterkenntnisse vermitteln. In dem Maße, in dem er sich selbst weiterbringt, qualifiziert er auch seine pädagogische Arbeit am Individuum als subjektbezogene Beiträge zur Überwindung gesellschaftlicher Unzulänglichkeiten. Während Manfred als Pädagoge also in der Gefahr steht, in der strukturellen Einsicht gesellschaftlicher Mißstände steckenzubleiben, können sich bei Uli – ohne daß wir bereits jetzt die Gewähr dafür übernehmen wollen – prozessual Fähigkeiten entwickeln, die in einem emanzipatorischen Sinne pädagogisch, und damit auch am Einzelmenschen politisch praktisch werden können. Während also Manfred möglicherweise auf dem Zustand der Philosophen verharren könnte, die die Welt nur verschieden interpretieren, verschließt sich bei Uli nicht gänzlich die pädagogische Chance, die Welt auch mit zu verändern.

Wir gehen davon aus, daß es einen relativ entscheidenden Einfluß auf die Entwicklung pädagogischer Fähigkeiten – auch der wissenschaftlichen – hat, ob der Student einer Wissenschaftspraxis folgt, die sich auf die Konstruktion und Überprüfung von Theorien beschränkt, oder ob er sich in einer solchen Lernpraxis ausbildet, die – unter dem Anspruch eines unauflöslichen Wechselverhältnisses von Handeln und Erkennen – den Entdeckungs- und Anwendungszusammenhang von Theorien in seine wissenschaftliche Tätigkeit mit einbezieht. Während der eine – praktisch gesehen – bestenfalls den bloß technischen Anwendungsaspekt von Wissenschaft kennenlernt, in dem Sinne, wahre Theorie bringt wahre Praxis hervor, erfährt der andere die praktische Dimension von Wissenschaft, in dem Sinne, Praxis bestimmt die theoretischen Bedürfnisse, und Theorie erweitert umgekehrt die praktischen Handlungsmöglichkeiten. Die politischen Konsequenzen sind dann klar: die eine Wissenschaftsrichtung bezieht sich vorwiegend auf die Analyse der vorgegebenen Strukturen des gesellschaftlichen Systems, die andere erfährt ihren tieferen Sinn in der Überwindung unzulänglicher Strukturen in wissenschaftsgeleiteten Prozessen. Die eine Wissenschaftsposition verharrt ausschließlich im Erkennen und erzieht vorwiegend das abstrakte Denken, die andere stellt den Zusammenhang von Handeln und Erkennen her und erzieht damit zu auf menschliches Handeln bezogenes konkretes Denken. In dem einen Fall erscheint subjektives Befinden als eine Störvariable der objektiven Hochschulverhältnisse, in dem anderen Fall sind subjektive Vorgänge der objektive Ausdruck von dem, was und wie die Menschen heute an der Hochschule studieren. Das eine Wissenschaftsverständnis garantiert damit in den künftigen Lehrern eher das System Schule, das andere eher jedes einzelne Kind und sein Befinden in diesem System.

Dies sind entscheidende – nahezu entgegengesetzte – politische Konsequenzen unterschiedlicher pädagogischer Wissenschaftsauffassungen und -ausbildungen. Es ist eben von weitreichender politischer Bedeutung, ob ich in der pädagogischen Ausbildung die Menschen bzw. die menschlichen Verhältnisse nur erklären oder ob ich sie verstehen lerne, ob ich als Beobachter nur teilnehmen oder ob ich auch als Beteiligter beobachten kann, ob mir Außenseiterprobleme nur aus dem Sozialpsychologie-Buch oder aus differenzierter menschlicher Praxis mit allen Gefühlen, Ausdrucksnuancierungen, mit Selbstbetroffenheit usw. wie in dem Malente-Seminar vertraut werden. In dem Maße, in dem Britta und die beteiligten Kommilitonen derartig komplizierte, theoretisch unter Verlust der Subjektivität gar nicht verallgemeinerbare Zusammenhänge zwischen Privatheit und pädagogischer Aufgabe, zwischen Selbstgefühl und Gefühl für den anderen, zwischen Selbst- und Fremdverstehen in sich aufgenommen haben, in dem Maße, in dem die Gruppe ihr Verhalten gegenüber Individuen als politisch relevantes Verhalten begreifen lernt, in dem Maße haben sie ihre pädagogische Kompetenz und damit auch ihre politische erweitert, indem sie praktisch zu qualitativ mehr eigener Veränderung und Solidarität fähig geworden sind und dadurch mit pädagogischen Mitteln auch andere eher fähig machen können.

Obwohl wir am Subjektiven arbeiten, sind Subjekte für uns nicht in sich abgeschlossene ewig einmalige Einheiten. Das Lernen mit pädagogischen Medien in der vorgestellten Form widerspricht deshalb nicht der 6. These von MARX (1968, S. 340) über FEUERBACH, wo es heißt: „Das menschliche Wesen ist kein dem Individuum innewohnendes Abstraktum. In seiner Wirklichkeit ist es das Ensemble der gesellschaftlichen Verhältnisse," Das Lernen mit pädagogischen Medien entzieht sich den praktischen Konsequenzen dieser These nicht, es folgt ihr vielmehr, wie – so hoffen wir – aus unseren Überlegungen deutlich werden kann. Wir interpretieren die MARXsche These nämlich so, daß hier eine Aussage zu dem *dialektischen* Zusammenhang von Individuum und Gesellschaft gemacht wird und nicht nur die neomarxistische Interpretation von der *funktionalen* Abhängigkeit des Individuums von der Gesellschaft vorformuliert wurde. Das „Ensemble der gesellschaftlichen Verhältnisse" ist selbst auch kein Absolutum, sondern nur das Ergebnis individueller und kollektiver menschlicher Arbeit. Menschen schaffen das selbst, was sie dann wieder schafft. Das macht ihre Geschichte aus. „Was sie sind, fällt also zusammen mit ihrer Produktion, sowohl damit, was sie produzieren, als auch damit, wie sie produzieren" (MARX 1968, S. 347).

An dem, ‚was und wie sie produzieren' – seien es praktische Gegenstände oder Theorien – können die Menschen eben nicht nur als Kollektiv, sondern auch als Subjekt erkannt werden. Die Produktion der Erziehungsarbeit in einer Gesellschaft ist nicht nur von den gesellschaftlichen Bedingungen abhängig, sondern insbesondere auch vom Stand der subjektiven Erziehung und Bildung der Erzieher. Unter Erziehung und Bildung wird dabei – unserem Anspruch nach – nicht nur technisches, ökonomisches, organisatorisches und stoffliches ‚know how', sondern auch die Fähigkeit zu Selbsterkenntnis und Glück verstanden. Soll Erziehung nicht in Politik aufgehen (vgl. LAUFF/HOMFELDT 1979, S. 83 ff.), so besteht die entscheidende gesellschaftliche Wirkung der Erziehung in der Entfaltung der Subjekte. Indem Pädagogik die Subjekte einer Gesellschaft heran- und herausbildet, leistet sie den ihr zugestandenen und möglichen politischen Beitrag zum Bestand und zur Fortentwicklung der Gesellschaft. Wenn Britta sich selbst weitergebracht hat, versetzt sie sich auch in die Lage, andere und damit die Gesellschaft weiterzubringen. So geht es mit der gesamten Seminargruppe und letztlich mit der umfassenden Gemeinschaft aller pädagogisch Tätigen in unserer Gesellschaft.

Pädagogisches Lernen zwischen Selbsterfahrung und Lehre

Der bedeutendste Unterschied des Lernens in Medienseminaren zu üblichen Hochschulseminaren ist wohl dieser: Es werden nicht ‚objektive' Lernergebnisse gelernt, sondern hier lernt man subjektbezogen und prozeßorientiert. Ist letzteres typisches pädagogisches Lernen? Gabi äußerte sich zum Abschluß des Seminars dazu wie folgt:

„Für mich ist da ein ganz, ganz wichtiger Punkt, daß da ganz doll spürbar ist, daß da alles überhaupt nichts mit Leistung zu tun hatte, also immer weniger dieser Aspekt überhaupt mit reinkam. Daß das nichts damit zu tun hatte: Ich werd' jetzt beurteilt, sondern ich kann jetzt über mich reden, oder ich kann jetzt sagen, da hab' ich mich irgendwie schlecht gefühlt, oder da hab' ich irgendwie Angst gekriegt, da hab' ich 'nen Schrecken gekriegt, da hab' ich mich unheimlich gefreut, da wird mir geholfen, meine Erfahrung, die ich gemacht habe, nicht alleine zu machen, sondern ich kann sie zusammen mit euch aufarbeiten, ich bin nicht mehr alleine, wenn ich lerne, so ganz in krassem Unterschied zu meiner sonstigen Ausbildung, sondern ihr seid für mich da. Und das gleiche gilt natürlich auch umgekehrt, so daß ich mich für euch da fühle."

Lernen ohne Beurteilung erreichter Leistungsstände; sich fühlen und über sich erzählen können; nicht mehr alleine sein, wenn man lernt; auch für andere dasein können. Während Gabi mehr die Lernform anspricht, äußert sich Micha auf dem Seminar in Malente mehr zu den Lerninhalten:

„Für mich war am allerwichtigsten die Sache, daß ich so von der Theorie der Pädagogik eigentlich gar nichts gehalten habe, oder so gut wie überhaupt nichts, weil ich das abgehoben finde und weil das mit meiner Realität meistens nichts zu tun hat. Ich hab' das auch so empfunden, daß ich mir da generelle Regeln anlerne, die ich nur lerne, um sie – sagen wir mal – wiedergeben zu können, die lern' ich nicht für mich. Das wär' also interessant, wenn ich da weiterstudieren wollte, um das dann vielleicht später wieder umzusetzen. Für mich ist der wichtigste und der schönste Aspekt, daß ich sehe, wie aus dem praktischen Handeln, was wir hier machen, ein ganz konkreter und direkter Bezug zu Theorien hergestellt wird, wenngleich mir die Theorien eben auch fremd sind, aber daß ich da einfach eine Verbindung sehe. Bislang war das für mich so, daß die Theorie und die Praxis eigentlich immer divergent gewesen sind, und jetzt kommt das irgendwo zusammen, und das finde ich unheimlich interessant, das geht mir so, daß ich eigentlich auch Lust hätte, da mehr mit einzusteigen und mich mal da ein bißchen drum zu kümmern, was da so läuft, obwohl daraus für mich noch lange nicht resultiert, daß ich das auch wirklich mach', nur daß ich jetzt dieses Empfinden habe, da weiter arbeiten zu können."

Sowohl alle vorangegangenen Ausführungen als auch die Pädagogikstudenten Gabi und Micha, die in ihrem pädagogischen Denken manchem Hochschullehrer weit voraus zu sein scheinen, machen offensichtlich, daß die szientistisch reduzierte Pädagogenausbildung nicht einmal als kleinster Nenner pädagogischen Lernens angesehen werden kann. Sie ist als Narretei selbst für den Fasching ungeeignet. Pädagogisches Lernen ist viel komplexer zu gestalten. Was das bedeuten kann, verrät uns kein Wissenschaftler, sondern ein Künstler durch sein Nachdenken aus dem Prozeß des Schaffens heraus. PAUL VALERY (1959, S. 178f.) benennt in dem folgenden Zitat das komplexe menschliche Können, das erforderlich ist, um einem Kunstwerk – um vieles mehr müßte dies für die Erziehung nachwachsender Menschen gelten - „das Erscheinungsbild des Lebens aufzuprägen":

„Doch die Hervorbringung einer solchen Wirkung fordert dem Künstler ein Gleichgewicht von Fähigkeiten ab, das selten vorkommt: die Meisterung seiner selbst ebenso sehr wie die Beherrschung der technischen Mittel; die Kunst, sich im Weitertreiben der Arbeit die Fragen zu stellen, auf die es ankommt; die Fähigkeit, eine Tätigkeit, die auf Genauigkeit ausgehen muß, gleichzeitig mit einer anderen durchzuführen, die zu Versenkung in Betrachtung aufrufen will – wobei die eine sich auf ein Modell bezieht, das gegenwärtig ist, die andere eine Gewißheit befragen muß, die im Verborgenen ruht. Dazu bedarf es einer immer sehr heiklen, dauernden Verbindung von diesen von ihrem Wesen her von einander unabhängigen Unternehmungen."

Otmar Heinz

Verstehenlernen als Grundlage einer subjektbezogenen Pädagogik

Für ein von der Personalität des Menschen ausgehendes und ein am Individuellen der Subjekte orientiertes erzieherisches Handeln und pädagogisches Erkennen stellt das Eingehen auf die Spezifität des jeweiligen Gegenüber eine unabdingbare Voraussetzung dar. Soll die Individualität der am Erziehungsgeschehen und die der an seiner Erforschung Beteiligten zum Tragen kommen, dann muß für die Betroffenen genügend Spielraum vorhanden sein, ihre Bedürfnisse oder Motive formulieren und ihre Interessen oder Absichten einbringen zu können.

Mit anderen Worten: den mit Erziehung Beschäftigten und davon Betroffenen muß es im Vollzug ihrer Tätigkeit möglich sein, sich in ihrer eigenen Persönlichkeit darzustellen und sich in ihrem subjektiven Wollen zu vergegenstandlichen.

Erziehung ist nun aber kein Geschehen, in dem die Intentionen des einen auf Kosten des anderen verwirklicht werden, sondern nur als „ein Handeln mit gebrochener Intention" (MOLLENHAUER, 1972) vorzustellen, wobei sich idealiter die Handlungsabsichten des einen an der Person des jeweils anderen in einem auf Wechselseitigkeit beruhenden Vorgang auszurichten haben.

Wenn es auch zunachst einmal von Erziehendem wie von Zu-Erziehendem gelernt werden muß, sich in eine pädagogische Beziehung als eigenständige Person einzubringen und sich nicht vorwiegend als Repräsentant bestimmter gesellschaftlich präformierter Rollenerwartungen oder als Agent institutionell geplanter Absichten zu präsentieren, kann diese gegenseitige Selbst-Darstellung für das Gelingen von Pädagogik nur dann etwas beitragen, wenn diese persönlichen (Ent-) Äußerungen vom jeweiligen Adressaten im Kontext der spezifischen Situation und personalen Konstellation adäquat erfaßt werden, das heißt, wenn sie verstanden werden.

In pädagogischen Zusammenhangen handelt es sich bei diesem Verstehen um den subjektiv gefärbten Versuch, sich der Handlung oder Äußerung eines anderen Menschen über Erfassen seiner Intentionen einfühlend zu nähern.

So wenig wie sich im konkreten pädagogischen Bezug die Darstellung der eigenen Persönlichkeit auf bloß sprachliche Mittel beschränkt, sondern immer auch mimische, gestische und kinästhetische Ausdrucksweisen mit umfaßt, so bezieht sich auch pädagogisches Verstehen nicht nur auf das Erfassen verbaler Mitteilungen, sondern ist darüberhinaus immer auf die Person als Ganzes gerichtet.

Erst wenn man als Pädagoge verstehend handelt, sich also bemüht, hinter die oberflächliche Fassade der äußeren Erscheinungsweise zu leuchten und auf die eigentlichen, meist verborgenen Handlungsmotive zu reagieren, wird pädagogisches Handeln der einzigartigen Biographie und damit der individuellen Eigentümlichkeit und situativen Besonderheit gerecht und aus der Zufälligkeit des Gelingens herausgeführt.

Kann man verstehen lernen?

Genau wie sprachlicher Ausdruck neben seiner Funktion als Transportmittel von sachlicher Information im Erziehungszusammenhang nur ein hinweisendes Merkmal auf die sich ausdrückende Person sein kann, stellen auch alle nonverbalen Artikulationsmöglichkeiten eine kommunikative Brücke dar, auf der man sich dem anderen Individuum nähern kann. Während aber Sprache geeignet ist, die eigene Persönlichkeit hinter konventionellen und formalisierten Floskeln zu verbergen, bieten nonverbale Kommunikationsmittel weniger vorbelastete und in dieser Hinsicht unverfälschlichere Möglichkeiten, sich als Person einzubringen; so wird auch meist eine Beziehung weniger über den Inhalt dessen, was gesagt wird, hergestellt, als darüber, wie es gesagt wurde (vgl. WATZLAWICK, 1969).

Da die Wichtigkeit des nonverbalen Bereiches in allen Beziehungsangelegenheiten, also auch und gerade in der Erziehung, bekannt ist, ist es bedauerlich, daß er in der Pädagogenausbildung weitestgehend sträflich vernachlässigt bzw. üblicherweise auf sterile Art mit rein verbalen Mitteln abgehandelt wird. Damit kann dann bestenfalls ein abstraktes Wissen über diesen Bereich angelernt werden, eine theoretische Vorstellung, wie er beschaffen sein könnte, eine diffuse Ahnung, wie damit umzugehen wäre. Wie man sich dann aber im konkreten Erziehungszusammenhang tatsächlich verhält, bleibt weiterhin der individuellen Beliebigkeit und der situativen Zufälligkeit anheimgestellt.

Nur wenn man sich klar macht, daß man sich immer schon im Bereich nonverbaler Kommunikation bewegt und auf diese Art der Verständigung erzieherisch höchst bedeutsame Beziehungen herstellt und definiert, und nur wenn man sich übend in diesen Bereich bewußt eingibt und sich persönlich in ihm bewegt und sich mit ihm authentisch lernend auseinandersetzt, kann aus der dadurch hervorgerufenen subjektiven Betroffenheit eine Persönlichkeitsveränderung resultieren, die als Eigenschaft des pädagogisch Handelnden in späteren erzieherischen Situationen relevant werden kann.

Pädagogische Basisfertigkeiten, die die Subjektivität des Pädagogen beanspruchen und ein persönliches Engagement verlangen, wie dies etwa für Verstehen der Fall ist, können nicht unter Negation der Subjektivität des Lernenden erworben werden; nur wenn die Subjektivität des Lernenden systematisch im Prozeß der Aneignung solcher Fähigkeiten Eingang findet und nicht auf „später" verwiesen wird, ist gewährleistet, daß das Lernen nicht bloß zur weiteren Vervollkommnung des theoretischen Vorwissens beiträgt oder eine zusätzliche Verästelung im Geflecht der kognitiven Strukturen abgibt, sondern verbindlich praktisch werden kann und das zukünftige Erziehungshandeln tatsächlich beeinflußt.

Verhaltensweisen wie Verstehen, die auf die Person als Ganzes gerichtet sind und sie als Ganzes zu erfassen suchen, können auch nur auf einem Weg, der diese „Ganzheitlichkeit" gewährleistet, angeeignet werden: der übliche, rein kognitiv orientierte Vermittlungsprozeß kann lediglich ein abstraktes Wissen über Verstehen bereitstellen, nicht aber es selbst erzeugen; bestenfalls wäre er geeignet, Verstehen als instrumentelle Fertigkeit hervorzubringen.

Soll Verstehen aber nicht als rezeptologisches Anwendungswissen, sondern als Möglichkeit, pädagogisch qualifiziert auf andere zu- bzw. eingehen zu können, angesehen werden, muß es praktisch, im übenden Umgang erworben werden, d.h. es muß schon im Prozeß seiner Aneignung verwirklicht werden.

Da pädagogisches Verstehen als praktisches Verstehen ein Geschehen ist, das die Person (die verstehende genauso wie die verstandene) sowohl kognitiv als auch emotional erfaßt, ist auch nur eine Aneignungsform, die dies selbst gewährleistet, angebracht.

Daß und wie dies im Umgang mit den hier thematisierten Medien der Fall war, werde ich mit den folgenden Szenen aus dem Medienseminar in Malente aufzeigen; dabei muß ich mich allerdings aus der Fülle des Materials auf zwei mir paradigmatisch erscheinende Fälle von Verstehenlernen beschränken.

Birte lernt sich selbst verstehen

Wie wohl jedem aus eigenen Erfahrungen bekannt, wie aber auch Teilnehmeräußerungen im Seminar selbst verdeutlichten, ist für das Sichnähern und das adäquate Eingehen auf eine andere Person zunächst Voraussetzung, daß man sich selbst als Person zumindest teil- und/oder zeitweise zurücknehmen kann, d.h. daß man in der Lage ist, seine Aufmerksamkeit mehr dem anderen als der eigenen Person zu widmen. Diesen Sachverhalt stellte Antje nach den ersten Kontakten mit den Medien, die für jeden Seminarteilnehmer neue Erfahrungen mit sich brachten, heraus, wenn sie sagte:

Das ist wichtig für den Verlauf, daß man sich erst mal auf sich selber konzentrieren konnte in den Übungen, sich 'n bißchen in sich fühlte; ich fühlte mich selbst in mir durch die Übungen. Und von da aus konnte ich dann ruhig zu den anderen gehen.

Antje drückt damit also aus: solange ich mit mir selbst intensiv beschäftigt bin, ist kein Raum für andere; um anderen wirklich pädagogisch helfen zu können, darf ich (zumindest in dem Bereich, auf den die pädagogische Hilfe abzielt) nicht selbst hilfsbedürftig sein. Entsprechendes gilt auch für Verstehen: erst wenn ich meine eigene Person und meine persönliche Handlungs- und Reaktionsweise weitestgehend verstehen kann, wird es mir auch möglich, verstehend auf andere zuzugehen; solange ich damit beschäftigt bin, mich selbst verstehen zu wollen, bleibt zu wenig Platz, sich anderen verstehend zuzuwenden.

Wie dieser dem eigentlich pädagogischen, also vor allem auf den anderen gerichtete Vorgang des Verstehens vorausgehende Prozeß des Selbst-Verstehens im Medienumgang provoziert und entwickelt wurde, möchte ich an Birte zeigen.

Nachdem wir durch vorausgehende meditative Medienübungen darauf eingestimmt waren, uns auf uns selbst zu konzentrieren, „in uns hineinzuschauen", bekam jeder der Seminarteilnehmer einen Handspiegel, in dem er sein Gesicht betrachten sollte. Ruhig saßen wir auf unseren Wolldecken und sahen uns aufmerksam unser Spiegelbild an; ganz bewußt versuchten wir, jedes einzelne Merkmal und alle Züge unseres Gesichtes intensiv zu erfassen. Dabei konnten wir uns viel Zeit lassen. Wenn wir etwas „Fremdes" wahrgenommen hätten oder etwas, das uns in unserem Gesicht ungewöhnlich, unangenehm oder gar neu vorkäme, sollten wir uns genau darauf konzentrieren.

Bei allem kam es aber weniger darauf an, über das Wahrgenommene nachzudenken oder nach Gründen zu suchen, die erklärten, weshalb sich das so verhielte, als darauf, diese Sachverhalte genau ins Auge zu fassen, sich aufrichtig in sie zu vertiefen und auf die Empfindungen und Gefühle zu achten, die dabei in uns ausgelöst oder hervorgebracht wurden.

Nach etwa fünfzehnminütiger „Selbstwahrnehmung" und „Selbstversenkung" malten wir die Merkmale, die uns aufgefallen waren, auf große, braune Packpapiertüten. Als wir mit Malen fertig waren, sollten wir, was einige auch schon vorher ausprobiert hatten, die Tüten über den Kopf stülpen und uns so wieder eingehend im Spiegel begutachten. Wenn wir uns das Gefühl, das in der Maske zum Ausdruck kam, wieder genau vergegenwärtigt hatten, ja das dargestellte uns selbst Fremde wieder richtig spürten, sollten wir es trotzdem schaffen, das Gesicht, das uns aus dem Spiegel entgegenstarrte, solange zu betrachten, bis wir den Eindruck hätten, damit etwas vertrauter geworden zu sein und vielleicht sogar eine Kenntnis dieses Fremden an und in uns erlangt zu haben. Dann sollten wir uns erheben und im Raum umhergehen, wobei die Tütenmasken aufgesetzt blieben.

Da ich das folgende Geschehen vom Rand aus beobachtete, konnte ich feststellen, mit welcher Nervosität an der eigenen Tüte hantiert wurde: man ruckte und zerrte an ihr, setzte sie wieder ab, zerknüllte den unteren Teil, setzte sie wieder auf, betrachtete sich eine Weile, man schaute sich um, wollte sehen, was die anderen wohl machten, änderte seine Sitzhaltung, schaute dann wieder in den Spiegel, korrigierte wieder den Sitz der ach so sperrigen Tüte, sah daraufhin in die Richtung, wo Ellen und Reinhard als die für die Übung Verantwortlichen standen und wartete offensichtlich darauf, daß dieser Übungsteil endlich ausgestanden war. Ich hatte in dieser Phase das Gefühl, daß sich die knisternd empfundene Spannung im „Knistern" mit den Papiertüten Ausdruck verschaffte.

Das durch die Maske hervorgerufene bzw. aktualisierte Gefühl sollte nun in einer dem Bild der Maske entsprechenden Art der Bewegung ausgedrückt werden und sollte dazu dienen, die bei uns empfundene Fremdheit weiter zu unterstreichen.

Es fiel mir auf, daß sich alle anfangs sehr langsam, ja zaghaft und unsicher bewegten; die Art des Gehens war hinsichtlich dieser Zurückhaltung bei allen gleich. Aber nach wenigen Augenblicken änderte sich das: einige behielten zwar die anfängliche Art bei und bewegten sich mit betont unsicheren, kleinen tastenden Schritten durch den Raum; andere aber legten sich einen forscheren Schritt zu, als würde ihre Aufmerksamkeit allmählich von der Maske, die auf dem Kopf thronte und auch den Inhalt des Denkens und Fühlens ausmachte, immer mehr auf die Bewegung hin (ab-) gelenkt; manche bezogen auch die gestischen Mittel von Händen und Armen intensiv in ihren Bewegungsablauf mit ein, und einige setzten sich unter Einbeziehung der Ausdruckskraft ihres gesamten Körpers pantomimisch in Szene. Bei vielen hatte ich den Eindruck einer tiefen Selbstversunkenheit.

Aber während die Akteure durch den Raum stapften oder schwebten, schlurften oder hüpften, sollten sie sich nun auch den anderen Teilnehmern zuwenden. Dazu wurde es notwendig, Maske und Bewegung der anderen zu betrachten, um sich schließlich zu Paaren zusammenfinden zu können. Man sollte sich den Partner aussuchen, dessen Aussehen und Ausdruck auf einen selbst einen völlig ungewöhnlichen Eindruck machte, der in einem ein Gefühl des besonderen Befremdetseins hervorrief oder der einem völlig unverständlich vorkam, d.h. mit dessen Verhaltensweisen und mit dem, was auf seine Tüte gemalt war, man nichts anfangen konnte.

Wenn jeder einen Partner gefunden hatte, sollten die Masken getauscht werden: Als man sein „Fremdes" dem Partner übergeben und sich selbst dessen Maske aufgesetzt hatte und den anderen anblickte, erzeugte das teilweise „Heiterkeit". Offenkundig zeitigte es doch eine andere Wirkung, wenn man einen „Teil seines Selbst" einen anderen überstreifen ließ, als wenn man sich nur im Spiegel begutachtete – in der Phase hatte nämlich niemand gelacht.

Wenn ein anderer Mensch einem das zeigt, was einem an sich selbst fremd ist oder einfach unangenehm vorkommt, scheint das so verblüffend, daß sich die Überraschung in einer Art „erlösendem Lachen" Befreiung verschafft (denn heiter war die Situation überhaupt nicht, eher gespannt und ernst, wie sich im Fortgang noch zeigen wird).

Nervöse Ausweichhandlungen in Phasen erhöhter Spannung, wie hier das Lachen, die jeder aus Wahrnehmungen des Alltagslebens hinlänglich kennt, nennt man „Übersprunghandlungen". Solche Verhaltensweisen erscheinen im Situationszusammenhang zunächst als sinnlos – betrachtet man nur die Oberfläche der Erscheinungsformen oder die Situation abstrahiert von den in ihr agierenden Personen. Übersprunghandlungen erlangen erst dann eine Bedeutung bzw. die ihnen spezifische Bedeutung, wenn man sich in die handelnden Menschen hineinversetzen, ihre innere Spannung nachvollziehen kann und auch ihre unbewußten Handlungsintentionen zu verstehen gelernt hat; denn für Übersprunghandlungen gilt, „daß keine dieser Handlungen ihre primäre Funktion erfüllt" (Morris 1978, S. 181). Ohne daß es dem Handelnden selbst bewußt ist, liegt ihre eigentliche Funktion in der Minderung von Spannung; sie helfen, einen „inneren Verhaltensstau" zu vermeiden, der aus widersprüchlichen Antrieben resultiert.

Widersprüchliche Verhaltenstendenzen schien auch die Konfrontation mit der eigenen Maske ausgelöst zu haben: einerseits faszinierende Neugier, die anziehend wirkte, andererseits handelte es sich um Merkmale, die immer abgewehrt und nicht eingestanden werden, eventuell sogar Abscheu oder Ekel vor sich selbst provozieren, immer aber Verunsicherung oder Unsicherheit hervorrufen, wenn man mit ihnen direkt konfrontiert wird, und die sich von daher in Ablehnung oder Fluchttendenzen Bahn schaffen wollen. Dadurch, daß man sich von seinem Partner trennen sollte, um allein mit dessen Maske umherzugehen, wurde dieses durch die inneren, antagonistischen Tendenzen erzeugte Konfliktpotential erheblich entschärft. Man bekam Zeit, sich an die neue Lage zu gewöhnen, und konnte seine Spannung sogar in Bewegung umsetzen.

Jetzt bewegte man sich hinter einer Maske, die einem selbst vielleicht völlig unverständlich war, und begegnete seiner eigenen Maske, die jetzt von einem anderen getragen wurde. Die Folge war: man bekam von einem anderen überdeutlich das präsentiert, was man an sich bis jetzt entweder nicht wahrhaben wollte oder was man in sich nicht wahrnehmen konnte. Diese unmittelbare Konfrontation mit Teilen seines eigenen Ichs, seien es rein äußere, kosmetische Punkte, seien es symbolisierte Merkmale, löste ganz unterschiedliche Reaktionen aus:

Als einige wieder auf ihr „alter ego" trafen, nahmen sie es in den Arm, betasteten es ausgiebig, ohne die Tüte gleich zu entfernen, nahmen die selbst getragene Tüte ab, um die ursprünglich eigene mit lachendem Gesicht aufzusetzen; andere liefen oft an der eigenen Maske vorbei, ohne sich ihr nähern zu wollen (oder zu können?); als dann doch eine Begegnung zustandekam, wurde der andere geschüttelt und teilweise sogar recht heftig angefaßt. Andere wieder nahmen ihren Partnern die Maske ab, um sie, ohne sie eines weiteren Blickes zu würdigen, wegzulegen; es kam aber auch vor, daß man sogleich, „schnurstracks" auf seine eigene Maske zulief, sie dem Partner vom Kopf riß, um sie wütend in eine Ecke zu knüllen, damit man sie ja so schnell nicht wieder sehen mußte.

So auf unterschiedlichste Art wieder „demaskiert", sollten die Partner zunächst im Zwiegespräch, dann im Plenum ihre Erfahrungen und Eindrücke austauschen; wenn möglich, sollte jeder sich die Erlebnisse mit der eigenen Fremdheit zusätzlich notieren.

Es fiel mir auf, daß die Mehrzahl der Teilnehmer sehr ernst und angespannt unter ihren Tüten hervorkam; diese Angespanntheit löste sich aber dann im Laufe der Zweiergespräche rasch auf.

Im Kontrast zum Verhalten und Aussehen aller übrigen Seminarteilnehmer stand das Erscheinen von Birte und Doris: als diese ihre Tüten abnahmen, lächelten sie sich sofort zu. Sie unterhielten sich dann zwar auch miteinander, aber sie hatten sich offensichtlich nicht soviel zu sagen wie andere Partner, worauf mir ihre vielen Gesprächspausen hinzudeuten schienen, in denen sie wahrscheinlich angestrengt überlegen mußten, worüber noch gesprochen werden könnte; auch die Tatsache, daß sie sich als einzige nach den anderen Paaren umschauten, scheint mir dafür ein Indiz zu sein.

Als die Aufforderung kam, die gemachten Erfahrungen und gefundenen Gesprächsergebnisse schriftlich festzuhalten, waren Birte und Doris auch die einzigen, die sich, ohne ein weiteres Wort miteinander zu wechseln, voneinander trennten, um in verschiedenen Ecken ihre Erlebnisse und Überlegungen niederzuschreiben.

Andere Teilnehmer aber schienen sich in dem, was sie aufschreiben wollten, zu beraten; sie sprachen sehr konzentriert und intensiv miteinander und kümmerten sich überhaupt nicht um andere Nachbarn oder um das, was sonst um sie herum vorging.

So sehr mir Birtes und Doris' Verhalten in der Gruppe auffiel, so unterschiedlich zur übrigen Gruppe waren auch ihre Masken gestaltet: Doris hatte auf ihrer Tüte so filigran gearbeitet oder so dünn und schwach gezeichnet, daß man darauf fast nichts erkennen konnte, lediglich daß sich etwas darauf befand; und Birtes Tüte war sogar ganz leer geblieben. Dies deutete schon darauf hin, daß hier etwas Besonderes abgelaufen sein mußte, und daß dieser Prozeß auch noch nach dem eigentlichen Ende der Übung nicht abgeschlossen war, zeigte sich gleich am Anfang des anschließenden Plenumsgespräches. Unter welchen Spannungen Birte noch zu Beginn des Plenums stand, zeigte die Tatsache, daß sie – ganz entgegen ihrer sonstigen Gewohnheit – als erste das Wort ergriff, um ihre Irritation während dieser Übung den anderen und höchstwahrscheinlich auch sich selbst in einem längeren Redebeitrag deutlich zu machen:

Ich hab vorhin ziemliche Schwierigkeiten gehabt: Ich hab eine halbe Stunde mein Gesicht angeguckt und festgestellt: ich kann überhaupt nichts Fremdes an mir finden. Und während ich auf diese Art immer geguckt hab, ich weiß nicht, ob es mir da nicht erst fremder geworden ist; aber irgendwo war es plötzlich nur noch so'n Gegenstand, weil ich da unheimlich gesucht hab nach irgendwas. Dann hab ich beschlossen, auf meine Maske überhaupt nichts zu malen, weil ich dann mein Gesicht immer nur als Gegenstand empfunden hab, der ziemlich ausdruckslos ist. Und hatte ich auch ziemlich Schwierigkeiten, das dann in Bewegung umzusetzen, weil das bedeutet hätte, daß ich mich da hingestellt hätte und hätte überhaupt nichts mehr gemacht. Als ich dann meine Maske im Kreis wiederfinden sollte, das fand ich schön, die war mir unheimlich vertraut gegenüber den ganzen anderen Masken. Das war irgendwo dann *meine* Maske.

Zunächst könnte man, sieht man nur Birtes Verhalten während der Übung und ihre leere Maske isoliert von diesen anschließenden Äußerungen, den Eindruck haben, daß sie sich nicht auf diese Übung eingelassen und sich den Anweisungen verweigert hatte. Daß dem aber nicht so war, daß Birte sogar einen sehr komplexen inneren Prozeß durchlebt hatte, konnte sie durch diesen Wortbeitrag andeuten, und das werde ich im folgenden versuchen deutlicher zu machen.

Zunächst gestand Birte ihre Schwierigkeiten ein, den Anweisungen von Ellen und Reinhard Folge zu leisten. Daher dauerte es bei ihr auch sehr lange Zeit, zumindest war das ihr eigener, subjektiver Eindruck, bis sie etwas entdecken konnte, was ihr fremd vorkam: und zwar war es die Tatsache, daß ihr ihr Gesicht wie ein „Gegenstand", gleichsam tot vorkam. Sie lieferte auch gleich eine Erklärung dafür mit, warum ihr das so erschien: weil sie es auch wie einen Gegenstand, in dem man mit einem sozusagen „klinischen" Interesse nach etwas suchte, behandelt hatte, weil sie es nur benutzt hatte und nicht wie einen lebendigen Teil von ihr betrachtete. So kam es, daß ihr nicht ein bestimmter Teil ihres Gesichtes fremd oder ungewöhnlich vorkam, sondern von dem Moment ab, als ihr dieser Sachverhalt auffiel, war es ihr Gesicht als Ganzes, das ihr diesen Eindruck der Fremdheit vermittelte – sie hatte plötzlich keinen Zugang mehr zu ihm. Es erschien ihr „ausdruckslos".

Diesen Eindruck von sich selbst übertrug Birte konsequent auf die Tütenmaske, indem sie sie als Ausdruck leer ließ, so wie ihr ihr Gesicht auch vorgekommen war. Um die in diesem Teil der Übung empfundene und erfahrene Verdinglichung ihres Gesichtes zu demonstrieren, gab Birte ein Ding als ihr Gesicht aus – und dieses Ding war ausdruckslos und leer; jede Hervorhebung eines bestimmten Teiles hätte eine Beschönigung bedeutet.

Hatte für Birte das Eingeständnis dieses Zustandes für sich selbst schon Schwierigkeiten genug bereitet, so wurde die Lage noch erschwert, als dies alles in Bewegung umzusetzen war. Da sie überhaupt keine Regung in ihrem Gesicht wahrgenommen hatte, also nichts, was auf die sonst übliche Lebendigkeit eines Gesichtes hingedeutet hätte, sah sie für sich auch keine andere Möglichkeit, als dieses „Nichts" darzustellen, und das wäre, wäre sie weiterhin so konsequent verfahren wie bislang, eine Nicht-Bewegung gewesen; sie hätte einen Zustand des Stillstandes, der Starre einnehmen müssen, und selbst solch eine Haltung wäre als „eingefrorene Bewegung" ihrem jetzigen Zustand oder ihrer momentanen Verfassung nicht adäquat gewesen. Angemessen wäre nur die absolute Negation jeder Bewegung und aller Lebendigkeit gewesen – eine Unmöglichkeit; denn auch die Darstellung der Negation jeden Ausdrucks ist immer auf Ausdrucksmittel angewiesen. Birte fand einen Kompromiß, auch weil sie es in dem folgenden Teil der Übung nicht nur mit sich selbst, sondern mit den Mitgliedern der Gesamtgruppe zu tun hatte, die ihrerseits mit ihr hätten umgehen, das heißt sie zumindest partiell hätten verstehen können müssen, und dafür war der Einsatz von Ausdrucksmitteln unabdingbar.

Als Birte ihre Maske mit Doris getauscht hatte, merkte sie, daß ihr ihre Maske in ihrer Fremdheit sogar gegenüber allen anderen Masken „unheimlich vertraut" geworden war. Während in ihrem anfänglichen Zustand die Betonung auf „unheimlich" gelegen hatte, wollte sie jetzt ihre besondere Vertrautheit mit ihrer Maske hervorheben. Im Gegensatz zu den anderen Masken konnte sie mit ihrer eigenen „unheimlich" viel anfangen; sie hatte mit ihr etwas Gemeinsames: eine Vergangenheit.

In der Beschäftigung und in dem Prozeß der Auseinandersetzung zwischen ihr und ihrer Maske, hatte sie gelernt, daß es sich um einen Teil ihrer selbst handelte, und sie hatte es geschafft, diesen Teil an sich selbst zu akzeptieren. Um aber soweit zu kommen, war es notwendig, nicht nur bei sich zu bleiben, sondern auch auf einen Partner, der ähnliche Probleme wie man selbst hatte – die Maske war das symbolisierte Erkennungszeichen – zuzugehen. Birte war, als sie sich einen Partner suchen sollte, dessen Maske besonders fremd wäre, noch mit ihrer eigenen Maske, die ihr ja gleichzeitig fremd und nah war, so beschäftigt, daß sie sich die Maske suchte, die ihrer eigenen am ähnlichsten war.

Birte war aber noch zu sehr in sich selbst befangen, als daß sie mit Doris über all diese Vorgänge und Probleme hätte kommunizieren können; sie brauchte erst eine Zeit der distanzierenden Entspannung: das Schreiben. Doris konnte Birte in dieser Phase nur dazu dienen, ihr zu zeigen: diese Maske ist deine eigene Maske; sie ist ein Teil von dir, du mußt und kannst damit umgehen; sie gehört zu dir, nicht zu mir!

Birte merkte: die zuerst empfundene Fremdheit, die Angst einflößte, ist zur Vertrautheit geworden. Die rein äußerliche, räumliche Distanzierung, aber auch die damit verbundene Möglichkeit, innerlich Abstand zu gewinnen, hatte die zwar schon vorhandene, aber noch nicht bewußte Nähe deutlich hervortreten lassen.

Weil Birte von ihrer Maske zeitweilig getrennt war, konnte sie während dieser Zeit merken, daß diese gleichsam zu einem Stück ihrer selbst geworden war; sie konnte es jetzt sogar „schön“ finden, sie wieder zu entdecken. Man erinnere sich: sie lächelte, als sie wieder von Doris ihre eigene Maske in Empfang nahm. Das Gefühl der Angst und Bedrohtheit hatte sich verflüchtigt und einem Gefühl der Wiedersehensfreude wie zwischen zwei alten Bekannten Platz gemacht. Das Lächeln Birtes kann somit also weniger Doris als ihrer eigenen Maske gegolten haben.

Birtes Äußerung zu Beginn des Plenums erscheint, vollzieht man diesen Prozeß, der sich im Laufe der Übung in und mit ihr ereignet hatte, nicht nach, zuerst wie eine Rechtfertigung dafür, daß sie nichts auf ihre Maske gemalt hatte. Aber Birte rekapitulierte in ihren eigenen Worten das, was in dieser Übung mit ihr „passiert“ war; dadurch rekonstruierte sie für sich diesen Prozeß und machte ihn für die Zuhörer nachvollziehbar.

Während Birte in der Übung selbst das Gefühl haben mußte, daß etwas mit ihr geschah, konnte sie nun, da die Übung abgeschlossen war, diesen Sachverhalt in den Griff bekommen, indem sie ihn mit Be-Griffen belegte. In der verbalen Rekonstruktion machte sie sich diesen Prozeß selbst noch einmal klar, konnte ihn jetzt durchschauen und so ihr eigenes Verhalten im Zusammenhang dieser Übung besser verstehen.

Dieser Verstehensprozeß war also vor ihrem Wortbeitrag noch nicht abgeschlossen, sondern fand darin seine präzisierende Fortsetzung. Der Phase der Ruhe zwischen eigentlicher Übung und dem Plenumsgespräch, in der jeder Zeit hatte, im Schreiben sich auf seine Gefühle zu besinnen, sich darüber Klarheit zu verschaffen und seine Gedanken zu ordnen, mag ein entscheidender Beitrag zukommen, daß Birte schon gleich zu Beginn der Diskussion sich in Worten auszudrücken vermochte.

An dieser Übung und Birte wurde deutlich, daß die Selbstbeobachtung im Spiegel nicht nur Äußerlichkeiten erfaßte. Ganz im Gegenteil war die Betrachtung äußerlicher Merkmale nur eine Station auf dem Weg zum eigenen Innern. Ein äußeres Merkmal diente in dieser Phase bald nur noch als Indiz für das, worauf man im Innern seiner selbst zu achten hatte. Die Oberfläche wurde als bloße Hülle durchschaut und in ihrer Erscheinungsweise, die das Wesentliche verbirgt und gleichzeitig zeigt (vgl. Kosik 1967), erkannt; man erkannte Äußerliches als bloßen Schein.

So kam es auch, daß sich Birte selbst als eine ihr fremde Person empfand. Diese Schicht wurde aber durchdrungen, so daß die folgende Übungsphase zum Vorgang der Introspektion werden konnte. Dazu war es nämlich notwendig, die äußere Fassade als solche zu erkennen und dadurch gleichzeitig dieses Stadium zu überwinden.

Da es aber nicht der Zweck der Übung sein konnte, in ein dumpfes Brüten über sich selbst zu verfallen, wurde gefordert, nicht in einer introspektiven Kontemplation zu verharren, sondern diese Introvertiertheit nach außen zu kehren, hier also auf die Papiertüte zu bringen. Mit anderen Worten: die eigenen Gefühle, Regungen und Empfindungen, also das Erlebnis seiner selbst, sollte im Malen zur Darstellung und zum Ausdruck kommen. Erst indem man, was innerlich ist, äußerlich macht, kann es einem verständlich werden.

Dies braucht nun nicht nur über Malen zu geschehen, sondern in dieser Übung boten auch Bewegung und anschließendes Sprechen Gelegenheit zur Darstellung; Birtes Wortbeitrag war also auch ein Teil ihrer Selbstdarstellung, der ihr die Möglichkeit gab, sich zum Ausdruck zu bringen und sich dadurch zu verstehen.

Die Entäußerung des eigenen Innern, das sich im Ausdruck vergegenständlicht, ruft also wieder neue, innere Prozesse hervor – das Verstehen. Das Verstehen aber setzt jetzt nicht erst ein, sondern erfährt nur eine neue Qualität: es wird besseres Verstehen.

Schon das Betrachten des eigenen Gesichtes im Spiegel war ja das Wahrnehmen eines bestimmten Ausdruckes, dem bestimmte Erlebnisse zugrunde lagen und der bestimmte andere und auch vergleichbare Erlebnisse wieder hervorrief, wodurch er selbst wieder verändert wurde. Gleichzeitig war aber auf jeder Stufe dieses Prozesses auch Verstehen möglich und nötig. Bei der Trias „Erlebnis – Ausdruck – Verstehen" handelt es sich also nicht um eine lineare oder temporäre Abfolge verschiedener Prozesse, die reduktionistisch analysierbar sind oder streng unterscheidbar aufeinander aufbauen, sondern sie sind untrennbare Bestandteile eines einzigen Prozesses, wobei das eine Voraussetzung für die Existenz des anderen ist und ohne das andere selbst nicht existieren könnte.

Auf diesen Sachverhalt hat besonders DILTHEY hingewiesen, der Verstehen, und damit zusammenhängend auch Erleben und Ausdruck, als Hauptunterscheidungsmerkmal der „Geisteswissenschaften" gegenüber den „Naturwissenschaften" hervorhebt; so sagt er, daß die Menschheit – der Gegenstand der Geisteswissenschaften – nur entsteht,

„sofern menschliche Zustände erlebt werden, sofern sie in Lebensäußerungen zum Ausdruck gelangen und sofern diese Ausdrücke verstanden werden" (1927, Bd. 7, S. 86).

Daher wird der Zusammenhang von Erlebnis, Ausdruck und Verstehen zum Abgrenzungskriterium der Geisteswissenschaften:

„So ist überall der Zusammenhang von Erleben, Ausdruck und Verstehen das eigene Verfahren, durch das die Menschheit als geisteswissenschaftlicher Gegenstand für uns da ist. Die Geisteswissenschaften sind so fundiert in diesem Zusammenhang von Leben, Ausdruck und Verstehen. Hier erst erreichen wir ein ganz klares Merkmal, durch welches die Abgrenzung der Geisteswissenschaften definitiv vollzogen werden kann" (ebd., S. 87).

Aber erst vermittels des Ausdruckes wird Verstehen möglich. Daher kann DILTHEY Verstehen definieren als „den Vorgang, in welchem aus sinnlich gegebenen Äußerungen seelischen Lebens dieses zur Erkenntnis kommt" (Bd. 5, 1924, S. 332). Nach DILTHEY kann auch Selbstverstehen nicht direkt vom Erlebnis her entspringen, sondern ist gleichfalls auf Ausdruck angewiesen. Die Introspektion wäre eine direkte Methode, aber wenn man etwas über sich selbst erfahren will, muß man diese „vorbegriffliche Schicht" (BOLLNOW 1955) verlassen.

Der Mensch versteht sich demnach also selbst erst von seinem eigenen Ausdruck her; der Zugang zur Erfassung seines eigenen Wesens eröffnet sich dem Menschen nur auf indirektem Weg – über den Ausdruck. Erst indem er sich im Ausdruck oder in der Tat (ver-) objektiviert und sich im Verstehen dieses Ausdruckes wiederfindet, erfährt der Mensch sein eigenes Wesen.

Dabei unterscheidet DILTHEY aber zwischen „elementarem Verstehen" und den „höheren Formen des Verstehens" (1927, Bd. 7, S. 207ff.). Bei ersterem wird der Ausdruck unmittelbar verstanden, das Verstehen bleibt daher aber auch oberflächlich (s. dazu BOLLNOW 1955). Die Form des höheren Verstehens setzt demgegenüber ein Mißverstehen oder Noch-Nicht-Verstehen voraus, um so in die Tiefe reichen zu können –, denn Selbstverständliches wird nicht hinterfragt, es bleibt an der Oberfläche. Soll Verstehen also zu einem bewußten, tiefgründigeren Verständnis führen, ist eine ursprünglich bestehende Distanz Voraussetzung, die aber im sich bemühenden Verstehen überwunden wird.

Das Fehlen eines Abstandes ist der Grund für die Schwierigkeit des Selbstverstehens: die Nähe ist zu groß. Für die höheren Formen des Selbstverstehens ist jedenfalls der Ausdruck notwendig; werde ich meiner selbst unmittelbar inne, handelt es sich um elementares Verstehen. Will man sich aber in seiner Individualität gewahr werden, ist höheres Verstehen unabdingbar und der Mensch damit auf Ausdruck angewiesen. Verstehen ist dabei aber immer auf das im Ausdruck Gemeinte gerichtet, nie auf den Ausdruck als solchen. Das Äußere vermittelt das Verstehen des Inneren, wobei gilt, daß es ein vom Äußeren ablösbares Inneres nicht gibt. Daher bezeichnet DILTHEY Verstehen schließlich als „den Vorgang, in dem wir aus Zeichen, die von außen gegeben sind, Inneres erkennen" (1927, Bd. 7, S. 309).

Führt man sich nun wieder den Ablauf der beschriebenen Medienübung vor Augen, so wird deutlich, daß hier das Schwergewicht auf dem Ausdruck des eigenen Selbst lag; man war vorwiegend mit seiner eigenen Person und dem eigenen Innern beschäftigt. Die Darstellung geriet daher auch zur Selbstdarstellung, was sowohl für das Malen als auch die Bewegung zutrifft. Die anderen Teilnehmer waren im ersten Teil der Übung lediglich Mit-Anwesende im gleichen Raum und dienten im zweiten Teil nur dazu, den jeweils anderen zu reflektieren; offensichtlich wurde dieses, als man die Masken tauschte: der andere fungierte nur als Spiegel für einen selbst. Man sah nicht die Person des anderen, sondern nur sich selbst im bzw. am anderen. Die Darstellungen der anderen waren weitestgehend Nebensache. Ausdruck und Verstehen waren in dieser Übung vor allem auf sich selbst bezogen: sich selber wollte und konnte man besser verstehen. Das Verstehenkönnen des anderen sollte und konnte in dieser Übung vernachlässigt werden.

Auch daher rührte es, daß sich Birte und Doris so wenig zu sagen hatten – ganz abgesehen davon, daß der Selbstverstehensprozeß bei Birte noch nicht abgeschlossen war. Damit wird zusätzlich nochmals belegt, daß man sich, will man einen anderen verstehen, erst zumindest bis zu einem gewissen Grad selbst verstanden haben muß. Wer noch ganz in sich selbst befangen ist, dem eröffnet sich keine Möglichkeit, sich anderen zuzuwenden. Man sieht: Nicht-Verstehen verhindert Zwischenmenschlichkeit – es trennt, während Verstehen verbindet.

Ist diese Aussage noch auf interpersonale Beziehungen bezogen, so wird an der Entwicklung Birtes im Laufe der Übung deutlich, daß sie auch für intrapersonale Vorgänge Geltung beanspruchen darf: die Fremdheit, die Birte sich selbst gegenüber empfand, hatte ihre Ursache im Nicht-Verstehen eines bestimmten Teils ihrer selbst. Nur was einem neu ist und was man gleichzeitig auch nicht versteht, erscheint einem fremd. Wenn man dieses Fremde in nichts anderem versteht als in seiner Fremdheit, löst dies Unbehagen, Angst und ein Gefühl des Bedrohtseins aus. Im Normalfall distanziert man sich von diesem Unbekannten, man flieht es, wodurch man auch die Chance dahingibt, damit besser bekannt und vertrauter zu werden, um so den Boden für Verstehen zu bereiten. Unnachahmlich hat das E. Bloch in seinen Überlegungen zum „allein sein" zum Ausdruck gebracht, wobei er gleichzeitig implizit Verstehen als eine bestimmte Art des „Sehens" charakterisiert:

„Grade weil sie nicht aus sich herausgehen können, ängstigen sie sich, nämlich in der Enge, wo sie sind. In die sie getrieben werden, auch ohne daß sie etwas andres dahin brächte. Es gibt auch sonst nur vor dem Angst, was man nicht sieht. Was uns sichtbar bedrängt, vor dem gibt es Fürchten, sofern man schwächer ist, oder man tritt an. Aber gegen die Angst, weil sie aus uns allein kommt, wenn wir allein sind, hilft nur, sich zu lieben oder sich zu vergessen" (1978, S. 12).

Birte gab solchen wahrscheinlich primären Fluchttendenzen und Abwehrbestrebungen nicht nach, sondern stand diese Phase konsequent durch. Als sie sich von ihrer Maske trennte, hatte sie sich schon an sie gewöhnt. Der Teil ihrer selbst, der ihr fremd, als nicht zu ihr gehörend und bedrohlich, angsteinjagend vorkam, war ihr vertraut geworden. Sie verstand diesen Teil jetzt als zu ihr selbst gehörend. Damit schaffte sie sich gleichzeitig Voraussetzungen, die ihr ein Verstehen ihrer selbst, und dieser Teil gehört dazu, besser ermöglichten. Solch ein Akzeptieren, und sei es auch nur vorläufig, ist notwendig, will man verstehen.

Bei Birte wird deutlich, daß der Prozeß der Selbstfindung, der von einer Phase der Selbstbeobachtung ausgehend, über ein Mit-sich-bekannt-machen zum Selbst-Kennenlernen führt, gleichzeitig Voraussetzung als auch Ergebnis von Selbst-Verstehen ist.

Einen verläufigen Abschluß gewann dieser Vorgang für Birte erst in ihrer verbalen Äußerung. Diese Art des Ausdrucks stellte dabei für sie auch eine Art der Selbst-Vergewisserung über das Abgelaufene dar: durch die sprachlichen Ausdrucksmittel wurde das, was im Inneren Birtes war, nicht nur veräußerlicht, sondern auch auf eine rationalere Ebene gebracht. Aber um über ihre inneren Vorgänge reden zu können, mußte sie sie schon verstanden haben, sonst hätte sie keine entsprechenden Worte dafür gefunden; gleichzeitig verstand sie diesen Vorgang aber auch wiederum dadurch besser, daß sie über ihn sprach.

Zunächst erweist sich damit Verstehen nicht als ein stillstehender oder abgeschlossener Zustand, sondern als ein Vorgang. GADAMER spricht von Verstehen als einem „Geschehen" (1965, S. 459). Weiterhin handelt es sich beim Verstehensvorgang, wie aus der Darstellung ersichtlich geworden, genauer gesagt stets um ein Immer-besser-verstehen-können. In der beschriebenen Übung bezog sich dieses Geschehen auf die eigene Person.

Verstehen ist als Immer-besser-verstehen-können auch nie abgeschlossen, denn immer kann noch besser verstanden werden. Ist dies nicht mehr der Fall, d.h. würde der Fall eintreten, daß eine Verbesserung des Verstehens nicht mehr möglich ist, dann würde man den betreffenden Sachverhalt oder Gegenstand ganz genau kennen, man würde absolut sicher „wissen" – dabei würde es sich dann aber nicht mehr um „verstehen" handeln.

Absolut sicheres Wissen ist nur bei Dingen möglich, die sich nicht mehr verändern bzw. bei denen nichts Unvorhergesehenes oder Neues mehr eintreten kann. Das aber bedeutet, daß diese Dinge den Endpunkt jeder Veränderung und einen Stillstand der Entwicklung erreicht haben bzw. daß ihre Entwicklung absolut sicher prognostiziert werden kann, was bedeutet, daß sich Entwicklung permanent gleichartig wiederholt oder zu einer objektiven Notwendigkeit geworden ist, wodurch sie zum standardisierten, mechanischen Ablauf gerät; die Dimension Zeit ist damit zur Nebensache degradiert; feste Raum und Zeit überdauernde Begriffe sind dann angebracht. Dies ist aber im Zusammenhang mit Menschen nicht der Fall. Das „schöpferische" Vermögen des Menschen, das gleichzeitig Freiheit als Nicht-Festgelegtheit und „Weltoffenheit" (GEHLEN im Anschluß an SCHELER) bedingt und gleichzeitig aus letzterem resultiert, womit die (bei aller Zweideutigkeit) Unberechenbarkeit menschlicher Entwicklung gewährleistet ist, widerstrebt diesen festen und damit festlegenden Begriffen und macht den Menschen „unerschöpflich" oder wie DILTHEY im Anschluß an W. v. HUMBOLDT sagt: „individuum est ineffabile" (Bd. 1, 1973, S. 29). Daher ist menschliche Entwicklung sowohl unter ontogenetischem als auch unter phylogenetischem Gesichtspunkt nie abgeschlossen oder sicher prognostizierbar.

Verstehen trägt dieser Tatsache Rechnung. Als Geschehen bezieht es sich daher auch immer auf Vorgänge, weist als Erfassen dieser Vorgänge mit ihnen in dieser Hinsicht Strukturidentität auf.

Das Wesen von Verstehen ist daher auch das der Bewegung. Als Bewegung ist Verstehen immer ein „Auf-etwas-hin", mit dem Ziel absoluter Erkenntnis.

Sollte Verstehen aber je dieses Ziel erreichen, würde es diese seine spezifische Wesensart verlieren, es wäre zum Stillstand gekommen. Verstehen ist daher immer nur als eine Annäherungsbewegung auf diesen Zustand hin vorzustellen.

Damit stellt sich Verstehen als ein äußerst komplexer Vorgang dar, der, wie aus der Schilderung hervorgegangen sein dürfte, nicht nur kognitiv-rationaler Art ist, im Sinne eines Begreifens, sondern gleichzeitig als ein emotionaler Akt gesehen werden muß, der auch die Gefühlswelt des Verstehenden selbst mit umfaßt.

Versteht Britta Dagmar?

Selbst-Verstehen kann aber unter pädagogischem Gesichtspunkt kein Selbstzweck bleiben, sondern muß als Bestandteil pädagogischen Verstehens zu einer Verbesserung des zwischenmenschlichen Umgangs beitragen; sichselbst-bewußter wird ein adäquateres pädagogisches Handeln und Erkennen möglich. Wie wichtig für das Erkennen der fremden Motive u.a. die eigene Selbst-Erkenntnis ist, wird auch im Zusammenhang der im folgenden ausführlich geschilderten Medienszene offenkundig; gleichzeitig wird in der Darstellung aber auch deutlich, daß Selbst-Verstehen nicht schon mit pädagogischem Verstehen gleichgesetzt werden kann.

Szenische Darstellung

In Fünfergruppen sollten wir mit Hilfe von farbigen Tüchern, durch Bewegung und Gesten und unter Verwendung unserer im Verlauf des Seminares hergestellten Gesichtsmasken zusammen das Thema „Fremdheit – Außenseitertum“ in einer Spielszene zur Darstellung bringen, ohne jedoch Sprache zu verwenden. Auf den Gesichtsmasken, die mit Hilfe von Gipsabdrücken, die direkt vom Gesicht abgenommen worden waren, genau passende Abbilder unserer Gesichter bildeten, war mit Abdeckfarben durch die Art der Bemalung, durch das Muster oder die Kombination und Mischung der Farben eine persönlich erlebte Situation von Fremdheit oder Außenseitertum symbolisch festgehalten worden. Als Leitfaden für die zu spielende Szene diente auch eines dieser eigenen Erlebnisse der Gruppenmitglieder.

Ich fand mich zusammen mit Antje, Dagmar, Britta und Hans in einer dieser Kleingruppen. Beladen mit unseren Masken und jeder mit einem der Tücher versehen, zogen wir vorerst in unseren Aufenthaltsraum, um dort ungestört von den Aktivitäten der anderen Gruppen unsere Szene vorzubereiten; denn diese szenische Darstellung sollte der Höhepunkt des ganzen Seminars werden; auf ihn hatten alle Übungen während des gesamten Ablaufes mehr oder weniger direkt zugesteuert oder sich zumindest auf ihn bezogen: hier konzentrierten sich jetzt Körperhaltung, gestische Darstellung, Maske, Tuch und Thema in einem.

Wir kamen überein, uns unsere Erlebnisse, die den einzelnen Masken zugrunde lagen, erst einmal mitzuteilen und uns, nachdem wir alle gehört hatten, für eine zu entscheiden, die wir dann szenisch umsetzen wollten. Britta und ich hatten uns an lange zurückliegende Kindheits- bzw. Jugenderlebnisse erinnert. Dagmar aber hatte ein sehr aktuelles Ereignis in ihrer Maske festgehalten: sie berichtete davon, daß sie sich sogar im Verlauf dieses Seminares in einer solchen Außenseiterrolle gefühlt hatte:

Am zweiten Abend unseres Aufenthaltes stieß Dagmar zu einer größeren, albernden, spielenden und singenden Gruppe und wollte sich in diesen vergnüglichen Reigen miteingeben; sie spürte aber bald, daß sie nicht in die Stimmung kam, die für solch eine Runde angebracht war; sie bemerkte, daß sie keinen Zugang zu der Betätigung der Gruppe fand, daß sie sie nur von außen betrachtete, neidvoll auf die witzigen Teilnehmer schielte, gerne dabei mitgemacht hätte, dies aber jetzt nicht schaffte. Darüber wurde ihr das Geschehen in der Gruppe immer fremder, und sie selbst fühlte sich jetzt hier wie ein Fremdkörper. Die Lustigkeit der Gruppe wurde so für sie zu einem unerreichbaren Ziel, und sie beobachtete an sich, wie sie bei dem Versuch, es zu erreichen, sich nach und nach verkrampfte. In einer trübsinnigen Stimmung verließ sie die lärmende Schar.

Obwohl ich selbst zu den singenden und spielenden Teilnehmern gehört hatte, war mir Dagmar überhaupt nicht aufgefallen; da behandelten wir also die ganze Zeit das Thema „Außenseiter/Fremdheit“ und wenn wir gleichzeitig realiter damit konfrontiert wurden, sahen wir es nicht oder konnten nichts damit anfangen, weil es uns gerade jetzt nicht paßte.

Wir fanden, daß Dagmars Situation in diesem Rahmen zur Darstellung sehr geeignet wäre und auch viele Möglichkeiten zur darstellerischen Umsetzung bieten würde. Wir hatten ein großes braunes Tuch, das wir dann auf dem Boden ausbreiteten. Darauf knieten oder hockten wir uns, bis auf Dagmar, in einen engen Kreis, faßten uns um die Schultern und zeigten so vereint Fröhlichkeit. Dagmar sollte versuchen, an diese Gruppe heran-, bzw. in sie hineinzukommen, was ihr aber nicht gelingen würde. Wenn sie ihre Näherungsversuche aufgegeben hatte und abseits kauerte, wollten wir verschiedene Verhaltensweisen probieren, die Dagmar einbeziehen sollten. Bei aller Unterschiedlichkeit der Interventionen sollte unser Bemühen ergebnislos bleiben. Jeder von uns sollte sich ein Vorgehen aussuchen, das er gerne spielen würde und das er gut verkörpern könnte: Hans wollte auf Dagmar zugehen, ohne aber näher an sie herankommen zu können, er würde tatenlos vor ihr stehen bleiben. Ich wollte beide mittels Fröhlichkeit wieder ins lustige Geschehen miteinbeziehen, um sie nach ergebnislosem Bemühen stehen zu lassen. Daraufhin sollten Britta und Antje sich vor Dagmar knien, um ihr wortreich, letztlich aber verständnislose Ratschläge zu geben.

Am Ende dann, so hatten wir vereinbart, sollte die ganze Gruppe sich wegen Dagmars unnachgiebigem Verhalten aufgelöst haben und ein neuer Außenseiter „produziert“ worden sein: nämlich ich, der ich immer noch weiter, mittlerweile allein, „lustig“ auf meiner Decke herumhampelte, ohne zu bemerken, daß sich die Situation verändert hatte und ohne daß dann noch ein anderer sich um mich kümmerte.

Wir hatten unsere Szene, die jetzt sogar zu einem richtigen „Stück“ geworden war, bewußt pessimistisch konzipiert und wollten den Schluß absichtlich offen lassen. Während Hans und ich unsere „Methoden“ auf Dagmar einzugehen, noch praktisch „proben“ konnten, kamen Britta, mit der ich zusätzlich noch die Maske getauscht hatte, und Antje nur noch dazu, den weiteren Gang und ihrer beider Vorgehen mündlich zu verabreden, denn inzwischen war es Zeit, in unseren Übungsraum zurückzukehren.

Die Szenen der einzelnen Gruppen sollten hintereinander aufgeführt werden, wobei sich die Zuschauer beim Zusehen Notizen machen sollten, denn nach der letzten Darstellung wollten wir in ein Gespräch über das Gesehene eintreten. Wir führten unsere Szene als zweite Gruppe vor; während wir das riesige braune Tuch am Boden ausbreiteten, raunten wir uns nochmals zu, wie die einzelnen Teile aufeinander zu folgen hätten und zogen dann unsere Masken vors Gesicht. Dagmar hatte sich schon in eine Ecke gesetzt, ihre dunkelgrüne Maske aufgezogen und ein tristes grünes Tuch, das ihr über den ganzen Rücken fiel und das sie während der gesamten Szene mit beiden Händen festhielt, um den Kopf gehüllt.

Wir anderen knieten uns, wie verabredet und geübt, zu einem zusammengerückten Kreis auf die Mitte des Tuches, um unsere enge Verbundenheit zu unterstreichen; wir legten uns gegenseitig die Arme um die Schultern und hüllten uns alle vier zusammen in ein rotes und ein gelbes Tuch. Stachen schon die unterschiedlichen Farben unserer Tücher ins Auge, so sollte die Verschiedenheit der Stimmung noch mehr in der Bewegung zum Ausdruck kommen: während Dagmar mit gekrümmtem Rücken zaghaft und verhalten auf den Knien rutschend und mit dem vor- und zurückwiegenden Oberkörper andeutend, daß sie nicht wisse, sollte sie vorwärtsgehen oder zurückweichen, allmählich bis an den Rand des braunen Tuches gekrochen kam, fingen wir mit unseren bunten Tüchern eng umschlungen an, uns wie im Takte einer fröhlichen Musik so zu wiegen und zu schaukeln, daß die Tücher lustig durch die Luft flatterten; wir stießen uns gegenseitig an, kugelten mal vor, mal nach hinten, wippten vor und zurück, wobei wir ab und an ein Lachen andeuteten.

Plötzlich bemerkte ich Dagmar am Rand, die andeutungsweise unsere schaukelnden Bewegungen nachahmte; ich erhob mich etwas aus der Runde, um ihr, die erwartungsvoll den Kopf hob, mit einer Hand jovial und fröhlich zuzuwinken; wendete mich aber gleich von ihr ab und widmete meine Aufmerksamkeit schon wieder der viel lustigeren Gruppe.

Wegen meiner Bewegung wurde Dagmar auch von Hans erspäht, der aber weiter zu ihr hinsah, sich jetzt auch unseren rhythmischen Bewegungen widersetzte; ja, er ließ schließlich sogar sein Tuch von der Schulter gleiten, erhob sich und ging langsam auf Dagmar zu, die mittlerweile aufgehört hatte, mit sehnsüchtigen Blicken der lebhaften Gruppe kaum wahrnehmbar zuzuwinken und, ihr den Rücken zugewandt, ganz in sich versunken war. Hans, der entschlossen aufgestanden war, verlangsamte, je näher er Dagmar kam, immer mehr seinen Schritt, bis er etwa einen Meter vor ihr stehenblieb. Da Dagmar keine Reaktion zeigte, außer einmal kurz zu ihm aufzublicken, blieb er, bedauernd auf sie herabschauend, hilf- und ratlos, was er weiter machen solle, mit hängenden Armen steif vor ihr stehen. Dagmar verkroch sich daraufhin noch mehr in sich selbst und rutschte dabei sogar nochmals etwas weiter von der sich wieder eng zusammenschließenden Gruppe weg. Hans ging, indem er immer denselben Abstand zu Dagmar hielt, langsam mit hölzernen Bewegungen neben ihr her.

Ich hatte dem traurig erstarrten Paar das Gesicht zugewandt; und als in der Bewegung wieder zufällig mein Blick diese beiden traf, stutzte ich etwas, erhob mich mit meinem Tuch auf den Schultern und hüpfte zu ihnen hin; mit dem orangeroten, flatternden Tuch versuchte ich, beide zu animieren, wieder zur Gruppe zurückzukehren, gab Dagmar einen leichten Klaps auf den gebeugten Rücken, und als das alles nichts half, Dagmar sogar noch mehr in sich zusammensank, winkte ich entrüstet ab und kehrte ihr und Hans den Rücken; zurück in der Gruppe hatte ich diesen Vorfall aber gleich wieder vergessen.

Nun wären Antje und Britta an der Reihe gewesen, wie abgesprochen, ihre mißlingenden Integrationsversuche mit Dagmar zu demonstrieren. Aber bevor sich die beiden noch miteinander ins Benehmen setzen konnten, erhob sich plötzlich ganz schnell Britta. Ohne ein Zeichen der Vorankündigung oder der Erklärung und ohne sich nochmals nach Antje oder mir umzusehen, drehte Britta uns den Rücken, stürzte auf Dagmar zu, die sich inzwischen wieder in ihre Ausgangsecke gekauert hatte, und hockte sich in der gleichen Haltung neben diese.

Voller Mitleid streichelte Britta Dagmar, die jetzt ihr Tuch ganz übers Gesicht gezogen hatte, zart über Schultern und Rücken. Da hob Dagmar den Kopf, lüftete ihr Tuch und zeigte Anzeichen dafür, daß sie bereit sei, Brittas Entgegenkommen zu würdigen. In dieser Situation, der wir anderen wegen unserer anderen Planung etwas ratlos gegenüber standen, brachen wir das Spiel ab und lösten die Szene auf.

Klärung im Kleingruppengespräch

Da wir Brittas Handlungsmotive, die zu der überraschenden Wende in unserer Spielszene geführt hatten, verstehen wollten, trafen wir uns im Kleingruppenrahmen, um zu versuchen, eine klarere Einschätzung dessen, was vorhin abgelaufen war, zu gewinnen.

Wir hatten nicht vor, Britta etwa zu „verurteilen“, weil sie unseren gemeinsam gefaßten „Plan“ nicht hatte zur Ausführung kommen lassen. Wir wollten erfahren, was in Britta in dieser Situation vorgegangen war. So war es auch gerade Dagmar, die Britta mit einem Schwall von Fragen bestürmte: „Was hast du bei mir zum Beispiel wahrgenommen, und weshalb hast du so reagiert; das interessiert uns, was hast du bei mir verstanden, oder hast du aus deinem Spannungsgefühl reagiert?“ Britta erklärte dann, daß sie, werde sie gefühlsmäßig angesprochen, keine Distanz mehr zum Geschehen hätte, und solange sie „dabei“ wäre, sehr intensiv dabei wäre. Wenn sie Distanz herstellen wolle, müsse sie aus diesem ganzen Vorgang aussteigen.

Damit drückte sie also aus, daß es ihr nicht gelänge, Beobachtung und Teilnahme miteinander zu verbinden, daß sie beide Sachverhalte nur getrennt neben- bzw. zeitlich hintereinander reihen könnte; beides gemeinsam in einem vorhandenen Spannungsverhältnis aufrecht zu erhalten, überforderte sie offensichtlich. Wenn Britta teilnahm und dabei emotional engagiert war, wurde diese Teilnahme bei ihr also zu einem unreflektierten Beteiligtsein, zu einem totalen Involviertsein in den aktuellen Prozeß, was ihr keinen Raum mehr ließ, sich distanziert mit dem Ablauf und den darin handelnden Personen auseinanderzusetzen oder sich selbst und andere reflektierend zu beobachten, um danach entsprechend ihr Handeln auszurichten.

Dies schien auch mit ein Grund zu sein, weshalb Britta plötzlich im Spiel nur noch auf Dagmar reagierte und den Spielverlauf und die anderen nicht mehr wahrnahm. Als wir unsere Vorbereitung der Szene rekapitulierten, meinte Britta: „Ich hab mich da überhaupt nicht als Beteiligte empfunden. Ich hab mich da als Außenseiter gefühlt.“ Weshalb aber kam sich Britta in unserer Übungsphase als Außenseiter vor? Wie sie selbst sagte, hatte sie Schwierigkeiten, als wir anfingen, praktisch zu spielen: „Ich bin nicht damit zurechtgekommen.“ Dies lag nach Britta vor allem daran, daß sie nicht genau wußte, was sie darstellen sollte; deshalb sagte sie: „Ich hätte gern mehr meine Rolle gewußt, dann hätte ich sie auch besser spielen können.“ Welche Probleme dieser Sachverhalt für sie erzeugte, griff Britta nochmals auf: „Ich bin mir vollkommen unsicher vorgekommen, weil ich nicht wußte, was ich spielen sollte, weil wir das zuwenig abgesprochen hatten und mir das nicht klar war.“ Britta fand sich also in und mit dem offen konzipierten Spielablauf nicht zurecht: wenn wir spielten, dann wollte sie auch die Spielregeln kennen; damit, daß sie ihre Rolle im spielerischen Handeln selbst finden sollte, konnte sie nicht viel anfangen; lieber wäre es ihr gewesen, wir hätten die Rollenverteilung vorher genauer besprochen:

Mir war das, was wir vorher gemeinsam erarbeitet hatten, wie wir das machen wollten, zu wenig, das war mir zu wenig. Durch Gespräch wollte ich das Gesamte, was wir spielen wollten, zusammen mehr umrissen haben, dann hätte ich auch besser spielen können. Davon bin ich inzwischen überzeugt.

Britta wollte also nicht nur ihre Rolle genauer gefaßt, sondern auch genau darüber Bescheid wissen, wie alle anderen agieren würden. Damit hätte für sie während des Spieles nichts Überraschendes mehr auftreten können. Dann nämlich hätte sie auch die nötige Zeit gehabt, die für sie für ein rationaleres Handeln notwendige innere Distanz zu dem Geschehen zu errichten. Genau wie für sie Teilnahme und Beobachtung zwei sich gegenseitig ausschließende Alternativen darstellen, sieht sie Spiel und ernste Realität als unverknüpfbar an.

Wenn sie Zeit gehabt hätte, länger an ihrer und unseren Rollen zu feilen, wäre ihr der Spielcharakter unserer Szene deutlicher geworden, es wäre ihr bewußt gewesen, in eine Spiel-Rolle geschlüpft zu sein. So aber lag unserer Szene eine reale Situation zugrunde, an der Britta selbst auch beteiligt gewesen war: Dagmars Schilderung hatte sie betroffen gemacht. Nun sollte sich Britta im Spiel von ihrer realen Betroffenheit, die von Dagmars Erzählung, aber auch von deren intensivem Spiel und unseren fehlschlagenden Versuchen ausgelöst wurde, distanzieren, um spielerisch ein Verhalten demonstrieren zu können, das Dagmar ebenfalls nicht aus ihrer Lage helfen würde.

Diese Spannung von Spiel und Ernst konnte Britta nicht aushalten: sie vergaß, daß sie sich im Spiel befand, für sie war das Spiel bitterer Ernst geworden; sie erinnerte sich, daß Dagmar an jenem Abend nicht geholfen wurde, sie stellte sich vor, wie elend sie sich selbst in dieser Situation fühlen würde, und beobachtete, daß Dagmar bis jetzt immer noch nicht geholfen worden war, daß Hans und ich sie sogar immer noch tiefer in die „Isolierung" getrieben hatten. Da konnte Britta nicht mehr an eine Rolle im Spiel denken – das Spiel existierte überhaupt nicht mehr für sie; auf Dagmars Frage, welche Rolle sie nun eigentlich gespielt habe, konnte sie daher auch nur erbost entgegnen:

Ich hab keine Rolle gespielt, du! – Ich hab gar nichts gespielt! Also für mich ist das totale Realität da gewesen und kein Spiel und keine Rolle, die ich gehabt hab.

Da Britta an sich beobachtete, daß sie einen inneren Zustand nur überzeugend darbieten konnte, wenn sie sich tatsächlich darin fühlte, nahm sie an, daß das gleiche auch für ihre Mitspieler Geltung besäße. Sie setzte, ohne daß es ihr selbst bewußt zu werden brauchte, ihre eigene Verhaltensweise für alle anderen als Maßstab: wenn sie selbst nur „fröhlich" spielen konnte, wenn sie fröhlich war, konnte Dagmar auch nur „Außenseiter" spielen, wenn diese in der Situation momentan tatsächlich Außenseiter war. Die Situation Dagmars und Brittas Rolle waren für Britta als Spielhandlungen unvereinbar geworden. Wichtiger als ihre Spiel-Rolle, die Britta äußerlich gewesen wäre, wurde nämlich ihr tatsächlicher innerer Zustand, und der stand in direktem Zusammenhang mit Dagmars gezeigtem bedauernswerten Verhalten – dem galt es nun für Britta Abhilfe zu schaffen. Sie sagte es selbst:

Weil ich das da auch schon genau so gefühlt hab, so empfunden hab und weil es wichtig war für mich das auszudrücken, dieses Unbehagen zu zeigen.

Hier machte Britta besonders anschaulich, was ihr eigentliches Anliegen war: es ging ihr nicht primär darum, Dagmar wahrzunehmen und zu verstehen und dann entsprechend der Situation angemessen zu handeln, sondern Britta wollte nur so handeln, sich nur so zum Ausdruck bringen, wie sie selbst sich in diesem Moment gefühlt und empfunden hatte. Damit nahm sie aber nur noch sich wahr und nicht mehr den anderen; ungewollt zeigen das ihre Worte: „weil es wichtig war für *mich*, das auszudrücken".

Es wurde also unabänderlich für sie, sich so zu verhalten, wie sie es dann getan hatte. Das durch Dagmars Reaktionen hervorgerufene Unbehagen in Britta mußte sie für sich auflösen; nicht Dagmar stand also im Mittelpunkt von Brittas Interesse, sondern sie selbst; es ging ihr insbesondere darum, die in ihr bestehende Spannung abzuschwächen, die durch Spiel und Ernst und die Offenheit der Situation hervorgerufen worden war.

Sie war diejenige, die das Bedürfnis hatte, Dagmar zu helfen, und dies war die „Triebfeder" ihres Handelns; ihr Motiv lag also nicht primär darin, daß Dagmar hilfebedürftig war, sondern ihr selbst mußte geholfen werden; sie wollte sich nicht noch einmal Vorwürfe machen müssen, daß sie Dagmars Außenseiterposition nicht wahrgenommen habe, wie es in der tatsächlichen Situation gewesen war, jetzt wollte sie es „besser" machen:

Wenn da jemand so in der Ecke hockt, einfach fröhlich weiter rumzuspielen und lustig zu sein, das ist doch genau die Wirklichkeit gewesen, das ist nicht so'n großer Unterschied.

Britta ging es also jetzt nicht so sehr darum, die damals tatsächlich gelaufene Situation spielerisch zu rekonstruieren, als vielmehr Dagmar für das dabei Erlebte zu entschädigen und ihr eigenes Verhalten zu korrigieren; das konnte aber nicht der Sinn unseres Spieles sein; worum es vorrangig ging, verdeutlichte Antje:

Du mußt aber Fröhlichkeit spielen, weil es darum ging, daß es für Dagmar in der Situation so gewesen ist, daß wir anderen alle fröhlich waren und sie nicht; und wenn wir das spielen wollen, und wir entscheiden, daß wir das spielen, dann kannst du nicht in dem Moment sagen: ich halt das gar nicht aus; es geht darum zu zeigen, daß Dagmar das nicht ausgehalten hat, und nicht, daß du das nicht ausgehalten hast.

Antje wollte Britta noch einmal augenfällig machen, daß es in unserer Spielszene vorwiegend darauf ankam, uns nach Dagmar zu richten; wir sollten uns so verhalten, wie uns Dagmar in der damaligen Situation wahrgenommen hatte. Worauf es uns angekommen war, war, die Realität des Spieles aus der Sicht Dagmars zu entwickeln; Britta ließ sich aber nicht auf diese Realität ein; für sie war nur das Realität, was sie selbst als solche ansah. Sie setzte damit ihre Sicht der Realität gleich mit der Realität. Um aber so handeln zu können, wie Antje es von Britta verlangte und wie wir es als Gruppe von ihr erwartet hatten, hätte Britta in der Realität des Spieles, im „Als-ob-Rahmen" unserer Spielsituation bleiben müssen. Daß ihr das aber nicht gelang, hatte sie ja jetzt öfters klargestellt. Es konnte ihr nicht gelingen, weil sie dabei zumindest zum Teil von sich hätte abstrahieren können müssen.

Wenn sie sich teilweise zurückgenommen hätte, wäre ihr deutlich geworden, daß es in dieser Spielsequenz vor allem auf Dagmar ankam. Dagmar wäre diejenige gewesen, die die Offenheit der Situation hätte schließen können. Sie hätte auf unsere verschiedenen Hilfsangebote in irgendeiner Form reagieren müssen. Brittas Handeln aber „schüttete" diese Offenheit einfach zu. Ihre Art auf Dagmar einzugehen, tat Dagmar zwar „gut", aber sie gab ihr keine Möglichkeit an die Hand, ihre Situation zu erkennen, ihre Apathie zu überwinden und selbst aktiv zu werden, um ihre einmal erkannte Situation selbst handelnd zu verändern. Unter diesem Aspekt war Brittas Handlung keine pädagogische Hilfe für Dagmar; vielmehr war das Streicheln ein Mittel für Britta selbst, ihr Unbehagen, das aus Dagmars Verhalten resultierte, zu reduzieren. Dabei übersah Britta, daß sie in Wirklichkeit nicht Dagmar half, sondern vor allem sich selbst. Sie versuchte daher lediglich, die momentane Situation aufzulösen; so Britta selbst: „Ich fand es wichtig, das aufzulösen", wobei sie offen ließ, was sie unter „das" verstand: ihr eigenes Unbehagen oder die offene Situation.

Unter Beiseitelassen der Handlungsmotive von Britta kann man zwar sagen, daß sie Dagmar mitmenschlich verstanden hatte, aber nur soweit, daß es ihr gelang, ihr eigenes Unbehagen und das von Dagmar für den Moment zu minimieren: ihr genügte es, daß sie und Dagmar sich dann wohler fühlen konnten. Hätte sie aber Dagmar pädagogisch verstehen wollen, hätte sie auch versuchen müssen unter Berücksichtigung von Dagmars bisherigem Verhalten, deren gegenwärtige Absichten herauszufinden und ihr eigenes Verhalten besonders danach auszurichten, was Dagmar zukünftig geholfen hätte, nämlich zu vermeiden, in vergleichbare Situationen zu geraten bzw. dazu beizutragen, in ähnlichen Situationen selbst adäquate Lösungen zu finden.

Dafür hätte das von Britta gezeigte Verhalten höchstens der erste Schritt sein können, und auch nur dann, wenn es nicht allein eine rein emotionale Reaktion geblieben wäre, sondern als verantwortungsbewußtes Handeln auch intentional hätte begründet werden können bzw. in einen intentionalen Handlungsprozeß integriert gewesen wäre; dann nämlich, wenn Britta es nicht beim auf den Augenblick gerichteten Trösten beließ, sondern erkannt hätte, daß Dagmars eigentliches Problem, das heißt die Ursache ihrer jetzigen Trauer, darin lag, nicht in die Gruppe hineinzukommen, und ihr bloßes Mitleid nicht half, dieses Problem weder aktuell noch zukünftig zu lösen. Unter dieser Perspektive wäre Brittas Vorgehen ein pädagogisches, als Mitleid allein bleibt es unpädagogisch, caritativ-oberflächlich.

Zwar war dieses Trösten dann nicht überflüssig, es war im Augenblick sogar vordringlich, da Dagmar ihre Trauer am unmittelbarsten erlebte, aber für Pädagogik ist solch ein Handeln nur der erste Schritt, nicht schon das Ergebnis. Wichtig ist es daher, zuerst denjenigen, dem man pädagogisch helfen will, differenziert wahrzunehmen und als Subjekt zu verstehen. Geschieht diese Wahrnehmung nicht oder zu oberflächlich, reproduziert man bekannte, eingeschliffene Handlungsmuster, die der individuellen Problemlage der Betroffenen nicht, und wenn, dann nur zufällig gerecht werden können.

Differenzierte Wahrnehmung und pädagogisches Verstehen sollen aber gerade pädagogisches Handeln aus solch einer Zufälligkeit des Gelingens herausführen. Dabei kann es dann allerdings auch nicht darum gehen, seine eigene Emotionalität und Subjektivität völlig zu unterdrücken – dies ist faktisch auch weder im Handeln noch im Erkennen möglich – sondern das Ziel muß sein, sich ihrer soweit wie möglich bewußt zu sein. Genau wie ich auf einen anderen pädagogisch adäquat nur eingehen kann, wenn ich ihn differenziert wahrnehme und verstehe, muß ich mich selbst differenziert wahrnehmen und verstehen können, wenn ich zum anderen in eine pädagogische Beziehung treten will. Reflektiert man nicht seine eigene Emotionalität und Affektivität im Lichte dieser Beziehung, kann gerade dadurch jegliches erzieherisches Bemühen und jede pädagogische Intention torpediert werden. So gab in der obigen Szene Britta vor, Dagmar zu helfen, wo sie sich nur selbst half; in diesem Moment diente Dagmar dann nur noch als Vorwand, um eigene Bedürfnisse zu befriedigen (vgl. dazu auch das Phänomen des Helfer-Syndroms etwa bei SCHMIDBAUER 1977).

In solch einem Handeln gerät der andere dann ungewollt zum Objekt, wird nur noch Mittel eigener Intentionen und wird in seiner Subjekthaftigkeit als eigentlicher Zweck des Handelns nicht mehr wahrgenommen. Gerade ein Verhalten, das den anderen nicht mehr als eigenständiges (bzw. potentiell eigenständiges) Subjekt wahrnimmt, ist aber unpädagogisch. Subjektiv verfuhr Britta im oben geschilderten Fall nicht aus „unlauteren“ Motiven, sondern ganz im Gegenteil: von ihrer Sicht aus wollte sie ja Dagmar besser helfen. Wie sah aber diese Hilfe tatsächlich im einzelnen aus? Sehen wir es uns nochmals an:

Dagmar war als Außenseiter abseits unserer Gruppe mitleiderregend zusammengekauert und zeigte selbst kein Interesse mehr, sich der Gruppe zu nähern. Britta verließ nun die Gruppe und wollte Dagmar deswegen vor allem trösten. Britta hatte nach eigenen Worten nur noch Augen für Dagmar; daß sie dann aber durch ihr Verhalten unsere Gruppe sprengte, ging völlig an ihr vorbei. In ihrer Gefühlsaufwallung, die nur noch das Ziel kannte, Dagmar als der vermeintlich Schwächeren beizustehen, übersah sie ganz, daß sie neue Außenseiter schuf. Hatten wir in der Vorbereitung die Szene so konzipiert, daß Dagmar durch ihr Außenseiterverhalten, in dem sie, teilweise auch sich selbst-bemitleidend, verharren würde, unsere fröhliche Runde sprengen würde (deshalb war sie die nur vermeintlich Schwächere), um schließlich einen neuen Außenseiter hervorzubringen, so löste Britta die Gruppe tatsächlich vollständig auf.

Britta legte sich in dem von ihr gezeigten Verhalten keine Rechenschaft über die Konsequenzen ihres Tuns ab, sie war nicht fähig, dessen potentielle Folgen zu antizipieren. Stark eigennützige Motive waren zusätzlich für ihr Handeln maßgeblich; ihre Handlungsmotive waren aus einem emotionalen Unbehagen heraus erzeugt und besaßen wenig rationale Elemente. Sie zielten lediglich darauf ab, Dagmar Gutes zu tun, ihr ein momentanes Wohlbehagen zu erzeugen – was auch gelang.

Britta versäumte es dabei, sich in der Situation um ein tieferes und über den aktuellen Moment hinausreichendes Verstehen von Dagmar zu bemühen; für sie waren deren Befindlichkeit und Absichten selbstverständlich, denn sie rief sich ihre eigenen Gefühle und Interessen in Erinnerung, welche dann für alles weitere maßgeblich waren.

Anders lag die Sache aber nun wieder in dem anschließenden Kleingruppengespräch: hier sollte Britta und ihre Reaktion besser verstanden werden. Dieses Bemühen hatte nun aber nicht die harmonischen Grundtöne, wie sie etwa Brittas Streicheln auszeichneten. War es Brittas primäre Absicht, Dagmar zu schützen und zu schonen, ihr emotionale Solidarität und Beistand zu leisten, so wollten wir in unserer Zusammenkunft zwar Britta auch verstehen, sahen es aber nicht als nötig an, sie dafür erst in ihrem Verhalten zu bestärken.

So gingen wir gar nicht auf ihre Appelle, sie zu trösten und zu schonen ein („– so'n Stress!"); und auch ihre wiederholten Appelle, sie doch so zu behandeln ,wie sie es uns an Dagmar als Außenseiter „vorgeführt" hatte, indem sie sich als den eigentlichen Außenseiter darstellte („ich hab mich da als Außenseiter gefühlt, ganz intensiv als Außenseiter" oder „daß ich da so zuerst gesessen hab, so als Außenseiter, so als vollkommener Außenseiter"), wurden von uns nur gehört. Unsere Kleingruppe verhielt sich Britta gegenüber nicht besänftigend; wir verhinderten allerdings, daß sie sich zurückzog und forderten sie auf, sich der Auseinandersetzung zu stellen.

Wir behandelten sie nicht wie jemanden, den man nicht ernst nehmen kann oder den man schonen müßte. Dadurch konnte Britta von uns als gleichberechtigte Gesprächspartnerin angesehen werden und sich selbst als solche betrachten. Gleichzeitig setzten wir damit aber voraus, daß sie sich entsprechend „diskursfähig" verhielt: als sie sich zurückziehen wollte, wurde sie zu einer eigenverantwortlichen Leistung aufgefordert, wohingegen sie selbst im Spiel verhindert hatte, daß Dagmar Entsprechendes erbrachte. Daß es aber nicht genügt, von anderen nur zu verlangen: nun versteht mich mal!, sondern daß dafür auch ein Minimum an Eigeninitiative notwendig ist, konnte Britta somit klar werden, und sie ist es dann schließlich selbst, die dies als Fazit unserer Auseinandersetzung gegen Ende in Worte faßte:

> Wenn ich versuche, dich zu verstehen, wie du reagierst, dann ist das etwas, was sich bei mir abspielt und bei dir abspielt und nicht ausschließlich bei dir und nicht ausschließlich bei mir.

Britta hat also die Wechselseitigkeit, auf die Verstehen als ein pädagogischer Prozeß angewiesen ist, erkannt. Sie mußte nun aber auch lernen, daß die zweifellos in diesem Gespräch vorhandene Spannung nicht gleich am Anfang entschuldigend aufzulösen war. Wir machten ihr dabei klar, daß Verstehen nicht nur auf Harmonie als Ergebnis, auf Ein-Verständnis, abzielen muß, sondern daß Verstehenwollen geradezu Ausgangspunkt einer Auseinandersetzung, daß es „kritisches Verstehen“ (BOLLNOW 1949) sein kann.

Beides, harmonisches Einverständnis wie auch eine Kontroverse, sind dann Ergebnis einer subjektiven Bewertung der Motive, die der jeweiligen Handlung zugrundeliegen, die aber erst verstanden sein wollen. Einverständnis ist also daher keine zwingende Notwendigkeit, die aus Verstehen resultiert, sondern lediglich eine der möglichen Folgen; das Erkennen der zugrundeliegenden Motive bedeutet noch nicht deren An-Erkennung.

Dadurch daß es uns im Gespräch gelang, auftretende Spannungen nicht zugunsten einer scheinbaren Harmonie so rasch wie möglich wieder zu beseitigen, wurde der Konflikt nicht vorschnell zugedeckt oder auf andere Ebenen verlagert, sondern er konnte in der Auseinandersetzung gemeinsam – im dialektischen Sinne – produktiv aufgehoben werden: so konnten schließlich für alle Beteiligten annehmbare Ergebnisse erreicht werden.

In dem gleichberechtigten Umgang im Gespräch, in dem jeder als handlungsfähiges Subjekt geachtet und nicht nur als behandlungswürdiges Objekt betrachtet wurde, versuchte unsere Gruppe, die dem speziellen Verhalten im Umgang mit dem Medium Spiel zugrundeliegenden Motive zu verstehen. Dieses Verstehen war aber nicht darauf gerichtet, nur die vergangene Spielszene erklären zu können. Wir wollten die Spielszene, aus der Wirklichkeit geworden war, besser verstehen lernen, um auf dieser Grundlage Perspektiven für unser zukünftiges Handeln zu entwickeln; entsprechend äußerte sich Dagmar:

Das war ja die Frage, die wir uns gestellt haben: wenn wir Pädagogen werden, wie gehen wir auf Außenseiter zu?

Während die Haltung Brittas im Spiel nur auf eine Minimierung der Spannung im gerade gegenwärtigen Augenblick ausgerichtet war, ohne die damit verbundenen zukünftigen Folgen, sowohl für sich als auch für andere vorwegzunehmen, war das Verhalten unserer Kleingruppe gerade an der Gestaltung künftiger Situationen und Prozesse orientiert. Im Versuch, uns nicht mechanistisch anzuwendende Rezepte anzueignen, sondern Veränderungen in unserer persönlichen Haltung zu bewirken, die für zukünftiges Handeln relevant sein könnten, war unser Gespräch pädagogisch: wir versuchten gemeinsam, indem wir uns bemühten, nicht nur die Szene besser zu verstehen, sondern auch die darin agierenden Menschen, die dabei einen Teil ihrer eigenen Persönlichkeit zum Ausdruck gebracht hatten, sowohl Dagmar als auch Britta aber auch den anderen Gruppenteilnehmern Perspektiven zu vermitteln, die ihnen zukünftig ein situationsadäquateres Handeln ermöglichen sollten.

Gleichzeitig erfuhren wir alle auch mehr über uns selbst, denn in das Verstehen und Interpretieren legte jeder einen Teil seiner eigenen Subjektivität: er verstand und interpretierte die Szene so, wie er sie wahrgenommen hatte, was sie bei ihm ausgelöst hatte, was ihm selbst als wichtig in Erinnerung geblieben war; und schließlich erfuhr man sich als Darsteller selbst in den Rückmeldungen der anderen, lernte durch die vielfältigen Möglichkeiten der Wahrnehmung und Interpretation neue, bisher vielleicht nie selbst wahrgenommene Aspekte an sich kennen. So war das an- und abschließende Gespräch eine Fortsetzung und Ergänzung des Verstehenlernens mit pädagogischen Medien, gerade weil die gespielte Szene unvollständig war.

Der gemeinsame unternommene Versuch, das Abgelaufene zu verstehen, begnügte sich aber nicht damit, das absichtlich an Bedeutung in die Szene hineingelegte herauszufinden, beschränkte sich auch nicht auf eine reproduktive Wiederholung des Entstehungsprozesses der Szene oder des Schaffensvorganges, sondern stellte so einen produktiven Vorgang eigener Prägung dar, der es allen Beteiligten ermöglichte, zu neuen Sichtweisen des Gesehenen zu gelangen und neue Erfahrungsweisen des Dargestellten ermöglichte, um so pädagogische Relevanz zu erlangen. Die möglichen Bedeutungen lagen damit also nicht in den Darstellungen an sich allein, sondern vor allem darin, wie sie aufgnommen und im gemeinsamen Gespräch fortgeführt wurden, wie sie verstanden wurden. Diese Verstehensleistung wurde von Verstehendem und Verstandenem, von ursprünglichem Schöpfer und ursprünglich nur Aufnehmendem gemeinsam erbracht, um in dieser Wechselseitigkeit zu schöpferischem pädagogischem Verstehen werden zu können.

Dagmar Petersen

Selbstwahrnehmungen einer Pädagogikstudentin

Kurze Zeit nach unserem Seminar „Selbstwahrnehmung mit pädagogischen Medien" in Malente wurde ich von Werner und Hans Günther gefragt, ob ich nicht Lust hätte, all meine in Malente gemachten Erfahrungen schriftlich zusammenzufassen. Zuerst fühlte ich mich geschmeichelt, daß sie ausgerechnet meine Erfahrungen für so interessant hielten und daß sie mir diese Aufgabe zutrauten. Aber an meiner Anspannung und Nervosität merkte ich, daß ich sehr unsicher war und Angst hatte, der Aufgabe inhaltlich und sprachlich nicht gewachsen zu sein, da ich während meines Studiums außer privaten Aufzeichnungen und naturwissenschaftlichen Protokollen nichts Schriftliches angefertigt hatte. Auf meine unsichere Frage, was sie denn von mir erwarten würden, sagte Werner nur, daß ich einfach drauflosschreiben sollte, was mir in dem Seminar und danach wichtig geworden war. Nach nur kurzem Zögern sagte ich zu, weil es mich auch reizte, einmal aus meiner Sicht als beteiligte Studentin zu zeigen, was ich in dem Seminar erlebt, wie ich mich gefühlt, was ich dort für meine persönliche und gleichzeitig pädagogische Weiterentwicklung gelernt hatte. Auch wenn ich es mir im Moment nicht zutraute, warum sollte ich den Versuch nicht wagen?

Aber dann war es doch nicht so leicht getan, wie ich es mir vorgestellt hatte. Jedesmal, wenn Freunde mich auf meine im Zimmer hängende Maske und das Seminar ansprachen, konnte ich begeistert viel erzählen. Inzwischen hatte ich mir über das dort Erlebte so viele Gedanken gemacht, Querverbindungen entdeckt und Situationen aus meiner distanzierteren Sicht verstanden, daß ich oft den Eindruck hatte, mein Kopf müßte von dem ganzen Gedankenchaos platzen. Immer neue Aspekte taten sich auf, bis ich verzweifelt dachte: wie soll ich nur jemals Ordnung in das komplexe Geschehen, in dem ich mich in und nach Malente befunden hatte, hineinbringen, um es vollständig und nachvollziehbar darzustellen. Immer, wenn ich dann anfangen wollte, die Erinnerungen auf Papier zu bringen, saß ich wie gelähmt vor der Schreibmaschine oder rannte voller Anspannung ständig in die Küche, um mir einen Tee zu machen, Kekse zu holen oder sonstiges. Hatte ich einmal unter Mühen ein paar Worte auf das Papier gequält, kam mir alles so schlecht, so unwichtig vor, daß ich es am liebsten zerrissen, weggeschmissen und meine Erinnerungen für mich behalten hätte. Wen außer mich selbst sollten meine Selbstwahrnehmungen schon interessieren?

Nach einiger Zeit wurde mir dann klar, daß mich der Gedanke, mich durch das Beschreiben meiner im Seminar gemachten Eindrücke unbekannten Lesern zu öffnen und mich dabei in meiner ganzen Kleinheit und Schwäche, mit meinen Ängsten und Schwierigkeiten bloßzustellen, in Panik versetzte. Denn wenn ich ehrlich von mir, meinen Gefühlen, meinen Gedanken, meinen Erinnerungen berichten wollte, konnte ich mich nicht hinter allgemeinen Feststellungen verbergen, nicht durch abstrakte Theorien schützen. Aus meiner Angst, so nackt und fürchterlich verletzbar zu sein, durch jede Kritik und nicht erfolgende Anerkennung als ganze Person zerstört zu werden, konnte ich nur fliehen, indem ich entweder nichts schrieb, oder genau das erriet, was von mir erwartet wurde. Damit hatte ich wieder eine Parallele zu meinen Erfahrungen in Malente entdeckt, wo mich dieselbe Angst davon abhielt, meine in den Übungen gemachten Wahrnehmungen ernst und wichtig zu nehmen und sie den anderen Teilnehmern mitzuteilen.

Allgemein stellte ich fest, daß fast mein gesamtes Verhalten vor, in und nach dem Seminar in ähnlicher Weise ablief: Von allen Seiten sah ich Anforderungen und Erwartungen an mich gestellt, denen ich glaubte perfekt entsprechen zu müssen, um die für mich so wichtige Anerkennung von außen zu erlangen. Anforderungen, denen ich mich auf der anderen Seite nicht gewachsen fühlte, die ich in dem hohen Maße nicht erfüllen konnte. So hatte ich eine starke Angst vor Versagen und damit verbundener Ablehnung entwickelt, die mich einschränkte, das zu fühlen, zu denken, zu sagen und zu machen, was ich wollte und konnte.

Etwas später wurde mir dann bewußt, daß eigentlich ich selbst die höchsten Erwartungen an mich stellte, mich am wenigsten anerkannte, am härtesten beurteilte, verurteilte und bestrafte. Nach dem Aufschreiben der Sätze, mit denen ich in Form von „Du mußt...!" und „Du bist...!" diese Anforderungen und Verurteilungen an mich richtete, erkannte ich sie als die nun verinnerlichten Sätze meines Vaters wieder, die als „mein Gewissen" eine starke Macht auf mich ausübten, der ich mich noch wie das damalige kleine Kind beugte, indem ich angstvoll, schuldbewußt und mit dem Eindruck meiner Unfähigkeit und Wertlosigkeit reagierte. Gleichzeitig mit diesen Erkenntnissen entdeckte ich aber auch einen Widerstand in mir, mich dagegen zu wehren, mir das Recht zuzubilligen, das zu machen, was ich will und so gut wie ich es kann, um aus den neu gemachten Erfahrungen zu lernen, um mein noch durch kindliche Erfahrungen und Einstellungen meines Vaters geprägtes Bild von mir durch mein eigenes, dem heutigen Stand angemessenes, zu ersetzen und so langsam zu einem wirklich erwachsenen, selbstaktzeptierenden, selbstverantwortlichen Menschen zu werden, anstatt immer noch auf die Anerkennung meiner ganzen Person durch andere Menschen zu warten, die ich in meiner frühesten Kindheit nicht in dem gewünschten Maße erhalten hatte. Ich hatte es satt, mich aus diesem Grunde immer selbst zu verleugnen, anzupassen und klein und abhängig zu bleiben. Seitdem fühle ich mich wie von einem großen Druck befreit, und ich beginne, mich und die anderen Menschen in den gegenwärtigen Situationen offener und klarer zu sehen. Dies hilft mir weiterhin, trotz meiner weiter bestehenden Angst und der Schwierigkeit, mich von meinem alten Bild, das mir in seiner Vertrautheit doch Halt gegeben hat zu lösen und Schritte gegen „mein altes Gewissen" zu unternehmen.

Das Seminar in Malente spielte für mich in diesem Prozeß eine entscheidende Rolle. Nachdem ich kurz beschreibe, wie ich mein bisheriges Studium erlebt und aus welchen Motiven ich an dem Seminar teilgenommen habe, stelle ich die für mich wichtig gewordenen Erlebnisse und Erfahrungen im und nach dem Seminar dar und schließe mit einigen Überlegungen über die Bedeutung dieser Entwicklung für meine pädagogische Ausbildung.

Warum ich an dem ‚Medienseminar' teilgenommen habe

Während meines gesamten Studiums, ich studiere Biologie und Chemie für das höhere Lehramt, beschränkte sich mein bewußtes Lernen auf Aufnahme und Speichern von wissenschaftlichen Fakten, Theorien, Modellen und die Aneignung von handwerklichen Fähigkeiten wie Mikroskopieren, Präparieren usw. Diese Kenntnisse soll ich dann später meinen Schülern im Unterricht weitergeben. Dies lernte ich in Vorlesungen, in denen ich nur zuhörte oder in Praktika, in denen es auch auf meine aktive Mitarbeit ankam und in denen ich durch die Zusammenarbeit mit Studenten die Gelegenheit bekam, Kontakte zu ihnen im Rahmen des Studiums aufzunehmen. Ansonsten war es meine Privatsache, wie ich mich und meine Mitmenschen wahrnahm und mich ihnen gegenüber verhielt. Wie ich lernte, welche Schwierigkeiten oder Vorschläge ich hatte, interessierte niemanden. Wichtig war nur die Aneignung von Faktenwissen, um die Prüfungen zu bestehen. Nicht aber wichtig war ich als Mensch.

Mir war aber klar, daß ich es später mit Menschen zu tun haben werde, die, wie ich aus meiner eigenen Schulzeit wußte, nicht geduldig alles Vorgetragene aufnehmen werden, wie ich es jetzt noch während meines Studiums machte, sondern die durch ihr eigenständiges Verhalten, durch ihre vielfältigen

Motivationen und durch ihre persönlichen Schwierigkeiten die Unterrichtssituation maßgeblich prägen und mich als Lehrer zu ständigen Reaktionen veranlassen werden. Deshalb erhoffte ich mir in meinem begleitenden Pädagogikstudium neben der Information über Lerntheorien, Unterrichtsmethodik, Motivierung und Beurteilung der Schüler usw. doch auch mehr über das Verhalten von Menschen, von mir und meinen Mitstudenten zu erfahren, z.B. durch gemeinsame Reflexion über die im eigenen Erziehungsprozeß gemachten Erfahrungen und über unser jetziges Verhalten in den gemeinsam besuchten Seminaren.

Aber schon nach kurzer Zeit war ich auch von der Art meiner Pädagogikausbildung enttäuscht. Alle bisher besuchten Seminare, egal unter welchem auch noch so interessanten Thema sie standen, verliefen nach einem ähnlichen Schema. Zusammen mit noch meist vierzig anderen Lehramtsstudenten, die ich oft nicht kannte, saß ich in einem viel zu engen Raum und hörte dem vorn stehenden Seminarleiter zu, der das gemeinsam zu erarbeitende Thema bekanntgab und um eine freiwillige Übernahme der von ihm angebotenen Referate bat. Diese sollten dann zu Beginn jeder folgenden Veranstaltung vorgetragen werden und als Grundlage für Diskussionen dienen. Dafür wurde der Referent mit einem für die spätere Pädagogikprüfung benötigten benoteten Schein belohnt. Den meist viel zu schnell vorgelesenen kompakten Vorträgen konnte ich schon nach kurzer Zeit nicht mehr folgen, eine schwere, von mir als störend empfundene Müdigkeit überfiel meinen Körper, den ich die ganze Zeit ruhig halten mußte, um die Worte des Redners und die darin ausgedrückten Gedanken aufzunehmen und zu verarbeiten. Auch fühlte ich mich unwohl, wenn mir bewußt wurde, wie fremd mir die vielen Menschen, die mich in diesem Raum so dicht umgaben, waren und blieben. Und die Angst, in diese fremde Leere hineinzureden, ständig bewertet zu werden, mich eventuell bloßzustellen, hinderte mich daran, mich zu äußern. Dabei fühlte ich mich oft betroffen, wenn über die lernhemmende Wirkung von Leistungsdruck und Versagensangst gesprochen wurde, und ich saß da mit dieser Angst im Bauch und erinnerte mich kurz an viele Situationen aus meiner eigenen Schulzeit, in denen ich genauso empfunden und schweigend darunter gelitten hatte. Es wurde über die lernfördernde Atmosphäre des Vertrauens geredet, aber ich konnte weder zu mir noch zu den anderen Studenten, noch zu dem jeweiligen Professor Vertrauen entwickeln. Müde und enttäuscht, die hochgekommenen Erinnerungen an meine eigene Schulzeit vergessend, verließ ich jedes Mal das Seminar mit dem Eindruck, dort kaum mehr als durch das Lesen von Büchern gelernt zu haben.

Ich fragte mich, wie ich jemals vorprogrammierte Fehler in meiner späteren pädagogischen Praxis vermeiden lernen sollte, wenn sich meine pädagogische

Ausbildung auf die Vermittlung von Theorien beschränkte, bei der sich meine persönliche Beteiligung auf die gedankliche Aufnahme und Verarbeitung beschränkte, ich aber niemals als ganzer Mensch mit meinen Gefühlen, Erfahrungen, Verhaltensweisen im Zusammenhang mit dem Thema etwas lernte. Mir war unklar, wie ich so eine Verbindung zwischen diesen theoretischen Konzepten und mir als Menschen, als der ich erzogen worden bin und auch später erziehen werde, herstellen sollte.

In meinem vierwöchigen Praktikum an einer Grundschule, in dem ich zum ersten Mal vor einer Klasse stand und unterrichtete, merkte ich, wie ich während der Darbietung des vorbereiteten Lehrstoffes ständig auf die fünfundzwanzig vor mir sitzenden Schüler reagieren mußte, auf die vielen auf mich einstürmenden Eindrücke, wie hochgehobene Finger, Zwischenrufe, Antworten, Streitereien, Fragen usw. Meist geschah meine Reaktion spontan, da es mir in der Sekundenschnelle unmöglich war, in der Situation den einzelnen Schüler als ganzen Menschen zu sehen und zu verstehen. Meine Gefühle und Verhaltensweisen blieben mir weitgehend verborgen. Alle meine im Kopf gespeicherten Theorien nützten mir bei der Bewältigung der pädagogischen Situationen im Schulalltag nichts. Nach jeder Stunde versuchte ich meist vergeblich, den Verlauf der Stunde und besonders meine Reaktionen auf die Schüler zu erinnern und zu reflektieren, um daraus zu lernen. Dabei merkte ich, wie schwer es mir fiel, mich aus der Distanz zu betrachten und so zu sehen, wie mich eventuell die Schüler erlebten, in meiner Gestik, Mimik, in meinen durch sie ausgedrückten Einstellungen zu ihnen. Ich wollte mich überprüfen, ob sich mein praktisches Verhalten mit meinen theoretischen Überlegungen von einer den Schüler verstehenden Pädagogik deckten, oder ob ich unbewußt doch nach alten, gelernten Reaktionsmustern handelte. Mir wurde deutlich, wie schwer das Hineinversetzen in den einzelnen Schüler, das Verstehen von dem, was er dachte, fühlte und wollte, war, um auf dieser Grundlage pädagogisch zu handeln.

Nach diesen im Laufe meines Studiums gemachten Erfahrungen sah ich in dem angebotenen Seminar „Selbstwahrnehmungen mit pädagogischen Medien“ eine günstige Gelegenheit, mehr von mir zu lernen, wie ich mich, die anderen Menschen und meine Umgebung sehe, um mein Verhalten besser zu verstehen und gegebenenfalls zu verändern. Ich meldete mich an, weil es mich auch reizte, einmal für vier Tage aus dem üblichen Unibetrieb herauszukommen, in einer anderen Umgebung auf ganz andere Weise zu lernen und durch das gemeinsame Zusammenleben bessere, offenere Beziehungen zu den anderen teilnehmenden Studenten und Lehrern herzustellen.

Aber ich hatte auch große Angst, weil ich nicht wußte, was mich erwartete und was von mir erwartet wurde. Angst, mich eventuell vor den anderen öffnen und mich mit meinen Fehlern und Schwächen bloßstellen zu müssen, oder selbst bei der genaueren Beobachtung meines Verhaltens Entdeckungen zu machen, die mir nicht lieb sein würden, die vielleicht das Bild, das ich von mir hatte, zerstören könnten. Als ich hörte, daß das Thema des Seminars ‚Der Fremde' sein sollte, ahnte ich durch meine Anspannung, daß es mich sehr berührte. Ich wußte, daß ich mich als Kind in vielen Situationen als ‚Fremde', als Außenseiter, erlebt und gefühlt hatte, und ich befürchtete, daß es durch die mich betreffende Bearbeitung dieses Themas zu schmerzhaften Erinnerungen kommen würde, die ich am liebsten weiter verborgen hätte. Ich konnte mich nur mühsam gegen das bedrückende Gefühl wehren, eventuell auch in dieser Gruppe abgelehnt zu werden und als Außenseiter draußen vor zu stehen. So mußte ich vor dem endgültigen Beginn des Seminars mehrmals mit mir kämpfen, um nicht meine Anmeldung zurückzuziehen.

Mit den festen Vorsätzen, mich nicht von diesen Ängsten und Unsicherheiten beeinflussen zu lassen, sondern locker auf alles Neue zuzugehen, mich auf die Menschen und Situationen ganz einzulassen, wollte ich das Seminar beginnen. Aber schon bei dem ersten Treffen aller Teilnehmer, das noch im Pädagogischen Institut in Kiel stattfand, machte mich meine Unfähigkeit, diesen Vorsatz in Handlung umzusetzen, betroffen. Eine Steifheit hielt mich gefangen und hinderte mich daran, auf die mir noch teilweise fremden Menschen zuzugehen und sie anzusprechen. Und als wir neben einer Vorstellung auch unsere Erwartungen an das Seminar formulieren sollten, zog sich in meinem Bauch und Kopf alles zusammen, auf einmal schien mich die Enge des Raumes und die dicke Luft wie gewohnt einzuengen, zu bedrücken, mich am Durchatmen zu hindern. Bis in die Finger- und Fußspitzen gespannt saß ich, verkrampft meine innere Unruhe verbergend, auf meinem Stuhl und versuchte, konzentriert nachzudenken. Wie konnte ich mich als Person und gleichzeitig mit anspruchsvoll formulierten Erwartungen als interessierte und intelligente Studentin so darstellen, daß alle einen guten Eindruck von mir bekamen? Alle um mich herum schienen zu schreiben; so zwang ich mich auch, schrieb einige Worte, strich sie unzufrieden wieder durch, hätte am liebsten das Papier zerknüllt und in die Ecke geschmissen. Ich konnte das nicht. In dem Moment fühlte ich mich genauso unwohl wie sonst auch in den Seminaren, genauso isoliert und abgetrennt von den anderen Seminarteilnehmern, so unter Druck, etwas ‚Gutes' vorweisen zu müssen, nach dem ich bewertet und anerkannt werde. Ich wußte auf einmal nicht mehr, was ich eigentlich von dem Seminar erwartete. Durch diese ganze Grübelei in meinen Gedanken und Gefühlen gefangen, konnte ich überhaupt nicht mitbekommen, was die anderen über sich sagten. Anstatt daß sie mir mit der Schilderung ihrer Tätigkeiten und Erwartungen näherkamen, beängstigten sie mich und verstärkten in mir den Eindruck meiner Minderwertigkeit. Als die Fahrt nach Malente losging, atmete ich erleichtert auf und hoffte, daß es dort anders werden würde.

Malente

Nach dem gemeinsamen Abendbrot aller Teilnehmer, bei dem ich durch die ersten Gespräche in der lockeren Atmosphäre auftaute und mich etwas an die Gruppe und den Aufenthalt in Malente gewöhnen konnte, begann ich die erste Arbeitseinheit entspannter und mit weniger Überwindung, als ich vorher gedacht hatte.

Wir setzten uns nicht in einen Arbeitsraum zusammen, um über irgendetwas zu reden, sondern begannen mit Übungen. Nach Reinhards und Ellens Anweisungen ging ich mit der Gruppe im Raum herum, um mich beim Gehen auf mich, auf meinen Körper zu konzentrieren. Zunächst setzte ich noch wie gewohnt automatisch einen Fuß vor den anderen, steif und unsicher in die Runde blickend. Langsam aber begannen sich meine Muskeln zu lockern, und ich hatte den Eindruck, als ob ich mich von meinem Kopf immer mehr in meinen Körper, in meine Arme und Hände, in den Bauch, in Beine und Füße ausbreitete, daß sich mein Schwerpunkt vom Kopf in den Mittelpunkt meines Körpers verlagerte. Ich merkte wieder, daß ich einen lebendigen beweglichen Körper hatte, den ich sonst während meines Schreibtischstudiums vernachlässigt hatte. Während ich nun ganz auf ihn konzentriert durch den Raum ging, spürte ich meine hängenden Schultern, meinen schmerzenden Rücken, den Druck im Magen und über der Brust. Nach einer Weile konnte ich meine Befangenheit, die unsichere Steifheit und Hölzernheit meiner Bewegungen weiter überwinden und freier und gelöster durch den Raum laufen. Im weiteren Gang der Übung richtete ich meine Konzentration auf die mich umgebenden Gegenstände und Menschen, und viel bewußter als sonst spürte ich den ständigen Strom von äußeren Eindrücken über die Körperoberfläche, die Sinnesorgane wie Augen, Nase, Ohren, durch den Körper in meinen Kopf fließen. Während ich nun die Fremdheit des Raumes zu überwinden versuchte, indem ich auf die Gegenstände zuging, sie berührte, in die Hände nahm, ausprobierte, wurde mir deutlich, wie eingeengt und reduziert ich sonst meine Umwelt wahrnehme, wie sehr ich alles aus einer Entfernung über meine Augen aufnehme, als selbstverständlich und bekannt erkenne, mit den gelernten Begriffen benenne, ohne die direkte, unmittelbare Erfahrung von dem Gegenstand zu machen, ohne ihn durch Kontaktaufnahme erneut zu erleben. So faszinierte es mich, über die Holzwand zu streichen, die warme Rauhheit der Oberfläche zu spüren, den Linien der Maserung nachzugehen. Der Raum schien sich auf einmal auszuweiten, lebendig zu werden, Reize auszusenden, die mich neugierig machten und in mir den Impuls auslösten, darauf zuzugehen, um im Berühren und Ausprobieren die Gegenstände und mich weiter kennenzulernen. Aber sofort schaltete sich mein Kopf ein und unterband diesen spontanen Wunsch („Du bist doch kein kleines Kind mehr, das auf dem Boden herumkriecht und voller Freude alles in die Hände nimmt!“). Nur kurz wurde mir also klar, wie wenig ich mir sonst auf diese Weise meine Umgebung vertraut gemacht habe, wie wenig und auf enge Bereiche begrenzt ich bisher wahrgenommen und gelebt habe, wieviel Freude, Erlebnis- und Entwicklungsmöglichkeiten mir so versagt geblieben sind. Abrupt stand ich auf. Nun war ich erwachsen und nahm als Studentin an einem Pädagogikseminar teil, da konnte ich mich doch nicht so meinen Gefühlen und Impulsen hingeben. Mir wurden auf einmal die herumlaufenden und ab und zu kichernden anderen Seminarteilnehmer, deren Gegenwart ich vorher vergessen hatte, bewußt, und ich begann mich bei dem Gedanken zu schämen, daß mich eventuell jemand, der das alles bestimmt dumm und albern fand, beobachtet haben könnte, als ich beispielsweise so ganz versunken die Wand streichelte.

Die folgenden Übungen, wie das Ausdrücken meiner momentanen Stimmung durch Bewegungen, das Spiegelspiel mit Otmar, das Stellen eines Gruppenbildes, führte ich nach den obigen Erfahrungen wieder zurückhaltender, vorsichtiger und mit weniger Freude durch. Trotzdem haben mir damals diese wie auch andere nonverbale Wahrnehmungs- und Ausdrucksübungen schon geholfen, ein neues ‚Körperbewußtsein‘ zu ahnen, um mehr auf die Vorgänge in meinem Körper zu achten, auf Spannungen, Empfindungen, auf meine Haltung in bestimmten Situationen. In diesen Übungen lernte ich auch, genauer und empfindlicher meine Umgebung und die Menschen zu beobachten und die durch sie in mir hervorgerufenen Gefühle und Erinnerungen wahrzunehmen. Sie befreiten mich etwas von meinen sonstigen Hemmungen, mich so frei vor anderen Menschen zu bewegen, mich körperlich auszudrükken.

Wie in allen folgenden Arbeitseinheiten folgte nach diesem Übungsteil das Zusammentragen der in den Übungen gewonnenen Eindrücke aller Teilnehmer im großen Plenum, zu dem wir uns alle im Kreis auf den Boden hockten. Sobald ich dort saß, um zuzuhören und auch meine neugemachten Erfahrungen in Worte zu fassen und den anderen mitzuteilen, machte eine altbekannte immer stärker werdende Anspannung mich steif, und ein dumpfer Druck preßte meinen Kopf zusammen. Zwar sagte ich mir, daß meine subjektiven

Erfahrungen wichtig sind, daß sie zusammen mit denen der anderen ein gemeinsames Bild der von den verschiedenen Menschen unterschiedlich erlebten Situationen ergeben. Aber mein Eindruck, daß alles, was ich zu sagen hatte, unwichtig, schlecht, uniteressant sei, daß es den an mich gerichteten Erwartungen nicht entsprechen würde, schnürte mir so die Kehle zu, daß ich glaubte, platzen zu müssen. Ich konnte mich von dem Gedanken, immer etwas ‚Qualifiziertes' sagen zu müssen, nicht frei machen. Bestätigt wurde dieses Bild von meiner Unfähigkeit, als ich mich doch zwang, etwas zu sagen, dabei stotterte, glühend rot wurde, und anschließend gespannt auf eine Reaktion der anderen wartete. Da meine Worte im Raum stehenblieben, wäre ich vor Scham am liebsten wieder versunken.

Am nächsten Morgen wachte ich ganz verunsichert von dem vorherigen Tag und den noch auf mich zukommenden neuen Erlebnissen auf. Und wie so oft in solchen Situationen, guckte ich erwartungsvoll in den Spiegel, um jedenfalls in meinem Gesicht etwas mir Bekanntes und Vertrautes zu finden, das ich mochte und das mir Halt und Sicherheit gab, und um zu überprüfen, wie mich die anderen sehen, ob sie mich so leiden können. Aber bei dem Anblick meines unausgeschlafenen, etwas aufgedunsenen, zerknautschten Gesichts, zerstörte der Gedanke „Wie fürchterlich häßlich bist du nur, so kann dich kein Mensch gern haben" meine Hoffnungen. Nur mit Mühe konnte ich meine Traurigkeit darüber in den Griff kriegen („Reiß dich zusammen, und akzeptiere endlich dein Aussehen!") und äußerlich gefaßt zum Frühstück gehen.

An diese Szene erinnerte ich mich, als wir im Laufe der anschließenden Übungen mit Hilfe eines Handspiegels unser Gesicht ansehen sollten, um das dort entdeckte ‚Fremde' auf große Packpapiertüten zu malen und diese aufgesetzt im Raum herumzutragen. Bei dem Gedanken, mich wieder mit meinem Anblick zu konfrontieren, überfiel mich eine Lustlosigkeit und bleierne Müdigkeit. Nur die Angst, offenen Widerstand gegen diese Übung zu leisten und meine Unfähigkeit, mich auf diese Aufgabe einzulassen, zu zeigen, zwang mich, in den Spiegel zu sehen.

Das gefaßte, starr und beinahe leblos wirkende Gesicht mit großen, traurig-leidend blickenden Augen, das mir aus dem Spiegel entgegensah, erschreckte mich und tat mir weh („Kannst du nicht einmal fröhlich sein, wie alle? Mußt du immer mit dieser Trauermiene herumlaufen?"). Ich versuchte ein Lächeln, aber merkte sofort, daß es eine falsche, verkrampfte Geste war; dieses Gesicht, das ich ablehnte, konnte ich nicht freundlich anlächeln. So versuchte ich, alle hochgekommenen Gefühle und Erinnerungen schnell zu vergessen und mich der ‚eigentlichen' Übung zuzuwenden und als Fremdes in meinem Gesicht die Pickel, die dicke Nase und die runde Wangenpartie, lauter äußerliche Merkmale, die ich nicht leiden konnte, zu entdecken und mit leuchtend grünen und roten Farben auf die Tüte zu malen und diese als meine Maske aufzusetzen. Dabei begann ich mich langsam etwas zu entspannen und war auch froh, daß ich meine Hemmungen überwunden hatte, anderen Menschen so offen zu zeigen, was ich an meinem Gesicht ablehnte. Als ich dann nach einem Tausch mit Ulis Maske meiner eigenen unter all den fremden wiederbegegnete, war die Erfahrung, daß mir mein Gesicht in seiner Vertrautheit doch ganz lieb war und ich es so übertrieben häßlich gar nicht fand, zunächst ganz neu. Bei dem anschließenden Gespräch mit Uli über unsere Masken, konnte ich aber weder ihm darüber etwas erzählen, noch ihm richtig zuhören, denn sobald er begann zu beschreiben, daß er innere Zustände, wie Härte und Verkniffenheit, auf seiner Maske als Fremdes abgebildet hatte, begann ich meine Erfahrungen mit seinen zu vergleichen. Und mit den Vorwürfen, daß ich es mir wie immer zu leicht gemacht hatte, indem ich an den Äußerlichkeiten hängengeblieben und vor den angstauslösenden Gefühlen, die zu Beginn der Spiegelübung in mir aufgetaucht waren, geflohen war, wertete ich das Erlebnis so ab, daß ich mich verschloß, weiter nicht darauf einging, sondern als Ergebnis dieser Übung nur meine Unfähigkeit bestätigt sah und erneut den Vorsatz faßte, mir beim nächsten Mal mehr Mühe zu geben.

Tatsächlich bin ich mir bei der nächsten Übung, bei dem nächsten direkten Kontakt mit mir, einen Schritt näher gekommen. In diese Übung ist genau wie bei der Spiegelübung ein Moment aus meinem Malenter Alltag eingeflossen. So wie ich überhaupt die ganzen vier Tage als eine zusammenhängende Einheit aus Zusammenlernen und -leben empfunden hatte. Erfahrungen, die ich außerhalb der Arbeitseinheiten machte, bestimmten den Inhalt meiner Übungen mit, und Erlebnisse in den Übungen beeinflußten mein Verhalten in der freien Zeit. Sonst erlebte ich mein Studium ziemlich getrennt von meinem persönlichen alltäglichen Leben, sobald ich in eine Lernveranstaltung der Uni ging, ließ ich alles, was mich als Menschen betraf zu hause, und dort war ich häufig froh, wenn ich meinen Lernstoff einmal beiseitelegen und vergessen konnte.

In dieser nächsten für mich wichtigen Übung sollten wir uns alle an Situationen in unserem Leben erinnern, in denen wir uns als Außenseiter erlebt hatten, und wir sollten versuchen, uns noch einmal in diese Rolle hineinzuversetzen, um das damals empfundene Gefühl wachzurufen.

Mit geschlossenen Augen auf meiner Decke liegend, fielen mir sofort viele Situationen aus meiner Kindheit ein, wie ich z. B. bei sportlichen Veranstaltungen immer am Rande stand, still, niedergedrückt und traurig den anderen beim lauten Toben zusah und darunter litt, daß sie mich beim Spielen nicht dabei haben wollten, bis ich es nicht mehr aushielt und mich verkroch. Oder wie ich mich in der Klasse immer ebenso still, steif und stumm in die Ecke verdrückte, um von dort voller Neid die anderen Klassenkameradinnen beim lauten Lachen, Witzemachen usw. zu beobachten, bis ich mich erleichtert nach dem Klingeln auf den Unterricht konzentrieren durfte. Sobald ich mich wieder als das kleine, pummelige Mädchen sah, das sich immer abgelehnt und ungeliebt fühlte, das immer draußenvorstand, weil es glaubte nichts zu können und anders zu sein, zog sich mein Magen schmerzhaft zusammen, saß mir ein würgender Kloß im Hals, der mich am Atmen hinderte, und langsam breitete sich eine tiefe Traurigkeit in meinem ganzen Körper aus, der ganze damals so oft unbegreifliche Schmerz war wieder in mir lebendig geworden. Dabei fiel mir der Abend des Vortages ein, an dem ich ein ähnliches Gefühl nicht hochkommen lassen wollte:

Von den vielen Eindrücken des Tages ziemlich erschöpft, zog ich mich in mein Zimmer zurück, um dort etwas Ruhe zu haben und meine Erlebnisse aufzuschreiben. Sobald ich aber allein war, spürte ich eine unbehagliche Anspannung, die sich verstärkte, als ich auf dem Flur ständiges Singen, Lachen und Reden hörte. Es erinnerte mich an meine so oft gemachte Erfahrung, immer in Gruppen allein zu sein und an meine Befürchtung vor dem Seminar, daß es diesmal wieder so sein würde. Der Gedanke, daß ich mich vielleicht immer selbst auschloß, zwang mich, aufzustehen und auf das Zimmer, aus dem der fröhliche Lärm kam, zuzugehen. Aber als ich beim Eintreten die anderen der Gruppe singend auf den Betten sitzen sah, kam ich mir wie ein Eindringling vor. Obwohl ich mir eine zeitlang Mühe gab mitzusingen und mitzulachen, verhärtete sich alles in mir, und ich spürte, wie hinter meinem starr lächelnden Gesicht Tränen aufstiegen. Innerhalb der ausgelassenen Verbundenheit der anderen spürte ich noch deutlicher meine einsame Getrenntheit von ihnen und meine Unfähigkeit, sie zu überbrücken, so daß ich es nicht ertragen konnte und schnell wieder in mein Zimmer flüchtete. Ausgestoßen und wie geschlagen lag ich auf dem Bett und Worte wie „Du bist einfach unfähig, dich mag keiner!" quälten mich, bis ich mich kindisch beschimpfte und mich krampfhaft zusammenriß, nicht mehr daran zu denken.

Nun, als ich diese Szenen in der Erinnerung noch einmal nacherlebte, erschreckte mich die Ähnlichkeit meiner früheren und jetzigen Erlebnisse in der Gruppe, meiner dabei auftauchenden Gefühle und meines Verhaltens in all diesen Situationen. Ich konzentrierte mich auf das mit der Erinnerung wiederbelebte körperliche Empfinden in diesen Außenseitersituationen und merkte, daß die sich ausbreitende Traurigkeit mich völlig zu lähmen schien. Nach außen fühlte ich mich kalt und starr, wie von einem harten Panzer umgeben, während in meinem Innern ein brennender Schmerz bohrte.

Dieses Gefühl versuchte ich anschließend, wie alle anderen Seminarteilnehmer auch, auf meiner in einem vorhergehenden Arbeitsschritt von meinem Gesicht abgenommenen Agoplastmaske farblich auszudrücken. Dabei löste sich das, was ich vorher so schmerzhaft erlebt hatte, in Farben und Formen auf. Und während ich alles um mich herum vergaß, gewann mein schreckliches Gefühl auf der Gesichtsmaske immer mehr Gestalt und Ausdruck. In dem Moment existierten nur ich und meine Maske, auf der ich diesen sonst in mir verborgen gehaltenen Teil von mir abbildete, und damit zu einem außerhalb von mir existierenden Gegenstand machte, den ich, als er fertig war, in den Händen halten und eingehender ansehen konnte: Das ganze Gesicht war düster olivgrün, die Augen durch mehrere dunkelbraune, nach unten spitz in Tränen auslaufende Ringe betont, auch die Mundwinkel des verschlossenen braunen Mundes waren weit nach unten gezogen. Weitere Falten verstärkten den tieftraurigen, niedergedrückten Ausdruck. Je länger ich dieses Gesicht ansah, desto mehr erkannte ich es wieder als das erstarrte Gesicht, das ich in der früheren Übung nicht im Spiegel sehen wollte, weil ich die daraus sprechende Traurigkeit ablehnte. Nun hatte ich sie in dieser Übung in Form der Maske zulassen können, um, wenn auch zögernd, zu erkennen, daß sie da war: Meine Traurigkeit.

Als ich dann meine Maske über mein normales Gesicht zog, glaubte ich, mein Innerstes nach außen zu kehren, mich nackt und schutzlos so zu zeigen, wie ich mich hinter meiner erwachsenen Fassade der Stärke und Selbstsicherheit sehr oft fühlte: klein, schwach und hilflos. Da keine der befürchteten, mich ablehnenden und zerstörenden Reaktionen erfolgten, spürte ich auch Erleichterung, mich einmal offen dazu bekannt zu haben.

Je länger ich nun meine Maske ansah und aufsetzte, desto mehr fühlte ich mich eins mit ihr, mein ganzer Körper wollte dabei in traurige Bewegungslosigkeit fallen. So fiel es mir nach dem Ausdrücken des auf der Maske dargestellten Gefühls durch Bewegungen sehr schwer, mich aus diesem Zustand körperlich wieder zu befreien, die Maske abzulegen und wieder ‚normal' zu werden. Ich mußte mich zwingen aufzustehen, locker umherzugehen, mit den anderen zu reden und dabei ein fröhliches Gesicht zu machen. Es erschien mir in dem Moment viel fremder und maskenhafter als meine Maske, die ich am liebsten wieder aufgesetzt hätte, um zu zeigen: „Seht, so fühle ich mich jetzt wirklich, nicht so, wie ihr mich seht." Aber das Erlebnis, das Bekannte als so fremd zu sehen, dagegen das vorher Fremde und Abgelehnte so viel vertrauter, war so neu und irritierend, daß ich überhaupt nicht mehr wußte, was ich fühlte und tun sollte. Ich konnte mich doch nicht einfach in die Ecke setzen und heulen. Mir war alles sehr unbegreiflich.

Eine Möglichkeit, mich darin weiter kennen- und verstehenzulernen und auch mitzuteilen, bot sich mir in der folgenden Übung, in der fünf der

Außenseitersituationen von je einer Fünfergruppe spielerisch dargestellt werden sollten, um sie unter dem Aspekt des pädagogischen Verstehens und Handelns zu beobachten und zu besprechen. Nach nur kurzer Vorbereitung unserer Szene, in der ich Antje, Britta, Hans und Otmar das Typische an den von mir als Außenseiter erlebten Situationen erzählte, führten wir unser Spiel auf:

Mit meiner Maske über dem Gesicht, verborgen hinter einem dunkelgrünen Tuch, das ich über Kopf und Schultern hielt, stand ich mit dem Gesicht zur Wand in einer Ecke. Ab und zu sah ich hinter dem Tuch hervor zu der sich zusammenschließenden Gruppe, die sich auf einem großen ausgebreiteten Tuch hinsetzte, eng umfaßte und zu schunkeln begann. Nach einigen Minuten drehte ich mich um und hockte mich auf meine Knie, ich wollte auf die Gruppe zugehen, um dabeizusein. In gebückter Haltung, das Tuch weit über das Gesicht gezogen, rutschte ich langsam Stückchen für Stückchen auf die Gruppe zu. Je näher ich ihr kam, desto schwerer fühlte ich meinen Körper, desto mühsamer wurde mir die Vorwärtsbewegung. Ich spürte ein schmerzhaftes Zusammenziehen, ein geblocktes Streben nach vorn zur Gruppe, aber die lähmende Schwere meiner Glieder wollte mich auf der Stelle festhalten. Kurz vor der Gruppe hob ich mit großer Kraftanstrengung meinen Oberkörper ein wenig, um die schunkelnden Bewegungen der Gruppe nachzumachen. Dabei warf ich einen kurzen Blick unter meinem Tuch hervor auf die Gruppe, ob sie sich mir öffnete und mich in sich aufnahm. Aber ich sah nur ihre geschlossene Fröhlichkeit, so daß ich wie zurückgeschlagen in mich zusammensackte und mich unter meinem Tuch verbarg. Bewegungslos in mich gekehrt, glaubte ich vor Schmerz zu erstarren und sehnte mich nach einer mich daraus befreienden Reaktion der Gruppe. Aber als nichts erfolgte, kroch ich in meine Ecke zurück, um mich dort meiner Trauer über das Ausgestoßensein, das Abgelehntsein und meiner Einsamkeit hinzugeben. Plötzlich spürte ich einen Arm auf meiner Schulter, so daß ich aufgeschreckt meinen Kopf drehte. Britta hockte neben mir und spendete mir Trost, was als Spielhandlung gar nicht vorgesehen war. Aus dem Spiel war Ernst geworden.

Unmittelbar nach dem Spiel habe ich sehr benommen im Kreis der Zuschauenden, die ihre dabei gemachten Beobachtungen zusammentrugen, gesessen, ziemlich erschöpft, aufgewühlt, stark halt- und orientierungslos wie in einem dichten Nebel, durch den nichts zu mir durchdrang. Mir war das Spielgeschehen ganz doll an die Nerven gegangen. An das, was damals gesagt wurde, kann ich mich nicht mehr erinnern. Mein Kopf war zum Zerplatzen gespannt, mein Körper wie betäubt; am liebsten wäre ich fortgelaufen und hätte mich versteckt, um Ruhe zu haben.

Aber ich blieb und zwang mich aus diesem unerträglichen Zustand herauszukommen, indem ich versuchte, das Gespielte von außen zu sehen und aus einer pädagogisch verstehenden Perspektive zu betrachten. Zunächst schämte ich mich auch dabei wieder, als mir klar wurde, wie hilflos und kindisch ich mich im Spiel gezeigt hatte. Ich wollte mich von der von mir dargestellten Unfähigkeit, in eine Gruppe aufgenommen zu werden, von meinem Außenseiter-,Fehlverhalten' erneut distanzieren, es ablehnen und verurteilen, so wie ich es bisher immer getan hatte. Mit dieser Außenseiter-Dagmar wollte ich von nun an wirklich nichts mehr gemeinsam haben. Ich entfernte mich mit solchen Vorsätzen immer weiter von mir, bis ich mein Spielverhalten nur noch als ein allgemein pädagogisch interessantes Außenseiterverhalten ansehen konnte, das nichts mehr mit mir zu tun hatte.

In einem anschließenden Gespräch unserer Spielgruppe über Brittas unerwartetes, nicht geplantes Verhalten am Schluß der Spielszene, griff ich sie, die auf mich doch so liebevoll zugegangen war, wegen ihres unüberlegten die Handlung abbrechenden Verhaltens an. Dabei gewann ich langsam an Sicherheit zurück. Ein anschließendes Gespräch mit Ellen oder vielmehr das, was ich daraus entnommen hatte, begann dann erneut, mir ein noch schlechteres Gewissen zu machen. Ellen meinte, daß es sie sehr beeindruckt habe zu sehen, wie ich als Außenseiter in meinem Unvermögen, aktiv auf die Gruppe zuzugehen und mich konstruktiv einzugliedern, die ganze Gruppe als Folge ihres Bemühens, mir zu helfen, mehr und mehr aufgelöst habe (Wie ich später im Videofilm sah, hatten sich in der Tat, nachdem ich nach meinem gescheiterten Versuch, in die Gruppe zu gelangen, zusammengesunken war, sowohl Otmar durch tuchwedelndes Um-mich-herum-hüpfen als auch Hans durch zaghaftes Auf-mich-zugehen um mich bemüht, so daß am Schluß der Gruppenzusammenhalt wirklich verloren gegangen war. Diese Vorgänge hatte ich beim Spiel gar nicht wahrgenommen). Indem Britta dann trostspendend auf mich zugekommen sei, – meinte Ellen – habe sie mich auch für die Zukunft darin bestärkt, weiterhin durch Außenseiterverhalten die Zuneigung anderer zu gewinnen, die ich immer bekommen möchte.

Ich hörte aus Ellens Worten zunächst nur heraus: „Du zerstörst mit deiner Passivität alle Gruppen und gewinnst so niemals die Zuneigung der anderen! Du mußt aktiv sein und auf sie zugehen, wenn du angenommen werden willst!" Worte, die mir bekannt waren und sofort wieder ein Gefühl der Schuld in mir wachriefen, sowie den festen Entschluß, mich zu bessern. Von nun an wollte ich gegen meine Passivität, gegen meine Angst, auf andere Menschen zuzugehen, gegen mein Außenseitergefühl und -getue noch mehr angehen, um endlich aus diesem kindlichen Verhalten herauszukommen und erwachsen zu werden und um künftig andere Gruppenmitglieder mit meiner Person nicht mehr zu beeinträchtigen.

So hatte wieder mein bekanntes ‚schlechtes Gewissen', wie durchgängig in dem Seminar, den Sieg errungen. Es hatte wieder meine gerade erst zugelassene, noch fremde und unverstandene Traurigkeit über mich unterdrückt. Und durch die Bestätigung meiner noch vor dem Seminar vagen Befürchtungen, bei mir etwas zu entdecken, das mir nicht lieb sein könnte, und der für mich nun ganz gewissen Erkenntnis, die ich aus den Erfahrungen in Malente zog, daß ich so wie ich war, den an mich gerichteten Erwartungen nicht entsprach, das heißt für andere unfähig und unannehmbar war, daß ich eben anders sein mußte, um anerkannt zu werden, hatte dieses Gewissen wieder an Macht gewonnen. Damit war der ständige Kreis, in dem ich mich immer noch befand (überhöhte Anforderungen – Versagen – schlechtes Gewissen – Ohnmacht), wieder geschlossen, und ich konnte von vorn beginnen. Es dauerte noch einige Monate, bis ich diesen Teufelskreis genauer durchschaute, ihn besser verstand und bis ich beginnen konnte, mich daraus zu befreien.

Die Zeit bis dahin war geprägt durch mein Bemühen, den Entschluß, mich durch aktiveres Verhalten zu verändern, in die Tat umzusetzen. Jede Situation erlebte ich als Prüfung, ob ich mein gesetztes Ziel erreicht hatte und ob es von allen anerkannt wurde. Mein Kopf bombardierte mich mit Kommandos, Anforderungen und Verurteilungen, trieb mich an, mich zusammenzureißen und es ständig besser zu machen. Während mein Körper immer stärker mit Müdigkeit, Schwere und Anspannung, einem großen Bedürfnis nach Ruhe und Entspannung reagierte, dem Wunsch, sich einer erdrückenden Last zu entledigen. Aber ich interpretierte diese Zeichen nur als Schwäche und Unfähigkeit, als Mißerfolg, der mich weiter anhielt, dagegen mit aller Macht anzugehen. Zwei für mich wichtige Ereignisse gaben mir die letzte Bestätigung, in allen Bereichen zu versagen: Meine schlecht beurteilte Pädagogikprüfung brachte die bisher wichtigste Stütze meines Selbstbildes – gute Noten für anerkannte Leistungen in Schule und Studium – ins Wanken. Mein Eindruck, auch von den Mitbewohnern meiner Wohngemeinschaft, in die ich nach dem Seminar in Malente eingezogen war, in meiner hilflosen passiven Art abgelehnt zu werden, zeigte mir die Vergeblichkeit meiner Mühen, mich zu verändern und geliebt zu werden.

Erst, als ich an diesem Tiefpunkt meine lähmende Traurigkeit zuließ, anstatt sie wie bisher mit starken Gewissensansprüchen zu bekämpfen, und als ich sie als meinen wirklichen Zustand ernstnahm, trat eine entscheidende Wende in meinen Veränderungsbemühungen ein. Von nun an begann ich mich zu fragen, warum ich mich immer so überfordert fühlte, immer bestrebt war, den Anforderungen der anderen zu entsprechen, und glaubte, so wie ich war, abgelehnt zu werden. Dabei bemerkte ich, daß ich mich im Kreise drehte, solange ich nur in meinen eigenen Gedanken blieb. Wenn ich weiterkommen wollte, mußte ich meine Angst, mich durch das Mitteilen meiner Schwierigkeiten und Unzulänglichkeiten bloßzustellen und durch die direkten Aussagen der anderen Menschen über mein Verhalten etwas zu hören, was mir weh tat, überwinden und mich mit meiner Angst und Trauer auseinandersetzen. In dem Gespräch, das ich daraufhin mit meiner Mitbewohnerin führte, um genau von ihr zu erfahren, was sie an mir ablehnte, erfuhr ich, daß sie mich bis auf einige sie störende Verhaltensweisen gut akzeptieren könne. Danach begann ich, meine verquerte Perspektive der Wahrnehmung von mir und den Reaktionen der anderen zu erkennen, die unter anderem bestimmt war durch mein unrealistisches Ideal, von allen Menschen als vollkommen anerkannt werden zu wollen, verbunden mit der ständigen Angst, diese Anerkennung nicht zu erhalten.

Nun konnte ich mich auch erst richtig mit den Geschehnissen des Seminars, deren Bedeutung ich zu erkennen begann, beschäftigen, um meine Selbsterfahrungen aufzuschreiben. Dazu sah ich mir den Videofilm mit Aufnahmen von den verschiedensten Situationen des Seminarablaufes nochmals an. Durch die Augen der Kamera sah ich nun wie ein Außenstehender, mich inmitten der anderen Studenten und Lehrer durch den Raum gehen, im Plenum sitzen, meine Maske anmalen, und wußte gleichzeitig, was ich in den Momenten gefühlt, wie ich mich in den Situationen erlebt und die anderen wahrgenommen hatte. Ich erkannte, wie eingeschränkt ich durch meine subjektive Perspektive das Geschehen damals nur mitbekommen hatte. Wie auf der anderen Seite aber nur ich ganz allein die mit den einzelnen Situationen verbundenen Gefühle und Erinnerungen kannte. Beim Anblick meines Gesichtes, meiner Haltung beim Gehen und beim Zusammensein in der Gruppe merkte ich, wie aufmerksam jemand beobachten muß, um in ihnen die Zeichen zu sehen und zu verstehen, die ausdrückten, was ich fühlte, dachte und wollte. Und es machte mich dann sehr betroffen, als ich die Gesichter der anderen Seminarteilnehmer ganz nah vor mir sah wie vorher mein eigenes. Denn ich begann zu ahnen, daß in diesen Menschen ebensoviel vor sich gegangen sein muß wie in mir, daß sie nur, geprägt durch ihre andersartigen vorhergehenden Erfahrungen, die Situationen und Menschen anders gesehen und erlebt haben mußten. Davon hätte ich nur erfahren können, wenn ich ihren Gesichtsausdruck, ihre Körperhaltung, ihre Reaktionen oder sprachlichen Äußerungen beachtet, darauf eingegangen wäre, um sie nachzuvollziehen und zu verstehen. Aber eingefangen in mein eigenes Erleben hatte ich den Einzelnen in der Gruppe überhaupt nicht genügend wahrgenommen, war nicht auf ihn zugegangen, um ihn kennenzulernen, sondern erwartete immer bloß von ihm, durch sein Auf-mich-Zugehen anerkannt zu werden. Da ich von allen

Menschen nur Erwartungen und Verurteilungen an mich gerichtet glaubte, bezog ich jede Äußerung so auf mich, daß ich nur das heraushörte oder -sah, was meinem Bild von mir entsprach und mein altes Schuldgefühl verstärkte. So konnte ich die Äußerungen anderer Menschen nicht als Mitteilungen von ihnen erkennen, die eher über sie als über mich etwas aussagten.

Die von meiner Gruppe aufgeführte Spielszene, die ich nun mit ganz anderen Augen ansah, verdeutlichte mir dies anschaulich und eindrücklich. Auch dort war mein Zugehen auf die Gruppe durch meinen Wunsch, von ihr aufgenommen zu werden, bestimmt; der Einzelne in der Gruppe interessierte mich nicht, ihn sah ich nicht, so wie ich die verschiedenen Reaktionen auf mich nicht wahrgenommen und beachtet hatte. Und das Zusammensinken und Abwenden von der Gruppe, nachdem ich die Geschlossenheit der Gruppe als befürchtete Ablehnung von mir als Person interpretiert hatte, zeigte mir einerseits den Einfluß meiner früheren Erfahrungen, Erwartungen und Interpretationen auf mein Handeln, als auch die dadurch hervorgerufene beschränkte Wahrnehmung von dem, was tatsächlich geschah.

Diese ganzen Erfahrungen und besonders die letzten Einsichten haben mir die Bedeutung meiner Selbstwahrnehmung und Selbsterkenntnis für meine pädagogische Befähigung in meiner späteren Praxis gezeigt. Denn gerade in pädagogischen Situationen kommt es darauf an, wie ich sie sehe, erkenne und in ihnen reagiere. Je mehr ich mir über meine Perspektive und Verhaltensmotive bewußt werde, so wie es durch das Seminar angestoßen wurde, desto besser kann ich mit ihnen umgehen oder sie verändern.

Wenn ich mir nicht im Laufe des letzten Jahres über den Teufelskreis, in dem ich mich ständig bewegt hatte, klar geworden wäre, so hätte er, ohne mir bewußt zu sein, auch in meiner Schulpraxis mein Verhalten geprägt. Und dies hätte so ausgesehen wie in den geschilderten Situationen in Malente; das heißt, daß ich infolge meines Bestrebens, allen an mich gestellten Anforderungen zu entsprechen und eine gute Lehrerin zu sein, den einzelnen Schüler nicht gesehen hätte, sondern alle Äußerungen im Unterricht auf mich bezogen, als Anerkennung, Ablehnung oder Angriff empfunden hätte und nicht als Mitteilung über den anderen, als sein Problem. Weiterhin hätte ich die Anforderungen, die mich unbewußt leiteten, auch gefordert und das, was ich bei mir ablehnte, auch bei den Schülern verurteilt, so wie ich das in der Szene dargestellte ‚Außenseiter-Fehlverhalten' abgelehnt und verurteilt hatte, ohne mich weiter darauf einzulassen, um es zu verstehen. Insgesamt wäre ich nur wenig in der Lage gewesen, den Schüler zu verstehen, um ihm gerecht zu werden.

Erst mein Selbstverstehen ermöglicht es mir, von mir selbst Abstand zu nehmen, um mich den anderen Menschen, damit auch dem Schüler zuzuwenden, um ihn in seiner Art zu sehen und zu verstehen. Seitdem ich gelernt habe, auf meine Mimik, auf meinen Körper, meine Haltung und Bewegung zu achten, kann ich um so besser die durch sie ausgedrückten Zeichen auch bei anderen wahrnehmen. Die Schwächen und Schwierigkeiten, die ich bei mir zugelassen habe, mit denen ich mich auseinandergesetzt habe, kann ich auch eher bei anderen sehen und mich damit konfrontieren. Wichtig ist für mich auch, daß ich durch die zunehmende Sicherheit meiner eigenen Wahrnehmungen, meiner daraus gewonnenen Erkenntnisse Entscheidungen treffen kann und für diese die Verantwortung übernehme.

VI. Wozu nützen pädagogische Medien im Beruf?

Hans Günther Homfeldt

Mit Medien finden Lehrer zu sich selbst

Welches pädagogisch bedeutsame Sinnverstehen entwickeln die am Seminar teilnehmenden Lehrer? Welche Bedeutung gewinnt für sie das ‚Lernen am eigenen Leibe'? Wie verläuft ihr Prozeß pädagogischer Qualifizierung mit Medien? Was interessiert mich an diesen Fragen? In meiner schulischen und hochschulischen Praxis habe ich zunehmend mehr verspürt, daß einzig und allein die Leistung des Kopfes gefragt ist und erkenntnismäßiges Erfassen und Abrufen gespeicherten Wissens erwünscht sind. Körper und Gefühl sind massiv da, bleiben aber weitgehend unbeachtet. Bei H. Rumpf lese ich (1978, S. 49):

„Die Beschleunigung und Standardisierung des Lernens ... hat ihren Preis: je abgesonderter dieses Lernen von komplexen, praktischen Zusammenhängen ... ist, je homogener Anforderungen, Hilfen, Kontrollen sind, um so mehr schrumpfen für die Subjekte Spielräume, in denen sie angstfrei probieren und kommunizieren können, in denen sie Momente der eigenen Lebensgeschichte zum Zug bringen, in denen man auch auf anderes stößt, stoßen darf, als es das sogenannte Gesetz der Sache diktiert."

Pädagogische Qualifizierung meint den ganzen Menschen. In der Tendenz versuchte dies für einen kurzen Zeitraum die staatliche Reformpolitik der Weimarer Republik in der Volksschullehrerausbildung zu verwirklichen. In den Pädagogischen Akademien stand zunächst die Ausbildung der Lehrerpersönlichkeit im Mittelpunkt, jedoch nicht auf der Grundlage kritisch reflektierter Methoden, Interpretationen und ideologiekritischer Betrachtungsweisen. Während in den 50er Jahren und noch im ersten Teil der 60er Jahre die Tradition der Pädagogischen Akademien fortgesetzt wird, beginnt sich von der Mitte der 60er Jahre an ein Tendenzwandel durchzusetzen. Die ‚realistische Wendung' in der Pädagogik als Wissenschaft führt auch zu Veränderungen in der Ausbildung, die sicher im nachhinein anders aussehen, als sich mancher Befürworter der realistischen Wendung dies gewünscht hat.

Der Anspruch der Fächer verwirklicht sich anfangs als Studium eines Wahlfachs, dann als Studium zweier Fachdidaktiken. 1980 werden z. T. bereits drei Fächer studiert. Im gleichen Maße sinkt die Bedeutung des Studiums der Erziehungswissenschaften. In dem Maße wie die Einheit der pädagogischen

Ausbildung in Fachdidaktiken/Fachwissenschaften und Erziehungswissenschaften zerfällt, zerbrechen das Hochschulleben und die Qualifizierung der Studenten in Teilbereiche, ja entsteht zwischen Fachdidaktik und Erziehungswissenschaft eine für das Ganze nachteilige Konkurrenz.

Nun könnte man meinen, meine weiteren Überlegungen gingen in eine restaurative Richtung. Ich plädiere für ein ganzheitliches Konzept pädagogischer Ausbildung. Die Aussagen RUMPFS anders gewendet, heißt dies: Lernen soll sich in komplexen praktischen Zusammenhängen vollziehen. Anforderungen, Hilfen, Kontrollen sollen möglichst von den Auszubildenden her entfaltet werden, das heißt aber eben, ihnen Spielräume zuzugestehen, in denen sie relativ angstfrei probieren können, in denen sie Momente der eigenen Lebensgeschichte zum Zug bringen und auf anderes stoßen dürfen, als es das sogenannte Gesetz der Sache diktiert.

H.K. BECKMANN (1968, S. 187) verweist darauf, daß die berufspraktische Ausbildung die Anhebung auf wissenschaftliches Niveau nicht mitgemacht habe. Dies gilt tendenziell auch für die berufspraktische Tätigkeit. Weitgehend ist sie Handwerk geblieben. In diesem Zusammenhang möchte ich auf O. HAMMELSBECK verweisen (1958, S. 187): Er betonte die Gleichrangigkeit von Wissenschaftlichkeit, Bildung und Beruf. Wir möchten dies so zuspitzen: Wissenschaftliche Arbeit, pädagogische Praxis und Ausbildung sowie ästhetische Betätigung sollten bis in kleinste Äußerungen zu einer Einheit zusammenwachsen und die pädagogische Qualifizierung fundieren.

Parallel zum Zerfall einer ganzheitlichen pädagogischen Ausbildung an der Hochschule ist eine ähnliche Tendenz in der Volksschule von der zweiten Hälfte der 60er Jahre an feststellbar. Die Entwicklung der Volksschule zur Hauptschule hat nicht die erhoffte qualitative Verbesserung dieses Schultyps erbracht. Fachunterricht nach dem Fachlehrerprinzip hat ‚den Stoff', ‚das Pensum' verstärkt in den Vordergrund treten lassen. Es fehlt die Zeit, Unterricht komplex zu gestalten. Wahrnehmen und Verstehen treten zunehmend in den Hintergrund. Effektivität, Überprüfung, Tests, Kontrolle, Punkte bestimmen das schulische Feld. Man spricht zu Recht von der ‚Taylorisierung des Unterrichts' (K.-J. BRUDER, 1971, S. 113–130). Die ‚Kopflastigkeit' in der gesamten Ausbildung hat tendenziell dazu geführt, daß die Schule trotz intensiver, aber auch wieder nur kopflastiger Bemühungen, den Lehrplan zu verbessern, in jeder Hinsicht noch ausgedünnter wurde. Insbesondere die Hauptschule ist noch sinnleerer für die Schüler geworden; denn es kann nicht ohne Schaden ein wesentlicher Teil des Lebensganzen für viele Stunden am Tag ausgeklammert werden, ohne daß Körper, Kopf und Sinne Schaden nehmen.

Welche Auswirkungen einseitige kognitive Beanspruchungen in der Schule mit sich bringen, formuliert K. J. PAZZINI (1979, S. 88) so:

„Die Ausbeutung des Körpers für die Leistungen des Kopfes, das Ausbeuten des Machens für das Denken können nicht ohne Schaden fortgesetzt werden. So, wie Denken heute in der Schule ‚organisiert', veranlaßt wird, ist der Körper, sind gefühlsmäßige Betätigungen weitgehend ausgeschaltet. Aber wo bleiben diese Energien? Sie machen sich Luft in destruktiver Aggression ... Überhaupt scheinen die meisten Fluchtwege aus einer nicht mehr akzeptierten gesellschaftlichen Realität – weit über die Schule hinaus – eng mit dem Bedürfnis verbunden zu sein, den eigenen Körper zu spüren, sich voll und ganz einzusetzen bis hin zur Zerstörung der physischen Grundlagen des eigenen Lebens, weil die Integration nicht gelingen will."

Die Seminare ‚Selbstwahrnehmung und Selbsterfahrung mit pädagogischen Medien' möchten Studenten und Lehrern eine ‚Gegenpraxis' anbieten. Sie möchten eingeschliffene Muster des Alltagshandelns stören, zur Routine gewordene Gleichgewichte verschieben, beunruhigen, aber auch die pädagogische Phantasie anregen, Prozesse des Selbstverstehens fördern, zu Fremd-Verstehen befähigen und schließlich noch die eigene Lernsituation in der Medienpraxis wie in der Reflexion verarbeiten helfen.

Informationsquellen für diesen Beitrag sind wörtlich aufgezeichnete Gespräche im Seminar, Einzelgespräche mit den Lehrern und meine Beobachtungen in der Praxis. Als Beobachter bin ich auch stets Teilnehmer der Seminarpraxis geblieben. Es ist mir gelungen, als gleichbehandelter Teilnehmer offene Gespräche zu führen. Gespräche waren für uns alle mehr oder weniger Praxis mit anderen Mitteln. Sie waren integrierter Bestandteil des Seminars. Ich gehe davon aus, daß die Aussagen offen ausgesprochen worden sind. Sie sind vielfach im Zustand innerer Betroffenheit geäußert worden. Dies wiederum ist insofern wichtig, als die Frage nach der Entwicklung des Sinnverstehens die Fragen einschließt: Wie sehen die Lehrer ihren eigenen Prozeß? Wie schätzen sie im Verlauf der Praxis ihre pädagogischen Möglichkeiten ein? Die Interpretation der Seminar- und Einzelgespräche fällt größtenteils sparsam aus. Ich gehe davon aus, daß jede Textstelle eine Mehrzahl konkurrierender Deutungen zuläßt, manchmal selbst sogar den Prozeß pädagogischer Qualifizierung offenlegt. Zur Erhöhung der Plausibilität der Interpretation habe ich mich bemüht, meine Ausführungen mit den Lehrern abzustimmen (vgl. kommunikative Validierung bei J. KLÜVER, 1978, S. 69ff.).

Vier Lehrer formulieren ihr Vorverständnis

Am Anfang der Medienseminare wurden den Lehrern zwei Fragen zur Beantwortung vorgelegt:

1. Wie fühle ich mich als Lehrer, der auf ein Medienseminar geht?
2. Was erwarte ich von dem Seminar?

Dazu **Brigitte:** Im Augenblick fühle ich mich deshalb unbehaglich, weil ich *als Lehrer* angesprochen werde. Dann müßte ich wohl alle die Fragen mitbringen, die für meinen Berufsalltag wichtig sind: Was nützt es mir für den Unterricht? Was wird das für meine Schüler bedeuten? Was kommt dabei für meine Arbeit heraus?

Besser finde ich die Fragen: Wie fühle *ich* mich? Zunächst verunsichert, da ich inzwischen weiß, daß es kein Seminar ist, in dem es um technische Medien geht, sondern um pädagogische, und ich hierüber nur sehr diffuse Vorstellungen habe. Ich fürchte eine gewisse persönliche Verunsicherung in Form von Gruppentherapie etc. Auch ist mir klar, daß ich durch Alter und Beruf nicht mehr die persönliche Spontaneität und innere Freiheit und Ungezwungenheit eines Studenten besitze, daher ein anderes Verhalten zeigen werde und aus der Gruppe falle.

Ich fürchte auch typisches Pädagogenverhalten: sich zu analysieren, sich gegenseitig zu bestätigen, ...

Zu 2.: Nachdem ich also das Für und Wider schon vor dieser Veranstaltung erwogen habe, nach intensiven Gesprächen über die Thematik, möchte ich all das oben Erwähnte zunächst zurückstellen und meine Erwartung darauf beschränken, *Spaß haben zu wollen.*

Hans: Zu 1: Auf meine Berufszugehörigkeit hin angesprochen, sind meine Gefühle zweispältig. Ich lasse die Schule mit ihren institutionellen Zwängen hinter mir, begebe mich in ein Umfeld, das frei von diesen Zwängen ist und beabsichtige doch, mich hier als Lehrer und Mensch weiter zu qualifizieren.

Auch bezogen auf den Inhalt des Seminars sind meine Gefühle nicht eindeutig. In der Schule wird offiziell über den Kopf gearbeitet. Das Seminar möchte Pädagogik mehr auf affektiver Ebene thematisieren, um von dort durch Reflexion zum Bewußtsein zu gelangen. Ich fühle mich offen, mir einen neuen Weg für pädagogisches Handeln zu erschließen.

Gerd: Was erwarte ich von dem Medienseminar?

Verbesserung der Wahrnehmungsfähigkeit in bezug auf pädagogische Medien, wobei ich unter letzteren Mittler, Äußerungen des Körpers verstehe, die es ermöglichen, Botschaften zielgerichtet an einen Empfänger zu senden oder auch nicht zielgerichtet Informationen über den Sender zu erhalten. Hierbei möchte ich weiter lernen in bezug auf Decodierung von Botschaften, wobei ich an fremde und meine eigenen denke.

Diethard: Da in meiner Ausbildung bestenfalls der Umgang mit technischen Medien vermittelt wurde, bin ich zunächst einmal neugierig, was alles unter pädagogischen Medien zu verstehen ist. Ich fühle mich offen und unvoreingenommen.

Vom Seminar erwarte ich einen Lernerfolg, der mir persönlich und beruflich hilft. Sollten die Inhalte nur bedingt oder gar nicht in der Schulpraxis verwendbar sein, hängt es von den persönlichen Erfahrungen und Kontakten ab, ob die Tage von Nutzen oder vertane Zeit waren.

Vier Darstellungen zum Vorverständnis – vier verschiedene Erwartungen, Hoffnungen und Aussagen:

Brigitte möchte gern Privatperson sein, den Alltag zurücklassen, andererseits hat sie offensichtlich gelernt, sich in ihm zurechtzufinden, zu ihrer eigenen Unzufriedenheit. Vielleicht hat sie deshalb Ängste, sich auf ein Seminar mit pädagogischen Medien einzulassen. Den Widerspruch faßt sie in der Aussage zusammen, Spaß haben zu wollen. Dies wirkt wie ein Appell: Verlangt nichts in bezug auf meine pädagogische Qualifizierung, wir wollen doch Mensch bleiben! Kann sich Brigitte von ihren Ängsten ein wenig freimachen?

Anders *Hans:* Er sieht sich als Lehrer, obwohl er die Schule zurückläßt. Er möchte sich pädagogisch qualifizieren.

Gerd kann sehr klar sagen, was er möchte. Offensichtlich quält ihn keine Zwiespältigkeit. Er kleidet seine Aussagen nüchtern in einen Definitionsversuch pädagogischer Medien, verbunden mit einer Zielangabe des Seminars.

Diethards Aussage wirkt am offensten. Wie Hans erhofft er eine Hilfe im persönlichen und beruflichen Bereich.

Drei Lehrer: Brigitte, Diethard, Gerd

Brigitte, 35 Jahre, 10 Jahre Schuldienst in der Haupt- und Realschule, hatte Pädagogik (vgl. Darstellung ihres Vorverständnisses) offensichtlich als etwas ‚Theoretisches, der Logik unterstelltes, schließlich Anwendbares' kennengelernt. Einen Umstand, weshalb Brigitte ‚typisches Pädagogenverhalten' fürchtete, erfuhr ich in einem Gespräch am Anfang des Seminars. Ihr vorher schon vorhandenes Mißtrauen hatte neue Nahrung durch ein Erlebnis mit zwei Freundinnen, wie sie Lehrerinnen, erhalten. Nach der Teilnahme an einem Seminar zum Training des Lehrerverhaltens hätten beide bestimmte Sprachschablonen und eine aufgesetzte Selbstsicherheit angenommen, die Brigitte erschreckten. Sie stellte fest, daß sich ihre Freundinnen bemühten, weniger gefühlsbezogen zu handeln, daß sie bewußt erlernte Verhaltensmuster (auch Sprachmuster) anwenden wollten. Brigitte fürchtete, auch im Medienseminar in dieser Weise ‚pädagogisiert' und vielleicht in eine ähnliche Schablone wie ihre Freundinnen gedrängt zu werden. Gerade deshalb betonte sie immer wieder, *Spaß* haben zu wollen. Diese auch bei anderen Teilnehmern auftauchende Wendung ‚Spaß haben wollen' steht für den Wunsch, als Privatperson angesprochen werden zu wollen, nicht aber als Mitglied einer Schule bzw. Hochschule. Spaß haben ist Chiffre für ein sich Freimachen von der Alltagslast des Berufs und ein Freisein für private Alltagslust.

Nach den ersten Übungen am Abend scheinen sich Brigittes Befürchtungen, es werde nach Schablonen Pädagogik trainiert, bereits ein wenig zu zerstreuen. Während der ersten Reflexionsphase, noch am Abend, gibt sie zu verstehen:

„Als eben einer sagte, daß es notwendig ist, morgen hier wieder herzukommen, hab' ich einen Schreck gekriegt, weil ich mich bis zu dem Moment überhaupt nicht mehr als Lehrerin fühlte, sondern es hat mir Spaß gebracht. Und dann hab' ich einen großen Schreck gekriegt, als mir bewußt wurde, daß ich in den vier Tagen Menschen finde, die ich unheimlich gerne mag. Aber nach vier Tagen ist alles zuende, und deshalb muß wohl der eine oder andere auch hier Fremdheit erhalten."

Brigitte stellt deutlich ihre Wünsche nach Geborgenheit dar und gibt zu verstehen, daß diese bereits ein wenig eingelöst worden sind. Bei ihr wird sogar nach wenigen Stunden gemeinsamer Praxis die Sorge wach: Was wird nach vier Tagen?

Die Praxis am nächsten Morgen beginnt damit, daß jeder einen Spiegel erhält, sich auf seine Decke setzt und sein Gesicht betrachtet. Es sollen Züge erfaßt werden, die befremdlich wirken. Anschließend sollen diese Züge auf eine große braune Packpapiertüte gemalt werden. In diese Tüte schneiden wir Augenschlitze. Das durch die Maske aktualisierte Gefühl soll anschließend in Bewegung zum Ausdruck gebracht werden. Brigitte erschrecken ihre, wie sie zu verstehen gibt, harten Falten, die sie in ihrem Gesicht entdeckt. Sie fragt sich: Wie oft lache ich? Wie oft bin ich fröhlich? Wie oft eher problemgeladen? Reinhard gibt dazu in einem Gespräch zu verstehen, ein Gesicht sei nicht festgelegt, sondern der Gesichtsausdruck könne sich ändern mit den Lebensumständen. Nach dieser Übung fragt sich Brigitte, wie häufig ihre Unzufriedenheit in den Unterricht hineinfließt, und ob ein fröhliches Gesicht nicht wesentlich motivierender sei für Schüler.

Ein weiteres Schlüsselerlebnis für Brigitte ist das Gefühl der Fremdheit, die sie am ersten Abend meint noch künstlich aufrechterhalten zu müssen. Fremdheit spürt sie an ihrer eigenen Maske. Alle Teilnehmer setzen ihre Masken auf und gehen so durch den Raum. Bei Brigitte tritt das Gefühl der Fremdheit so massiv auf, daß sie kaum in der Lage ist - nach eigener Schilderung – die Beine zu bewegen. Sie tastet an der Wand entlang. Kurz vor der Heizung setzt sie sich auf den Boden und weint. Über diese Reaktion ist Brigitte später sehr erstaunt. Sie hätte nicht geglaubt, in einer so großen Gruppe sich so deutlich äußern zu können. Möglicherweise gelingt ihr durch diese heftige Reaktion körperliches Abreagieren ihrer Außenseiterängste in der Gruppe. Sie hat nicht gedanklich, sondern körperlich ein sie bedrängendes Problem zugelassen.

Das anschließende Gespräch darüber kann Brigitte nur schwer ertragen. Während sie die Übung als befreiend empfindet, bewirkt das Sprechen darüber einen gegenteiligen Effekt. Brigitte gibt irgendwann im Gesprächsverlauf zu verstehen:

„Das Zerreden eigentlich macht einem die Hälfte kaputt."

Ihr zeigt sich jedoch, daß andere Teilnehmer ganz entgegengesetzte Empfindungen haben. So sagt Ortrud:

„Mir ist das wirklich ein Bedürfnis, ich kann sowas nicht machen, wenn ich nicht darüber reden kann. Ich hab' das Gefühl, ich muß das den Menschen erzählen."

In bezug auf Brigittes und Ortruds kontroversen Eindruck vom Gespräch kann Ellen feststellen:

„Ich fand das eben toll, was gelaufen ist. Du hast gesagt, ich hab' das so erlebt, und dann hast du gesagt, ich hab' das genau umgekehrt erlebt. Wir machen gemeinsame Dinge. Es ist die gleiche Anleitung da. Und trotzdem erzählt ihr euch, daß ihr es unterschiedlich erlebt habt."

Diese Äußerung ist besonders wichtig, weil Lehrer in der Schule überwiegend nur demonstrative Verhaltensweisen als sinnvoll und lernwirksam einschätzen, hingegen expressive und narrative Verhaltensweisen fast keinen Raum erhalten (vgl. W. Loch 1978, S. 20f.). Als Folge dieser einseitigen Beanspruchung entstehen bei Schülern wie bei Lehrern Hemmungen, Ängste, Darstellungsprobleme. Dies gilt wohl in der Regel insbesondere dann, wenn der Einzelne neutralisiert wird und seine Möglichkeiten nicht entfalten darf. Brigitte konnte erfahren, daß zwar ihre Ansicht, ihr Gefühl werde zerredet, akzeptiert wird, aber daß andere Teilnehmer (z. B. Ortrud) genau entgegengesetzte Ansichten vertreten können.

Nach dem Anfertigen der Gipsmasken war für Brigitte das anschließende Bemalen der Maske eine viel abfordernde, aber auch Ruhe spendende Aufgabe. Während dieser Tätigkeit vergaß sie ihre Umgebung und malte mit ausgespochener Hingabe, fast so, wie wenn sie Zwiesprache mit ihrer Maske hielte. Brigitte registrierte weder, daß die übrige Gruppe längst fertig war, noch daß bereits Kaffee getrunken wurde. Brigitte nutzte fast das gesamte Farbenspektrum aus und malte auf weißem Untergrund von ihren Augen ausgehend, immer größere, gegeneinander stehende Ringe in immer anderen Farben, die schließlich ihre ganze Maske bedeckten und ein bizarres Muster entstehen ließen. Während sie ihre Papiertüte noch am liebsten zerstört hätte, berichtete sie jetzt, daß ihr die Fertigstellung der Maske Spaß gemacht habe. Andrea registrierte an Brigittes Maske:

„Was mir sofort auffiel, daß du keinen Mund gemalt hast. Im Gegensatz zur Tüte, wo mir der Mund sehr bitter erschien."

Dies war von Brigitte nicht bewußt geplant. Sie gibt zu verstehen:

„Hat sicher einen Grund. Aber ich hab' das nicht mit Grund gemacht, das ist so passiert."

Brigitte hat jedoch durch Andrea einen Hinweis erhalten, der möglicherweise Ausgangspunkt sein kann für sie zu einem weiteren Selbstverstehensprozeß. Nach dem Anmalen sagt Brigitte:

„Ich wußte eigentlich, daß handwerkliches Tun für mich der vollkommene Ausgleich für Arbeitsstreß ist. ... Ich merke, daß meine Hand ein sehr wichtiges Hilfsmittel ist."

Vielleicht möchte Brigitte mit diesem Hinweis auch auf ihren Beruf als Kunsterzieherin hinweisen. Während sie zu Beginn des Seminars strikt zwischen Beruf und sich selbst trennen möchte, kann sie dies rückgängig machen in dem Maße, wie sie sich selber in der Praxis verstehen lernt. Bereits im Verlauf des zweiten Tages gelingt es ihr, den anfangs so geschmähten Bereich der Schule in den Betrachtungshorizont zu rücken. Nach dem Anlegen der Gipsmasken stellt sie fest:

„Mir kommt folgender Gedanke. Ob man sich nicht als Pädagoge mit der Situation vertraut machen muß, daß man viel aufbaut und dann beizeiten auch akzeptiert, daß die Gruppe sich gefunden hat und daß man wieder alleine steht? Dann erlebt man nicht so viele Mißerfolgserlebnisse, das kann seine positiven Seiten haben."

Brigitte erlebt hier Pädagogik. Ihr wird neben der Bedeutung für sich selbst auch klar, daß die pädagogischen Medien Bedeutung für ihren Unterricht erlangen können. In einem späteren Abschnitt möchte ich darüber aus ihrer Unterrichtspraxis berichten.

Zum Abschluß des Seminars wird allen Teilnehmern die Frage vorgelegt: Habe ich mich verändert?

Brigitte hat sehr ausführlich Stellung bezogen:

„Meine Selbsteinschätzung ist sicherer geworden. Ich traue mir zu, einen Platz in der Gruppe haben zu können und trotzdem individuell bleiben zu dürfen. Bisher habe ich Gruppenunternehmungen gemieden, mehr aus eigener Unsicherheit, irgendwo unerwünscht oder unwichtig zu sein, als aus Ablehnung den Menschen gegenüber. Ich will versuchen, mich auch privat mehr dieser Situation zu stellen und mich nicht mehr zu verkriechen, habe aber auch Angst davor. Ich habe hier verschiedene Möglichkeiten intensiv zu fühlen gefunden. Ich will Generalisierung künftig zu vermeiden versuchen. Mir ist klar geworden, oft viel zu schnell einen Menschen beurteilen zu wollen, ohne seine Ganzheit einzubeziehen.

Ich brauche vor mir weniger Angst zu haben, weil ich noch mehr an mir kennengelernt habe. Ich habe gelernt, auf andere zuzugehen, andere Ansprüche für mich stellen zu dürfen, wenn ich abgewiesen werde, es nicht mehr so persönlich zu nehmen. Diese Qualifizierung wird wohl auch mein pädagogisches Handeln verbessern. Der Umgang mit pädagogischen Medien hat mir klarer gemacht, was ich alles in der Schule machen kann. Ich will es versuchen. Hier habe ich gemerkt, daß man Erfahrungen nicht vermitteln kann, man muß sie erleben."

Vergleichen wir Brigittes Stellungnahmen vom Anfang und Schluß des Seminars miteinander, so scheint geradezu ein grundlegender Perspektivenwechsel zustandegekommen zu sein: aus der anfänglichen Skepsis in bezug auf die eigene Veränderbarkeit ist pädagogischer Optimismus geworden, aus der Angst vor kopflastiger Analyse der Wunsch nach praxisbezogener Selbstreflexivität, aus Verunsicherung Selbstvertrauen. Der ermutigende Ablauf des Seminars hat sicherlich Brigitte bestärkt, sich an einigen Stellen beinahe überschwänglich darzustellen. Bisweilen besteht der Verdacht, daß sie ihr Vorverständnis im Verlauf des Seminars nur auf den Kopf gestellt haben könnte. Nach Ablauf des Seminars in Malente war es für Brigitte – wie auch für andere Teilnehmer – schwer, den Alltag wie gewohnt zu schaffen. Brigitte schildert ihre Ankunft zu Hause so:

„Ich war völlig angefüllt mit Erlebnissen und fühlte mich erholt und ausgeglichen. Meiner Familie versuchte ich einige der Erlebnisse zu schildern. Doch fühlte ich die große Diskrepanz, die zwischen dem Erlebten und meinen Schilderungen bestand. Ich hatte vier Tage lang einen Idealzustand ohne die alltäglichen Belastungen erlebt und erwartete von meinem Mann unbewußt ein ebenso großes Einfühlungsvermögen, wie ich es bei den Seminarteilnehmern erfahren hatte. Um meine Familie nachträglich teilnehmen und erleben zu lassen, machte ich mit Mann und Sohn einige Entspannungsübungen und die Baummeditation. Als anleitende und beobachtende Person merkte ich, wie sich mein Mann auf diese Übung gut einlassen konnte. Ich wünschte mir in meinem Mann einen Partner, der meine Erlebnisse nachvollziehen und sich ebenso gefühlsmäßig äußern sollte. Natürlich war es eine absurde Forderung. Es wurde mir auch klar, daß meine emotionalen Erlebnisse nicht an einen Partner gebunden sein müssen und ich niemanden, wie ich es bisher getan hatte, für meine innere Verfassung verantwortlich machen konnte.

Der erste Schultag und die erste Begegnung mit meinem Rektor verliefen ganz anders, als ich es gewohnt war. Da der Rektor mir große Schwierigkeiten in bezug auf die Teilnahme am Seminar gemacht hatte, weil er den Sinn nicht einsehen konnte, stand mir ein unangenehmes Gespräch mit ihm bevor. Es erstaunte mich, daß ich ihm ausgeglichen begegnen konnte und ihm klarmachte, wie wenig ich davon hielt, mich mit ihm zu streiten. Im Umgang mit den Schülern spürte ich meine wiedergewonnene Selbstsicherheit."

Trotz gewisser Irritationen beschreibt Brigitte, daß sie – wieder zu Hause – in der Lage gewesen ist, eigene Probleme nicht beim Partner festmachen zu müssen, ferner ihrer Gefühle sicher bleiben, auf Polemik seitens des Rektors ruhig, vielleicht sogar etwas gelassen reagieren zu können. Wiedergewonnene Selbstsicherheit im Umgang mit pädagogischen Medien haben unbestreitbar diesen Prozeß pädagogischer Qualifizierung begünstigt.

Diethard. „Das fing praktisch schon bei der Vorbereitung in Kiel an, als ich merkte, wie selbstverständlich es für Lehrerstudenten ist, mit ihren Gefühlen nicht hinter dem Berg zu halten, z. B. Freude zum Ausdruck bringen oder Ungewißheit. Da hab' ich schon an meine Schulpraxis gedacht. Mir passiert es oft, daß mir etwas aus meinem Inneren herausrutscht. Und dann hab' ich den Schülern gegenüber ein schlechtes Gewissen, mir eine Blöße gegeben zu haben. Aber das ist ja gar nicht nötig. Ich kann ja auch Gefühlsmensch sein."

Offenbar hat Diethard im Verlauf seiner Lehrersozialisation zunehmend verlernt, Gefühle nach außen dringen zu lassen. Er scheint geradezu ein schlechtes Gewissen zu haben, wenn ihm etwas aus seinem Inneren herausrutscht. Ihm scheint das Medienseminar, nicht zuletzt das Zusammentreffen mit den Studenten, eine Möglichkeit zu bieten, sich neu zu öffnen, Unmittelbarkeit mit den Schülern herzustellen und lebendige Fühlungnahme zu schaffen.

Gelingt es Diethard, seinen Unterricht ganzheitlicher und offener zu gestalten? Kann er im Unterricht auch ‚Gefühlsmensch' sein? Nach einer Woche Schule führten wir unser nächstes Gespräch:

„Mit ist jetzt noch einmal so richtig deutlich geworden, wie vertraulich wir miteinander umgegangen sind. Ich hab' alles voll genossen und richtig mitgemacht. Nun erscheint mir manches als Höhenflug. Wenn ich an das denke, was täglich abläuft, hab' ich einiges nicht wiederfinden können. Als Lehrer ist es dann doch anders: Zensurenspiegel im Kopf, Aufsicht führen, Leistungsdurchschnitt ... Da haben die Studenten das leichter."

(Ich frage nach, ob das Seminar denn ein Schonraum gewesen sei, ein Ort für Lehrer mit Sanatoriumswerten, in dem ihm eine pädagogische Frischzellentherapie verabreicht werde.)

„Nach 10 Dienstjahren kriegt man Routine. Ich ziehe mich manchmal bewußt darauf zurück. Klassenarbeiten und Zensuren sind unproblematisch, wenn das Denken ausgeschaltet ist. Die Praxis ist manchmal so, daß man nicht mehr nachdenken mag. Ja und in der Ausbildung ist nicht richtig klar geworden: Was ist denn Pädagogik überhaupt? Bei dem einen schnitten wir Schneemänner aus Westermanns Fibel, bei anderen diskutierten wir abgehoben. In Malente habe ich schon begriffen: Mein Handeln führt eigentlich zu neuen Erkenntnissen. Aber woran scheitert das, daß ich nicht täglich neue Erkenntnisse gewinne? Kennt man nach zwei Jahren seine Schüler zu gut? Quatsch! Man denkt einfach nicht mehr täglich über die Arbeit nach."

Diethard hat begriffen, daß Verstehen, Selbst-Verstehen und auch Schüler-Verstehen immer Aufforderung zu noch besserem Verstehen ist. So gelingt es, der selbstgenügsamen Auffassung des Fertigseins und des sicheren Wissens entgegenzuwirken. Diese nämlich lassen dem Besserverstehenwollen keinen Platz mehr. Wie schwer es Diethard fällt, den Verstehensprozeß aufrechtzuerhalten, spricht er deutlich aus: Um ‚die Praxis' ertragen zu können, schaltet er bisweilen das Denken bewußt aus. Diethard verdeutlicht noch einmal, daß er

‚Malente' verstanden hat. Es fehlt ihm aber offensichtlich die Kraft, aus seinem pädagogischen Handeln in der Schule auch pädagogisches Erkennen zu gewinnen. Zum Schluß formuliert Diethard anonym: ‚Man denkt einfach nicht mehr täglich über die Arbeit nach.' Die pädagogischer Arbeit entgegenlaufenden Strukturen sind wahrscheinlich mächtig genug, Diethards Wunsch, auch Gefühlsmensch sein zu können, im Keim zu ersticken.

Gerd

Hans G.: Gleich am ersten Tag, während der Vorstellungsrunde kriegtest du von Andrea ein Etikett: der zusammenfassende Beobachter oder: der große Beobachter. Wie kommt das bei dir an?
Gerd: Das kann ich gut aushalten, weil ich diese Erfahrung sehr oft gemacht habe. Ich weiß, daß ich auf andere so wirke.
Hans G.: Das schafft in dir nicht das Bedürfnis, davon wegzukommen?
Gerd: Naja schon, aber ich weiß, daß ich so geprägt bin durch meine tägliche Arbeit auch, daß ich das also nicht schaffen werde.
Hans G.: Wenn du dargestellt wirst als jemand, der mit dem Kopf gesteuert Dinge betrachtet, planungsorientiert ist, vernünftig, dann denke ich im ersten Moment, das beißt sich mit dem, daß du dich auch ganz komplex auf die Praxis einläßt, so daß die Schüler als ganze Menschen Unterricht mit dir machen können.
Gerd: Das sehe ich nicht so. Nur, in dem Moment, wo ich also Emotionalität sichtbar machen möchte, muß ich das auch planen, sonst geht es mir so, wie MAGER in bezug auf Lernziele gesagt hat: Wenn man nicht weiß, wohin man kommen will, dann kommt man ganz woanders hin.

Gerd bleibt im Vergleich zu den drei anderen Lehrern seinem Vorverständnis am ehesten treu. Er denkt besonders intensiv an Umsetzungsmöglichkeiten für seine schulische Praxis. Im Medienseminar bleibt er für andere Teilnehmer „der Lehrer". Dies wird z.T. nicht immer positiv aufgenommen, z.B. wurde nach einer Spielszene mit den Masken folgendes festgestellt:

Uli: Mit Gerds Rolle in der ersten Szene konnte ich nichts anfangen, als du da so saßt. In der zweiten wurde das deutlicher. Da wurdest du in das Spielgeschehen einbezogen.
Ortrud: Auf mich wirkte das wie ein Lehrer im Lehrerzimmer, der aus dem Fenster guckt, wie die Kinder spielen.
Andrea: Der große Beobachter, der dann einspringt, wenn jemand kommt und weint.
Brigitte: Gerd spielt die Rolle des Lehrers, der gewähren läßt und nicht eingreift. Aber er wurde akzeptiert, deshalb wurde er auch gleich reingenommen.
Dagmar: Gerd war der Vernünftigere, der nicht nur zur Gruppe gehörte, sondern auch darüber stand. Die anderen hörten auf ihn.
Ortrud: Ich hatte gar nicht das Gefühl, daß es für ihn ein Bedürfnis war, den Außenseiter zu schützen, es war mehr eine kopfgesteuerte Handlung.

Uli: Daß wir Gerd das erstemal nicht mit einbezogen haben, hatte vielleicht einen Grund: Gerd gehörte das erstemal nicht zu unserer Gruppe. Er war sozusagen neutral. Deshalb haben wir ihn akzeptiert, als er dazukam.
Vera: Die Rollenverteilung kam so zustande, daß jeder spielte, womit er sich auch identifizieren konnte. Wir als Tratscher, Ina als Außenseiter. Und Gerd sagte, er könne nicht gut einen Tratscher spielen. Vielleicht haben wir Gerd darüber einfach in der ersten Szene vergessen.
Gerd: Das Gefühl habe ich auch gehabt.
Uli: Ich glaube, ich habe versucht, den Zugang mehr durch das Spiel selbst zu finden, während Gerd mehr planen wollte.
Gerd: Ich versuchte, den Ablauf der Szene mir klarzumachen, während du dir das durch die spontane Bewegung klarmachen wolltest.

Das Gespräch zeigt, daß die Teilnehmer Gerd nich helfen können, wegzukommen von dem, was ihn als großen Beobachter etikettiert. Im Gegenteil: Er wird in dieser Rolle fixiert. Die Zuschreibung gestattet es Gerd nur in Ansätzen, sich so komplex in die Praxis einzubringen wie Brigitte. Gerd bleibt ‚draußen', obwohl er dies nicht wünscht. Die Teilnehmer wiederum sind überfordert, Gerd zu helfen, da sie ihm gegenüber Gefühle der Unterlegenheit haben.

Drei Wochen danach

Mich interessiert in einem Gruppengespräch mit den Lehrern die Frage: Ist ‚Malente' verblaßt? Ich werde dieses Gespräch möglichst ausführlich dokumentieren.

Hans: Ich bin in der Schule sehr durch Formaldinge eingespannt. Das geht von Zeugnisschreiben bis Vorführstunde. Ich weiß nicht, ob die Dinge von Malente nicht doch wieder verlorengehen. Was mir in meiner letzten Vorführstunde gelungen ist, das sind Selbstbeobachtungen. Ich hatte auch – völlig überraschend für mich – in der Vorführstunde nicht den Anspruch, völlig ruhig zu bleiben. Ich wurde in der Stunde böse, ohne daß mich Angst befiel: was denken die Zuschauer nun wohl? Oder wenn sonst etwas nicht lief, fing ich an zu schwitzen. Ich hatte das Gefühl, ich ruhte in mir trotz großer Probleme in der Stunde.
Diethard: Als ich aus Malente zurückkam, hab' ich mal meine Stoffpläne vorgenommen. Was machst du jetzt? Was kannst du ändern? Ich unterrichte nun ja nicht im künstlerischen Bereich. Aber Sport. Ich sah hier Möglichkeiten. Ich wollte die Phantasie der Kinder mehr anregen. Ich wollte nicht mehr so formal vorgehen: Diese Woche Reck, nächste Woche Barren usw. Ich habe begonnen, daß die Schüler die Turnhalle kennenlernen: Bänke, Sprossenwände usw. Wenn dann der schlechteste Schüler zu mir kommt nach zwei Wochen und sagt: Herr T., das war der beste Sportunterricht seit langem. Und ich frage: Wieso? Heute hat keiner gelästert. Dann ist das ein Erfolg. Da hat mich ein Schüler gefragt, ob ich zum Sportlehrgang in Malente war. Ich sagte: Nein.

Das Körperliche war auch dabei. Aber es war nicht alles. Es war auch viel Pädagogik dabei. Die wußten gar nichts damit anzufangen. Und meinten: Das war in Malente doch ein Sportlehrgang.

Insgesamt kann ich sagen: Ich mute meinen Schülern mehr zu, indem ich versuche, sie zum Nachdenken zu bringen.

Brigitte: Ich hab' nach Malente in der Schule Ruhe gefunden. Ich hab' mich gefragt: Kann ich den Schülern das weitergeben? Da habe ich Gipsmasken machen lassen. Und es zeigte sich, die Schüler fanden zu sich. Zuerst guckten die Schüler – es war ein 10. Schuljahr und allerdings nur eine AG – hektisch um sich. Das legte sich. Sie nahmen sich selber wahr. Es war fast nicht mehr Schule. Und ich habe daraus gesehen: Es ist wichtig, in der Schule Ruhe finden zu können, zu sich selbst zu kommen.

Ich fragte, ob nun das Seminar in Malente als etwas dem Alltag Enthobenes eingestuft würde.

Brigitte: Ich hab' nicht das Gefühl gehabt, ich bin jemand anderes geworden. Ich hatte vorher das Gefühl: Ich war nicht ich selbst. Und nun habe ich mehr zu mir gefunden.

Diethard: Mir hat das Seminar im privaten Bereich große Schwierigkeiten gebracht. Das fing in Malente an damit, daß ich merkte, du bist nicht so frei wie die Studenten. Das hat andeutungsweise zu Neidgefühlen geführt. Zu Hause habe ich dann einige Dinge gezeigt, z.B. die Handmassage. Meine Frau hat mich daraufhin für verrückt erklärt. Dafür fährst du weg. Wir haben deswegen auch Krach gehabt.

Brigitte: Wir haben auch Krach gehabt. Ich habe gesagt: Wenn sich nicht jeder um den emotionalen Bereich im häuslichen Bereich kümmert und bemüht, dann werde ich große Schwierigkeiten sehen im Zusammenleben.

Hans G.: Nun muß bedacht werden, daß der andere nicht an der Veranstaltung teilgenommen hat. Er hat nicht die gleichen Erfahrungen gemacht. Er hat einen anderen Alltag gehabt. Es sollte jetzt eine behutsame Vermittlung ansetzen. Nicht dem Partner die eigene gute Erfahrung vor die Füße batschen.

Brigitte: Ich hab' doch grad Aggressivität abbauen können. Vielmehr hoffte ich, zugeschüttete Emotionalität wecken zu können.

Hans G.: Ohne missionarischen Eifer?

Hans: Ich glaube, der zu Hause gebliebene Partner fühlt sich bedroht. Denn ich habe plötzlich einiges anders gemacht.

Brigitte: Bei uns war's so: Als ich in der Tür stand, hat mein Mann gemerkt, daß ich einen seligen Eindruck machte. Er hat sich dafür interessiert, wie kommt das. Ich hab' darüber nachgedacht, daß man Emotionalität im Alltag so leicht aufgibt. Ich möchte sie jetzt aufrechterhalten. Deshalb bin ich gerade nicht aggressiv. Ich kann mich viel sicherer verhalten. Bei Hans und Diethard merke ich auch, daß sie sich viel mehr leiden mögen als vorher. Diethard habe ich vorher als überheblich eingestuft. Ich hatte Schiß vor der Begegnung. Diethard ist einer, der weiß alles.

Diethard: Mich hat verblüfft, wie vertraut die Gruppe in Malente war, obwohl man sich doch kaum kannte. Um so verblüffter bin ich, daß dies in der Familie nicht ist.

Brigitte: Ich muß noch mal sagen, vorher hatte ich Schiß nach Malente zu fahren. Ich dachte, da wirst du auseinandergenommen. Das hätte ich nicht ausgehalten. Mein Defizit liegt nämlich im emotionalen Bereich.

Hans: Ich spür' schon, weshalb wir vertraut wurden. Es geschah ja etwas Handgreifliches mit uns. Jeder stellte 'ne Maske her. Man befragt sich dabei. Man belegt jemand mit

Gipsbinden. Da vollzieht sich etwas, was nicht über den Kopf läuft. Ich hab' so gespürt, daß in der Mitte zwischen den Menschen das gemeinsame Tun steht und nicht irgendein kluges Gespräch. Dies dient zumeist auch noch der Absicherung und weniger der Klärung. Nun haben wir die Erfahrung gemacht, das Gesprächsnetz brauche ich gar nicht. Deshalb können wir auch so akzeptierend sein und etwas in Ruhe sein.
Brigitte: Finde ich auch. Je unsicherer ich bin, um so mehr möchte ich vorher durchkalkulieren.

In diesem Gesprächsabschnitt zeigt sich, wie stark zumindest vorläufig das Seminar den Alltag zu Hause und in der Schule mitprägen konnte. Die zu Wort gekommenen drei Lehrer zeigen, wie intensiv sie die Praxis erlebt, mit ihren Sinnen verarbeitet haben und vor allem für ihre pädagogische Arbeit nutzen wollen.

Unterrichtliche Konsequenzen

Diethard deutete es an: Das Seminar hat auch inhaltliche Anstöße vermittelt. Diese möchte ich an einem Beispiel aus Brigittes Praxis illustrieren. Sie hat in einer 10. Realschulklasse, Wahlpflichtfach Kunst, wichtige Elemente aus dem Seminar mit den Schülern probiert. Zuerst teilt Brigitte den Schülern mit, daß sie Gipsmasken anfertigen sollen. Die Schüler sollen dazu aufschreiben, welche Vorstellungen sie daran knüpfen:

Maren: Ich stelle mir die Frage, wie man sich fühlt, wenn man den Gips auf dem Gesicht hat und auch was passiert, wenn auf einmal die Luftzufuhr gestoppt wird und auch mit der Vaseline und nachher die Haare mit ausreißen.
Birgit: Ich habe Angst, Platzangst zu kriegen oder daß ich keine Luft mehr kriege.
Claudia: Gespannt vor dem, was kommt, blödes Gefühl, weil man nicht weiß, was auf einen zukommt.

Andere Schüler äußern sich ähnlich. Es folgt ein kurzes Gespräch über das, was die Schüler notiert haben. Es schließt sich eine Entspannungsübung an. Jeder Schüler liegt auf seiner Decke, schließt die Augen und läßt den Tag vom Aufstehen bis zum Unterricht an sich vorüberziehen. Als nächstes folgt eine Handmassage in Partnerarbeit als direkte Vorübung zur Herstellung der Gipsmasken. Brigitte erklärt die Anfertigung der Gipsmasken sehr ausführlich. Am Ende der ersten Doppelstunde sind bereits sieben von zwölf Masken fertig. Abschließend wird ein kurzes Gespräch darüber geführt, wie die Schüler die Anfertigung der Maske erlebt haben.

Birgit: Zuerst hatte ich unheimlich Schiß, als ich den flüssigen Gips aufs Gesicht kriegte. Ich dachte, es läuft mir in die Augen und in den Mund rein. Es war kühl am Anfang, dann

wurde es immer wärmer und zwischendurch war ich ganz ruhig. Einmal aber hatte ich auch Platzangst! Da dachte ich: Jetzt reiß ich das Ding runter.
Claudia: Bei mir war das so, als die Vaseline aufs Gesicht kam, dachte ich, das wäre unheimlich viel Matsch, ich fand das ganz witzig, und dann haben die darauf rumgebatscht. Ich hab' mich nicht unwohl gefühlt. Es tat mir irgendwie gut! Und dann haben die da rumgeschmiert auf meinem Gesicht, und das tat mir auch gut. Und dann fing das an mit dem Gips. Das wurde langsam immer wärmer, das war ein schönes Gefühl für mich. Da mußte ich dran denken, daß ich im Grabe liege und mir Sand aufs Gesicht geschüttet wird. Ich würd' das immer wieder machen, wo ich weiß, wie das geht. Vorher hatte ich Schiß. Ich hatte viel Vertrauen zu Sigrun und Dagmar, weil ich die kenne. Aber bei anderen weiß ich nicht. Sie haben mir auch gesagt, wohin sie mich führen.
Maren: Als die Vaseline auf die Augen und den Mund kam, war es, als ob es eine schwere, drückende Masse war, weil es irgendwie so klebrig war. Der Gips kühlte irgendwie und wenn es anfing, trocken zu werden, dann wurde es warm.

Von Brigitte wurde dann darauf hingewiesen, daß dies ja nun auch Schule gewesen sei.

Maren: Das ist vielleicht Schule. Aber ich bring' das nicht zusammen damit.
Claudia: Wenn man so was macht, dann hat man auch eine bessere Beziehung zum Lehrer.
Birgit: Ich finde, wenn man so was macht, dann kriegt man Vertrauen. Sonst will der Lehrer nur das Wissen erfahren. Aber hier hab' ich Gefühle.

Brigitte stellt im anschließenden Gespräch fest, daß erstmal alles in der Klasse (10. Schuljahr) so wie im Seminar abgelaufen sei. Es gebe keine gefühlsmäßigen Unterschiede, nur altersmäßige. Es habe sich auch bei den Schülern gezeigt, daß ganz unterschiedliche Reaktionen auf das Auflegen der Gipsmasken vorhanden gewesen seien.

In der folgenden Doppelstunde werden die Masken fertiggestellt. Die Doppelstunde beginnt mit einer Atemübung. Anschließend sollen sich die Schüler auf eine Situation besinnen, in der sie sich als Außenseiter gefühlt haben. Nachdem sich jeder Schüler in Ruhe überlegt hat, wie er grundsätzlich seine Maske anmalen möchte, beginnt dieser Arbeitsabschnitt. Auch diese Doppelstunde wird mit einem Gespräch beendet.

Birgit: Wenn ich mich als Außenseiter fühl', dann sag' ich am liebsten gar nichts mehr. Deswegen auch das schwarze Gesicht. Ich bleib' dann am liebsten im Dunkel.
Claudia: Die Grundfarbe bei mir ist schwarz für Unsicherheit. Die Mischfarben für die Gedanken, die man nicht ordnen kann, wenn man Außenseiter ist. Und wenn man was falsch gemacht hat und das nicht zugeben will und das dann auf andere schiebt, das ist das Blaue. Auch die Angst davor, nicht in diese Gruppe aufgenommen zu werden.
Maren: Für mich war die blaue Farbe irgendwie unheimlich kalt und auch rosa und weiß. Wenn man in einer Gemeinschaft ist, dann empfindet man eine gewisse Wärme, Geborgenheit auch irgendwie. Wenn man Außenseiter ist, dann ist man davon weg, irgendwie kalt.

Brigitte fragt auch die Mädchen, wie sie die Atemübung gefunden haben. Alle fühlen sich sehr angesprochen.

Maren: Das ist harmonischer so. Ich find' das besser. Schlecht ist, wenn der Lehrer sagt: Jetzt packt mal eure Masken aus und versucht, euer Gefühl als Außenseiter in Farben auszudrücken.

In der dritten Doppelstunde teilen sich die Schüler in zwei Gruppen. Innerhalb der Gruppen erzählen sie ihre Geschichte, in der sie sich als Außenseiter gefühlt haben. Jede Gruppe inszeniert aus einer Erzählung ein Spiel. Es wird am Ende der Stunde aufgeführt. Anschließend ist über das Spiel gesprochen worden.

Schon bei der ersten Entspannungsübung haben die Schüler nach kurzem anfänglichen Verlegensein, das sich durch Kichern äußert, ernsthaft mitgemacht. Jeder ist um seinen Partner bemüht und läßt sich nicht dadurch treiben, daß andere bereits fertig sind. Sehr unterschiedlich sind die Reaktionen beim Anlegen der Gipsmasken. Vollstes Vertrauen haben die Schüler beim anschließenden Blind-Geführt-Werden. Ebenso erstaunlich ist, daß die Schüler sich differenziert und frei über das äußern, was sie empfunden haben. Sie finden es gar nicht komisch, solch eine Unterrichtseinheit in der Schule zu machen. Im Gegenteil, sie leiten aus ihrer Erfahrung Schulkritik ab.

Die Schüler können den Farben bestimmte Gefühle zuordnen. Die dunkle Farbe symbolisiert Einsamkeit und Ausgeschlossenheit des Außenseiters. Hellblau, hellgrün und rosa drücken Kälte aus.

Das Einstudieren des abschließenden Spiels klappt sehr gut. Es finden sich sofort zwei Gruppen, die sich draußen bei schönem Wetter ihre Außenseitersituation erzählen. Danach wird geprobt. Genau wie in Malente ergibt sich das Problem, daß einige Schüler das Spiel im Spiel entwickeln wollen, andere aber erst den Ablauf vorweg genau absprechen wollen. Beide Male versucht ein Außenseiter, in eine Gruppe hineinzukommen, wird aber jedesmal daran gehindert, indem sich die Gruppe noch fester zusammenschließt.

Zusammenfassung

Pädagogisches Handeln und Erkennen gehören zusammen. Ohne das jeweils andere erstarrt Handeln zu Aktionismus, Reflexion zu Verbalismus (vgl. P. Freire 1971, S. 93). Pädagogisches Handeln ist die Quelle für pädagogisches Erkennen, andererseits ist pädagogisches Erkennen Bedingung für pädagogische Praxis.

„Unsere Praxis beweist: Wenn wir etwas wahrgenommen haben, können wir es nicht sofort begreifen; erst wenn wir begriffen haben, können wir es tiefer wahrnehmen. Die sinnliche Wahrnehmung löst nur das Problem der äußeren Erscheinung; das Problem des inneren Wesens wird erst durch die Theorie gelöst. Die Lösung dieser Probleme kann keinesfalls von der Praxis getrennt werden. Kein Mensch kann ein *Ding*erkennen, wenn er nicht mit ihm in Berührung kommt, das heißt, wenn sein eigenes Leben (seine Praxis) nicht in dem Milieu dieses Dinges verläuft" MAO TSE TUNG (1968, S. 12).

Pädagogische Praxis ist nicht nur vorstrukturierte Ausübung, sondern hat Gesetzmäßigkeiten, die es zu erkennen gilt (vgl. P. BOURDIEU 1976, S. 142). In der Praxis des Medienseminars zeigte sich: Probleme, Schwierigkeiten, aber auch Hoffnungen lassen sich in gemeinsamem Handeln bewältigen, z.B. Brigittes Angst ‚vor typischem Pädagogenverhalten'. Erst das gemeinsame Tun beseitigte Hemmungen, schuf Aufmerksamkeit für Bereiche, die im Alltag verborgen bleiben. Als Aufgabe für die Schule formuliert heißt dies unter anderem: Expressive, narrative und demonstrative Verhaltensweisen möglichst gleichgewichtig zur Geltung zu bringen, das heißt auch, anders mit der Zeit umgehen zu lernen. Je gelungener der Lehrer pädagogisches Handeln und Erkennen zusammenführen kann, desto weniger leicht wird er sich durch die Bedingungen des Lehrplans einschüchtern lassen.

Die Verwirklichung der pädagogischen Aufgabe hat eine wichtige Bedeutung ‚vor Ort': in der Architektur und Innenausstattung von Schulen (vgl. H. KÜKELHAUS 1979, S. 59ff.). Der einseitigen kognitiven Beanspruchung in der Schule entspricht die Konstanz des Lichts, der Wärme und die Uniformität der Ausstattung. Differenziertes Wahrnehmen und Verstehen, Phantasie und Bewegung verkümmern aufgrund einseitiger Beanspruchung. Wie sehr einseitige Beanspruchungen im Berufsbereich (in Form von Spezialisierung etwa) Schäden hervorrufen, ist in den letzten Jahren vielfach belegt worden. R. ZUR LIPPE (1978, S. 42ff.) beschreibt sie ausführlich:

„Nur wo unser Wachsen, Erkennen und Wissen in unseren leiblichen Erfahrungen wurzelt ..., bilden wir in uns die notwendige Einheit von Fortschritt, Befreiung und Entfaltung der Lebenszusammenhänge aus."

1. Die Lehrer-Teilnehmer am Seminar (bis auf Gerd) wollten anfangs nicht bzw. nur zwiegespalten als Angehörige von Schule dabei sein. Nach und nach kamen sie jedoch dahin, sich als Angehörige ihrer Schule zu fühlen, ihre Lehrerrollen nicht zu verbergen, offen zu artikulieren, was sie in bezug auf ihre Schulpraxis meinten. Dies entwickelte sich in dem Maße, wie es gelang, vom Handeln aus zu reflektieren, sich im Fühlen, Denken und Bewegen zu akzeptieren und akzeptiert zu fühlen. In dem Maße, wie Vertrauen aufgebaut worden ist, gewannen die Lehrer die Möglichkeit, zu

ihrer pädagogischen Aufgabe zu finden, zu ihr zu stehen und auch selbstkritisch zu sein. Mit der Zunahme des Vertrauens berichteten die Lehrer auch über ihr häusliches Umfeld (vgl. drei Wochen danach).

In dem Maße, wie sich jeder ganzheitlich entfalten konnte, wuchs seine Zuversicht, in der Schule pädagogisch komplexer handeln zu können, das heißt sich auf die Gefühle von Schülern besser einlassen und vermehrt Verstehensarbeit leisten zu können.

2. Eine Voraussetzung dafür ist, sich von der ‚Planungsdiktatur' freizumachen und sich auf eine laufende Praxis einlassen zu können. So ist Lernen im Prozeß möglich. Und dies kann bedeuten, mit den Ausführungen und Handhabungen selbst die Kriterien zu erwerben, ob das Ergebnis gelungen oder weniger gelungen ist. Eine außengesteuerte Beurteilung nach falsch oder richtig kann so überwunden werden (vgl. R. ZUR LIPPE 1978, S. 42 ff.).

Weil dies so wenig in der staatlichen Schule möglich ist, haben sich in den letzten Jahren viele Schulalternativen gebildet. Diese sind jedoch keine Antwort auf das allgemeinpädagogische Problem. Die bestehende staatliche Schule ist pädagogisch zu qualifizieren. Ein Schritt in diese Richtung ist die pädagogische Qualifizierung ihrer Lehrer. Das Medienseminar hat dazu einen auf das Ganze bezogen symbolischen Beitrag geliefert, indem es dem leiblich-sinnlichen Realitätsverlust der Lehrer in der Schule entgegenzuwirken versuchte durch alternative praktische und theoretische Erfahrungen. Aufgrund der gelungenen Praxis konnten die Lehrer tendenziell zu sich finden, indem sie beispielsweise in der offenen Situation einen festen Halt fanden und lernten, von sich auszugehen. Sie erfuhren, daß sie als Person ernstgenommen wurden.

3. Im Seminar gelang es, die Lehrer für pädagogisches Verstehen neu zu öffnen. So wie am Anfang jeder sein Vorverständnis formulierte, so entwickelte sich jeder in der Praxis ‚für sich'. Jeder brachte seine Bewegung und sein Spiel hervor. Jeder konnte Zutrauen in sein Körpergefühl gewinnen. Es wurde wenig genormt und gesetzt, hingegen versucht, den einzelnen in seinem Handeln zu verstehen. Die wachsende Fähigkeit, Praxis zu gestalten, ließ zunehmend mehr die Frage nach kurzgeschlossener Anwendung und Übertragung der Seminarerfahrungen in die Schule verstummen. Der Lernprozeß an der eigenen Person war mehr als eine Aneignung sozialtechnischer Fertigkeiten. Die Lehrer konnten sich ansatzweise als Personen qualifizieren (Brigitte: Ich hatte vorher das Gefühl, ich war nicht ich selbst. Und nun habe ich mehr zu mir gefunden). Unmittelbarer Transfer wurde unwichtig, weil Praxis durch Reflexion vom einzelnen her verarbeitet werden konnte.

Im Seminar gelang es, das eigene Handeln bewußter zu reflektieren.

Diese wachsende Fähigkeit schuf zum Ende des Seminars Ruhe und Gelassenheit. Die im Ansatz gelungene Aufhebung der Trennung von Rationalem und Sinnlichem, zumindest die Bereitschaft dazu, hat bei den Lehrern so etwas wie einen neuen ‚pädagogischen Optimismus' hervorgebracht.

4. Das Seminar hat dem Lehrer die Einsicht verschafft, daß er sich immer auch selbst schafft. Er konnte begreifen, daß er nicht nur von seiner Schulpraxis bestimmt ist, sondern sie auch erzeugt.

Im Bemühen tätiger pädagogischer Gestaltung gewinnt jeder Lehrer Individualität. Mit ihr kann er sich kritisch verhalten gegen ihn zerstückelnde Ansprüche durch die Institution. Allgemein wendet G. Groth diesen Anspruch so (1978, S. 75):

„Der Mensch (besitzt) ... kein festes, fixes und ihm verläßlich bekanntes ‚Wesen', daß er vielmehr immer sein Wesen ‚erst suchen' muß. Der Mensch sucht, indem er sich versucht, indem er produziert. Der Mensch ist der Produzent der menschlichen Welt. Alle seine Produktion ist auch Selbst-Produktion. Der Mensch als gesellschaftliches Wesen ist immer zugleich Individuum. Das Individuum verhält sich den äußeren Bedingungen gegenüber nicht nur empfangend, sondern produktiv, hervorbringend."

Mit dieser Feststellung formuliert Groth eine Aufgabe, die für pädagogische Qualifizierung richtungsweisend ist. Im Medienseminar sollten die Teilnehmer ein Stück mehr zu sich selbst geführt werden, bezogen auf ihr Berufsfeld heißt dies: ein wenig mehr erzieherisch qualifizierte Persönlichkeit werden und verstehen, daß pädagogische Qualifizerung nur als Qualifizierung der Person läuft und entwickelt werden kann. Gelingen konnte dies über handelndes Erkennen, indem sich die Reflexion am tätigen Gestaltungsvorgang orientierte. So konnte die Komplexität, besonders auch Heterogenität von Praxis (Gefühle/Empfindungen etc.) ein wenig erfaßt werden.

Da in einer auf Spezialisierung und Teilung von Kopf, Herz und Hand ausgerichteten Gesellschaft dieses Anliegen kontrafaktisch ist, muß es immer wieder errungen und angeeignet werden. Dies vermögen Lehrer aufgrund der vorgegebenen Bedingungen nur tendenziell. Eine solche Aneignung lohnt sich, sie ist jedoch mit nicht unerheblichen Spannungen und sogar Schmerzen verknüpft.

Hans Günther Homfeldt

Medienerfahrungen helfen im pädagogischen Alltag

Micha möchte nur Selbsterfahrung

Micha: Ich fand alles sehr gelungen hier, aber ich sehe große Probleme für mich, da etwas in meinem Alltag mit anfangen zu können. Denn im Alltag erkennen die nicht den Wert der Sache. Nicht in Jugendheimen und auch nicht in der Schule. Es ist sehr schwer, so was einzuleiten.
Uli: Ich weiß nicht so recht. Ich kann das nicht so sagen. Was draus wird, kommt ja noch auf uns zu, nämlich mit den Erfahrungen in den Hochschulalltag zurückzugehen. Da sehe ich schon Möglichkeiten, weil ich hier ein bißchen die Kopflastigkeit verlernt habe.
Micha: Ich denke nicht so an die Hochschule. Ich arbeite z.B. an der VHS mit arbeitslosen Jugendlichen, die da die mittlere Reife nachmachen wollen. Und da laufen wirklich so wichtige Dinge ab. Kaputte Sachen. Da hab' ich dann solche Sachen, z.B. aus dem Selbsterfahrungsbereich, Spiele, Sachen, die ich gerne machen würde, dann kommt aber von denen: Wir wollen den Scheiß nicht. Da ist dann für mich 'ne Wand. Oder wenn ich die Verbindung zieh' zu den Leuten auf der Straße. Mit denen werd' ich in der Erwachsenenarbeit ja auch zusammenarbeiten. Und da denk ich: das von hier ist nicht einsetzbar. Wie kann ich das bloß weitergeben?
Uli: Gestern sagte doch einer: daß wir nur das vermitteln, was wir uns selbst erfahrbar gemacht haben. Wir arbeiten doch intensiv daran, die Medienarbeit für uns erfahrbar zu machen, um dann daraus zu schöpfen für die pädagogische Arbeit in den verschiedenen Gebieten.

Micha und Uli sprechen von zwei unterschiedlichen Dingen: Micha in erster Linie von seiner Sorge, in seinem pädagogischen Alltag mit den pädagogischen Medien nur wenig anfangen zu können. Er ist stillschweigend von der Erwartung ausgegangen, in unseren Seminaren eine Praxisanleitung für die Volkshochschule zu erhalten. Selbsterfahrung ist nur für ihn selbst von Bedeutung. Uli hingegen hat eine andere Erwartung. Er hat nicht die Perspektive, Praxisanleiter zu werden, sondern spürt offenbar, daß er Erfahrungen in der Spiel- und Bewegungspraxis mit pädagogischen Medien sammelt, die für seine eigene weitere pädagogische Qualifizierung bedeutungsvoll sind. Während Micha in erster Linie sein instrumentelles Verständnis in den Vordergrund stellt (wie wende ich es an?), geht es Uli zunächst vorwiegend um seine eigene pädagogische Entwicklung. Bewegung und Spiel, alleine und in Gruppen, mit Masken und Tüchern sind für ihn geeignete Mittel, diese Entwicklung in Gang zu setzen. Ähnlich ergeht es Gabi:

Gabi: Ich habe hier gelernt, mich selbst zu berücksichtigen. Das ist wichtig für meine Auseinandersetzung mit anderem, z.B. mit Büchern. Oder wenn es um Diskussionen geht, meine ich nun, daß ich ganz wichtig bin und daß ich wissen muß, daß auch ihr wichtig seid.
Barbara: Wichtig ist, über das nachzudenken, was uns verändert hat. Und das ist wichtig für mich als Pädagoge.
Micha: Aber das verschleißt doch ganz schnell wieder. Und da mein' ich dann auch, daß wir in gewissen Zeitabständen immer mal wieder 'ne Selbsterfahrungsgruppe mitmachen müssen. Denn die Leute, mit denen ich zu tun habe, grenzen mich ein.
Sylvie: Für mich ist wichtig, daß wir darüber sprechen, was mit den Erfahrungen wird. Was passiert, wenn wir in den Alltag zurückgehen. Da denk' ich mit Schrecken an Gabis Satz vom großen Kopf und kleinen Körper. Was wird mit uns nun in der Hochschule? Wie schnell ist der große Kopf wieder da? Wie werden sich meine Erfahrungen auswirken? Ich hab' da wenig Klarheit. Ich befürchte, dies hier ist nur ein Freiraum.
Gabi: Ich hab' hier gelernt, daß ich mit meinem Anspruch übereinstimmen will. Nur ich hab' im Alltag nicht immer die Möglichkeit, meinem Anspruch gerecht zu werden.
Sylvie: Was ist denn dein Anspruch?
Gabi: Ja, daß ich mich ernst nehme, so ernst nehme, wie der Dozent sich auch. Daß ich mich einbringe, daß ich von mir beispielsweise ausgehe, für meine Wahrnehmung sorge. Das habe ich aus dem Umgang mit Medien gelernt.

Gabi präzisiert, was Uli oben allgemein formuliert hat. Gabi hat im Verlauf der Arbeit mit pädagogischen Medien erfahren, daß sie sich selbst stärker zu berücksichtigen hat und auch in Diskussionen und beim Studium von Büchern in einer Verständigungspflicht steht. Micha wiederholt noch einmal sein Thema. Er reduziert den Lernprozeß, das Verstehenlernen mit pädagogischen Medien auf Selbsterfahrung und meint, man müsse immer mal wieder so ein Selbsterfahrungsseminar mitmachen. Sicherlich hat er nicht unrecht. Feststellbar ist, daß die Praxis mit pädagogischen Medien bei Gabi und Uli einerseits und bei Micha andererseits sehr Unterschiedliches ausgelöst hat. Wieder anders ist dies bei Sylvie. Offenbar versteht sie Gabi, übrigens wohl auch Barbaras kurze Feststellung, hat aber viele sie bedrängende Fragen, auf die Gabi eine Antwort zu geben versucht. Vielleicht vermutet Gabi hinter Sylvies Fragen ein ‚Alles-oder-Nichts-Prinzip'. Jedenfalls möchte sie begreiflich machen, daß Alltag wohl niemals eine ungebrochene Ganzheitlichkeit bzw. perfekte pädagogische Verwirklichung zuläßt. Darauf will Gabi sich einlassen.

In den Beiträgen zeigt sich, daß die Frage: Was heißt das Seminar für meinen Alltag? sehr bedeutsam, ja fast erdrückend ist. Erdrückend vielleicht deshalb, weil die Erfahrungen in Schule, in Hochschule, in der Erwachsenenbildung und in der Sozialpädagogik so befremdlich sind und nach dem Medienseminar offenbar auch stärker noch als vorher erlebt werden. In der Verbindlichkeit des Seminars mit pädagogischen Medien ist manchem Teilnehmer ‚sein' Alltag bewußter geworden, so bewußt, daß bisweilen Probleme aufgetreten sind, Medienseminar und Alltag zu verbinden; denn in der pädagogischen Arbeit des Medienseminars konnten Abwehrmechanismen des Alltags aufgedeckt werden: z.B. sich in Unverbindlichkeiten zu flüchten; Handlungsabläufe, Beteiligung an Aktivitäten als zufällig zu bezeichnen; sich nicht mit Alltag zu identifizieren, obwohl man an ihm beteiligt ist; weil man etwas nicht konnte zu sagen, man habe lediglich keine Lust gehabt usw. Solche Schlupflöcher entfremdeter Alltagsgestaltung konnten in der Arbeit mit pädagogischen Medien offengelegt werden: Die gemeinsame Spiel-, Bewegungs-, Schmink- und Tanzpraxis eröffnete ganz andere Handlungsspielräume als der gewöhnliche Alltag. Die anschließenden Gespräche darüber erforderten jedoch viel mehr Verbindlichkeiten, denn die aufzuarbeitende Medienpraxis ist eine gemeinsam erlebte Wirklichkeit, nicht irgendein anonym bleibendes Geschehen. Die hier übliche Dichte von Handeln und Erkennen beschleunigt entsprechende Lernprozesse, läßt aber bisweilen auch vor dem gewöhnlichen Alltag zurückschrecken, fast verzweifeln, weil er geradezu konträr verläuft. Gerade weil der Alltag als so einschnürend erlebt wird, ist die reflektierte Veränderung jedes Teilnehmers als alltägliche, das heißt auch gepanzerte Person so wichtig. Die Angst vor dem künftigen Alltag sinkt möglicherweise erst, wenn eine ganzheitliche praktische Erweiterung der Teilnehmer gelingt. Gelingt die Qualifizierung jedoch nur über den Kopf als Aufnahme von Gedankenentwürfen oder nur über die Hand als Aufnahme von Anleitungs- und instrumenteller Umsetzungsvorstellung, dann wächst wahrscheinlich auch die Befürchtung: Kann ich das überhaupt im Alltag verwerten? Qualifiziert sich aber der Teilnehmer praktisch, so wird das Medienseminar selbst auch zum Alltag. Nach dem Medienseminar kehrt man dann verändert wieder in einen anderen, sicherlich schwierigeren Alltag zurück.

Pädagogischer Alltag für Lehrer

Wie schwer der pädagogische Alltag für Lehrer ist, vermochte der Beitrag „Mit Medien finden Lehrer zu sich selbst" ansatzweise zu zeigen. Diethard stellte fest, er erlebe Schulpraxis als so belastend, daß er oft nicht mehr darüber nachdenken möge. Hans äußert im Abschlußgespräch von Malente:

„Eine wichtige Selbsterfahrung im Seminar ist für mich, daß Dagmar mein Gesicht sehr weich geschminkt hat. Und sie fand da in der Tendenz mehr weiche als harte Züge drin. Das setz' ich in Relation dazu, daß, wenn ich einen Schulmorgen hinter mir habe, sich meine Gesichtszüge verspannt haben. Ich interpretiere das so, daß ich in der Schule mir ein Stück von dem, wie meine Persönlichkeit gewachsen ist, abschneiden muß, verdrängen muß, quasi in meinem Gesicht Härte zeigen muß, Durchsetzungskraft. Jetzt geh' ich mit diesem Widerspruch nach Hause."

Oder Margot, Lehrerin an einer Hauptschule, meint:

„Was ich hier im Medienseminar mitgemacht habe, Spiele und was dazu gehört, hat eine Bedeutung. Besonders wichtig aber ist die Reflexion über das, was wir tun. Dies ist mir von meiner Praxis nicht sonderlich geläufig, was ich auch bei meinen Kollegen beobachte, daß sie es recht schwer aushalten können, sich vom unmittelbaren Geschehen zu entfernen und zu einer höheren Ebene der Reflexion zu kommen. Und es ist gar nicht lange her, daß ich in der Hinsicht auch in Streik getreten bin und gesagt hab', mach' ich nicht, will ich nicht. Hier hab' ich jetzt wieder neue wichtige Impulse erhalten."

Hans hat durch das Medium Schminken etwas über die Verhärtung seiner Gesichtszüge in der schulischen Alltagswirklichkeit erfahren. Er weiß noch nicht, wie er mit dem von ihm aufgedeckten Widerspruch umgehen soll. Er kann nur mit ihm nach Hause gehen, sich dem Widerspruch im künftigen Alltag stellen. Margot ist ein anderer Zug schulischer Alltagswirklichkeit im Verlauf des Medienseminars deutlich geworden: die Vernachlässigung der Praxisreflexion. Offenbar hat Margot im Seminar wiederentedckt, wie wichtig die Reflexion von Praxis gerade auch für den Schulalltag ist. Gemeinsam ist beiden Feststellungen, daß pädagogische Qualifizierung nicht inhaltlich verstanden wird und damit auch nicht lediglich kompensatorisch. Pädagogische Qualifizierung ist für Margot und Hans geknüpft an differenziertes Wahrnehmen, Verstehen und Interpretieren der eigenen Person in einer bestimmten pädagogischen Praxis. Möglich geworden ist dies durch die Praxis mit pädagogischen Medien. Im Beitrag „Mit Medien finden Lehrer zu sich selbst" wurde angedeutet, wie schnell Ansätze zu differenziertem Wahrnehmen und Verstehen wieder erstickt werden. In den letzten Jahren ist in vielen veröffentlichten Tagebüchern und Schulanalysen die Angst von Lehrern, ihre Gedanken zur Schulflucht, die Verzweiflung besonders auch junger Lehrer dargestellt worden. Die Diskussion ist bekannt. Sie muß nicht wiederholt werden. Für unseren Ansatz pädagogischer Qualifizierung ist die Frage wichtig: Ist das Defizit an pädagogischem Leben und pädagogischer Qualifizierung in der Schule strukturell so stark verankert, daß entsprechende Entfaltungsmöglichkeiten immer wieder erstickt werden?

Im Beitrag „Mit Medien finden Lehrer zu sich selbst" zeigt Brigitte, daß durchaus pädagogische Handlungsspielräume erstreitbar sind. Auch Hans Peters nachfolgender Selbstreport vermag dies ansatzweise zu zeigen. Praktisches Verstehenlernen mit pädagogischen Medien haben die Wahrnehmens-

und Verstehensfähigkeit der beiden Lehrer in der Schule erhöht, gleichzeitig auch ihre Lebensansprüche komplexer werden lassen. Fühlen, Denken und Tun sind für diese beiden Lehrer nach der Veranstaltung weniger teilbar als vorher. Es bleibt die offene Frage: Können sie sich diese Fähigkeit auch für längere Zeit erhalten?

Es könnte beim Leser der Eindruck entstehen, pädagogische Qualifizierung sei nur durch die Teilnahme an einem Medienseminar möglich. Es gibt in der Schule selbst vielfältige Möglichkeiten zu ihrer Entfaltung. In meinem eigenen hauptschulischen Betätigungsfeld möchte ich kurz von einem Projekt ‚Außerschulische Aktivitäten mit Hauptschülern' berichten (vgl. Themenheft Westermanns Pädagogische Beiträge, Mai 1980). In einer städtischen Hauptschule arbeiten seit fünf Jahren Lehrer, Studenten, Hochschullehrer und z. T. Schüler praktisch an der Aufgabe, die Schule von innen pädagogisch zu entfalten. Dies geschieht unter anderem über außerunterrichtliche Aktivitäten, im engen Sinne über Klassenfahrten; nicht solche, wie sie hinlänglich bekannt sind mit Zielort Jugendherberge oder Schullandheim, sondern Fahrten auf der Basis von Selbstversorgung beispielsweise in Freizeitheime nach Dänemark. Durch den Versuch, Schüler im Unterricht an der Planung intensiv zu beteiligen, sie den Ablauf der Fahrt mitgestalten zu lassen und die Fahrt im Unterricht anschließend zu verarbeiten, gewinnt das pädagogische Alltagsleben in dieser Hauptschule für alle Gruppen an sozialer Verbindlichkeit. Versorgung mit Nahrung und Unterkunft ist in diesem Fall der Weg, der Prozesse pädagogischer Qualifizierung von Schülern und Lehrern anbahnt.

Selbstversorgung und gemeinsame Arbeit sind für alle Beteiligten gegenständliche Tätigkeiten. Sie begründen eine verbindliche Praxis, die pädagogisch bedeutsame Neuorientierungen ermöglicht. Lehrer vermögen Schüler differenzierter wahrzunehmen und zu verstehen. Schüler wiederum entwikkeln untereinander verstärkt Freundschaft und Vertrauen. Verbindliche Aktivitäten haben den Erkenntnisstand wesentlich erweitert und neue Handlungsmöglichkeiten eröffnet. Viele Schüler erleben Lehrer und Unterricht anschließend neu. Sie haben gelernt, daß außerunterrichtliche Aktivität und Schule zusammengehören können. Sie gehen wieder lieber zur Schule; Lehrer wie Schüler kommen in der Schule mehr zu sich und zueinander als vorher.

Worum geht es? Im wesentlichen wohl darum, Eindimensionalität aufgrund intellektueller Vereinseitigung aufzuheben. Sie hat das schulische Alltagsleben verarmen lassen. Klassenfahrten auf der Basis von Selbstversorgung und gemeinsamer körperlicher Arbeit ermöglichen alternative Schulerfahrungen und schaffen Gegenerfahrungen zur üblichen Konsum- und Verwertungsorientiertheit. Selbstversorgung und gemeinsame Arbeit fügen sich nicht in das

Schema üblicher Zensurenverwertung. Analoges kann auch für Spiel, Phantasie und Kunst gelten. TH. LEITHÄUSER schreibt dazu (1976, S. 56):

„In Spiel, Phantasie und Kunst ... sind Kooperationsformen verpuppt, die eine andere Bearbeitung, Einstellung zum Objekt verlangen und setzen, als durch die ... nach dem Verwertungsprinzip organisierten Produktionstechniken konstituierten. ... Interessierter Objektbezug verlangt lebendige Kooperation, die die Wachheit aller Sinne und immer wieder neue Verständigung beansprucht.“

Ähnliches beabsichtigt wohl der vom Bundesministerium für Bildung und Wissenschaft geförderte Modellversuch ‚Künstler und Schule‘ (vgl. bmbw werkstattberichte: modellversuch künstler und schüler. zwischenbilanz in zehn berichten, H. 11, Bonn 1978). Bei aller Unterschiedlichkeit der Arbeitsschwerpunkte geht es darum, Schule durch ästhetische Praxis lebendiger und komplexer zu gestalten. Wie dies im Fach Geschichte möglich ist, stellt z.B. CH. KERNICH (1979, S. 89–95) am Beispiel einer Bäuerin im Mittelalter dar, die in der Stadt Zuflucht sucht. Im Spiel erschließen sich die Schüler Tricks, „um bei den Zunftmeistern eingestellt zu werden, in der Begegnung mit diesen (Schauspielern) erfahren sie ‚nebenbei‘, wer überhaupt in die Zunft aufgenommen werden kann, wo Frauen Arbeit finden, wie die Zünfte aufgebaut sind ... das alles als Betroffene, Reagierende, Agierende“. Im Spiel wird Erfahrungslernen möglich, Unterricht praktisch erlebbar. In weiteren Modellversuchen stehen andere Aktivitäten im Vordergrund, so z.B. Tanz und Maskenbau. In solcher Unterrichtsarbeit lernen Lehrer wieder, sich von ihrer Planungsrationalität zu lösen. In einem von EHMER 1979 herausgegebenen Sammelband ‚Ästhetische Erziehung und Alltag‘ erhält der Leser eine Vielzahl von entsprechenden Unterrichtsvorschlägen, Materialien und Reflexionen zu dieser Thematik. Nicht zuletzt dokumentiert auch Brigitte (vgl. Beitrag „Mit Medien finden Lehrer zu sich selbst“), wie mit dem Medium Maske der Unterricht Impulse erhalten kann, die Schüler zu differenziertem Wahrnehmen und Verstehen führen.

Wenn in der gegenwärtigen Schule solche Prozesse kaum ablaufen, so ist dies nicht nur mit dem Fachlehrerprinzip oder der einseitigen Ausrichtung auf die Wissensvermittlung zu erklären, sondern auch mit der Lehrerausbildung, die die eindimensionale Schulrealität nachhaltig stabilisieren hilft. Das in den Schulen angelegte Prinzip kognitiver Vereinseitigung ist in den Hochschulen bis ins Extrem vorangetrieben. Der Lerner als Person spielt in diesem Betrieb keine Rolle. Er ist Randfigur. Gelungen formuliert dies F. INNERHOFER (1979, S. 73) so:

„Das Gefährliche an der Redewelt war, daß sie nichts begründete. Die Vertreter der Redewelt kamen einfach zur Tür herein, ließen sich grüßen und fingen an zu reden.“

Erziehung der Erzieher mit pädagogischen Medien möchte zeigen, trotz sehr widriger Ausbildungsbedingungen und trotz eines vorherrschenden positivistischen Wissenschaftskonzepts ist eine praktische pädagogische Qualifizierung möglich, kann auch hochschulisches Lernen tendenziell praktisches Lernen werden und können Handeln und Erkennen in der Ausbildung zu einer dualen Einheit gefügt werden. Dies konnten wir bereits am Erziehungsfeld Ferienlager zeigen (vgl. W. LAUFF/H. G. HOMFELDT 1979). Es verwundert dennoch nicht, wenn H. MAYRHOFER und W. ZACHARIAS (1977, S. 86–94) ihre Konzepte ästhetischer Erziehung, nämlich ‚authentische Erfahrung' im direkten Bezug zu wirklichen Situationen zu ermöglichen, in der Schule nicht realisiert sehen, an die Hochschule schon gar nicht denken mögen, und meinen, ästhetische Praxis am ehesten auf Straßen und Plätzen schaffen zu können, dort nämlich, wo keine starren Strukturen vorgegeben sind, Kinder und Jugendliche aber andererseits auch wenig konstruktive Betätigung finden können. Vielleicht gelingt tatsächlich so auch – das ist ihre Hoffnung – ein Hineinwirken in die Schule.

Pädagogischer Alltag für Sozialpädagogen

Folgende Feststellungen von MAYRHOFER und ZACHARIAS (1977, S. 93) zur Sozialpädagogik sind sehr zutreffend:

„Sozialpädagogische Maßnahmen treffen oft nur organisierte Jugendliche in den Verbänden, oder Randgruppen ... Dies sind meist hilflose Reaktionen auf bereits kaputte Situationen. Andererseits fehlt es da, wo Sozialpädagogik sich nicht nur an Defiziten und Fehlentwicklungen orientiert, sondern präventiv und offensiv Wirklichkeitsaneignung mit Kindern und Jugendliche organisieren will, am entscheidenden Potential: sich den Zielgruppen wahrnehmbar, akzeptierbar und gegenständlich so zu vermitteln, daß diese freiwillig und für sich einsichtig nützliche Kompetenzen erwerben. Es fehlt an Methoden und Medien, an inhaltlicher Füllung, am objekthaften, wahrnehmbaren, vielschichtigen Lernmilieu. Da hätte die Ästhetische Erziehung eine Menge anzubieten."

In der Praxis der Medienseminare haben wir gesehen, daß Medien (wie Tanz, Bewegung, Spiel, Schminken, ...) blockierte Sinnlichkeit wieder in Fluß bringen, die Phantasie, z. T. sogar die pädagogische, wieder anregen können, daß zwischen Menschen neue Möglichkeiten entstehen, sich differenzierter zu sehen, sich neu zu erleben, sich anderen weiter zu erschließen und mutiger aufeinander zuzugehen. Es kann sogar gelingen, zur eigenen Lebensgeschichte einen besseren Zugang zu finden. Dies alles mag in einer erheblichen Spannung zum pädagogischen Alltag stehen. So wird geäußert, im Spiel könne man ohne große Anstrengung auch Körperkontakt zu anderen Männern aufnehmen, in der pädagogischen Wirklichkeit sei dies gänzlich unüblich. Deshalb sei das Spielen nicht realitätsgerecht. Wir meinen: Das Spielen kann geradezu provozierend zeigen, wie eingeengt der pädagogische Alltag verläuft: In Schule und Sozialpädagogik dominiert das Medium Sprache. Es fehlt an einem ‚vielschichtigen Lernmilieu', wie MAYRHOFER und ZACHARIAS feststellen. Gerade pädagogische Medien können Impulse zur Erzeugung eines solchen Lernmilieus schaffen, indem sie den Blick dafür öffnen, wie starr und vereinseitigt eine pädagogische Wirklichkeit abläuft, deren einziges Medium die Sprache ist. Pädagogische Medien liefern so Anhaltspunkte für eine Kritik der alltäglichen Wirklichkeitsgestaltung und Anregungen für Veränderungen durch die praktische pädagogische Qualifizierung des Einzelnen. Wie sich dies für Georg, Sozialpädagoge in einer Begegnungsstätte für ausländische Kinder und Jugendliche (AAK) in Flensburg nach der Teilnahme am Medienseminar in Malente darstellt, möchte ich in einem längeren Gesprächsausschnitt dokumentieren.

„Bei der Beantwortung der Frage, was die Medienerfahrung für meinen praktischen Alltag bedeutet, möchte ich zunächst von den Wirkungen ausgehen, die das Seminar bei mir hinterlassen hat. Die für mich verwirrendste und von daher auch bedeutendste Erfahrung war die Wahrnehmung meiner großen inneren Sprachlosigkeit, über die ich in meinem Alltag bisher immer mit mannigfachen Rationalisierungen hinweggegangen bin. Diese Sprachlosigkeit, nach außen hin für die Seminarteilnehmer als häufiges Schweigen wahrnehmbar, trat in einem Rahmen auf, der für mich hauptsächlich zwei Kennzeichen trug: Das eine war die Entlastung von den unmittelbaren Zwängen des Alltags, das andere war der Anspruch des Seminars, Sprache und Körper zusammenzubringen, Bewußtsein von Praxis zu erzeugen. Im Seminar selbst gelang es mir nur, diese Wahrnehmung erst einmal zuzulassen und die mit ihr verbundene Verwirrung und Ratlosigkeit auszuhalten. Zu Hause ist mir dann nach einigen Versuchen, dieser Sprachlosigkeit in mir weiter nachzugehen und sie bewußt aufzunehmen, deutlich geworden, daß bisher die Einheit von Erkennen und Handeln, von Theorie und Praxis, von Sprache und Körper nur in meinem Kopf existiert hat, der Ziel und Realität als ein und dasselbe erscheinen lassen und ihre Einheit herbei*denken* wollte. Da ich Ziel und Wirklichkeit nicht in einem Spannungsfeld sehen konnte, sich Praxis immer wieder anarchisch gegenüber dem vermeintlich bereits realisierten Anspruch der Herstellung einer dialektischen Einheit von Theorie und Praxis durchsetzte und vollzog, war ich gezwungen, diesen Widerspruch durch bestimmte Identifikationsrituale, den Gebrauch von Worthülsen und klischeehaften Denkformen erträglich zu gestalten, was in der Tendenz immer wieder zu einer fehlenden Sensibilität gegenüber Praxis und zur Sprachzerstörung und Sprachlosigkeit führte. Teilweise, wiederum nur im Kopf, war mir dieser Zusammenhang schon vor dem Seminar klar. Das Seminar selbst hat mir dann aber auch in der Praxis über das Erlebnis meiner Sprachlosigkeit deutlich gemacht, *daß so nichts mehr geht*. Das Seminar hat für mich diesen Widerspruch nicht aufgelöst, aber dadurch, daß es ihn mir in aller Deutlichkeit vor Augen geführt hat und ich ihn aushalten konnte, vielleicht die Voraussetzung dafür geschaffen, mich auf diesen Widerspruch erst einmal einzulassen und ihn nicht zu verdrängen.

Was bedeutet dies nun konkret für meine Praxis mit Ausländerkindern? Wenn man davon ausgeht, daß Sozialarbeit es mehr oder weniger in ihrer Praxis mit Bewältigungsformen beschädigter bzw. zerstörter Identität zu tun hat, so stellt sich die Frage, welche Wirkungen es auf Jugendliche hat, für die die Grenzen zwischen Wunsch und Realität verschwimmen, wenn ihr Betreuer dieses Problem für sich noch nicht einmal erkannt hat und sich nicht darauf einlassen kann. Was geschieht, wenn sich ein solcher Sozialarbeiter von einem Jugendlichen lediglich ein sehr selbstbezogenes, idealistisches Bild macht, während jener sein Kontaktbedürfnis nur so deutlich machen kann, daß er dem Betreuer eine Stecknadel in den Oberschenkel sticht? Persönliche Verletztheit und Entrüstung über einen solchen Affront ist in einer solchen Situation sicher nicht am Platz. Vielmehr gilt es, auch solche Interaktionen in ihrer Bedeutung zu verstehen, um nicht blind und unangemessen zu handeln. Dies ist aber nur möglich, wenn solche Interaktionen nicht nur als Regelverletzung und als Desillusionierung bezüglich der menschlichen Qualitäten dieses Jugendlichen begriffen werden, sondern praktisch als das, was es ist, eine schmerzhafte Angelegenheit. Ein Betreuer muß sich hier als jemand einbringen können, der eben nicht ins Bein gestochen werden will, dies dem Jugendlichen in einer im verständlichen Form verdeutlicht, gleichzeitig aber auch dessen Kontaktstreben mit bedenkt bei seinem Handeln. Zu dieser pädagogischen Dimension der Situation dringt man nur vor, wenn man in der Lage ist, sich selbst und andere in der Praxis realistisch wahrzunehmen und zu reflektieren.

Wenn jedoch ein Sozialarbeiter zu einseitig auf seine pädagogischen Idealvorstellungen festgelegt ist, ergibt sich ein Kreislauf wechselseitigen Nicht-Verstehens, in dem Selbstverliebtheit und Abwehr nur zwei Seiten derselben Medaille sind und sich gegenseitig hochschaukeln. Dies ist mir auf dem Medienseminar ganz *praktisch* noch einmal deutlich geworden. Soweit zur unmittelbar praktischen Dimension des Malente-Seminars. Für die erkennende Dimension in meiner Praxis ist mir durch das Malente-Seminar deutlich geworden, daß ich in der Gefahr stehe, die Einheit von Theorie und Praxis als Problem meines Kopfes und nicht als praktische Einheit zu betrachten, in der Kopf und Körper ein Stück weit zusammenkommen, indem sie sich wechselseitig in ihren Bezügen hervorbringen."

Georg stellt einmal den Prozeß seiner Qualifizierung dar: wie er praktisch zur Sprachlosigkeit im Verlauf des Medienseminars gekommen ist: Er hat festgestellt, daß sein Anspruch, Handeln und Erkennen als Zusammenhang aufzunehmen, bislang nur über den Kopf gelungen ist. Georg konnte den Zusammenhang nur herbeidenken. Nun lernt er um. Nach außen vorerst sprachlos. Georg stellt zum anderen die Frage: Was bedeutet diese Erfahrung für meine sozialpädagogische Praxis? Er weiß noch keine Antwort. Sein letzter Satz dokumentiert aber noch einmal seinen Lernprozeß. Es ist ihm im Seminar deutlich geworden, daß er in der Gefahr steht, sich den Theorie-Praxis-Zusammenhang lediglich über den Kopf anzueignen. Wie er dies möglicherweise abbauen kann, zeigt Georg an dem Beispiel mit dem Jugendlichen, der sein Kontaktbedürfnis ihm gegenüber nur durch einen Stich mit der Stecknadel anzeigen kann. Was danach tun? Georg meint: Schmerz ausdrücken, um so zu unterstreichen: Ich will nicht gern in den Oberschenkel gestochen werden.

Aber auch verdeutlichen: Ich habe deinen Kontaktwunsch verstanden und möchte ihn aufnehmen. Für Georg hat die Praxis mit pädagogischen Medien Impulse geliefert, differenzierter auf seine Alltagsrealität einzugehen und wacher zu werden für die Lebenswelt seiner Bezugsgruppe. Wie schwer dies praktisch ist, möchten wir an drei Ausschnitten eines Gesprächs zwischen Georg, Yildirim und Şenol über Flipper dokumentieren, das längere Zeit vor dem Malenteseminar geführt worden war:

Georg: Kannst du mal sagen, wo viele Mitglieder eurer Gruppe hingehen, wenn sie nicht in der AAK sind?
Şenol: Sie gehen meistens so Spielhallen.
Georg: Und wo sind die?
Yildirim: Die sind einmal in Bowlingcenter und dann Nordertor da, gegen diese Möbelgeschäft da und dann einmal in Kochlöffel gegenüber.
Georg: Warum gehen die da eigentlich hin?
Yildirim: Die wollen ihr Zeit da vertreiben. Und wollen Geldgeben für den Flipper.
Georg: Was heißt das, Zeitvertreiben da? Z. B. in der AAK kann man sich doch auch die Zeit vertreiben. Es gibt hier viele Möglichkeiten, z. B. mit Ton was machen, Emaillieren kann man hier, mit Holz was machen, mit Metall was machen, und Musik hören kann man hier auch, all solche Sachen. Ihr habt ja auch neulich den Raum hinten gekriegt, der von euch jetzt nicht so richtig genutzt wird.
Yildirim: Ja, also die haben keine Lust für den Basteln und so Tonarbeiten und so, die wollen Flipper spielen. Also wenn sie arbeiten, meistens die arbeiten, die wollen nicht in Werkraum stehen und Tonarbeiten machen, basteln und so.
Georg: Ja, warum nicht? Was ist der Unterschied zwischen Flipperspielen und solchen Sachen?
Şenol: Hier, das macht ihnen keinen Spaß, wenn sie sowas basteln, das macht eben keinen Spaß. So, wenn einer bastelt und die anderen laufen weg zum Flipperspielen, und dann sagt der eine, der bastelt, ich geh auch und gucke, was die machen und dann will er auch mal Flipperspielen, und dann findet er das spannend und so, irgendwie oder lustig.
Georg: Was ist da dran spannend? Gegen wen spielt er denn da?
Şenol: Gegen die Automat.
Georg: Gegen den Automat?
Şenol: Ja, gegen einen Gegner.
Georg: Und der Automat ist immer stärker?
Yildirim: Ja.

In der AAK versuchen die Mitarbeiter mit Foto, Film, Basteln, Musizieren, Theater, Folklore, aber auch mit Gesprächen Jugendliche und Kinder anzusprechen. Anknüpfungspunkte im Gespräch sind die Erfahrungen in Ausbildung und Betrieb, aber auch in Freizeit, Schule, Familie und Umwelt. Diese Lebensbereiche werden allerdings als so bedrückend und einengend erlebt, daß sich der Anspruch der Jugendlichen zumeist nur auf Konsum ausrichtet. Die Entfaltung der persönlichen Fähigkeiten und Bedürfnisse ist so behindert, daß man nur noch bemüht sein kann, sich im Konsum wenigstens ansatzweise schadlos zu halten (vgl. U. Ropohl 1979, S. 55).

Im Flipper reagieren sich die Jugendlichen ab, tanken sie auf, um in der Schule, zu Hause und im Betrieb über die Runden zu kommen. Georg scheint dies nicht akzeptieren zu können. Sein pädagogisches Selbstverständnis sträubt sich gegen Yildirims und Şenols Vorstellungen. Georg wehrt sich dagegen, daß das einzige Streben der beiden nach Abreaktion im Konsum ist. Er möchte deshalb beiden verdeutlichen, daß das Herstellen von Dingen viel besser sei. Abstrakt hat er sicher recht. Yildirim und Şenol können Georgs Feststellungen nur nicht aufnehmen, wie der weitere Verlauf des Gesprächs zeigt:

Georg: Das gefällt euch nicht, wie es in der AAK aussieht, und dann wollt ihr also einen schönen Raum haben.
Şenol: Einen größeren, wo soll sein, was sie so interessiert.
Yildirim: Ich wollte hübschen Zimmer haben, wo man sich gemütlich hinsetzen kann, nicht auf Matratzen, so Sessel und dann paar Stühle, z.B. ein gemütliches Tisch, wo man sich mit sechs Leuten hinsetzen kann.
Georg: Was kann man dann machen, wenn das so ist?
Yildirim: So muß man Leute hier beschaffen.
Georg: Leute hier beschaffen, wie meinst du das?
Yildirim: Hier, ich meine von z.B. Gürol, Ömer oder Zeki hier das ranholen und das arbeiten zusammen. Aber das wollen sie nicht. Weil sie von Arbeit kommen, dann sind sie müde, meistens müde, die wollen das nicht. Die wollen was Spaß haben. Also ich sag mir, wir wollen Flipper in AAK haben.
Georg: Du sagst das?
Yildirim: Ja, das ist gut und günstig für AAK, das für den Flipper geben das Geld, ne, das Geld geht für den AAK und für AAK das Geld, das kann man sich ganz schön verwenden, für andere Sache, was Hübsches für AAK kaufen.
Şenol: Guck mal, wenn ihr so verschönern würdet die AAK, was kaufen würdet, dann braucht ihr doch Geld, und ihr könnt ja Geld ganz gut gebrauchen, und wenn ihr so ein Spiel kauft, die andere sich interessieren, dann kommen auch viele, und dann habt ihr so viel Geld, daß ihr da alles bezahlen könnt.
Georg: Ja, aber guck mal ... ja, was sollen wir denn dafür kaufen? Die Leute kommen zu uns, dann gehen sie also vor den Flipper und wenn wir nur einen haben, dann streiten sie sich wieder, wer den Flipper benutzen darf.

Yildirim sagt es deutlich: Wenn die Jugendlichen von der Arbeit kommen, dann sind sie müde und verspüren keine Lust, etwas Produktives zu gestalten. Sie wollen sich erholen und Spaß haben. Diesen finden sie beim Flippern. Yildirim findet es so konsequent, Georg vorzuschlagen, einen Flipper für die AAK zu beschaffen. Er versucht dies mit dem Prinzip ‚mit Speck fängt man Mäuse' zu motivieren. Der Speck entspricht dem Flipper, und der kann der AAK sogar Geld bringen. Von dem Geld kann die AAK dann Attraktives kaufen. Georg kann dies nicht akzeptieren. Er ist mit dem Flipper weiterhin nicht einverstanden:

Georg: Ich wehr' mich dagegen, aus der AAK 'ne Spielhalle zu machen.
Yildirim: Du machst doch nicht eine Spielhalle wegen einen Flipper.
Georg: Aber die machen doch dann in der AAK dasselbe, was sie in der Spielhalle machen.
Yildirim: Das Geld verwenden sie dann doch für AAK.
Georg: Es kommt uns nicht darauf an, daß ihr wie die Wilden Tonarbeiten macht. Aber Flipper. Das sind nur so fertige Sachen. Da braucht man nur so auf den Knopf zu drücken. Genauso mit den Telespielen. Ihr sollt aber selbst was herstellen.
Yildirim: Quatsch. Hier stellt gar nichts her.
Şenol: Was sollen wir herstellen?
Yildirim: Kauf mal eine Fernsehen.
Georg: Z.B. in der Fahrradwerkstatt, wenn ihr ein Problem mit dem Farrad habt, dann repariert ihr das selbst.
Yildirim: Machen wir doch immer.
Georg: Das finde ich gut. Aber bei Flipper geht nur einer hin, steckt Geld rein und drückt auf den Knopf. Mehr ist nicht.
Şenol: Du kannst das ja billiger machen.
Georg: Was können wir noch außer Flipper machen?
Yildirim: Billard. Handdrehfußball.
Şenol: Roulettetisch.
Yildirim: Mit Handfußball kann man auch Turnier machen.
Georg: Was macht ihr denn sonst in eurer Freizeit?
Şenol: Spielhalle und gucken fernsehen.
Yildirim: Wo sonst hingehen. J. Mc Donalds. Da Mädchen gucken.

Nach dem Medienseminar haben wir Georg die drei Gesprächsabschnitte vorgelegt. Wie steht er zu seinem im Gespräch mit Yildirim und Şenol entwickelten Verständnis von Flippern? Kann Flippern für ihn ein sinnvolles pädagogisches Medium werden? Georg schreibt:

In den Texten werden zwei gegensätzliche Positionen deutlich. Die eine, nämlich meine, ist ein idealistischer Entwurf. Wie sieht er aus? Ich entwickle im Gespräch eine idealistische Gegenidentität zu den Zwängen des Alltags. Wer wie Yildirim und Şenol morgens in der Schule erfahren haben, daß sie bestimmten Ansprüchen zu genügen haben, der soll wenigstens am Nachmittag in der Freizeit die Möglichkeit haben, sich als selbsttätige und ihre Tätigkeit selbst organisierende Person zu vergegenständlichen. Dieser Anspruch verwirklicht sich in der Alltagspraxis als Langeweile der Jugendlichen. Yildirim und Şenol führen dies auch als Gegenargument an. Ich sehe für mich die Schwierigkeit, von einem idealistischen pädagogischen Ansatz zu einem realistischen, die realen Konflikte und Interessen aufnehmenden pädagogischen Ansatz zu kommen. Auf diesen möchte ich an dieser Stelle nicht weiter eingehen. Die andere Position ist die, daß hier türkische Jugendliche den Prozeß des Übergangs von einer gesellschaftlichen Entwicklungsform zur nächsten vollziehen. In der Türkei steht der Jugendliche in der Tradition seines jeweiligen Geschlechts. Die Produktionsweise ist in der Tendenz noch feudal. Die Familie ist noch Produktionsgemeinschaft. In der Bundesrepublik gilt dies nicht mehr. Die Familie ist nur noch Reproduktionsgemeinschaft. Was der einzelne über seine Arbeit in der Fabrik hinaus noch ist, findet plötzlich nur noch Platz in einem privaten, von der Öffentlichkeit abgespaltenen Bereich, der in der Vorstellung zur Idylle gerät. Was hat das mit einem Flipper zu tun?

Ein Flippergerät ist Teil der Realität der Jugendlichen und spiegelt ein Strukturmerkmal gesellschaftlicher Praxis wider. Das Spiel erzeugt das Gefühl nach Erholung. In diesem Fall wird auf die AAK zurückgegriffen. Wenn dort dann aber Yildirim und Şenol mit dem bloßen Anti-Flipper-Konzept konfrontiert werden, das weder ihrem Bedürfnis noch Erholung noch ihren Vorerfahrungen gerecht wird, dann tritt das ein, was ich eigentlich verhindern will, nämlich eine Verfestigung der Trennung zwischen Öffentlichem und Privatem. Die Folge ist Anpassung und Stabilisierung des Bestehenden. Der Einsatz eines Flippers im pädagogischen Feld selbst könnte beide Bereiche ein wenig mehr zusammenbringen. Wenn dann im Umgang mit und bei der Benutzung eines Flippers bestimmte Wirkungen entstehen, so besteht die Möglichkeit, diese Wirkungen an Ort und Stelle zu beobachten und zu bearbeiten.

Georg hat seine Ablehnung gegen den Flipper revidiert. Er sieht, daß im Umgang mit ihm bei den Jugendlichen Wirkungen entstehen, auf die er, Georg, dann an Ort und Stelle eingehen kann. Wie dies zu geschehen hat, kann erst die praktische Situation zeigen. Ob dies allerdings für Georg möglich ist, ist die Frage: Gelingt es ihm, von einem idealistischen zu einem realistischen pädagogischen Ansatz zu kommen? Wie er dies anzustreben gedenkt, sagt er nicht näher. Er möchte darauf nicht weiter eingehen. Umso mehr geht Georg auf Yildirims und Şenols Position ein. Er entwickelt umfassenderes Verständnis. Vielleicht gelingt es ihm, dies auch zu praktizieren. Daß er dieses Verständnis nicht herbeidenken kann in der Praxis, ist ihm während des Medienseminars deutlich geworden.

In diesem Beitrag wollten wir zeigen, daß die Medienseminare keine pädagogische Idylle sind, sondern Anregungen bieten für das bessere Erkennen und Handeln im sonstigen pädagogischen Alltag. Dies wird voraussichtlich dem Pädagogen besonders gut gelingen, der Qualifizierung mit den Medien als persönliche Qualifizierung begreift. Im Abschlußgespräch in Mözen tun dies Uli und Gabi, in bezug auf die Schule tun dies Hans und Margot, für seine sozialpädagogische Praxis Georg.

Hans-Peter Fokuhl

Selbstreport eines Lehramtsanwärters

Das Medienseminar

Vor der ersten Spieleinheit auf dem Seminar gab Reinhard eine dreiminütige Einführung, kein Programm, kein Thesenpapier: „Ich kann euch nur sagen, laßt euch auf das, was wir (die Medienpädagogen) einbringen werden, zunächst einmal ein. Wir werden nachher immer Zeit haben, darüber zu sprechen."

Aha – erst Praxis, dann ihre Reflexion. Was ist das für ein Lernen? Ich bin Lehrer und mache es hauptsächlich umgekehrt: Unterrichtsvorbereitung, Unterricht und dann höchstens noch mal ein paar Gedanken im Auto, wenn ich von der Schule nach Hause fahre.

Aber: Wie gewinne ich eigentlich Erkenntnisse über mein pädagogisches Handeln, letztlich über mich selber, wenn ich nicht auch meine pädagogische Praxis zum Gegenstand strukturierterer Reflexionen mache? Meine bisherigen Erfahrungen in der Schule haben mir vielfältig gezeigt, daß in einer pädagogischen Praxis viel Unvorhersehbares hinzukommt, was in einer auch noch so differenzierten Planung kaum vorweg hätte gedacht werden können. Dennoch führten diese Erfahrungen bisher kaum dazu, meinen Arbeitsrhythmus von Planen und Vollstrecken entscheidend zu verändern.

In diesem Zusammenhang hat das Medienseminar durch seine skizzierte Struktur einen mir sehr bedeutenden Beitrag dazu geleistet, von einer pädagogischen Praxis her gelungener wahrnehmen und verstehen zu lernen, was für mich inzwischen die Grundbausteine für ein zunehmend qualifizierteres pädagogisches Handeln geworden sind.

Damit ist umrissen, in welchem Bedeutungszusammenhang für mich das Seminar steht. Wie sich diese Erkenntnisse bei mir auf dem Seminar entwickeln konnten und wie ich sie in meiner Praxis als Lehramtsanwärter weiterverfolgen und verarbeiten konnte, das kommt jetzt:

Spiel: Standbild „Fremdheit“

Das Thema des Seminars war „Der Fremde“. Hatte ich diesen Gegenstand in meinem Vorverständnis zunächst auf einen Menschen „außer mir“ bezogen, wurde mir gleich bei dem ersten Gruppenspiel deutlich, daß auch der Fremde „in mir“ dazugehört.

Jeweils Gruppen zu acht Personen sollten in einem Standbild das Thema des Seminars darstellen. Eine anfängliche Diskussion, wie der einzelne nun „Fremdheit“ bildlich vergegenständlichen würde, führte nur zu Mißverständnissen und Unklarheiten. So entscheiden wir uns, aus gemeinsamem Handeln heraus – jeder stellt sich mal irgendwie hin – ein Standbild zu entwickeln.

Hatte sich im Gespräch noch annäherend jeder eingebracht, stellte sich jetzt im Miteinanderumgehen von acht Körpern zwischenzeitlich immer wieder Ratlosigkeit ein. Diese führte lediglich deshalb nicht zur Unfähigkeit, die Aufgabe gemeinsam zu lösen, weil sich zwei oder drei „Gruppenmanager“ herausbildeten, denen es gelang, eine Darstellungsform zur Gruppenidee zu erheben. Und schließlich war das Standbild dann doch fertig.

Ich hatte wohl auch Ideen, war aber dadurch sehr gestört, wie unsensibel sich der Prozeß zum Standbild in der Gesamtgruppe entwickelte. Solche Überlegungen, die nur geäußert, nicht aber gleich auch mit Körperbewegungen vollzogen wurden, gerieten erst gar nicht in den Blick aller Gruppenmitglieder. Schließlich machte ich bald auch nur als Standbildmaterial mit, das sich einfügte. Meine Störungen in bezug auf den ablaufenden Gruppenprozeß behielt ich bei mir.

Was mich daran weiterbeschäftigt:

- Wie kommt es, daß ich meine Wahrnehmung von Disharmonien im Gruppenprozeß nicht einbringe?
- Was geht in mir vor, wenn ich zugunsten eines Zieles (Spielaufgabe erfüllen) und im Hinblick auf eine scheinbare Gruppenharmonie mich in die Rolle des Erkennenden zurückziehe und anderen das Handeln überlasse?

Spiel: Gestische Kommunikation

Die folgende Spieleinheit begann damit, daß sich jeder in einem Spiegel betrachtete, um dann eine Papiertütenmaske mit den Gesichtspartien zu gestalten, die ihm im eigenen Gesicht fremd erschienen. Anschließend gingen alle mit ihrer aufgesetzten Maske durch den Raum, schließlich mit der

Aufgabe, sich eine Person zu suchen, deren Maske einem besonders fremd erschien.

Ich tat mich mit Manfred zusammen, und wir tauschten uns – es sollte nicht gesprochen werden – gestisch aus: Über die eigene Maske und die des Gegenübers. Wir hatten vor diesem Spiel noch nie miteinander geredet, und so lernten wir uns jetzt ausschließlich über die Masken kennen – ohne Sprache! Ich war erstaunt über meine Möglichkeiten, mich Manfred mitzuteilen, wie ich auch überrascht war, welche durchaus inhaltsreichen Botschaften ich durch seine Gestik zu verstehen glaubte. Ich empfand ungekannte Freude darüber, wie es möglich ist, sich offen einem Menschen zu nähern, von Anbeginn sich problemzentriert einzugeben, gerade auch mit den Persönlichkeitsanteilen, die wir jeweils bei uns nicht so akzeptieren. Die Maske vor dem Gesicht und die Beschränkung auf unsere Gestik als Kommunikationsmittel schien paradoxerweise eine insgesamt gelungenere Kommunikation zuzulassen, als wenn uns auch noch Mimik und Sprache zur Verfügung gestanden hätten. Im anschließenden Gespräch zwischen Manfred und mir stellte sich jedoch heraus, daß ich gewisse, auch sehr bedeutsame Botschaften anders interpretiert hatte, als sie gemeint waren.

Was hatte ich wahrgenommen? Sich an der Hand nehmen, umarmen, Stellungnahmen von Manfred zu mir als Person, Aussagen von ihm zu sich als Person, Gesten der Vertrautheit, eine Kommunikation, die vom Inhalt her unmittelbar an uns orientiert war und nicht an irgendetwas außerhalb Liegendes. In mir hatte all dies das Gefühl von Wärme und Zutrauen zu Manfred ausgelöst, in der eigene Widersprüche zugegeben werden können, die dann als Bestandteil der Persönlichkeit des anderen akzeptiert werden, als möglicher Leidenszustand, der vom Partner wahrgenommen und ausgehalten wird. Z.B.: „Ich leide darunter, daß ich ein ‚Kopfgesteuerter' bin." Andererseits hatte Manfred versucht, mir zu vermitteln: „Oh, Kumpel, nimm das alles nicht so schwer, das Leben hat doch so viele schöne Seiten!" Die hier verborgene Grundhaltung aber erzwingt einige Skepsis gegenüber dem, was ich in der Situation empfunden und – fraglos verzerrt – wahrgenommen hatte: Es liegt in dieser Form der Begegnung, wie Manfred sie ausfüllte, eine unübersehbare Oberflächlichkeit, Possenhaftigkeit – eher Spielchen als Spiel. So äußert Manfred auch in dem sich dem Spiel anschließenden Gespräch, daß für ihn der Einstieg in Beziehungen zu anderen sich immer auf der „Kumpelebene" vollziehe. Dies sei auch während des Spieles nicht anders gewesen.

Was mich daran weiterbeschäftigt:

- Welche z.T. durchaus bedeutenden Botschaften sende ich eigentlich durch meine Gestik aus? Wie kommen sie bei meinem Gegenüber an? Interpretiert es sie möglicherweise ganz anders, als sie von mir gemeint sind?
- Welche Botschaften nehme ich in einer konkreten Situation jeweils nur wahr? Welche übersehe ich möglicherweise? Wie entwickelt sich meine Wahrnehmung, daß mir schließlich ein Mensch vertraut oder nicht vertraut wird?

Aktion: Gesichtsmasken herstellen

Nachmittags stellen wir Gipsmasken als Negativabdruck unserer Gesichter her. Wir sollten uns in Gruppen zu dritt zusammentun. Antje ging schnell und freundlich auf mich zu und äußerte ihr Interesse, die Aufgabe mit mir zu machen. Willi schloß sich uns an. Nachdem die Vorbereitungen abgeschlossen waren, legte ich mich als erster auf eine ausgebreitete Decke, und Willi und Antje begannen mit der Gesichtsmaske. Bald konnte ich durch das Auflegen der Gipsbindenstücke weder sehen noch sprechen. Ich war scheinbar von meiner Umwelt abgeschlossen, da mir eben die Möglichkeiten fehlten, die ich hauptsächlich benutze, um mit ihr in Kontakt zu treten – als Erkennender wie als Handelnder. Auch meine Mimik stand mir nicht mehr zur Verfügung, um beispielsweise ein Gefühl des sich Wohlfühlens auszudrücken. Im weiteren Verlauf nahm ich dann mehr und mehr das wahr, was über meine anderen Sinnesorgane zu mir kam: das ruhige, sorgsame Arbeiten der beiden an meiner Maske, den Körperkontakt zu Antje, die neben mir kniete, die Besinnlichkeit auslösende Musik im Hintergrund. Ich fühlte mich entspannt und geborgen. Willi, besonders aber Antje, zu der ich vordem wie zu Manfred keinen Kontakt gehabt hatte, empfand ich als mir sehr vertraut, was sich fortsetzte, wie sie mich mit der fertigen Maske, die noch am Gesicht haftete, durch den Raum führten.

Ich freute mich schließlich darauf, daß diese Aktionsgruppe noch weiter zusammenarbeiten würde und war um so enttäuschter, als Maike dann hinzukam (Sie hatte noch etwas anderes erledigen müssen und wollte nun noch bei unserer Gruppe als vierte mitmachen). Antje zog sich daraufhin aus der Gruppe zurück, denn zu dritt läßt es sich schlecht an einer Gesichtsmaske arbeiten. So stellten Maike und ich die Gipsmaske an Willi her.

Ich entwickelte ein Gefühl der Ablehnung gegenüber Maike, weil ich viel lieber mit Antje weitergearbeitet hätte. Mit der Tatsache, eine gerade gewonnene Vertrautheit in einer Beziehung nicht weiterentwickeln zu können, konnte ich mich emotional nicht abfinden, was ich in der Situation gleichwohl nicht aussprechen konnte, sondern erst nachher, als Willis Maske fertig war.

Was mich daran weiterbeschäftigt:

- Situationen, in denen Körperkontakt erlebt werden kann und die beteiligten Personen selber der Gegenstand des Miteinander-Umgehens sind, lösen bei mir starke positive Empfindungen aus – Sympathie. Damit geht bei mir ein Lern- und Erfahrungsinteresse einher – in bezug auf den anderen und mich selber.
- Je konkreter und intensiver mein Interesse in einer Situation sich ausformt, um so deutlicher spüre ich Abneigung gegen das, was meinem Interesse entgegensteht.

Im großen Gesprächskreis nach dieser Aktion äußert sich Antje dann so: „Ich habe früher selbst erfahren, daß es beim Gipsmasken-Abnehmen Leute gibt, die auskicken. Deshalb ist es wichtig, auf Körperkontakt zu achten."

Es ist bitter zu erfahren, Opfer einer Technik geworden zu sein. Ich hatte bei der Aktion das Gefühl gehabt, wir wären uns als Menschen begegnet, die Vertrautheit zueinander entwickelten, und nun entpuppt sich Antje als pädagogische Technokratin, die an jedem anderen Menschen genauso gehandelt hätte – ohne Gefühl, ohne Bedacht auf das Individuum, was da vor ihr liegt, sondern lediglich aus dem heraus, was sie irgendwo gelernt hat, was mit mir und ihr als Personen gar nichts zu tun hat.

Was mich daran weiterbeschäftigt:

- Wo füge ich selber anderen Menschen (z. B. Schülern) dadurch möglicherweise Verletzungen zu, indem ich mein Handeln nicht aus unserer gemeinsamen Praxis heraus entwickle, sondern mich nach Regeln verhalte, die aus einem Erfahrungszusammenhang gewonnen sind, der für mein augenblickliches Gegenüber keine Bedeutung hat?
- Wie kann ich der Enttäuschung derer begegnen (z.B. Schülern), die glaubten, in mir einen Menschen gefunden zu haben, und in dem sie dann das abstrakte Wesen erkennen, das nie sie selber als Person gemeint hat?

Am folgenden Morgen wurden die Gipsmasken mit Agoplast ausgelegt, um so ein Positiv der abgenommenen Gipsmaske zu erhalten. Ich stellte dabei fest, daß meine Maske sehr asymmetrisch war und bat Antje, sie mit meinem Gesicht zu vergleichen. Sie guckte und guckte, verglich, nochmal und nochmal. Ich kam mir wie ein Patient vor, der aus der nicht endenwollenden Geschäftigkeit, mit der er untersucht wird, bereits auf etwas von ihm Ungeahntes schließt, was dann – wie zeitweilig nicht nur bei Ärzten – unausgesprochen bleibt. Ich konnte mir Antjes beinahe „wissenschaftliche

Anteilnahme“ nicht erklären. Sie löste bei mir ein diffuses Gefühl von Unsicherheit aus, der gegenüber ich bemüht war, sie in der Situation zu verdrängen.

Ein späteres Gespräch mit Antje klärte dann die Situation. Sie hatte über die Agoplastmaske versuchen wollen, mit mir als Person in Kontakt zu treten. Ihr ging es primär gar nicht um den Vergleich Maske – Gesicht, was ich „realistischerweise“ angenommen hatte.

Aber aus Antjes sonderbarem Verhalten und entsprechend dem fremden Gefühl bei mir hätte ich bereits einen anderen Bedeutungshintergrund als den nahe liegenden bei ihr vermuten können, der, wie ich ja später erfuhr, sogar mit meinem Interesse in Bezug auf Antje allgemein identisch war.

Nach dieser Situation des Maskenvergleichens zogen wir uns jeder in eine andere Ecke des Raumes zurück. Unser beider vorhandenes Handlungsinteresse realisierten wir nicht, letztlich nur, weil es unausgesprochen blieb.

Was mich daran weiterbeschäftigt:

- Wo gibt es in mir und aus mir Äußerungen (z.B. Gefühle, Gestik), die ich kaum oder gar nicht wahrnehme, die ich vorschnell als unbedeutend abtue und die doch, wie ich erfahren habe, sehr bedeutend sein können?
- Wie kann ich mehr Zutrauen zu meinen Gefühlen entwickeln, daß ich sie eher unmittelbar einbringe, kann in ihnen doch der Schlüssel liegen, Situationen in meinem Interesse, vielleicht aber auch in dem des Gegenübers gelungener aufzulösen?

Übung: Handmassage

Um die Hände für die Arbeit des Auslegens der Gipsmaske mit Agoplast vorzubereiten, massierten wir uns gegenseitig in Zweiergruppen die Hände. Hans Günther massierte mich zuerst. Durch die Möglichkeit, mich ganz passiv auf das konzentrieren zu können, was geschah, nahm ich meine Hände neu wahr – sonderbar, ich trage sie doch immerhin schon 28 Jahre mit mir herum. Bei meiner zuerst massierten Hand war es für mich beinahe ein Erlebnis, was da so alles dran ist – die vielen Gelenke, ihr Bewegungsradius. Ich erfuhr sie erstmals als einen sehr komplex gegliederten Teil meines Körpers. Als Hans Günther meine zweite Hand massierte, spürte ich mehr, wie durch seine ausgeführten Bewegungen meine Handmuskeln gedehnt und entspannt wurden, erlebte Hans Günthers Hand, wie sie arbeitete. Ich nahm Unregelmäßigkeiten in der Massage wahr, daß er mal schnell dann langsam meine Hand bearbeitete, mal mit Kraft, dann mehr so, als ob er sie „abwischte“. Ich fragte mich: Sind das die Masseurhände eines Ungeübten, oder signalisieren sie noch andere Erlebenshintergründe, die seine Tätigkeit des Nur-Massierens quasi durchkreuzen? Es ist doch schon etwas fremd, daß sich zwei Männer gegenseitig die Hände massieren ohne pathologischen Befund. Oder?

Was mich daran weiterbeschäftigt:

- Situationen, in denen ich ganz passiv, als ausschließlich Wahrnehmender beteiligt bin, ermöglichen mir ein differenzierteres, neues Wahrnehmen von scheinbar Bekanntem.

Situation: Am Frühstückstisch

Es war der letzte Tag des Seminars. Ich war mit seinem Verlauf und mir zufrieden, hatte eine Menge neuer Denkanstöße erhalten, kurz ich war gut gelaunt, beinahe ausgelassen.

Am Vorabend wollte Bert sich mit mir gerne zusammensetzen. Er wirkte auf mich sehr geknickt – Ergebnis einiger Erfahrungen vom Seminar, die er für sich noch nicht verarbeiten konnte. Ich wies ihn dennoch ab, weil ich etwas für mich Wichtigeres vorhatte.

Da nahm ich mir an Morgen vor: „Du gehst mit ihm zum Frühstück, setzt dich mit ihm zusammen, sprichst mit ihm.“ Doch als wir nun da saßen, meine ersten Gesprächsinitiativen keinen problemorientierten Dialog aufkommen ließen, stieg ich intensiv in ein anderes Gespräch am Tisch ein, das mich interessierte. Meinen gefaßten Vorsatz und Bert hatte ich vergessen. Ich trug viel zu dem Tischgespräch bei, lachte und schließlich, als ich mit dem Frühstücken fertig war und aufstehen wollte, bemerkte ich, daß Bert gar nicht mehr da war.

Was mich daran weiterbeschäftigt:

- Ich habe Gefühle, Grundstimmungen, Interessen, die in mein pädagogisches Handeln mit eingehen oder es gar blockieren. Daß dieser Zusammenhang zwischen mir als konkretem Menschen und meinem pädagogischen Handeln mir deutlicher wird, nahme ich als eine wichtige Aufgabe vom Seminar mit zurück in die Schule.
- Wenn ich Menschen zu Subjekten erziehen möchte, dann erscheint mir es jetzt mindestens genauso wichtig, daß ich mich selber möglichst als Subjekt, das auch Stimmungen ausgesetzt ist, in Situationen einbringe und nicht als abstraktes Objekt irgendwelcher pädagogisch ehrenwerter, allgemeiner Forderungen, beispielsweise immer der Gleiche, Gerechte oder Gesprächsbereite zu sein.

Zurück in Schule und Seminar
Gestik und Sprechmelodie im Unterricht

Es war der erste Tag nach dem Medienseminar. Ich mußte zu einem Fachseminar aufs Dorf: Zuerst Unterrichtshospitation, 3. Klasse, Sachkunde, Thema: Arbeiten, die beim Bau eines Hauses zu verrichten sind. Ich verspürte überhaupt kein Interesse zuzuhören, die einzelnen Stationen des Unterrichts mitzuvollziehen, die methodische Aufbereitung der Stunde zu reflektieren. Ich sah förmlich durch meinen unterrichtenden Kollegen hindurch, bis mir ungewollt mehr und mehr andere Dinge an ihm auffielen, auf die ich sonst im schulischen Unterricht kaum geachtet habe: Er legte den Kopf etwas schräg zur Seite, nahm den Zeigefinger vor den Mund und stellte dabei eine Denkaufgabe. Er rieb sich die Hände, wenn etwas gut gelang. Da war eine Sprechmelodie in dem, was er sagte – etwas betulich, so wie ein „lieber Onkel" spricht. In allem, wie ich ihn wahrnahm, strahlte er eine Form von Innerlichkeit aus – manchmal etwas übertrieben, daß es auf mich schon wieder lustig wirkte.

Auf die von mir in der Unterrichtsbesprechung eingebrachte Stimmwirkung geht der Kollege dann folgendermaßen ein: „Ich kann sagen, daß ich hier in der Unterrichtsarbeit nicht so beteiligt bin. Ich habe keine direkte Beziehung zu den Kindern. Ich bin nicht ich selbst, wenn ich in die Klasse gehe. Ich tue mich schwer mit der Grundschularbeit. Der gespielte Onkel ist meine Form, mit dem Problem fertig zu werden."

Ich war verblüfft, zu welchen Persönlichkeitsproblemen wir vorstießen, die sich alle aus meiner Wahrnehmung von Gestik und Sprechmelodie im Unterricht entwickelten – Beobachtungen, das unterstelle ich einmal, die auch Schüler machen und die Verhaltensbereitschaften möglicherweise auf- bzw. verschließen.

Fremdheit bei mir und anderen habe ich mir durch das Medienseminar in vielerlei Hinsicht neu problematisieren können. Meine Gestik war und ist mir fremd. Ich habe gelernt, sie neu wahrzunehmen. Auch die Gestik anderer ist auf diesem Wege wieder in mein Bewußtsein gelangt. Ich sah bei meinem Kollegen ein Stück neu entdeckter Fremdheit, die auch mir jetzt in meinem Unterricht begegnet (Sie begegnet auch sichtbar meinen Schülern: Simone und Regina grinsen häufig, wenn ich eine etwas ausgefallene Geste mache).

Die erkannte subjektive Bedeutung der in der Hospitation gemachten Wahrnehmungen hielt nicht nur meine Augen und Ohren während der Unterrichtsstunde wach, sondern auch im anschließenden Gespräch, das ja selbst eine Form pädagogischer Praxis ist, war mein Interesse so groß, daß ich mich ungewöhnlich gut einbringen und den anderen Teilnehmern zuhören konnte.

Insgesamt bin ich durch das Medienseminar für die verschiedenartigsten Botschaften im nicht inhaltlich-sprachlichen Bereich sensibilisiert worden.

Meine eigenen Gefühle im Unterricht

Ich bin schnell gehemmt und verhaltensunsicher, wenn Mädchen im Unterricht kichern, besonders weil der Grund dafür selten herauszufinden ist, was ich dann meist so interpretiert habe, daß das Kichern mit mir als Person zusammenhängt. Deshalb habe ich mir angewöhnt, dieses Verhalten von Schülerinnen so lange zu ignorieren und die Verunsicherung auszuhalten, bis es mir unerträglich wurde.
Nun kicherte auch wieder ein Mädchengruppentisch. Meine „Aktion Böser Blick" und auch die stereotype Frage „Was ist da los?" führten zu nichts, doch spürte ich in der Situation nicht mehr die innere Anspannung, die ich sonst bei mir kannte. Schließlich ging ich an den Tisch zu Kirsten und Tanja, wo mir das Zentrum der Kicherei zu liegen schien und entdeckte, daß Tanja Kirsten am Handgelenk mit einem Band gefesselt hatte und sie in gewissen Zeitabständen damit zu sich herüberzog. Das wars also. Ich unterbrach den Unterricht, das Band wurde entfernt, und die Schüler am Tisch konnten wieder aufmerksam mitarbeiten.

Ich habe auf dem Seminar gelernt, meine Gefühle, die sich aus der Wahrnehmung anderer entwickeln, ernster zu nehmen. Ich habe die Wichtigkeit erfahren, ihnen nachzugeben, von ihnen her zu handeln und sie nicht zu verdrängen. So gelang es mir hier, mich besser auf die entgegengebrachte Fremdheit einzulassen, mich ihr unmittelbar zu nähern. Ich habe mich darüber gefreut, in dieser schulischen Alltagssituation aus der Sackgasse meines aus Verunsicherung eng gewordenen Verhaltensrepertoirs ein Stück herausgekommen zu sein, neu gehandelt zu haben und – was zukünftig sicher nicht immer der Fall sein wird – sogar erfolgreich.

Mein neu problematisiertes, pädagogisches Handlungsinteresse in bezug auf eine Schülerin

Vor dem Seminar hatte ich bereits die Halbjahreszeugnisse für meine Klasse geschrieben. Simone bedachte ich dabei im Einvernehmen mit den Kollegen mit der Bemerkung: „Simone ordnet sich schwer in die Klassengemeinschaft ein.“ Diese Bemerkung resultierte aus der Tatsache, daß einige Schüler gegenüber Simone Angst entwickelt hatten, weil sie schon mal zulangt. Außerdem behinderte sie zunehmend durch ihr Gesamtverhalten im Unterricht auch Mitschüler am Lernen. Was mir aber nach dem Seminar stärker auffiel war, daß ich mir zu meiner Bemerkung wenig darüber Gedanken gemacht hatte, aus welchem Bedeutungshintergrund Simone sich eben so verhielt. Was war ihr Interesse, das sie mit diesem Verhalten verfolgte? Andererseits, welches Interesse verfolgte ich im pädagogischen Umgang mit ihr? Wollte ich die angepaßte Schülerin hervorbringen, die keine Reibungswiderstände im Schulalltag erzeugt? Wenn ich die Frage nicht aus meinem theoretischen Wollen, sondern von meiner pädagogischen Praxis her beantworte, so muß ich sie wohl bejahen.

Ist es nicht verständlich, wenn Simone mit ihren Mitschülern nichts zu tun haben will, weil sie in ihrer Persönlichkeitsentwicklung bereits zwei bis drei Jahrgangsstufen weiter ist als fast alle in ihrer Klasse? Ist es nicht auch verständlich, daß sie darüber in Wut gerät, trotzdem in dieser Klasse von „kleinen Kindern“ bleiben zu müssen und vom Lehrer auch nur stereotype Aufforderungen bekommt, sich endlich anzupassen?

Auch wurde mir jetzt in der Auseinandersetzung mit ihr immer deutlicher, welcher Widerspruch zwischen meinem pädagogischen Wollen und meiner pädagogischen Praxis bestand: Einerseits gehöre ich zu denen, die sich an Büchern über die Subjekt-Werdung des Menschen nicht sattlesen können, andererseits erwartete ich gerade von der unangepaßten Schülerin Simone, daß sie ihre im Prozeß schulischer Sozialisation erlangte Persönlichkeitsstruktur – mit ihren wenn auch problematischen, von mir aber praktisch unverstandenen Lebensäußerungen – aufgibt.

Nach der Zeugnisausgabe kam Simone dann auch prompt zu mir, erstaunlicherweise nicht einmal um ihren Ärger abzulassen, sondern um von mir zu erfahren, warum sie diese Bemerkung erhalten hatte. Was mir an diesem Gespräch gut tat war, daß ich ihr erstmalig meine Wahrnehmung mitteilte, ihre Situation in der Klasse wäre eine besondere, daß ich Verständnis für ihre Schwierigkeiten entwickelt hätte, was aber nicht gleichzeitig bedeutete, daß ich sie so hinnehmen könnte. Sicherlich, wir haben es in dem Gespräch nicht geschafft, unser beider Interessen in bezug auf Schule und auf das Miteinander-Umgehen mit einer für jeden annehmbaren Perspektive deutlich werden zu lassen. Es war aber doch von meiner Seite eine neue Qualität in diesem Gespräch, insofern als ich Simone ein Stück mehr Verstehen entgegengebracht habe, ihr mehr als Individuum gerecht geworden bin und mit ihr nicht nur als Schülerin umgegangen bin, die lediglich den Verhaltensnormen der Klasse nicht entspricht.

Sind auch viele Aspekte der Störungen im Umgang mit Antje auf dem Medienseminar mit denen bei Simone in der Schule unvergleichbar, so ist doch das mir hier Wesentliche identisch: In einer pädagogischen Praxis mit Menschen zu handeln kann leicht zu Abgrenzungen und Abwehr führen, wenn aus Erfahrungszusammenhängen und unterschiedlichen Interessen heraus gehandelt wird, die dem anderen unbekannt bzw. von ihm unverstanden sind. Beides kann immer erst in einem Prozeß des gegenseitigen Verstehens zu *gemeinsamen* Einsichten gebracht werden, aus denen heraus sich dann ein gelungeneres pädagogisches Handeln hervorbringen läßt.

Mir ist auf diesem Hintergrund praktisch deutlich geworden, daß ich in meinem pädagogischen Umgang mit Simone eher am Anfang einer gemeinsamen Praxis stehe als an ihrem Ende, was vor dem Medienseminar mein diffuses Gefühl war, aus der von mir abgeschlossenen Wahrnehmung und Erkenntnis heraus, daß die Konflikte mit Simone sich lediglich nur noch wiederholten.

In dem beschriebenen Erfahrungszusammenhang, der sich für mich mit den Personen Antje und Simone herstellte, ist mir wieder ein Stück mehr bewußt geworden, daß Erkenntnisse über „richtiges" pädagogisches Handeln unhinterfragt niemals von einer Praxis, in der sie sich bewährt haben, in eine andere übertragbar sind. Erst durch eine möglichst komplexe Wahrnehmung und durch ein Verstehen dieser in der jeweils neuen Praxis sowie durch eine zunehmend strukturierte Reflexion von ihr her, läßt sich das bestimmen, was im folgenden ein mehr oder weniger „richtiges" pädagogisches Handeln sein kann.

Erfahrungen mit pädagogischen Medien in der Schule

Ich veranstalte mit meinen Schülern alle vierzehn Tage einen gemeinsamen Nachmittag, die sog. Freizeit-AG. Dort habe ich nach dem Medienseminar eine Spieleinheit durchgeführt, die in vielem mit einer aus dem Seminar vergleichbar ist.

Nach einigen Übungen, die zum Einstieg deshalb wichtig sind, um sich für die Wahrnehmung an sich selber und für die eines Gegenübers aufzuschließen, hatten die Schüler die Aufgabe, sich einen Partner zu suchen und sich mit ihm an einem ihnen angenehmen Platz im ausgeräumten Klassenraum niederzulassen. Hier sollten sie sich hinlegen, die Augen schließen und sich den vergangenen Schulmorgen in das Gedächtnis zurückrufen, die einzelnen Stunden noch einmal durchgehen, sich an Situationen erinnern, die ihnen besonders in Erinnerung geblieben sind und sich dann für eine Situation entscheiden, die sie anschließend mit ihrem Partner spielen könnten. Als sich alle Schüler aufgerichtet hatten – als Signal dafür, daß sie mit dem Überlegen fertig waren – erhielten sie die Aufgabe, ihrem Partner die ausgewählte Situation zu erzählen, um sich dann gemeinsam für eine der beiden als Spielgrundlage zu entscheiden. Bevor nun die Spielrunde einsetzen sollte, war das Gesicht des Partners zu der Situation passend zu schminken.

Ich habe vordem noch nie Schüler sowohl bei der Erinnerungs- wie dann bei der Aktionsphase so konzentriert mit einem Gegenstand sich befassen sehen. Besonders das nach dem Zweiergespräch einsetzende Schminken geschah bei einigen mit einer solchen Hingabe und Ausdauer, die ich sonst auch aus keiner Zeichenstunde kenne.

Die dann aufgeführten Spiele (Pantomimen) waren – abgesehen von einer Ausnahme – alle konfliktorientiert, obwohl ich in meiner Einführung bewußt darauf verzichtet hatte, die Einfälle der Schüler entsprechend zu kanalisieren. Es ging um Probleme mit Lehrern, die ihnen als Schüler Unverständnis entgegenbrachten, um Mitschüler, um Situationen, die zwischengeschlechtliche Schwierigkeiten thematisierten. Die jeweils an ein Spiel anschließende Besprechung einer Vorführung war ebenfalls von einer beachtlichen Konzentration der Schüler begleitet, und ein Schüler, von dem ich eine solche Äußerung kaum erwartet hätte, meinte abschließend, die Besprechungen seien noch zu kurz gewesen.

Wenn ich einem Lehrer, der um schülerorientiertes Lernen bemüht ist, aus meiner Erfahrung hier einen Rat geben kann, dann den, sich mit pädagogischen Medien vertraut zu machen, selber mit ihnen umgehen zu lernen und sie in seiner Unterrichtspraxis mit Schülern hervorbringen zu lassen. Ich habe über diese Medien einen Zugang zu lebensnahen Schwierigkeiten der Schüler finden können, die sie subjektiv als bedeutend empfinden, weil es wirklich um sie selber geht, um ihre eigene vorgeführte Lebenspraxis in der Schule.

VII. Was heißt das für unser Wissenschaftsverständnis?

Werner Lauff

Pädagogische Ansprüche an erziehungswissenschaftliche Lehre und Forschung

Die systematische Einbeziehung von pädagogischen Medien in die erzieherische Praxis ebenso wie in die erziehungswissenschaftliche Lehre und Forschung setzt ein anderes als das gemeinhin übliche Wissenschaftsverständnis voraus. Nach unserer Auffassung gibt es nicht Wissenschaft als übergeordnetes System, sondern Wissenschaften, die bezogen sind auf ihren je besonderen Gegenstand. Als angewandte – oder besser gesagt – praxisbezogene Wissenschaft hat sich Pädagogik unserem Anspruch nach auf das pädagogische Können zu beziehen. Mit diesem Können meinen wir nicht nur das praktische Können – im Sinne von Erziehung als Kunst –, sondern das umfassendere Können des Pädagogen, das dieser im Zusammenhang von pädagogischem Handeln und Erkennen zu verwirklichen hat. So fragen wir uns zunächst:

Was ist pädagogisches Können?

Um die spezifisch pädagogischen Ansprüche an Wissenschaft besser herauszuarbeiten, wollten wir uns ursprünglich auf die Suche nach Anhaltspunkten für das pädagogische Können begeben. Dabei stießen wir auf mannigfaltige Schwierigkeiten, die wir in den folgenden Punkten wiedergeben wollen:

– Die einheitliche Sache von einst, Pädagogik als Knabenführung, ist dabei, sich in immer weiterverzweigte Spezialdisziplinen aufzuspalten. Es gibt heute sehr verschiedenartige voneinander abgehobene pädagogische Institutionen, Ausbildungsgänge und Forschungsrichtungen: für Sozialpädagogen, Schulpädagogen, Sonderpädagogen, Erwachsenenpädagogen, Berufspädagogen, Freizeitpädagogen usw. So etwas wie ein pädagogischer Kern wird zersprengt in eine Vielzahl von Einzelteilchen, die wiederum etwas anderes zum Kern haben als Pädagogik selbst, nämlich Familie, Heim, Behinderte, Beruf usw. Dadurch wird das Pädagogische von etwas Allgemeinem zu etwas Besonderem. In den neuen fachlichen Kernen kann man sich dann wieder fachkompetent gebärden, ohne primär auf Pädagogik als Grundlegung zurückgreifen zu müssen. Was das typische pädagogische Können heute ist, läßt sich deshalb in dieser Vielfalt kaum noch ausmachen.

– Pädagogik ist ferner ein Tummelplatz aller möglichen Berufsrichtungen. Wir denken dabei nicht nur an die Unteroffiziere und Handwerker in der Heimerziehung, sondern insbesondere auch an die verschiedenen Lehrstuhlinhaber für Pädagogik: wie Philosophen, Philologen, Theologen, Psychologen, Soziologen, Politologen, Mediziner, Juristen, Volkswirte, Betriebswirte usw. Jeder maßt sich an, in der Pädagogik fachkompetent mitreden zu können. Schließlich ist ja jeder selbst erzogen worden, und jeder erzieht irgendwann einmal in seinem Leben. Wie widersinnig eine solche Auffassung ist, läßt sich an der Vorstellung erkennen, daß ein Pädagoge operieren können soll, weil er selbst einmal operiert wurde, bzw. daß er auf dem Richterstuhl sitzt, weil man ihn einmal verurteilt hat bzw. weil er einmal über Gerechtigkeit nachgedacht oder sich dazu geäußert hat. Wenn all diese verschiedenen Berufsträger in der Pädagogik wirksam werden dürfen, so erschwert auch dieser Sachverhalt die Frage nach dem spezifisch pädagogischen Können und Fachverstand entscheidend.

– Die Offenheit der Pädagogik gegenüber andersartigen Berufsqualifikationen steht im krassen Widerspruch zu der zunehmenden Differenzierung und Spezialisierung der Pädagogik nach innen. Während z.B. Psychologen in großer Vielzahl Lehrstühle für Pädagogik besetzt halten, kann ein Diplom-Pädagoge nicht einmal Lehrer werden. Lehrer können allerdings umgekehrt, wenngleich sie wesentlich weniger pädagogisch ausgebildet wurden, Heimleiter sein. Grundschullehrer dürfen nicht in der Realschule und erst recht nicht im Gymnasium unterrichten. In einer Kieler Schule darf beispielsweise die einzige Lehrerin mit der Befähigung im Fach Dänisch an dieser Schule keinen entsprechenden Studienstufenkurs einrichten, weil sie die Lehrbefähigung nur für die Sekundarstufe I erworben hat. Der Lernmotivation der Studienstufenschüler konnte aus formalen Gründen nicht entsprochen werden. Die pädagogischen Könnensunterschiede solcher differenzierten Stufen- und Berufszuteilungen verschiedener Pädagogen innerhalb pädagogischer Institutionen sind nicht auszumachen, da ihnen wohl andere Beruteilungskriterien als pädagogische unterliegen.

– Dort, wo sich pädagogisches Können am besten darstellen ließe, nämlich wo die sogenannte ‚pädagogische Freiheit‘ wirksam sein soll, dort ist die pädagogische Arbeit in eine unerträglich vereinnahmende gesetzliche, politische und organisatorische Reglementierung eingebettet, die selbst wiederum nicht nach pädagogischer Moral entwickelt und aufgestellt wird. Die pädagogische Freiheit ist eben kein wie die Freiheit von Forschung und Lehre oder der Kunst gesetzlich verbrieftes Recht. An die Stelle des subjektiv zu leistenden Eides des Hippokrates, der den Mediziner auf ein objektives Berufsethos verpflichtet, treten im Falle der Pädagogik immer mehr fachfremde, außengesteuerte Richtlinien. Was Pädagogen können müssen, erfahren sie somit nicht aus sich selbst heraus. Dafür gibt es Richtlinien, die immer genauer werden, während sich die pädagogischen Fähigkeiten des einzelnen Lehrers immer mehr verringern. Diese Entwicklung hat wohl nur die immer perfektere ‚pädagogische Verwaltung', nicht aber die pädagogische Freiheit in unserer Gesellschaft weitergebracht. Entsprechend minderwertig werden Pädagogen öffentlich dann auch eingeschätzt: Nicht Pädagogen werden bei Erziehungsproblemen in Beratungsstellen herangezogen, sondern vornehmlich Psychologen; nicht Pädagogen beurteilen die Schulreife eines Kindes, sondern der Schularzt; nicht Pädagogen dürfen Vorsitzende von pädagogischen „Widerspruchsbeiräten" werden, sondern nur Personen mit Berechtigungen zum „Richteramt oder zum höheren Verwaltungsdienst". Der ‚pädagogischen Freiheit' sind an entscheidenden Stellen andere Berufqualifikationen vorgeschaltet, so daß auch hier das pädagogische Können nur schwer aufspürbar ist.

– Je nach dem aus welchem Blickwinkel man die fachfremde Berufsinfiltration in die Pädagogik beurteilt, kommt man zu anderen Sichtweisen: Von innen her gesehen erscheint Pädagogik als etwas, das durch viele Berufskompetenzen ergänzt werden könnte, von außen sieht es so aus, als *müsse* Pädagogik durch verschiedene Berufskompetenzen ergänzt werden. Beide Sichtweisen erhärten diese Auffassung: Pädagogik als eigenständiges Fach und Können gibt es gar nicht. So kann es dann zu der Behauptung kommen: alles erzieht. Erziehung geht in Sozialisation auf. Die allgemeinen Umstände oder speziell die Massenmedien erziehen stärker als die pädagogischen Fähigkeiten und Intentionen der Erzieher. Das Können des Erziehers verschwindet in allseitiger Anonymität. Wen mag es da wundern, wenn psychologische, soziologische, politologische, philosophische Forschungsergebnisse schon für pädagogische und entsprechende Berufskompetenzen schon für pädagogisches Können gehalten werden. Umkehrungen hingegen sind nahezu ausgeschlossen. Die fachfremde Berufsinfiltration ist einseitig. Pädagogisches Können ist dann immer etwas weniger, nicht aber mehr als andere Berufskompetenzen.

– Seitdem die industrielle Entwicklung zusätzliche sozialpädagogische Maßnahmen erforderlich gemacht hat, wird Pädagogik weniger als noch in Sparta als Führung, sondern vielmehr als Hilfe verstanden: Hilfe zum Hineinwachsen in eine komplizierter gewordene Gesellschaft. Ein solcher Auftrag machte der Pädagogik ihre ganze Hilflosigkeit erst richtig bewußt. Sollte das pädagogische Können auf die Hilfe für die Gesellschaft oder auf die Hilfe für das Individuum ausgerichtet werden? Kritischer gefragt: Besteht pädagogisches Können in der Fähigkeit zur Veränderung der Gesellschaft oder in der Fähigkeit zur Veränderung des Individuums? Die Antwort auf diese Fragen sind die ‚hilflosen Helfer': Erzieht man im Sinne der Gesellschaft, so werden die Schädigungen der Menschen durch die Gesellschaft verewigt; erzieht man gegen die Gesellschaft, so bleiben die Schädigungen in den Kindern nicht aus. Vermehrte Ansprüche auf eine Veränderung der Gesellschaft haben pädagogisches Können bis heute kaum vervollständigt, sondern bestenfalls lediglich in die Nähe von politischem Können bringen wollen. Mehr ist dann fälschlicherweise die Gesamtgesellschaft im Blick, als daß das Individuum noch gesehen wird. Das hat eine neue Behinderung der Entfaltung von spezifisch pädagogischem Können mit sich gebracht.

– Wenn nahezu jeder pädagogisches Berufsvermögen haben kann, und wenn alles pädagogisch sein kann, – sei es ursprünglich auch psychologisch, soziologisch, politologisch oder so –, dann fragt sich der Pädagoge, warum soll zwischen mir als Privatperson und mir als pädagogischem Berufsträger ein Unterschied bestehen? Wenn ich als Hans und Inge in Ordnung bin, dann werde ich es auch als Pädagoge sein, wenn ich nur Lust zum Erziehen habe; wenn ich mich nur als Mensch richtig entfalte, dann tue ich es auch für meinen pädagogischen Beruf. Auch in der Medizin, dem Schusterhandwerk oder der Rechtsprechung wünschen wir uns ‚gute' und reichhaltig entfaltete Menschen. Aber auf die Idee, diese damit auch schon für gute Ärzte, Schuster und Rechtsanwälte zu halten, kämen wir nicht. Hier wüßten wir genau, zu den ‚guten' Menschen müßte noch eine besondere Berufsausbildung hinzukommen, die sie berufsfähig macht. In der Pädagogik bleibt das spezifisch pädagogische Können jedoch weitgehend undeutlich, so daß wir den Pädagogen nur schwer von den übrigen Menschen unterscheiden können; zu nah, – näher als bei allen anderen Berufen und Wissenschaften –, scheint das allgemein Menschliche mit dem spezifisch Pädagogischen verbunden zu sein.

Wo man auch hingreift: Exakte Anhaltspunkte für pädagogisches Können sind nicht auffindbar, entweder zerfließt der Gegenstand ins Weite, oder er erstarrt in Enge; entweder alles kann pädagogisch sein, oder pädagogisches Selbstverständnis für sich genommen gibt es nicht. Pädagogisches bleibt flüchtig: Entweder es löst sich auf im allgemeinen Menschsein (Anthropologie, Philosophie), oder es schrumpft zusammen auf die Vermittlung von Wissen oder die Anwendung von Tests (Fachwissenschaft, Psychologie). Für die einen ist Pädagogik zu viel, für die anderen zu wenig, um ein selbständiges Fachgebiet mit einer eigenständigen Wissenschaft zu sein. Wir meinen: erst die Verbindung der Extreme bringt das eigentlich Pädagogische hervor. Einmal ist nämlich schlicht alles Menschliche pädagogisch bedeutsam; zum anderen ist es damit aber noch nicht auch schon pädagogisch. Die Werte, Interessen, Machtverhältnisse einer Gesellschaft sind von hoher pädagogischer Relevanz, aber sind sie deshalb auch schon aus sich heraus pädagogisch? Wir meinen: nein. Ein solcher Rückschluß ist falsch. Damit pädagogisch Bedeutsames zu etwas Pädagogischem wird, muß noch etwas Fachspezifisches hinzukommen, solange wir davon ausgehen, daß es Pädagogik als eigenständiges Können gibt – oder besser gesagt – geben soll.

Philosophische, psychologische, soziologische Forschungsergebnisse zum Problem der Identität können z.B. ohne jeden Zweifel pädagogisch von hohem Interesse sein, sie sind aber nicht auch schon pädagogisch. Zu einem pädagogischen Phänomen wird Identität praktisch und auch theoretisch nämlich erst dann, wenn ein konkreter erzieherischer Vorgang zur Verwirklichung von Identität mitbehandelt wird. Das pädagogische Phänomen der Identität ist also das entsprechende philosophische, psychologische, soziologische und noch mehr, nämlich der offene und subjektbezogene Prozeß der Schaffung von Identität mit erzieherischen Mitteln. Dieser Verwirklichungsprozeß erst ist das spezifisch Pädagogische. An ihm erst läßt sich auch so etwas wie pädagogisches Können ermitteln. Pädagogisch bedeutsame Gegenstände werden also erst dann zu eigentlich pädagogischen, wenn sie durch die Linse pädagogischer Verwirklichung in den Brennpunkt des pädagogischen Handelns und Erkennens gerückt werden. An dieser Stelle hat dann auch Pädagogik als Wissenschaft einzusetzen.

Doch gerade als Wissenschaft tut sich Pädagogik so besonders schwer. Dies läßt sich wissenschaftsgeschichtlich mannigfach belegen. Pädagogik als Wissenschaft hat bis heute ihren eigentümlichen Gegenstand noch nicht klar hervorgebracht. Dies mag einmal daran liegen, daß das pädagogische Können so schwer faßbar ist, zum anderen aber auch daran, daß das Fach Pädagogik wegen seiner Komplexität als Einzelwissenschaft so schwer in den vorgegebenen Wissenschaftskanon zu integrieren ist. Heutiges Wissenschaftsverständnis ist insbesondere in bezug auf das Theorie-Praxis-Verhältnis zu eng gefaßt, um der Pädagogik den notwendigen Erkenntnisrahmen einzuräumen. Wissenschaftsübliche Systematisierung des Gegenstandes und seiner methodischen Bearbeitung bringt – wird sie über ein genau abzuschätzendes Maß hinaus betrieben –, Starre und Enge, nicht aber notwendige Offenheit und Weite in die Pädagogik. So fragen wir uns zum zweiten:

Wir gehen davon aus, daß die pädagogischen Inhalte uneingeschränkt der allgemeinen Lebensvielfalt entstammen. Pädagogische Inhalte lassen sich deshalb vorwiegend nur in der praktischen Lebenswirklichkeit ausmachen, kaum aber bloß in selektiver und abgehobener Theorie. Die wirklichen Erziehungsbedürfnisse und -notwendigkeiten von Hans und Inge lassen sich aus pädagogischer Sicht nur an Hans und Inge selbst, – und nirgends anders –, finden. Ebenso können die Lehrerbildungsbedürfnisse und -notwendigkeiten von Hans und Inge pädagogisch gesehen nur bei Hans und Inge selbst bestimmt werden. Nun wird man einwenden: aber es gibt doch in Erziehung und Ausbildung auch objektive Bedürfnisse und Notwendigkeiten der Gesellschaft und der Wissenschaft zu berücksichtigen. Solcherart Einwand ist dadurch zu begegnen, daß wir ihm zustimmen und ihn gleichzeitig verwerfen, indem wir wiederholen, objektiv wird Pädagogisches immer und überall erst dadurch, daß es im Subjektiven als erzieherisches Bedürfnis bzw. als erzieherische Notwendigkeit aufgespürt wird. Damit wird es noch einmal ganz deutlich: Zur Pädagogik gehört die möglichst umfassende Kenntnis des Objektiven (pädagogisches Wissen und pädagogische Erfahrung); zur Pädagogik gehört die pädagogische Fähigkeit, das Subjektive wahrzunehmen und zu verstehen, sowie es in bestimmter Weise mit dem Objektiven zu verbinden (praktisches pädagogisches Können); und schließlich gehört zur Pädagogik, vorhandenes pädagogisches Wissen und pädagogisches Können durch allgemeinen Erkenntnisgewinn zu erweitern (pädagogische Wissenschaft). Bereits HERBART (1964, S. 283) unterschied Pädagogik nach drei Kreisen:

„Unterscheiden Sie zuvörderst die Pädagogik als Wissenschaft von der Kunst der Erziehung .... Die Wissenschaft erfordert Ableitung von Lehrsätzen aus ihren Gründen, – philosophisches Denken; – die Kunst erfordert stets Handeln nur den Resultanten jener gemäß .... Unterscheiden Sie weiter die Kunst des ausgelernten Erziehers von der einzelnen Ausübung dieser Kunst. Zu jener gehört, daß man jedes Naturell und Alter zu behandeln wisse; diese kann gelingen durch Zufall, durch Sympathie, durch Elternliebe. Welcher von diesen drey Kreisen ist der Kreis unserer Betrachtungen?"

HERBART beantwortet seine abschließende Frage für sich eindeutig: Seine Sphäre sei die Wissenschaft. Wir wollen uns jedoch noch einige weiterführende Gedanken machen, bevor wir den Kreis unserer Betrachtungen genauer bestimmen. Wenn nämlich erst alle drei Kreise zusammen Pädagogik als Ganzes ausmachen, so kann es nicht nur um die Frage gehen, was jeder Kreis für sich sei, sondern auch darum, in welchem Wechselverhältnis die drei Kreise zueinander stehen. Die Geschichte der Lehrerbildung in den letzten 200 Jahren von der Meisterlehre über die akademische Bildung zum Lehrertraining läßt deutlich erkennen, wie die unterschiedliche Gewichtung der drei Kreise auch zu unterschiedlichen Ausbildungskonzeptionen in der Pädagogik geführt hat.

In der *Meisterlehre* erlernte der künftige Lehrer die Kunst des Unterrichtens und Erziehens unmittelbar durch Anschauung der Praxis eines erfahrenen Schulmeisters. Dieser vermittelte in direktem Praxisbezug die pädagogisch erforderliche Handwerkskunde und Tugendlehre. Der Kreis der Pädagogik als Kunst im Sinne von praktischem Können stand eindeutig im Vordergrund der Ausbildung.

In der Phase *akademischer Bildung* tritt die praktische Ausbildung des Lehrers in der Erziehungskunst durch Anschauung hinter die Auffassung von der Bildung der Lehrer durch „persönliche Aneignung von objektiven Werten" der Kultur zurück (vgl. SPRANGER 1920, S. 4). Ihre ethischen Grundsätze lernen die angehenden Lehrer nun durch philosophische Reflexionen, ihr Praxisverständnis erwerben sie sich in verschiedenen Praktika, aber vornehmlich durch die hermeneutische Auslegung berühmter pädagogischer Texte. Wissenschaft gewinnt zwar an Bedeutung in der Lehrerbildung, tritt aber deutlich hinter das Ideal der gebildeten, kenntnisreichen und lebenserfahrenen, kunstfertigen Persönlichkeit zurück. „Denn Wissenschaft und Bildung fallen nicht zusammen" (SPRANGER 1920, S. 1). In dieser Phase pädagogischer Ausbildung wird der Kreis des pädagogischen Wissens und der pädagogischen Erfahrung in den Vordergrund gerückt.

In der euphorischen Periode des Überganges von der ‚Pädagogik zur Erziehungswissenschaft' ist *Lehrertraining* die praktische Seite eines nunmehr wissenschaftsgeleiteten Lehrerstudiums. Die rezeptive Übernahme der rapide vermehrten sozialwissenschaftlichen Forschungsergebnisse und das zum Teil mühsame Erlernen empirisch-analytischer Forschungsmethoden und statistischer Auswertungsverfahren werden ergänzt durch wissenschaftlich fundiertes Verhaltenstraining der Lehrerstudenten. Es geht dabei um Erfassung und Strukturierung des Lehrerverhaltens und um eine Professionalisierung des Berufshabitus. Die dem Verhaltenstraining zugrunde liegenden Erkenntnisse werden vorwiegend nicht aus wirklicher Praxis, sondern in simulierten Praxissituationen gewonnen, die nach vorliegenden sozialwissenschaftlichen Forschungsergebnissen vorweg durchstrukturiert wurden. Der Kreis der Pädagogik als Wissenschaft hat deutlich die Herrschaft über die Kreise von Pädagogik als Kunst bzw. als Wissen und Erfahrung übernommen.

Das bisher nicht erreichte Wechselverhältnis zwischen den Kreisen, die Pädagogik als Ganzes konstituieren, läßt den Kreis der Pädagogik als Wissenschaft zwangsläufig immer mehr anschwellen. Soll jedoch das pädagogische Spannungsfeld zwischen Subjektivem und Objektivem nicht lediglich im scheinbar objektiven Pol der Wissenschaft aufgehen, so kommt es künftig auf die Verknüpfung zwischen dem Kreis des Wissens und der Erfahrung des einzelnen Pädagogen und dem des wissenschaftlich er- und vermittelten Wissens an. Soll der Kreis der Pädagogik als Kunst mehr sein als die technisch-experimentelle Praxis wissenschaftlicher Theorien, dann muß pädagogisches Wissen handlungsrelevant angeeignet und erforscht werden.

HERBART selbst konnte seine übertriebene systematische Trennung der drei Kreise nur wissenschafts*theoretisch* aufrechterhalten. Wissenschafts*praktisch* hat er zwischen pädagogisches Erkennen und Handeln den Takt bzw. die Topik als subjekt- und situationsabhängige Bestandteile wissenschaftlicher Forschung eingefügt. Man könnte dies als theoretischen Trick ansehen, mit dem die unzulässige Übergewichtung der Wissenschaft und die damit verbundene vereinfachende Reduktion pädagogischer Komplexität praktisch überhaupt nur aufrechterhalten werden konnte. ‚Pädagogischer Takt' ist dabei als ein nicht reglementierbarer, dennoch aber systematischer Bestandteil von Pädagogik zu verstehen, der nicht zufällig gewährt oder vorenthalten werden kann, sondern jedem Erzieher bzw. vorwiegend auch jedem Erziehungswissenschaftler abverlangt werden muß. ‚Pädagogischer Takt' kann letztlich nur subjektiv erworben und lediglich durch gemeinsames Üben in der Pädagogengemeinschaft intersubjektiv angereichert werden.

‚Pädagogischer Takt' und Topik als nicht vorweg systematisierbare Bindeglieder zwischen den Kreisen sind heute eher historische Reminiszenzen als praktische Hilfen. Wissenschaft ist in ihrem gesteigerten Objektivitätsanspruch gegenwärtig vereinseitigter denn je. Indem sie sich vom pädagogischen Subjekt und seinen Besonderheiten abschneidet, degeneriert sie zur abgehobenen Strukturwissenschaft, indem sie sich von der pädagogischen Praxis, ihrer Offenheit und Prozeßhaftigkeit abschneidet, degeneriert sie zu einer technischen Wissenschaft, anstatt zu einer praktischen zu werden. Diese Tendenz haben auch die neomarxistischen Orientierungsbemühungen in der wissenschaftlichen Pädagogik in den vergangenen 15 Jahren nicht abbauen können, da sie den historischen Prozeß von Erziehung in der Klassengesellschaft in Erörtungen von Systemstrukturen einfroren. Auf wissenschaftlicher Grundlage trainieren die einen mit vorgefertigten Begriffen berufliches Verhalten, die anderen mit zu Strukturen erstarrten Ideologien gesellschaftsanalytisches Denken. Pädagogisch relevant kann beides sein, nur ist es nicht aus sich heraus auch schon pädagogisch.

ORTMANN (1977) stellt die in diesem Zusammenhang interessante These auf, daß auch die linken Theoretiker in ihren Arbeitsweisen an den Hochschulen vom herrschenden positivistischen Wissenschaftsverständnis entscheidend geprägt sind. Die immer schizophrenere oder soziologisch ausgedrückt anomischer werdende Aufspaltung der drei Kreise des Gesamtzusammenhangs ‚Pädagogik' – zum Zwecke einer bloß theoretischen ‚Reduktion von Komplexität' – sowie die Auflösung des in der Pädagogik zwingenden Zusammenhanges von Handeln und Erkennen haben eine Vielzahl weitreichender und verhängnisvoller Konsequenzen für die pädagogische Ausbildung und Tätigkeit mit sich gebracht. Diese Behauptung wollen wir schlaglichtartig an einigen beobachtbaren Phänomenen beleuchten:

- Pädagogen lernen vorwiegend ihre Wissenschaft kennen, nicht aber mehr die Menschen, auf die sich ihre Wissenschaft bezieht. Es ist ein ‚Schicksal' aller akademischen Berufe, das sich in den menschenbezogenen Wissenschaften wie Psychologie, Theologie, Jura usw. besonders unmenschlich bemerkbar macht. Je mehr sie *über* die Menschen wissen, um so weniger wissen sie *von* ihnen. In diesem Sinne schreibt „Die Welt" am 8. Februar 1978 für die Medizinerausbildung: „Die Studenten lernen Krankheiten behandeln – nicht aber kranke Menschen."
- Pädagogen lernen das Speichern vorgegebener Theorien, nicht aber mehr das Finden theoretischer Einsichten. Die eigene Praxis ist als Erkenntnisquelle verschüttet. Wissen ist zu einer Kategorie des „Habens" geworden, wo es eine des „Seins" bleiben müßte. Insofern besagt die Zeitungsnotiz zur Medizinerausbildung nur die halbe schreckliche Wahrheit: die Studenten lernen nicht nur Krankheiten anstelle kranker Menschen zu behandeln, sondern sie lernen auch nur solche Krankheiten behandeln, die wissenschaftlich kategorisiert sind. Das Heilen zwischen den kategorisierten Krankheiten bleibt nichtakademisch ausgebildeten Heilberufen vorbehalten. In diesem Sinne bearbeiten Pädagogen zunächst Legasthenie, dann Legastheniker und dann erst die Kinder, die dahinter stehen. Zwischen Legasthenie und Nicht-Legasthenie klafft wissenschaftspraktisch ein schwarzes Loch.
- Pädagogen werden mit Faktenwissen angereichert, hinter dem das Subjekt bedeutungslos wird. Selbstwahrnehmung und Selbsterkenntnis des Pädagogen bleiben verkümmert. In dem Maße, in dem er sich nicht selbst kennenlernt, kann er seine Wirkung auf das Erziehungsgeschehen nicht erkennen, kann er sich und andere Menschen zwar erklären, nicht aber mehr verstehen. Das erworbene Wissen bleibt Wissen im Kopf, das er nicht mit sich und seinem Können verbinden kann (Fachidiotentum). Man ist fähig, Bewußtsein von Verhaltensauffälligkeiten, nicht aber von sich selbst und anderen Menschen zu entwickeln.
- Der Pädagoge erwirbt Strukturwissen, das er nicht in Handlungsprozesse überführen lernt. Er bleibt ungeübt, sein Wissen in praktische Prozesse zu

verflüssigen. So kann er zwar nach systematisch bereitgestellten Kategorien das Erziehungsgeschehen beobachten, nicht aber kann er aus der Teilnahme am Erziehungsgeschehen systematische Wissenschaftskategorien und Erkenntnisstrukturen entwickeln. Er ist zum Theoretisieren fähig, nicht aber zum praktischen Verstehen. Seine erzieherische Arbeit bewältigt er eher mit Kriterien der ein- und zuordnenden Verwaltung, als mit solchen offener emanzipatorischer Hilfen über bestehende Beschränkungen hinaus.

Kommen wir nun zu den drei Kreisen der Pädagogik zurück, so wollen wir bei unseren weiteren Gedanken davon ausgehen, daß sich pädagogisches Können auf alle drei Kreise beziehen muß. Sinnvoll erscheint weder eine Reduktion der Pädagogik auf zwei nach Theorie und Praxis getrennte Kreise noch die losgelöste Spezialisierung auf einen der Kreise. Soll Pädagogik als eigenständiges Ganzes erhalten bleiben bzw. erst wieder neu entstehen, so sind der Arbeitsteiligkeit und der Spezialisierung deutlich Grenzen gesetzt. Durch Arbeitsteilung und Spezialisierung in Lehre und Forschung erreichte Vereinfachungen schlagen insbesondere vor Ort des eigentlichen Geschehens, also in der pädagogischen Arbeit mit Kindern und Jugendlichen, mit Schülern, Lehrlingen, Studenten, insgesamt mit der nachwachsenden Generation in vielfältige Komplikationen und Unfähigkeiten um.

Die Misere der Pädagogik liegt eben nicht nur in den veränderten Lebensverhältnissen begründet, sondern die Misere der Lebensverhältnisse für die derzeit lebenden jungen Menschen hat auch ihren Grund in einem heutigen Verhältnissen unangepaßten Können der Pädagogen und der zersplitterten Kraft der Pädagogik als Wissenschaft. Die Pädagogik in ihrer gesellschaftlichen Gesamtheit als besondere Verantwortung tragende Instanz für die nachwachsende Generation befindet sich in einem gesellschaftlich ohnmächtigen, den Anliegen von Wirtschaft und Recht nachgeschaltetem Zustand. Pädagogik erscheint heute weniger denn je als historisches Subjekt, das der nachwachsenden Generation in ihrem Einfluß auf künftige Lebensplanung und bei ihrer immer aussichtsloser werdenden „Lebensstil-Suche" (vgl. WARTENBERG 1978) weiterhelfen kann. So fragen wir uns zum dritten:

Was heißt Pädagogik als Wissenschaft?

Wenn Pädagogik immer aus den drei Kreisen des Tuns, der Erfahrung und des Erkennens besteht, dann muß auch Pädagogik als Wissenschaft diesen Gesamtzusammenhang zur Grundlage haben. Die Beziehung zwischen den

Kreisen ist keine starre, sondern eine offene und bewegliche. Dies rückt Wissenschaft wieder näher in den Bereich der Kunst. Wir kommen darauf zurück. Das gleiche gilt für die Medien in der Pädagogik. Die Medien, wenngleich objektive Kulturgüter, erhalten endgültige Gestalt immer erst in der subjektiven Durchformung. Als wissenschaftliche Erkenntnismittel bringen pädagogische Medien Subjektives doppelt hervor: Subjektive Gestalt und subjektive Einsicht. Diese Subjektabhängigkeit paßt jedoch nicht zu einem Wissenschaftsverständnis, das Objektivität – also Ausschaltung von Subjektivität – zu seinem höchsten Ziel erklärt. So perfekt und in sich konsistent die objektivistischen erkenntnistheoretischen Konstruktionen auch sein mögen, unter pädagogischem Anspruch kann es Wissen über Subjekte unabhängig von erkennenden Subjekten nicht geben. KÜMMEL (1965, S. 54) hält es für einen „Irrtum zu glauben, man könne durch Methode dem eigenen Ungenügen grundsätzlich aufhelfen, jede subjektive Befangenheit und falsche Interessiertheit ausschalten und so gleichsam gegen den Menschen die Objektivität seiner Erkenntnisse garantieren.“

‚Wissen ohne erkennendes Subjekt‘ erscheint – zumindest pädagogisch gesehen – als Irrglaube, der etwa prophezeit, es könne nutzbaren elektrischen Strom ohne Blindstrom geben. Um so etwas Widernatürliches auch weiterhin behaupten zu können, schrecken ‚positive‘ Erkenntnistheoretiker nicht davor zurück, die Vielfalt der Welt der Tatsachen in lediglich zwei Klassen einzuteilen: Sie leisten sich den Luxus einer Realitätskonstruktion, in der es nicht mehr als ‚theoriekonforme‘ und ‚theoriekonträre‘ Fälle gibt (ALBERT, 1964, S. 56). Da solche Theoretiker den Anwendungsbereich von Theorien zum außerwissenschaftlichen Phänomen erklären, um ihr System von praktischer ‚Wildheit‘ möglichst sauber zu halten, übersehen sie die menschliche und insbesondere pädagogische Enge ihres Konstruktionsmodells. Diese positivistischen Wissenschaftskonstruktionen führen letztlich dazu, Kinder und Jugendliche in Verlängerung vorgegebener bewährter Theorien in ‚verhaltensauffällige‘ und ‚nicht verhaltensauffällige‘, in ‚normale‘ und ‚anormale‘ aufzuteilen, um sie dann den vorgesehenen Institutionen zuzuteilen. Tests, die nach solchen auf hohen Informationsgehalt reduzierten Theorien entwickelt werden, liefern Grenzwerte, die die Menschen der gesetzten Wertmarke entsprechend nach ‚oberhalb‘ und ‚unterhalb‘ klassifizieren lassen. Die pädagogische Vielfalt verschwindet im Zwang eindimensionaler objektiver Verwendungszusammenhänge.

Diese Wissenschaftsauffassung macht den Menschen zum Opfer nicht zum Erfinder bzw. Nutznießer bewährter Theorien. Der Erzieher ist ihr Opfer, da er bewährte Theorien nicht selber überprüfen, sondern nur übernehmen kann; das Kind bzw. der Jugendliche ist ihr Opfer, da unabhängig von ihnen gewonnene Theorien auf sie meistenteils ‚taktlos' lediglich angewendet werden. Wissenschaft dieser Art schließt nicht nur das Subjekt, sondern auch den unaufhaltsamen pädagogischen Prozeß, in denen sich die Subjekte befinden, aus. Solange eine Theorie nicht falsifiziert wird, hat sie Gültigkeit für die theoretische Struktur der Prozesse. Erst nach der Falsifikation kann eine neue – vermeintlich erweiterte, also forschrittlichere – Theoriestruktur dem Prozeß veränderte Gestalt geben. Nach positivistischem Wissenschaftsverständnis sind pädagogische Prozesse also nicht natürlichen Flußläufen gleich, sondern haben die Gestalt von Kanälen mit kalkulierbaren Schleusenübergängen zu den verschiedenen Kanalniveaus.

Ein solches wissenschaftliches Arbeiten entspricht der fortschreitenden Reduktion von natürlicher Dreidimensionalität in die lebensfeindliche Zweidimensionalität (vgl. KÜKELHAUS 1978). Die Zementierung von lebendigen Prozessen ist in positivistischen Strukturtheorien vorprogrammiert. Die an und für sich offene Praxis menschlicher und damit pädagogischer Entwicklung wird zur Anwendungspraxis geschlossener, auf ihre Falsifikation wartender Theoriesysteme. Aus einer praktischen Pädagogik wird also die technische. Aus lebendigen sinnlichen Menschen werden theoretische Konstrukte. Auch für uns bedeutet Mensch nicht nur Natur. Menschsein ist immer auch historische Konstruktion. Menschliches Leben ist natürliches und nicht-natürliches Leben zugleich, wobei das Besondere die jeweilige menschliche Geschichte ausmacht (vgl. MARX 1970, S. 120f.). Auf dieses Besondere, das Prozeßhafte und Offene der menschlichen Entwicklung kommt es pädagogisch gesehen im Einzelnen wie im Kollektiv aber gerade an. Die Ausschaltung von Subjektivität, Prozeßhaftigkeit und Offenheit in der Wissenschaft ist demnach eine pädagogisch nicht tragbare Vereinfachung, die nur in einer von Praxis abgezogenen Theoriebildung von vermeintlichem Nutzen sein kann. Wer den Gesamtzusammenhang menschlicher und pädagogischer Praxis, zu dem das Handeln und das Erkennen als Zusammenhang gehören, im Blickwinkel behalten will, der versucht eine wissenschaftliche Tätigkeit zu realisieren, die sich auf Pädagogik als Ganzes – als drei zusammengehörige Kreise – bezieht.

Das Ganze muß auch BREZINKA (1978) in seiner „Metatheorie der Erziehung" durchaus vor Augen haben, wenn er analog zu HERBART Pädagogik nach „Praktischer Pädagogik", „Erzieherungswissenschaft" und „Philosophie der Erziehung" unterteilt. Indem BREZINKA (ebd., S. 273) jedoch feststellt, eine „pädagogische Gesamttheorie" erscheine undurchführbar, verzichtet er vorzeitig auf einen komplexeren, allein weiterführenden pädagogischen Wissenschaftsanspruch. So wundert es nicht, daß die „praktische Pädagogik" bei BREZINKA (ebd., S. 276) gar nichts originär Praktisches ist, sondern nur „als theoretische Grundlage für vernünftige Entscheidungen beim erzieherischen Handeln dienen soll". Welche pädagogischen Aufgaben können da der Erziehungswissenschaft und Philosophie überhaupt noch bleiben? Umgekehrt wird praktisches Wissen als Wissen gar nicht in die Einheit pädagogischen Wissens miteinbezogen, denn nach BREZINKA (ebd.) beschränkt sich dieses „auf die Verbindung von pädagogischen Zweck-, Mittel- und Situationskenntnissen, moralischen Überzeugungen und Wertungsbereitschaften in der Persönlichkeit von Erziehern (und/oder Erziehungstheoretikern)".

Damit beschränkt sich BREZINKA auch in seinen neuesten metatheoretischen Forschungen auf pädagogisches Wissen, das in den bestehenden Wissenschaftskanon in der Hochschule integrierbar und lediglich kognitiv lehrbar bleibt. Aus Übung zu gewinnendes und zu verbesserndes Wissen im Sinne BOLLNOWS (1978) wird systematisch nicht berücksichtigt. Pädagogisches Praxiswissen bleibt beliebig bzw. mündet bei BREZINKA (ebd., S. 277) in „die Einsicht in die Grenzen unseres Wissens über Erziehung". So kann pädagogische Theorie weiterhin praxisfrei gehalten werden, und Wissenschaft macht weiterhin lediglich Aussagen über Erziehung, nicht aber aus Erziehung heraus. Vor dem Hintergrund der theoretischen Legitimation durch BREZINKA, folgt man ihr, bleibt auch künftig lediglich pädagogisch Bedeutsames (Werte, Mittel) Gegenstand pädagogischer Erkenntnis, nicht aber wird eigentlich Pädagogisches zum zentralen Gegenstand pädagogischer Erkenntnis. Erziehungswissenschaftliche Aussagen werden weiterhin, mit welchen Methoden auch immer, im Erziehungswissenschaftler gewonnen, nicht aber auch am konkret zu erziehenden Kind. Erziehungswissenschaftliches Erkennen bleibt losgelöst vom konkreten erzieherischen Handeln, von konkreter erzieherischer Verantwortung. Wie schwierig eine solche Kopplung wissenschaftlicher Erkenntnis an praktische Handlung als Erkenntnispraxis zu bewältigen ist, macht FREUD (GW XV, S. 188) aus psychoanalytischer Sicht in dem folgenden Zitat deutlich:

„So ist eben der Weg der Wissenschaft, langsam, tastend, mühselig. Man bringt Erwartungen in die Arbeit mit, aber man muß sie zurückdrängen. Man erfährt durch die Beobachtung bald hier, bald dort etwas Neues, die Stücke passen zunächst nicht zusammen. Man stellt Vermutungen auf, macht Hilfskonstruktionen, die man zurücknimmt, wenn sie sich nicht bestätigen, man braucht viel Geduld, Bereitschaft für alle Möglichkeiten, verzichtet auf frühe Überzeugungen, um nicht unter deren Zwang neue, unerwartete Momente zu übersehen, und am Ende lohnt sich der ganze Aufwand, die zerstreuten Funde fügen sich zusammen, man gewinnt den Einblick in ein ganzes Stück des seelischen Geschehens, hat die Aufgabe erledigt und ist nun frei für die nächste."

Theoriebildung ist an dieser Stelle bei FREUD deutlich an Praxisbewältigung gebunden. Handeln und Erkennen bleiben als praktischer Zusammenhang erhalten. Die Wissenschaft wird als Weg gesehen, der den konkreten praktischen Verläufen folgt. Wissenschaft erscheint hier nicht als Bestätigung oder Verwerfung statischer Ergebnisse, sondern als prozessuales Finden und Zusammenfügen von konkreten Einsichten. FREUD macht deutlich, wie die wissenschaftliche Aufgabe im Wechselspiel von Beobachten und Denken, von Sinnlichem und Abstraktem, von Semantischem und Logischem nicht festgeschrieben, sondern letztlich aufgelöst wird. Wissenschaftliche Ergebnisse sind nur vorübergehende Hilfskonstruktionen, Vorurteile oder Vorverständnisse, die – werden sie nämlich festgeschrieben – den Erkenntnisfortschritt eher behindern, als ihn zunehmend der Wirklichkeit anzupassen. Solche Bedenken müßten allerdings auch für die Zeiten überdauernde Hilfskonstruktion der FREUDschen Seelenapparatur selbst (Es, Ich, Über-Ich) gelten.

Im Gegensatz zum positivistischen Wissenschaftsverständnis sind in FREUDS Wissenschaftsauffassung die Kriterien der Prozeßhaftigkeit, Offenheit und Subjektivität systematische Bestandteile. Das FREUDsche Wissenschaftsverständnis entstammt eben einer Praxis, die der pädagogischen äußerst ähnlich ist. Geht es dort um Diagnose und Therapie psychopathologischer Einstellungen und Verhaltensweisen, so geht es hier um die Einsicht in das erzieherisch ‚Gegebene' und um die Verwirklichung des erzieherisch ‚Aufgegebenen'. In beiden Zusammenhängen geht es um Verstehen und Helfen. Das zentrale Medium von Erkennen und Handeln ist in dem einen Fall das psychoanalytische Gespräch, im Falle der Pädagogik der, – mit welchen Medien auch immer –, realisierte ‚pädagogische Bezug'. Eine Schranke gegen Unverbindlichkeit und Beliebigkeit der Einsichten kann in dieser Wissenschaftsauffassung nicht methodisch, sondern nur in der Qualifikation der Subjekte selbst aufgebaut werden.

Auch wenn wir die Pädagogik mit der Psychoanalyse verglichen haben, so setzen wir damit beide Tätigkeitsbereiche keinesfalls gleich. Pädagogik ist für uns weiter als das Feld der Psychoanalyse, die allerdings als Folge ihrer Einengung auf die Behandlung psychischer Krankheiten manche theoretischen Zusammenhänge einfacher durchschaubar werden läßt. Systematisch angewiesen, wenn auch in verschiedener Weise, sind beide Tätigkeiten auf die situative Übereinstimmung der beteiligten Subjekte in bezug auf die gewonnenen Einsichten, sollen diese Bedeutung für die Praxisbewältigung haben können. Der Pädagoge muß eben nicht nur verstehen können, er muß mit dem, was er will und tut, auch verstehbar sein.

Solchen fachlichen Notwendigkeiten kommen verschiedene Wissenschaftsauffassungen, nicht jedoch der kritische Rationalismus, entschieden entgegen. Sind in dem Ansatz von POPPER (1969, S. 23) zunächst die Regeln und Normen zu lernen, „nach denen sich der Forscher richtet, wenn er Wissenschaft betreibt", so hält es KUHN (1977, S. 414) für wissenschaftlich durchaus legitim, „daß gemeinsame Beispiele erfolgreicher Tätigkeit (Paradigmen) das ersetzen können, was der Gruppe an Regeln fehlte." Wird die Methodologie des Kritischen Rationalismus als „Bollwerk gegen den Relativismus in der Wissenschaftstheorie" aufgefaßt (RADNITZKY, 1976, S. 209), so erscheinen die „gemeinsamen Paradigmen" wissenschaftlicher Gemeinschaften als Befreiung der gesamten Gesellschaft vom Zugriff „einer ungeheuren Theorie" (CROMBIE, 1976, S. 235). Allein solche Terminologie der Wissenschaftler macht deutlich, wie groß die Angst und auch die Hoffnung vor bzw. auf den Verlust des sicheren Wissens sein muß. In seinem Buch „Erkenntnistheorie der Wissenschaften vom Menschen" bemüht sich PIAGET (1973, S. 85f.) um eine Verbindung zwischen den verschiedenen Wissenschaftsansätzen:

„Man sieht also, daß die Wissenschaften von Menschen zwar äußerst schwierig und komplex sind, innerhalb des Wissenschaftszirkels jedoch eine privilegierte Stellung einnehmen. Als Wissenschaften vom Subjekt, das selbst die anderen Wissenschaften aufbaut, können sie von eben diesen nicht ohne künstliche Simplifizierungen und Verzerrungen getrennt werden; ordnet man das menschliche Subjekt indessen wieder richtig ein – nämlich als Endprodukt in der Perspektive von Physik und Biologie und zugleich als schöpferischen Anfang in der Perspektive von Denken und Handeln – dann machen alleine die Wissenschaften von Menschen die Geschlossenheit oder vielmehr die innere Kohärenz dieses Zirkels der Wissenschaften verständlich."

In dieser Wissenschaftsposition PIAGETS schließen sich Logik einer objektiven Methodologie und Bewährung subjektiver Handlungserfolge als Bewertungsmaßstäbe von erfolgreicher Wissenschaft nicht gegenseitig aus; in der Vorstellung vom Zirkel der Wissenschaften ergänzen sie sich vielmehr. Den Grad einer solche Ergänzung zu bestimmen, wie methodisch festgelegt bzw. wie offen ein wissenschaftlicher Handlungserfolg errungen wird, wann und von wem Handlungen als wissenschaftlich erfolgreich bestimmt werden, hängen von den wissenschaftlichen Subjekten selbst ab. Die Grenzlinie zwischen Theorie- und Praxisbezug bei der Planung wie bei der Darstellung pädagogischer Sachverhalte (z.B. auch in diesem Buch), ja sogar die einfache Auswahl konkurrierender Theorien sind nicht unabhängig von Individuen zu treffende Entscheidungen. Die Qualität dieser Entscheidungen hängt ab von der Qualität der Entscheidenden. Hier rückt Wissenschaft deutlich in die Nähe von offenen Grundsatz- und Prozeßentscheidungen, wie sie die Kunst kennt.

Wisssenschaft und Kunst als menschliche Entdeckungsweisen sind ja auch nicht immer so deutlich voneinander getrennt gewesen, wie dies seit den letzten 150 Jahren der Fall ist. LEONARDO DA VINCI und MICHELANGELO waren Wissenschaftler und Künstler zugleich. FEYERABEND (1970, S. 303) erinnert daran, „daß die Arbeiten KEPLERS, GALILEOS, NEWTONS alle

Elemente des Wissens in Bewegung setzten, die Erfahrung genauso wie die Theorie, das Produkt der Sinne genauso wie das Produkt des Denkens." ROUSSEAU und PESTALOZZI legten ihre pädagogischen Gedanken vorwiegend in Romanform dar. Seither ist in der pädagogischen Literatur jedoch eine immer ausschließlichere Aufgabe an pädagogischem Wirklichkeitsbezug festzustellen. Im Zuge der ‚Verwissenschaftlichung aller Praxis' ist die Abstraktion unter zunehmendem Verlust an Ästhetik zur grundlegenden Konkretheit wissenschaftlicher Praxis geworden. Diese Entwicklung hat dazu geführt, daß Wissenschaft aus ihrer ‚wahr'-oder-‚falsch'-Haltung heraus ihre eigene Vergangenheit immer wieder auslöscht, während im Bereich der Kunst „Picassos Erfolg ... keineswegs die Gemälde Rembrandts in die Magazine der Museen verbannt" (KUHN, 1977, S. 432).

Wissenschaft scheint – zumindest unter pädagogischen Ansprüchen – zu ihrer eigenen Befreiung von dogmatischer Enge der offenen, am konkreten Werk orientierten künstlerischen Erweiterung dringend wieder zu bedürfen. Wissenschaftliche Systeme – insbesondere auch die heute gültigen – können nämlich selbst als veränderliche ‚gute' oder ‚schlechte' ‚Kunstwerke' aufgefaßt werden, mit deren Hilfe gute oder schlechte Erkenntnis hervorgebracht werden soll und auch wird. Wo dies anders gesehen und gehandhabt wird, gerinnt Wissenschaft zu starrem Schematismus, und Wissenschaftler sind nur noch schwerlich von den übrigen Technokraten und Bürokraten unserer Gesellschaft zu unterscheiden. Sollen wissenschaftliche Produktionen unter anderem auch kreative und phantasievolle Produktionen bleiben, so ist auch in den Wissenschaften einengender Schematismus durch schöpferische und künstlerische Überschreitung des Vorgegebenen stets von neuem zu überwinden.

In einem offenen System von Wissenschaft bedeutet die Entdeckung von Realität ein unaufhörliches, niemals abschließbares Wechselspiel zwischen bisher unentdeckter und bereits interpretierbar gewordener Wirklichkeit mit immer wieder veränderten Erkenntnismitteln. Zur Entfaltung dieses Wechselspiels ist wissenschaftliche Fertigkeit auf künstlerische Fähigkeit mit angewiesen. Unsere entscheidende Frage bleibt jedoch diese: Wo sollen im Bereich von Wissenschaft und auch von Pädagogik solche künstlerischen Fähigkeiten gefunden und entwickelt werden können, wenn der historische Zustand von Wissenschaft genau diese Fähigkeiten als unwissenschaftliche bewertet und weitgehend sogar ausmerzt.

In seinem Buch „Wahrheit und Methode" geht GADAMER (1960) grundlegender auf den Zusammenhang von Wissenschaft und Kunst ein. Auf diese Überlegungen wollen wir zurückgreifen, weil sie von Bedeutung für unsere Gedanken über Medien und Wissenschaft sind. Wir können das Problem hier nicht abschließend erörtern. Exemplarische Andeutungen sollen jedoch bereits hier die Richtung unserer Arbeit erkennen lassen. Dem Ästhetischen mißt GADAMER (ebd., S. 110) „eine ausgezeichnete Erkenntnisfunktion“ bei, die den Wissenschaften weitgehend verloren gegangen sei. Die Erkenntnis des Wesens menschlicher Erscheinungen wird uns nach GADAMER nicht durch bloß erklärende wissenschaftsübliche Wiederholung zuteil, sondern zunächst vornehmlich durch Nachahmung und Darstellung. „Wer etwas nachahmt, läßt das da sein, was er kennt und wie er es kennt“ (ebd., S. 108). Nachahmen können heißt hier Wiedererkennen können.

Fremdheit im Spiel nachzuahmen bewirkt, sie wiederzuerkennen; bewirkt, sie besser zu erkennen; bewirkt, grundlegendere Erkenntnis über sie zu gewinnen. Indem ich nicht nur wie im wissenschaftlichen Studium fremde Aussagen über Fremdheit wiederhole, sondern sie im Medium Spiel selbst darstelle, studiere und erkenne ich Fremdheit nicht nur als Erscheinungsform, sondern als mit mir verbundenes Wesen. Ich erkenne aus dem Erleben. Ohne Zweifel kann auch Literatur – sogar wissenschaftliche – ein solches Erleben durch Wiedererkennen hervorrufen und damit Erkenntnis des Wesens ermöglichen. Aber genau diese Wirkung zeigt – wie bereits angedeutet – wissenschaftliche Literatur von heute kaum noch.

Ähnlich wie wissenschaftliche Forschung existiert auch Kunst als kulturelle Gegebenheit nicht nur in *Abhängigkeit* von den jeweils lebenden menschlichen Subjekten. „Das Spiel ist auch dort ..., wo es keine Subjekte gibt, die sich spielend verhalten“ (ebd., S. 98). Spielen bzw. Spiele haben also ebenso einen objektiven kulturellen Bestand wie wissenschaftliche Forschungsergebnisse und -methoden. Trotz dieser Gemeinsamkeit behandeln Kunst und Wissenschaft das Subjekt unterschiedlich bzw. geben ihm verschiedene Möglichkeiten. In der vorgegebenen Ordnung des Spiels hat das Subjekt nicht nur wie weitgehend in der Wissenschaft die Möglichkeit zu nachgängiger Kritik, sondern auch zu grundsätzlich neuen, nach vorne gerichteten offenen Entscheidungen. Es hat die Freiheit, sich für verschiedene Möglichkeiten noch im Prozeß des Spielens selbst zu entschließen. Das Spiel ist Risiko des Gelingens oder Nichtgelingens für jeden neuen Spieler. Birgit kann sich noch im Spiel zugestehen, das Außenseitergefühl gegenüber Dagmar nahtlos in lebenswirkliches Mitleid übergehen zu lassen, ohne das Spiel selbst dadurch in Frage zu stellen oder gar zu zerstören. Birgit und die Zuschauer haben dadurch lediglich Anderes erkannt, als zunächst vorgesehen war. „Das Spiel stellt offensichtlich eine Ordnung dar, in der sich das Hin und Her der Spielbewegung wie von selbst ergibt“ (ebd., S. 100). Wo Wissenschaft also die Erkenntnis festschreibt, hält Kunst sie aus ihrer inneren Ordnung heraus offen,

offen in bezug auf die Subjekte, offen in bezug auf die Situationen und Prozesse.

Um solche Möglichkeiten muß sich die heutige Wissenschaft wieder erweitern, will sie pädagogischen Ansprüchen gerecht werden. Pädagogische Medien stellen sich uns als derartige pädagogische Stoffe dar, an und mit denen sich Lernende und Forschende ihre Erkenntnisse und ihre Bildung subjekt- und prozeßbezogen aneignen können. Vor allen Dingen wird an den Medien einsichtig, daß Einschränkungen von offenen Erkenntnismöglichkeiten gar nicht wissenschaftsimmanent notwendig sind. Nahezu alle Studenten, die sich wiederholt für Medienseminare anmelden, heben desweiteren hervor, daß ihnen das Lernen und Erkennen in dieser Form im Gegensatz zur Hochschule so viel mehr Spaß gemacht und so umfassendere Einsichten verschafft habe. Sie hätten aus dem Tun und aus der Bewegung heraus ohne die sonst gewohnten Anstrengungen, Mühen und Verkrampfungen lernen und erkennen können. Entsprechendes lesen wir bei GADAMER (ebd.):

„Zum Spiel gehört, daß die Bewegung nicht nur ohne Zweck und Absicht, sondern auch ohne Anstrengung ist. Es geht wie von selbst. Die Leichtigkeit des Spiels, die natürlich kein wirkliches Fehlen von Anstrengung zu sein braucht, sondern phänomenologisch allein das Fehlen der Angestrengtheit meint, wird subjektiv als Entlastung erfahren. Das Ordnungsgefüge des Spieles läßt den Spieler gleichsam in sich aufgehen und nimmt ihm damit die Aufgabe der Initiative ab, die die eigentliche Anstrengung des Daseins ausmacht. Das zeigt sich auch in dem spontanen Drang zur Wiederholung, der im Spielenden aufkommt und an dem beständigen Sich-Erneuern des Spiels, das seine Form prägt (z.B. Refrain)."

Der Streß in Hochschule und Schule interpretiert sich vor dem Hintergrund solcher Aussagen als die Umklammerung der Einrichtungen durch gängiges Wissenschaftsverständnis und als zunehmende Entfernung spielerischer und künstlerischer Erkenntnisweisen aus diesen Institutionen. So stellen sich die Verhältnisse auf den Kopf: Wir haben im Sinne BLOOMS (vgl. S. 55) im Zuge der Rationalisierung der Ausbildung einerseits den einfachsten und kleinsten Nenner der Anstrengungen des Lehrens und Lernens erreicht, doch er bereitet den Lehrenden wie Lernenden andererseits die größte bisher in Ausbildungseinrichtungen bekannte Angestrengtheit. So weit hat uns gängige Wissenschaftsorientierung gebracht; noch weiter will sie uns in diese Richtung treiben. Diesem Krampf gegenüber wirkt die Sprachzerstörung in der heutigen Jugend geradezu als künstlerische Produktion zum Unterlaufen dieser abtötenden wissenschaftsorientierten Entwicklung.

Nun könnte jedermann einwenden, die moderne Entwicklung kann auf Wissenschaft nicht verzichten. Dies wollen auch wir nicht bestreiten. Das Kennenlernen von pädagogischem Handeln und Erkennen in Medienseminaren – so ist bei aller Zustimmung oft zu hören – kann nicht das Ganze pädagogischer Lehre und Forschung ausmachen. Auch dem müssen wir uneingeschränkt zustimmen. Wir stellten ja bereits zu Beginn dieses Buches fest, daß wir hier keine endgültige Lösung der Aufgabe der „Erziehung der Erzieher" vorstellen wollen. Es geht uns um Neuorientierungen des Bestandes. Dies wird uns dann für den Zweck der pädagogischen Lehre auch bedingt zugestanden (‚es kann ja nichts schaden'). Uneinsichtig aber bleibt die Beschäftigung mit pädagogischen Medien in bezug auf die pädagogische Forschung. Zu dem letzten Gesichtspunkt wäre noch vieles zu sagen. Anhand einiger Gedanken GADAMERS möchten wir abschließend anregen, insbesondere auch über diesen Einwand noch weiter nachzudenken.

Am Beispiel der Literatur wird der nahtlose Übergang von Kunst und Wissenschaft einsichtig. Literatur ist nämlich in der einen Richtung mehr als Kunst und in der anderen Richtung mehr als Wissenschaft. Eine Unterscheidung ist vielfach schwierig. „Es gibt Werke der Wissenschaft, die durch ihre schriftstellerischen Vorzüge sich den Anspruch erworben haben, als literarische Kunstwerke gewürdigt und zur Weltliteratur gezählt zu werden" (ebd., S. 155). Sowohl für wissenschaftliche als auch für künstlerische Literatur gilt, daß sie eine „Funktion geistiger Bewahrung und Überlieferung" ist und „daher in jede Gegenwart ihre verborgene Geschichte" einbringt (ebd., S. 154). Die Lektüre von Literatur „ ist ein Vorgang der reinen Innerlichkeit ... Alles verstehende Lesen ist immer schon eine Art von Reproduktion und Interpretation" (ebd., S. 152f.). Unterschiede zwischen dichterischer und wissenschaftlicher Prosa sind also vornehmlich formaler Art, das Bemühen um inhaltliches Verstehen von Texten – welcher Art auch immer – ist jedoch für beide Produktionsarten das Gleiche. „So gesehen ist das Verstehen von Texten, wie es etwa der Historiker betreibt, gar nicht so ganz von der Erfahrung der Kunst verschieden", so daß „im Phänomen der Literatur nicht zufällig der Punkt (liegt), an dem Kunst und Wissenschaft ineinander übergehen" (ebd., S. 156).

Was haben solche Überlegungen zu unserer Lehr- und Forschungstätigkeit mit pädagogischen Medien zu tun? Sie weisen vordergründig und programmatisch erneut darauf hin, daß es die scharfe Trennung zwischen Kunst und Wissenschaft nicht zu geben braucht. Eine solche Trennung ist lediglich das Ziel und das Ergebnis eines starren und sich überlegen dünkenden Wissenschaftssystems und damit nichts anderes als historisch. Unser Umgang mit den pädagogischen Medien versucht, diese ungerechtfertigte Aufspaltung der verschiedenen Erkenntnisweisen wieder einander anzunähern, indem sie ästhetisches und wissenschaftliches Einsichtnehmen in die menschlichen Gegebenheiten wieder in Zusammenhang bringt. In dem Hervorbringen der

Medien geht es um die Darstellung im Sinne künstlerischer Tätigkeit, in der Reflexion der Produktionen geht es um Verstehen im Sinne von Wissenschaft. Es versteht sich von selbst, dennoch wollen wir es noch einmal betonen: Wissenschaft wird hier nicht verstanden als bloße Überprüfungstechnik.

Da bereits im Darstellen immer auch Verstehen möglich sein muß, entwickelt sich in den Medienseminaren Verstehen auf verschiedenen Ebenen: Im Prozeß der Darstellung durch die Darsteller; während der Darstellung durch die Zuschauer; in der gemeinsamen Reflexion der Darstellung durch Darsteller und Zuschauer; in der Reflexion der – man könnte sagen – ‚literarischen' Dokumente und Bild-Dokumente aus dem Seminar (Protokolle von Gruppendiskussionen, Einzelgesprächen, Videoaufzeichnungen, Dias). Es mag nun deutlich werden, daß in den Medienseminaren praktisches Verstehen in den Handlungen und theoretisches Verstehen im Erkennen geübt und erworben wird. Durch die verstehende Auslegung der – die vergangene Praxis festhaltenden – Dokumente werden Einsichten für künftige pädagogische Praxis hervorgebracht. Hier verwirklicht sich eine hermeneutische Aufgabe, die der Pädagogik insofern grundlegend entspricht, als pädagogische Sachverhalte immer nur nach hinten erkannt, aber nach vorne gehandelt werden müssen.

In bezug auf das, was das Pädagogische ist bzw. sein soll, bedeuten uns die Überlegungen GADAMERS aber noch mehr. Wenn Dagmar (vgl. S. 86) ihr Fremdheitsgefühl in Gruppen, eingebettet in ein Maskenspiel, also ästhetisch darstellt, dann ahmt sie ihre Fremdheit nach, soweit sie sie bisher verstanden hat. Sie erkennt Bekanntes wieder. Aber die Darstellung „ist nicht nur Bild oder gar nur Abbild (von Vergangenem), es gehört zu der Gegenwart oder dem gegenwärtigen Gedächtnis des Dargestellten" (ebd., S. 141). Indem Dagmar die Darstellung ihrer wiedererkannten Fremdheit nämlich in der Erinnerung oder mit Hilfe festhaltender Dokumente nachträglich zu verstehen sucht, indem sie über die Zuschauer vielfältige Verstehensweisen ihrer Fremdheitsgefühle erfährt, entsteht das zunächst bloß Nachgeahmte und Wiedererkannte neu. Es will im fortschreitenden Entwicklungsprozeß erneut nachgeahmt und wiedererkannt werden, um es in seiner Veränderung noch besser verstehen und noch konsistenter in die eigene Person integrieren zu lernen. Hier entwickelt sich für Dagmar zwischen Handeln und Erkennen eine verändernde pädagogische Praxis, für die die Darstellung als gemeinsam erlebter praktischer Hintergrund immer wieder von neuem der Ausgangspunkt ist.

Der eher künstlerische Ausgangspunkt ist also gleichzeitig auch die Grundlage unserer wissenschaftlichen Erkenntnisbemühungen, ja mehr noch im pädagogischen Sinne sogar ihre Grundbedingung. Wir könnten über

Dagmars Fremdheit kaum Aussagen machen, wenn sie sie nicht dargestellt hätte. Diese Bedingung bezieht sich nicht nur auf die pädagogisch praktischen Vorgänge im Seminar, sondern auch auf unsere theoretische Tätigkeit in diesem Buch. Die Vorgänge in und um Dagmar als wissenschaftliche Erkenntnis weiterentwickeln zu wollen, setzt ihre ästhetische Darstellung voraus.

An dieser Stelle mag nun die systematische Bedeutung der pädagogischen Medien für die Pädagogik als Zusammenhang der drei Kreise besonders offensichtlich werden: Die Medien ermöglichen den nahtlosen Übergang zwischen künstlerischer und wissenschaftlicher Erkenntnis; sie sind gleichzeitig Methoden zur Herstellung von Kunst wie zur wissenschaftlichen Erfassung pädagogischer Sachverhalte. In der Nachahmung machen sie vorhandenes Wissen augenscheinlich, in der Reflexion machen sie künftiges Wissen voraussehbar. Dieses nicht nur als Theorie, sondern auch als praktisches Vermögen. Die Medien ermöglichen ein strukturidentisches praktisches und wissenschaftliches Verstehen. Die wahre Methode ist nämlich immer auch das Tun der Sache selbst. Medienarbeit kann damit für die Pädagogik das bedeuten, was das Experiment für die Naturwissenschaft ist.

Literaturverzeichnis

Albert, H.: Probleme der Theorienbildung. Entwicklung, Struktur und Anwendung sozialwissenschaftlicher Theorien. In: Albert, H. (Hrsg.): Theorie und Realität. Tübingen 1964

Arbeitsgruppe Vorschulerziehung: Anregungen I: Zur pädagogischen Arbeit im Kindergarten. München 1973

Beck, G.: Soziales Lernen. In: b:e, 11. Jg., 1978, H. 7, S. 61–65

Beckmann, H.K.: Lehrerseminar – Akademie – Hochschule. Weinheim 1968

Bernfeld, S.: Sisyphos oder die Grenzen der Erziehung. Frankfurt/Main 1967

Bloch, E.: Spuren. Frankfurt/Main 1978

Bloom, B.S., u.a.: Taxonomie von Lernzielen im kognitiven Bereich. Weinheim 1972

Bollnow, O.F.: Das Verstehen. Mainz 1949

Bollnow, O.F.: Dilthey. Stuttgart 1955

Bollnow, O.F.: Vom Geist der Übens. Freiburg 1978

Bourdieu, P.: Entwurf einer Theorie der Praxis. Frankfurt/Main 1976

Brezinka, W.: Metatheorie der Erziehung. München 1978

Brezinka, W.: Von der Pädagogik zur Erziehungswissenschaft. Eine Einführung in die Metatheorie der Erziehung. Weinheim 1971

Bruder, K.-J.: Taylorisierung des Unterrichts. In: Kursbuch 24, 1971, S. 113–130

Crombie, A.: Die westliche Vorstellung von wissenschaftlicher Objektivität. In: Becker, W., Hübner, K. (Hrsg.) Objektivität in den Natur- und Geisteswissenschaften. Hamburg 1976

Dilthey, W.: Gesammelte Schriften. Bd. 5: Die geistige Welt. 1 Leipzig-Berlin 1924

Dilthey, W.: Gesammelte Schriften. Bd. 7. Der Aufbau der geschichtlichen Welt in den Geisteswissenschaften. Leipzig-Berlin 1927

Dilthey, W.: Gesammelte Schriften. Bd. 1. Einleitung in die Geisteswissenschaften. Stuttgart 1973

Dohmen, G.: Medien (-Didaktik). In: Wulf, Ch. (Hrsg.): Wörterbuch der Erziehung. München 1974

Feyerabend, P.: Wie wird man ein braver Empirist? In: Krüger, L. (Hrsg.): Erkenntnisprobleme der Naturwissenschaften. Köln 1970

Freire, P.: Pädagogik der Unterdrückten. Stuttgart 1971

Freud, S.: Gesammelte Werke. Bd. XV. Frankfurt/Main 1969

Fromm, E.: Haben und Sein. München 1979

Gadamer, H.-G.:Wahrheit und Methode. Tübingen 1965

Groth, G.: Die pädagogische Dimension im Werke von Karl Marx. Neuwied 1978

Guskin, A.E., Guskin, S.L.: Sozialpsychologie in Schule und Unterricht. Ulm 1973

Hagemann, W., Tulodziecki, G.: Einführung in die Mediendidaktik. Köln 1978

Hammelsbeck, O.: Die pädagogische Hochschule als wissenschaftliche Hochschule. In: Zeitschrift für Pädagogik, 1958, S. 122–136

Heckhausen, H., u. a.: Lehrer 1980. Lehrerbildung für die künftige Schule. Empfehlungen der Lehrerbildungskommission des Hochschulplanungsbeirats der Kultusministers der Landes Nordrhein-Westfalen. Düsseldorf 1970

Heinz, O.: Verstehenlernen mit pädagogischen Medien. Diplomarbeit in Erziehungswissenschaft. Universität Kiel 1979

Hentig, H. v.: Was ist eine humane Schule? München 1978

Herbart, J. F.: Sämtliche Werke. Bd. 1. v. Kehrbach, K., Flügel, O. (Hrsg.): Aalen 1964

Homfeldt, H. G., Lauff, W., Maxeiner, J.: Für eine sozialpädagogische Schule. München 1977

Homfeldt, H. G., Schulz, W., Barkholz, U.: Wie Studenten zu Lehrern werden. In: Hahn, H. (Hrsg.): Zur Berufseinführung der Lehrer II. Kiel 1979, S. 20–58

Huisken, F.: Zur Kritik bürgerlicher Didaktik und Bildungsökonomie. München 1972

Humboldt, W. v.: Bildung des Menschen in Schule und Universität. Heidelberg 1964

Innerhofer, F.: Die großen Wörter. Frankfurt/Main 1979

Jaspers, K.: Was ist Erziehung? München 1977

Kernich, Ch.: Geschichte erfahren - Bericht aus dem Modellversuch ‚Künstler und Schule'. In: Ästhetik und Kommunikation. 1979, S. 89–95

Kirchgäßner, H.: Die pädagogischen Medien. Akademie Remscheid (o. J.). Unveröffentlichtes Manuskript.

Klüver, J.: Kommunikative Validierung – einige vorbereitende Bemerkungen zum Projekt ‚Lebensweltanalyse von Fernstudenten'. In: Heinze, Th. (Hrsg.): Lebensweltanalyse von Fernstudenten. Hagen 1979

Kosik, K.: Die Dialektik des Konkreten. Frankfurt/Main 1967

Kükelhaus, H.: Organismus und Technik. Hamburg 1979

Kükelhaus, H.: Unmenschliche Architektur. Von der Tierfabrik zur Lernanstalt. Köln 1978

Kümmel, F.: Verständnis und Vorverständnis. Essen 1965

Kuhn, T. S.: Die Entstehung des Neuen. Frankfurt/Main 1977

Langeveld, M. J.: Einführung in die Pädagogik. Stuttgart 1951

Lauff, W., Homfeldt, H. G.: Erziehungsfeld Ferienlager. Pädagogik als Praxis und Theorie. München 1979

Lippe, R. zur: Am eigenen Leibe. Zur Ökonomie des Lebens. Frankfurt/Main 1978

Leithäuser, Th.: Kapitalistische Produktion und Vergesellschaftung des Alltags. In: Leithäuser, Th., Heinz, W. R. (Hrsg.): Produktion, Arbeit, Sozialisation. Frankfurt/Main 1976, S. 48–69

Loch, W.: Individuelles Verhalten und pädagogisches Verstehen. In: Loch, W. (Hrsg.): Modelle pädagogischen Verstehens. Essen 1978, S. 9–29

Makarenko, A. S.: Probleme der sowjetischen Schulerziehung. In: Ausgewählte pädagogische Schriften. (Besorgt von H. E. Wittig) Paderborn 1969

Mao tse Tung: Über Praxis und Widerspruch. Berlin 1968

Marx, K.: Die Frühschriften. Stuttgart 1968

Maslow, A. A.: Psychologie des Seins. München 1973

Mayrhofer, H., Zacharias, W.: Kulturelle Praxis – pädagogische Aktion. Zur Orientierung ästhetischer Erziehung. In: Ästhetik und Kommunikation. 1977, S. 86–94

Menge-Güthling: Lateinisch – deutsches Wörterbuch. Teil I. Berlin 1911
Modellversuch ‚Künstler und Schüler': Zwischenbilanz in zehn Berichten. bmbw-werkstattberichte. Bd. 11. Hrsg.: Der Bundesminister für Bildung und Wissenschaft. Bonn 1978
Mollenhauer, K.: Theorien zum Erziehungsprozeß. München 1972
Morris, D.: Der Mensch, mit dem wir leben. München-Zürich 1978

Ortmann, H.: Lehren und Lernen an der Hochschule. In: Ortmann, H., u. a. (Hrsg.): Universitärer Alltag. Gießen 1977

Pazzini, K. J.: Ohne Körper lernt man nicht. Interview mit R. zur Lippe. In: Kunst und Unterricht. Sonderheft 1979, S. 91–93
Pazzini, K. J.: Mit dem ganzen Körper lernen. In: Kunst und Unterricht. Sonderheft 1979, S. 86–90
Petzold, H.: Medien in der Integrativen Pädagogik. In: Petzold, H., Brown, G. (Hrsg.): Gestaltpädagogik. München 1977
Piaget, J.: Erkenntnistheorie der Wissenschaften vom Menschen. Frankfurt/Main 1973

Radnitzky, G.: Bedeutung des Objektivitätsbegriffs in Wissenschaftstheorie und Forschungspolitik. In: Becker, W., Hübner, K. (Hrsg.): Objektivität in den Natur- und Geisteswissenschaften. Hamburg 1976
Ropohl, U.: Zur politisch-ästhetischen Erziehung in der Jugendarbeit. In: Neue Praxis 1979, S. 51–67
Rumpf, H.: Alltägliche Hochschule. In: Horn, K. (Hrsg.): Kritik der Hochschuldidaktik. Frankfurt/Main 1978, S. 31–79

Schmidbauer, W.: Die hilflosen Helfer. Reinbeck b. Hamburg 1977
Spranger, E.: Gedanken über Lehrerbildung. Leipzig 1920

Tausch, R., Tausch A.: Erziehungspsychologie. Göttingen 1970
Tugendhat, E.: Selbstbewußtsein und Selbstbestimmung. Frankfurt/Main 1979

Valery, P.: Über Kunst. Frankfurt/Main 1959

Wagner, W.: Uni-Angst und Uni-Bluff. Berlin 1977
Wartenberg, G.: Von der Identitätskrise zur Lebensstil-Suche; zur Situation der Jugend in unserer Gesellschaft. In: Specht, F., u. a. (Hrsg.): Beratungsarbeit mit Jugendlichen. Göttingen 1978
Watzlawick, P., u. a.: Menschliche Kommunikation. Stuttgart 1969
Weizsäcker, V. v.: Menschenführung. Göttingen 1959

Über die Autoren

FOKUHL, HANS-PETER; Jg. 1950; Abitur; Lehrerexamen an der PH Flensburg; seit 1978 Hauptschullehrer in Flensburg.

HEINZ, OTMAR; Jg. 1954; Abitur; Bundeswehr; Studium der Pädagogik an den Universitäten Trier und Kiel; 1979 Dipl.-Päd.; Aufbaustudium an der Uni Hamburg.

HOMFELDT, HANS GÜNTHER; Jg. 1942; Lehrer; wissenschaftlicher Assistent und Dozent; 1975 Professor für Allgemeine Pädagogik an der PH Flensburg.

HÜBNER, REINHARD; Jg. 1932; Studium der Theologie Uni Hamburg; Pastor im nordelbischen Landesjugendpfarramt auf dem Koppelsberg.

KUBITZA, ELLEN; Jg. 1937; Lehrerstudium PH Darmstadt; Bewegungsausbildung; Familienberaterin; Pädagogische Mitarbeiterin beim Jugendpfarramt Alt-Hamburg.

KÜHN, ARTHUR; Jg. 1931; wissenschaftlicher Assistent; 1972 Professor für Soziologie an der PH Flensburg.

LAUFF, WERNER; Jg. 1934; Bergwerkslehre; 1962 Dipl.-Ing. BA Clausthal; 1971 Dr. phil. Uni Kiel; 1973 Wissenschaftlicher Assistent Institut für Pädagogik Uni Kiel; 1979 Professor für Erziehungswissenschaft Uni Hamburg.

PETERSEN, DAGMAR; Jg. 1953; Abitur; Studium in den Fächern Biologie und Chemie an der Uni Kiel; Berufsziel Lehrerin am Gymnasium.